大学文科基本用书·文学
DAXUE WENKE JIBEN YONGSHU · WENXUE

国学通论

(第二版)

曹胜高　编著

北京大学出版社
PEKING UNIVERSITY PRESS

图书在版编目(CIP)数据

国学通论/曹胜高编著. —2 版. —北京：北京大学出版社，2017.8
（大学文科基本用书·文学）
ISBN 978-7-301-28642-5

Ⅰ.①国⋯　Ⅱ.①曹⋯　Ⅲ.①国学—高等学校—教材　Ⅳ.①Z126

中国版本图书馆 CIP 数据核字(2017)第 194396 号

书　　　名	国学通论（第二版） GUOXUE TONGLUN
著作责任者	曹胜高　编著
责任编辑	徐丹丽
标准书号	ISBN 978-7-301-28642-5
出版发行	北京大学出版社
地　　　址	北京市海淀区成府路 205 号　100871
网　　　址	http：//www.pup.cn　新浪微博：@北京大学出版社
电子邮箱	编辑部 wsz@pup.cn　总编室 zpup@pup.cn
电　　　话	邮购部 010-62752015　发行部 010-62750672 编辑部 010-62752022
印　刷　者	北京虎彩文化传播有限公司
经　销　者	新华书店 965 毫米×1300 毫米　16 开本　23.75 印张　346 千字 2008 年 6 月第 1 版 2017 年 8 月第 2 版　2025 年 1 月第 5 次印刷
定　　　价	69.00 元

未经许可，不得以任何方式复制或抄袭本书之部分或全部内容。
版权所有，侵权必究
举报电话：010-62752024　　电子邮箱：fd@pup.cn
图书如有印装质量问题，请与出版部联系，电话：010-62756370

目　录

国学的当代形态与当代意义 …………………… 袁行霈(1)

第一章　国学的基本概念 ……………………………（1）
  第一节　国学的形成 ………………………………（1）
  第二节　国学的认识 ………………………………（9）
  第三节　国学的价值 ………………………………（14）
  第四节　国学的研究 ………………………………（20）

第二章　儒学与经学 …………………………………（28）
  第一节　儒经的形成 ………………………………（28）
  第二节　儒经的演进 ………………………………（32）
  第三节　儒学的价值 ………………………………（38）
  第四节　经书的研读 ………………………………（46）

第三章　十三经 ………………………………………（50）
  第一节　《周易》 …………………………………（50）
  第二节　《尚书》 …………………………………（56）
  第三节　《诗经》 …………………………………（60）
  第四节　三礼 ………………………………………（64）
  第五节　春秋三传 …………………………………（70）
  第六节　《论语》 …………………………………（73）
  第七节　《孟子》 …………………………………（75）
  第八节　《孝经》 …………………………………（79）

  第九节　《尔雅》 ………………………………………………（82）
第四章　史部通论 ………………………………………………（84）
  第一节　史书分类 ………………………………………………（84）
  第二节　史部的特点 ……………………………………………（90）
  第三节　史书研读 ………………………………………………（95）

第五章　二十五史 ………………………………………………（102）
  第一节　前四史 …………………………………………………（102）
  第二节　两晋南北朝诸史 ………………………………………（107）
  第三节　隋唐五代诸史 …………………………………………（112）
  第四节　宋辽金诸史 ……………………………………………（116）
  第五节　后三史 …………………………………………………（119）

第六章　诸子的分野 ……………………………………………（122）
  第一节　子学的形成 ……………………………………………（122）
  第二节　老子 ……………………………………………………（125）
  第三节　庄子 ……………………………………………………（130）
  第四节　墨子 ……………………………………………………（134）
  第五节　荀子 ……………………………………………………（136）
  第六节　法家 ……………………………………………………（140）
  第七节　名家 ……………………………………………………（144）
  第八节　其他学派 ………………………………………………（148）

第七章　子学的发展 ……………………………………………（153）
  第一节　两汉子学 ………………………………………………（153）
  第二节　魏晋玄学 ………………………………………………（160）
  第三节　隋唐子学 ………………………………………………（165）
  第四节　宋明理学 ………………………………………………（168）

第八章　集部概论 ………………………………………………（177）
  第一节　集的形成与分类 ………………………………………（177）
  第二节　楚辞类及其研究 ………………………………………（179）
  第三节　别集和总集 ……………………………………………（183）
  第四节　诗文评类 ………………………………………………（187）

第五节　集部研读 …………………………………………（190）
第九章　古典文学通论 ……………………………………………（192）
　　第一节　中国文学的特质 …………………………………（192）
　　第二节　从歌谣到文人诗 …………………………………（197）
　　第三节　唐诗的风神 ………………………………………（203）
　　第四节　宋词的情致 ………………………………………（208）
　　第五节　元曲的畅达 ………………………………………（213）
第十章　佛学通论 …………………………………………………（216）
　　第一节　佛学的形成 ………………………………………（216）
　　第二节　佛学学理 …………………………………………（221）
　　第三节　佛教教义 …………………………………………（230）
　　第四节　佛教东传 …………………………………………（238）
第十一章　道教通论 ………………………………………………（243）
　　第一节　道教的形成 ………………………………………（243）
　　第二节　道教的发展与总结 ………………………………（248）
　　第三节　道教思想体系 ……………………………………（254）
第十二章　古典艺术学 ……………………………………………（263）
　　第一节　书论 ………………………………………………（263）
　　第二节　画论 ………………………………………………（271）
　　第三节　乐论 ………………………………………………（277）
第十三章　文献学通论 ……………………………………………（288）
　　第一节　版本学 ……………………………………………（288）
　　第二节　目录学 ……………………………………………（299）
　　第三节　校勘学 ……………………………………………（307）
　　第四节　辨伪、考据与辑佚 ………………………………（312）
第十四章　小学通论 ………………………………………………（322）
　　第一节　文字学 ……………………………………………（322）
　　第二节　音韵学 ……………………………………………（331）
　　第三节　训诂学 ……………………………………………（337）

第十五章　天文地理学 ……………………………………（345）
　　第一节　古天文学 ……………………………………（345）
　　第二节　古历法 ………………………………………（349）
　　第三节　古地理学 ……………………………………（354）

参考文献 …………………………………………………（359）
再版后记 …………………………………………………（364）

国学的当代形态与当代意义

袁行霈

一

我国古代所谓"国学",是指国家设立的学校。① 这与近代以来所谓"国学"的含义不同。近代以来所谓"国学"一词,有学者认为源自日本,江户时代中期日本思想界一部分人,如荷田春满等提倡对日本的古代典籍进行研究,以探明本土固有的文化,遂有"国学"之称。"明治维新后,日本政府推行欧化政策,导致社会出现彻底洋化的偏激倾向。1888年,三宅雪岭、志贺重昂等人成立政教社,鼓吹国粹思想,以求扭转偏向。"②或许是受这种思潮的影响,1902年秋,梁启超曾与黄遵宪等人商议,拟在日本创办《国学报》。1904年,邓实发表《国学保存论》③,论述了保存"国学"的重要性。1905年,邓实、黄节等人在上海成立了国学保存会,以"研究国学,保存国粹"为宗旨④,出版《国粹学报》,撰稿人除了邓实、黄节,还有章炳麟、刘师培、陈去病、黄侃、马叙伦等,他们或为中国同盟会会员,或倾向民主革命。提倡"国学"与他们从事的革

---

① 《周礼·春官宗伯·乐师》:"乐师掌国学之政,以教国子小舞。"《十三经注疏》本,中华书局1980年版,第793页。
② 参见桑兵《晚清民国时期的国学研究与西学》,《历史研究》1996年第5期。当时的代表人物荷田春满、贺茂真渊、本居宣长、平田笃胤等,有"国学四大家"之称。
③ 见《政艺通报》第3期,1904年3月31日。
④ 见《国学保存会简章》,《国粹学报》第2卷第1号,1906年2月13日。

命活动大方向是一致的，而"国学"的"国"字，则包含了爱国的情结。1906年,章炳麟在日本鼓吹反满革命，同时提倡研究国学。留日青年成立国学讲习会，请他讲授国学，鲁迅就是学生之一。1922年4月至6月间，章炳麟在上海讲"国学大概"和"国学派别"。1934年，章炳麟在苏州创办章氏国学讲习会，对国学做了总结性的讲解。章炳麟上述几次演讲经过记录整理，成为《国故论衡》《国学概论》《章太炎国学演讲录》等书，在二三十年代影响很大。章炳麟所谓国学分为"小学""经学""史学""诸子""文学"五部分，由此可以看出他对国学范围的界定。此外，胡适、顾颉刚、钱穆等人也有关于"国学""国故""国粹"的种种论述。① 各家的说法颇有分歧，在这里无须详加辨析，若就其大致相同的方面而言，可以说"国学"即中国固有的学术，以及研究中国传统的典籍、学术与文化的学问。

清末民初国学的兴起，与当时的社会思潮有密切的关系。1840年鸦片战争以后，中国的一些有志之士努力向西方寻找救亡图存之道，西学东渐成为社会的潮流。在这个过程中，一部分学者担心自己国家固有的学术文化衰微，于是提倡国学。考察他们的初衷，明显地带有救亡图存的意思，以及弘扬中国传统文化的愿望。

国学的提出，虽然与西学东渐的刺激有关，但是从国学研究的实绩来看，还是或多或少地吸取了西方的理念和方法。特别是20世纪以来，中国学术界在吸收世界各国的思想、文化、科学、技术的同时，也以新的眼光审视自己国家数千年来固有的传统。胡适在《国学季刊》发刊词中明确地说："我们现在治国学，必须要打破闭关孤立的态度"，要向欧美日本学者学习。此时的"国学"和以前的汉学、宋学、乾嘉考据学相比，论范围已经远远超出，论观念已经几度更新，论方法已经更加科学化、系统化。我们不妨以章炳麟所谓国学的五类略加说明。小学，本来是以通经为宗旨的学问，在接受了西方语言学的滋养后，已经发展为以描述语言文字发展规律为宗旨的汉语语言学和文字学。经学和诸

---

① 以上关于"国学"的追溯，以及国学、国故、国粹等说法，参见罗志田《国家与学术：清季民初关于"国学"的思想论争》，生活·读书·新知三联书店2003年版。

子学,也有了很大的变化,中国原先虽有《宋元学案》《明儒学案》之类讲述某一朝代儒学师承和派别的著作,但没有以近代方法编写的中国哲学通史,胡适在北京大学的讲义《中国哲学史大纲》(上卷)是发轫之作。这种哲学通史已不再局限于经学,而是将儒家经典与诸子著作、佛学典籍进行综合的研究,描述了历代思想、哲学的变化发展,从而成为经学和诸子学未能包括的一门新的学科。在史学领域,用新的方法撰写的通史、断代史,以及政治制度史、文化史等侧重于某一方面的历史著作蔚为大观;中外交通史、中国科技史引起重视,并成为新的学科;传统的舆地学发展为历史地理学;金石学发展为现代考古学。"古史辨"派的代表人物顾颉刚关于"层累地造成"古史的学说,影响了一代史学研究;王国维提倡以"地下之新材料""补正纸上之材料"①,这种"二重证据法"为史学打开了新的局面。考古学的新成果,如殷墟卜辞的发现、汉简的发现、敦煌莫高窟藏经洞的发现,引起史学、文学、文字学、语言学、宗教学等众多学科的巨大变化,敦煌学进入了"国学"的疆域。在文学方面,王国维《宋元戏曲史》的出版,将戏曲纳入文学史研究的范围;1920年鲁迅应蔡元培校长之邀在北京大学讲授中国小说史,从此,被视为"小道"的小说登上了大雅之堂,他的讲义《中国小说史略》成为中国小说史的开山之作。于是,戏曲和小说的研究也进入国学的领域。凡此种种,都使国学出现了新的面貌。在继承传统的同时所发生的这些变化,足以使我们将20世纪以来的"国学"和以往的学术区别开来。

二

今天我们又面临一个新的继往开来的时代,这是一个经济全球化和文化多元化的时代,是一个科学技术突飞猛进的时代。此时,我们所研究的"国学"也应当以一种新的、富有当代特色的形态出现。我之所以提出"国学的当代形态"这个命题,就是要强调:研究"国学"不是复

---

① 王国维:《古史新证——王国维最后的讲义》,清华大学出版社1994年版,第2页。

古倒退,也不是抱残守缺,而是具有革新意义的、面向未来和世界的学术创造活动。这表现在以下几个方面:

1. 当代的国学应当立足现实,服务于振兴中华、增强民族凝聚力,担负起实现现代化的伟大历史任务。

上面说过,国学是在清末救亡图存的呼声中提出来的。中国的近代史已经证明,真正挽救了中国并引导中国走向现代化的不是国学,但这并不是说国学无用,只要我们研究的态度正确,在中国走向现代化的进程中,国学可以起到促进作用。因为现代化不等于全盘西化,必须充分重视中国的国情,国情既包括中国的现状,也包括中国的历史和文化传统。我在1993年发表的《国学研究发刊辞》中有这样一段话:"不管愿不愿承认,也不管是不是喜欢,我们每天都生活在自己国家的文化传统之中,并以自己的言谈行为显示着这个传统的或优或劣的特色。而国学作为固有文化传统深层的部分,已经渗进民众的心灵,直接间接地参与现实生活。"我重申这段话是想进一步说明:应当自觉地把国学放到中国实现现代化的历史任务中,放到世界的大格局中加以研究,使之与当代社会相适应、与现代文明相协调,为中国的现代化和全人类文明的进步作出应有的贡献。现在越来越多的人已经认识到,在中国传统文化中有许多宝贵遗产,值得挖掘整理,使之转化为当代的资源。例如关于和谐的思想;关于天人合一的观念;关于忧国忧民的情操;关于尚善的态度和通过修身养性以达致高尚人格的追求;关于敬业乐群的意识,以及"先天下之忧而忧,后天下之乐而乐"的人生准则;关于整体思维的思想方法;等等,都值得我们认真研究、大力弘扬。此外,还有丰富的历史经验和教训,可以给我们深刻的启示;还有美不胜收的文学作品和艺术作品,可以陶冶我们的性情,美化我们的心灵。可见,国学研究天地广阔,只要以实事求是的态度踏实认真地去做,以学者的态度去做,是可以为提高全社会的人文素养,增强民族凝聚力,弘扬民族精神,构建和谐社会、和谐世界贡献一份力量的。

2. 当代的国学应当建立在对传世文献和出土文献、文物认真整理的基础之上,并在此基础上建立具有中国特色的理论体系。

国学是一门博大精深的学问,详尽地占有原始资料,从资料出发,进行实事求是的整理分析,是国学研究的基础工作。随着国内外所藏古籍善本调查工作的进展,一些原来秘不示人的善本已经公开,各种善本可以更方便地被研究者所利用,古籍的整理工作可以做得比前人更加完善,从而使国学研究建立在更坚实的基础之上。20世纪以来特别是近几十年来大量的出土文献、文物,又为国学研究开拓新的局面提供了充分的条件。例如临沂银雀山汉墓出土的竹书,长沙马王堆汉墓出土的帛书,荆门郭店战国楚墓出土的竹简,上海博物馆藏战国楚竹书等,为国学提供了大批极为宝贵的新资料。由于这些新资料的出现,许多亡佚已久的先秦古籍重见天日,一些传世的先秦古籍有了更早的古本,古籍中的一些错误得以纠正,古籍中的一些难点得到解释,一些被疑为汉代以后伪作的古籍被证明不是伪作。将传世古籍与出土文献、文物结合起来进行研究,就有可能对中国古代史、古代思想史、古代文学史等许多学科有新的认识。这是以前的学者无法想象的,是时代给予我们的眷顾。

然而我们不能满足于资料的整理,应当在此基础上建立理论的体系,从而对中国古代学术、文化的发展规律,以及中国文化的未来有一种理性的认识。这种理论自觉,不仅有助于当代中国的文化建设,也必将对世界文明的健康发展产生积极的影响。

3. 当代的国学应当注意普及,在广大人民群众中弘扬中华民族优秀的传统文化。

经过"文化大革命"的十年浩劫,中华民族优秀的传统文化面临断裂的危险,中国人的身份认同感以及民族自信心、自豪感都亟待加强。近年来人民群众对传统文化的热情持续升温,海外华人华侨寻根的愿望十分强烈。在这种形势之下,国学研究义不容辞地应当担当起普及优秀传统文化的任务。国学能不能走出象牙之塔,在广大人民群众中得到认可,是国学研究能否顺利开展的关键之一。当代的国学应当具有提高与普及相结合的品格,应当在群众中得到检验,找到知音。

弘扬传统文化,可以利用各种传媒手段,特别是群众喜闻乐见的形式,应当落实到提高人的素质上,让传统文化的营养像春雨一样沁入人的心田。这是一个相当长的过程,不可急功近利,尤其不可进行商业炒作。用商业的方式炒作国学,甚至用国学来牟利,从根本上违背了学术的宗旨。

4. 当代的国学应当吸取人类一切优秀的文化成果,同时要确立文化自主的意识与文化创新的精神。

人类文明的历史表明:一个民族的文化,如果不借鉴和吸收其他民族的文化,就很难得到发展,甚至还会逐渐萎缩,中华文明也是如此。中国与外部世界的交流开始得相当早,汉武帝时期,张骞出使西域,开通了著名的"丝绸之路";汉和帝时期,另一位使者甘英的足迹,已经抵达波斯湾,与古罗马帝国(时称"大秦")隔海相望。到了唐代,中外文化交流更加广泛,长安是当时最大的国际都会,在8世纪前半叶,人口已达百万之多,居住着许多外国的王侯、供职于唐朝的外国人,以及留学生、学问僧、求法僧、外国的音乐家、舞蹈家和商贾。大食、天竺、真腊、狮子国、新罗、日本等许多国家的使臣络绎不绝。到了明代,随着航海技术的进步,郑和率领庞大的船队七下西洋,途经东南亚、南亚、西亚各国,最远到达东非沿海。明末清初,以来华传教士为媒介,中国又与欧洲一些国家建立了文化交流关系。

中外文化的交流,不但使中华文明得以弘扬,也使中华文明得到滋养;这种弘扬与滋养,涵盖了物质文明、政治文明及精神文明各个方面。中国的造纸术和印刷术传入欧洲,对西方文明的伟大贡献已是公认的事实;中国的瓷器、丝绸、茶叶以及园林建筑,营造了18世纪弥漫于欧洲的"中国情调";而中国的孔孟儒学、科举制度、文官体系以及文学艺术,不仅在日本、韩国等亚洲近邻国家落地生根、开花结果,还曾远渡重洋,成为18世纪欧洲启蒙思想家的重要学术资源。与此同时,中华文化也从外来文化中吸取养分。明末以利玛窦为代表的西方传教士用科学作为传教工具,激起了中国一部分士大夫对西方科学的兴趣,包括古希腊数学、地理学、物理学、生物学、天文学、机械工程学,以及火器、水利等等;而在哥伦布发现新大陆之后,16世纪至19世纪的三百年间,玉米、甘薯和马铃薯等美洲作物的传入和推广,对中国开发地广人稀的山区,满足人口大国的粮食需求,进而发展生产力,起到了关键的作用;中国人发明的印刷术与造纸术,西传欧洲,经过改造后又传回中国,再次促进了中国文化的发展与传播。

回顾历史,中华文明曾居于世界领先的地位。令人痛惜的是,在18世纪末至19世纪初期,正当西方文明实现了向近代化的转型,中华文明急需吸取其营养奋起直追的历史关头,清朝统治者却采取闭关锁国的政策,故步自封,不图进取,丧失了历史机遇,中华文明遂被排斥到世界文明发展的主流之外,处于落后地位,而中国这样一个文明古国甚至沦落到任人宰割的地步,这是我们应当牢牢记住的惨痛历史教训!

现在,中国发生了翻天覆地的变化,在和平发展的道路上突飞猛进,经济总量已经跃居于世界前列。在这种情况下,如何更加自觉地发展与我国地位相称的、与时代发展相适应的先进文化,是一个带有战略意义的重大问题。如果没有文化自主的意识,如果没有文化创新的精神,我们就很难在这个竞争激烈的世界中立足和生存。科技要自主创新,文化也要自主创新。一味地照搬古人和照搬外国,都是不足取的。继承传统文化,要有所取舍,不能复古倒退;吸取其他民族的文化成果,要取舍由我,不能不分优劣,全盘西化。复古倒退和全盘西化都丧失了文化自主创新的立场,都是没有前途的。自觉地创造我们自己的、具有时代性和前瞻性的新文化,乃是中华文明复兴的关键所在。

在这里,我想特别强调中国传统文化"走出去"的历史使命。阅读明清以降的中西文化交流史,常常给人留下这样的印象,即西方人眼中的中国形象,大多来自西方人自己的著作,如传教士的书信及报告、冒险家的游记等等,或褒或贬,都未能反映出一个全面的真实的中国。截至目前,我们对世界的了解固然还很不够,但是世界对中国的了解则更少、更肤浅。这就迫切需要我们以主动的姿态,充分利用各种途径和方式,将中国传统文化的精华,真诚地介绍给世界各国人民。现在中外文化交流,呈现明显的入超状态,有人统计,文化的进出口比例为14:1,这未必是精确的统计,但值得我们注意。随着经济的全球化,特别是中国经济的日益繁荣,世界更迫切地需要了解中国。我们在广泛吸取世界上一切优秀文化成果的同时,有责任使优秀的中华文明走出去,让各国人民与我们共享。

总之,国学研究既要保持其传统性与本土性,同时也要彰显它的时代性与世界性。当代的国学已经具备了各方面的有利条件,足以使之成为不同于以往的新国学。换句话说,现在已经是重建国学的时候了。

三

国学的当代意义是与国学的当代形态联系在一起的,国学如果没有新的发展,其意义必然受到很大局限。国学的当代意义是围绕着弘扬中华民族优秀传统文化这个宏伟目标来实现的。我曾经说过:不要以实用主义的态度对待国学。如果仅仅从国学中寻找对工商管理、金融、经济、公关等等有用的技巧和方法,那就太简单化了。有人问我:国学究竟有什么用?要说没用也真没用,既不能当饭吃,也不能教人如何投资赚钱。但其精华部分能丰富我们的精神世界,增强民族的凝聚力,协调人和自然的关系以及人和人的关系,能促使人把自己掌握的知识和技术用到造福于人类的正道上来,这是人文无用之大用,也是国学无用之大用。试想,如果我们的心灵中没有诗意,我们的记忆中没有历史,我们的思考中没有哲理,我们的生活将成为什么样子?[①]

国学的当代意义,在很大程度上取决于我们的研究态度。我们研究国学,应以承传中华民族优秀传统文化为己任。传统文化是一个民族的根,是一个民族的标志,也是一个民族的骄傲。传统文化关系到每个民族对自己身份的认同感、归属感,以及伴随这种认同感和归属感而来的文化尊严感。传统文化又是民族凝聚力的源泉,一个民族的疆土被人用武力占领了,还可以收复;一个民族的文化被人灭绝了,或者被自己抛弃了,则万劫不复!国学作为传统文化中深层的、学术性的部分,与中华民族的复兴密切相关。在经济全球化的大趋势中,拥有几千年文化传统的中华民族,必须自觉地维护自己的根,这样才能自立于世界民族之林。

从 20 世纪 90 年代以来,国学已经逐渐引起社会的重视,目前又一次出现了"国学热"。在这种情况下,我们必须更加清醒。我要强调的

---

① 参见袁行霈《国学与二十一世纪》,《光明日报》2006 年 1 月 10 日。

是:对待国学应当抱三种态度,即分析的态度、开放的态度、前瞻的态度。所谓分析的态度,就是要分清国学中的精华和糟粕,吸取其精华,剔除其糟粕。所谓开放的态度,就是要处理好中外的关系,不能把自己封闭起来。既要吸取世界上各民族优秀的文化成果,也要让自己民族的优秀文化走向世界。所谓前瞻的态度,就是要正确对待古今的关系,立足当前,面向未来,建立具有当代形态和前瞻意义的新国学。我们也应清醒地看到,国学研究是严肃的学术工作,不可满足于泛泛的议论,而应沉潜下来,认真钻研,将切实的成果贡献给社会。

"中国悠久的文化传统不是一潭止水,它宛若滚滚不尽的江河,不断吸纳支流,或直或曲,或速或缓,或涨或落,变动不居。国学也是这样,汉有汉学,宋有宋学,今后则必有以今之时代命名的学派。历史悠久的国学只有不断以新的形态代替旧的形态,才能永葆青春。"这段话是我在1993年《国学研究发刊辞》中曾经说过的,我想以此作为此文的结尾。我还想强调一句:国学只有与现实生活密切结合,在人民群众中发挥积极的作用,才能充分实现其价值,并永远保持旺盛的生命力。

第一章 国学的基本概念

一说到国学,我们的脑海中常浮现出厚厚的典籍,浮现出青灯黄卷下那白发苍苍的饱学之士,感觉那是很古老的东西。其实,国学是中华传统文化的学理总结,已经深深地融入我们的传统、风俗、精神乃至思维之中,成为我们生活的一部分。我们要学习国学,就要了解"国学"这一概念是怎么形成的,才能更好地理解、学习以及研究国学。

第一节 国学的形成

一、"国学"本义

"国学"这个词,最初指国立的学校。《周礼·春官宗伯》中记载古代有名为"乐师"的职官,"掌国学之政,以教国子小舞",这里的"国学"便是指设在王宫旁边的学校。班固说:"古者八岁入小学,故周官保氏掌养国子,教之六书。"[①]其中的"国子",主要指贵族子弟,国学教他们如何使用象形、会意、指事、形声、转注、假借这六种造字方法和用字方法,很类似于现在的小学语文教育。《大戴礼记·保傅篇》也说:"古者年八岁而出就外舍,学小艺焉,履小节焉。束发而就大学,学大艺焉,履大节焉。"是说先秦时期的贵族子弟 8 岁以前学的小艺,包括认字、读书以及日常行为规则,如早出报、晚归告等。到 15 岁束发时,开

---

① 《汉书·艺文志》,中华书局 1962 年版,第 1720 页。

始学习大学之道。

　　大学之道，"四书"之一的《大学》也讲得很清楚："大学之道，在明明德，在亲民，在止于至善。"侧重讲一个人从小我走向大我、从平庸走向高明的成家立业之道。其中的明德，就是培养良好的德行；亲民即新民，也就是要求一个人每天都能进步；至善，是形容修养的目的，在于追求自身道德的完善，让自己的言行举止都能符合社会的群体认知，能够得到尽可能多的人的支持。那么，如何实现这三个目标呢？就要通过格物、致知、诚意、正心、修身、齐家、治国、平天下八个途径，三个目标和八个途径合称为"三纲八目"。这样，知识的学习、能力的提高与人格的修养相结合，形成了古代士人教育的基本框架，保证了士人不仅通过读书长见识，而且通过品德修养，不断自新，不断成长。

　　从西汉开始，历代政府不断完善各级各类学校设置。其中普遍设立太学，使之成为全国最高的教育机构。东汉时，国学便成为国立学校的代名词。建武七年（31），太仆朱浮认为"国学既兴，宜广博士之选"①，建议先立太学，以振兴一国之学术。东汉熹平年间，汉灵帝让蔡邕等将当时流传的七种主要经书（《鲁诗》《尚书》《周易》《春秋》《公羊传》《仪礼》《论语》）刻石立于太学门口，供天下传抄，太学遂成为一国最高学术机构的象征。魏晋时期，国学开始指代各级国立学校，如《晋书·裴頠传》载："时天下暂宁，頠奏修国学，刻石写经。"裴頠呼吁西晋应该仿效熹平刻经的做法，在此颁行石经，以重振学术。《晋书·谢石传》也载："于时学校陵迟，石上疏请兴复国学，以训胄子，班下州郡，普修乡校。疏奏，孝武帝纳焉。"谢安之弟、尚书令谢石也主张从中央到地方普遍设立学校，以复兴国学。

　　国家设立各级各类学术教育机构，意在培养人才，传承学术。由于中国古代官学与私学并立，所以"国学"含义尚不能指代全部学术。但这些机构培养出来的人才，却成为中国学术传承的骨干力量，推动了中国文化教育的发展。

---

① 《后汉书·朱浮传》，中华书局1965年版，第1144页。

二、国学的演进

先秦时期不断争鸣的"诸子百家",在秦汉之际不断融通,逐渐成为较大的学术流派。《汉书·艺文志》概括为"九流十家"。我们习惯说的"百家争鸣",不仅概括了当时的学术生态,也形象地描绘了他们之间的学说分立与学理纷争。诸子之所以产生争鸣,是因为他们之间有共同关心的话题,皆试图建立一套政治学说,来表达自己的政治理想和社会追求,以改变周王室衰落而导致的国家秩序混乱。由于诸子出身的阶层不同,所受教育的环境不同,学术思想来源不同,因此形成千差万别的学说体系。如儒家出于司徒之官,熟悉治民、礼乐之道,便从教育入手,试图通过宣扬仁义、推广礼乐来教化百姓。法家学说更多受了司法实践的影响,侧重从法令、律条的角度来整齐秩序。墨家学派出身平民者居多,学说立足点在于下层百姓的见闻,所提倡"兼爱""非攻"等主张,更多代表普通百姓对稳定社会秩序、安定生产生活的向往。

战国后期以至秦汉,诸子学说开始融通,它们彼此吸收相通的、相异的学说,普遍采纳阴阳、五行、刑德等学理,试图建立起具有综合性的学理体系。在文本上形成了《管子》《吕氏春秋》《淮南子》《春秋繁露》以及《太平经》等著作,成为反映不同历史时期、不同区域学术见解的代表作。西汉继承了秦的制度建构,在行政策略上维持大一统的国家格局,不断增强国家认同感,整合各种文化思潮,使得中原与周边的社会形态逐渐融合,完成了中华民族文化形态的进一步整合。

其中,儒学由于受到政治上的推崇,作为官方意识形态,成为这一时期的显学。任何一门学问,一旦成为官定的利禄之学,被作为士人晋升之阶,自然导致两个倾向:一是烦琐地解释它,二是疯狂地附会它。前者导致了古文经学的产生,将经学引向艰深;后者催生今文经学,将经学引向虚妄。这样的显学,在汉儒看来,是大学问;但在民众看来,确实难以理解。随着东汉中央集权的日渐衰弱,到儒学所凭借的皇权不能给儒生提供足够的利禄时,经学所推崇的名教礼乐便不可避免地暂时解体,新的学说在儒学的内外滋生起来。

汉魏之际,天下动荡,瘟疫流行,士人们更加关注于生命的长短、荣乐的有无。尽管建安时期、黄初年间、西晋初立时,部分士人有强烈的功业意识,但整个社会舆论却始终更加关注生离死别、祛病延寿之类的话题。在这样的环境下,学者们开始对道家学说和儒家学说进行重新阐释,对究竟是为社会要求活着还是为自己活着、精神重要还是肉体重要、世上的事说得清还是说不清、什么是重要的什么是次要的等问题进行深入的探讨,形成了名教与自然、形与神、言与意、本与末等带有哲学意味的思考,将中国学术引入到形而上的辨析和逻辑性的表述之中。我们习惯用"玄学"去概括这一时期学者的思想形态。与此同时,道教开始形成,完成了古代想象世界的整体建构;佛教逐渐传入,丰富了中国人认知世界的方式。

道教是先有宗教形态后有思想体系。汉魏时期,随着宗教组织的建立,传统的方术、丹药、神仙等思想观念、民间信仰、社会习俗等开始不断附益聚合,先前所形成的经典性文本如《老子》《庄子》《列子》等开始被吸收进来,作为道教的学理基础。道教在形成初期重视救济、治病,对普通民众很有吸引力,却并不能引起好玄思的知识分子的普遍喜欢。随着道教对道家经典的不断推崇,基于玄学讨论的思想家们也陆续参与其中,道教逐渐完成了更有思辨意味的学理建构。

佛教是先有思想后有宗教。佛经中说释迦牟尼坐在菩提树下冥想,试图解决困扰人类的生死问题,最后豁然开朗,形成了四谛、十二因缘等认识,尔后建立教团,传播他的思想。当佛教传入到中土时,其思想体系已经很严密了。佛教关注的核心问题是人与外物的关系,教人如何认识自我、认识万物,如何摆脱生死荣乐的困扰而达到涅槃寂静的境界。在内容上,与先秦学者普遍关注心性、性情、有无的讨论有些相似,但佛教更多关注原因,即人为什么会痛苦;儒家更多思考的是过程,即如何消除这些痛苦;道教追求的是结果,思考最终走出痛苦后到达哪里。三种学说关注的兴趣点不同,使得它们能够从不同侧面解释人类精神生活的各种形态,彼此不能取代,相辅相成,相得益彰,成为中国人思想观念的基本来源。

南北朝以后,佛教传播的范围越来越大,影响力越来越强,阐释的学说越来越多。至唐中叶达到顶峰。从中唐开始,随着儒学的复兴,排佛、灭佛的舆论不断被强化,最终促成了唐武宗时期的"会昌法难"。这次排佛之后,佛教的解门诸宗逐渐衰微,而行门诸宗,特别是禅宗得以迅速发展,成为有中国意味的佛学修行方式。宋代以后,佛教的影响减弱了许多,但佛教的一些思维方法却留存在中国思想的话语体系之中。宋儒就吸收了佛教中的心、性、空、无等学理系统,融通了佛家的因明逻辑,继续深化先秦思孟学派关于性命、心性、知行等问题的探讨,形成了在中国哲学史上具有高峰意义的宋明理学。

宋明理学对形而上问题的讨论,至清朝入关后才逐渐衰落。客观原因是清室对汉族知识分子非常警惕,一方面要防范异端思想的形成,另一方面又要给知识分子以出路,清室更愿意引导学者们重视文献研究,试图用凝重、艰深的细碎之学来消磨学者在思想层面的创造。通过编订《康熙字典》《古今图书集成》《四库全书》等文献工程吸引知识分子皓首穷经而不关世用,通过钳制学者来钳制学术、通过控制研究来控制思想。在这一过程中,把那些带有叛逆色彩的书毁掉,既改造了读书人,也改造了思想资源。这样,明末清初知识分子所提倡的"经世致用"的精神被削弱了,清儒只顾埋下头来做学问,沉浸在考据、校勘和训诂之中。先秦以来士人立足现实讨论学术的习惯逐渐丢失,学问逐渐变成了在纸堆里的讨论和分析,少了站起来直面现实的骨气和勇气。从学术角度来看,这一时期虽取得了很大的成就,考证出很多原先不明白的名物制度等,但趴下去的学者太多了,思想和观念的更新太少,清王室也陶醉在知识分子的感恩戴德、俯首帖耳之中,抱残守缺,以老大帝国自居。直到东南沿海的英军舰炮轰鸣,才发现思想文化的禁锢、封闭和防范带来的不是安定繁荣,而是国家的整体衰落。

如果我们对中华文明的形成作一个全面的审视,就会发现其经历了四个时期:先秦是萌芽期,秦、汉魏六朝是形成期,唐宋至明中叶是成熟期,明中叶以后就进入转型期。在萌芽期,中华文明是多元胎动,分途发展的,史前文明因黄帝、炎帝、蚩尤等大部落之间的争夺与融合形成了华夏民族。随后夏、商、周开始建立国家制度,如商周时期的宗法制、分封制,战国时期的郡县制,中华文明在制度、行政、政治文化等方面不断探索,在国家治理、社会管理、生态建设方面形成了许多行之有效的经验,对中国人如何观察世界、理解世界、参与世界和描述世界进行了学理的思考。特别是百家争鸣所产生的思想观念,奠定了中国文化的基本共识,形成了中华民族的基本价值认知。一个民族、一个国家在文明形成初期,总会建立一个核心的文化谱系,围绕这个谱系所形成的经典,是对这一谱系的精神气质、价值追求、理性思考的学理概括,常对此后的文化形态、学术思路、精神生活产生决定性的影响。

秦汉所确立的帝制,形成了帝王和士大夫共同治国的政治架构,一直作为中国古代政治的基本形态,期间虽有调整,但不悖其本。秦汉时期最大的贡献,就是把中华民族内部诸多传说、观念整合起来,在精神上将中华民族融合在一起。例如《史记》把此前各民族的传说统一起来,把各民族全部归为炎黄的后代,从血缘关系上表述了"中华民族是一家"的认知。这种精神上的认同,提高了中华民族的凝聚力,即使在南北朝的分裂时期,仍以文化的向心力维系民族的融合。唐宋至明中叶是中华文明的成熟阶段,唐朝政治、经济上的强大,宋朝文化上的繁荣,明中叶以前思想上的活跃,把先秦和秦汉时期所形成的中华文明体系的最大潜力发挥出来了。

明中叶以后,中华文明进入了转型期。此前中华文明一直独树一帜,在东亚、亚洲乃至世界范围内都是强盛的,如唐朝在国力上的强大,宋朝在文化上的繁荣,元朝在军事上扩张,以及明初在航海上的探索等。但明朝中叶以后,西方开始了工业革命,而中国仍固守着农业传统所形成的政权建制和国家意识,不愿新变。特别是清朝采取闭关锁国、钳制思想的政策,几乎使中国走向衰亡的境地。明中叶以前,中国和周边文明的冲突,都是以农业文明和游牧文明的融合而结束。但明中叶以后,西方文明和中华文明之间的差异,不再是形态和程度上的区别,而是特质上的差异,即中华文明是基于农业生产而形成的人伦关系、社会秩序和国家形态,具有封闭的超稳定结构,长于维持现状而不善于应变。西方近代文明是基于工业生产而形成的商业行为、自由贸易和资本运作,长于应变而不愿意守旧,与传统中国的有着本质的不同。中华文明自形成以来,从未遇到异质文明势均力敌甚至压倒性的挑战,因而危机逐渐增加。特别是清末,西方的技术、军事的优势给中华民族带来的空前危机,使很多学者意识到西方文明体系和中华文明体系存在巨大冲突,这一冲突在短时间内难以调和。清末学者最初认为西方文明对中华文明的挑战,只是在军事和技术上,试图通过洋务运动来解决。但因甲午战争的失败,转而反思制度上的问题。维新运动的夭折,使大家最终认识到问题在于政治文化和思想传统的弊端,必须从文化传统入手,才能彻底自新。这种认识最终分别催生了辛亥革命和新文化运动,分别从制度上和文化上对中华文明进行了全面反思。

三、"国学"的提出

早在明清之际,具有近代启蒙思想和叛逆意识的思想家如李贽、顾炎武、黄宗羲、王夫之等就已经开始对传统的文化形态、思想观念进行反思,这表明中华文明已经试图从内部追寻自我转型。但由于儒家经典的束缚,这些带有启蒙意味的思想尚未展开,便被视为异端,未能成为社会共识。随后,清朝的文化政策又中断了这一反思进程。因此,清中叶以后中华文明的变通、更新、转型,就不再是自主的,而是被动的:不再是主动地按照自身的逻辑实现更新,而是被迫按照西方的技术、思想进行变化。这种转型实际上是在对中华文明或中国文化的反思与质疑之中进行的。

在这一被动转型中,逐渐形成了一种思潮,那就是将中华民族的近代衰落完全归结于中国传统文化,如新文化运动中提出的"打倒孔家店"之类的口号,就是过分放大了中国传统文化的某些缺失。其实,中国近代的衰落,最直接的原因是清朝在政治上的专制、在军事上的懈怠、在贸易上的壁垒、在思想上的钳制、在文化上的保守。如果将这些因素全部归罪于中国传统文化,进而否定中华文明的内在自足性,显然是偏颇的。毕竟中华文明也曾创造出汉唐盛世,也曾持续引领过周边文明,影响过世界文明。现在仍有人对中国传统文化存有这样或那样的偏见,恰恰说明从明中叶开始的中华文明的自觉转型,目前仍未完成。

这一转型之所以没有完成,是因为在目前,中学和西学之间的隔阂依然存在,西方对世界的认识方式和表述模式,与中国传统的学说体系、学理认知有着较大的差异,以西学本位观察中学,自然会发现其存在诸多不足。清中叶以后,中国传统学术的学理更新几乎中断,而在这一时期得以快速发展的西学正在建立,中国传统文化的基本学说成型于先秦,而西方现代学术建立于近代,二者相较,中学长于古而短于今的弊端便立刻显现。目前关于国学讨论中存在的反对声和支持声,正折射出我们对自身的传统文化还存在不同的认识,没有充分意识到中国传统文化尚未进行近代化、现代化的转型,只有实现对中华优秀传统文化的创造性转换、创新性发展,才能推动中国传统学术的现代化。

  19世纪洋务运动开始后,很多学者发现中学和西学之间存在一定的差异,主张将两者结合起来。冯桂芬在《校邠庐抗议·采西学议》中就说"以中国之伦常名教为原本,辅以诸国富强之术";1898年,张之洞刊行的《劝学篇》也提出"中学为体,西学为用"的观点,认为"中学治身心""西学应世事"。其中提到的"中学",就是中国自身的学术传统,西学则是西方传入的学术体系。在维新运动中组建的京师大学堂,由工部尚书孙家鼐出任事务大臣,他在《议复开办京师大学堂折》中就说:"今中国京师创立大学堂,自应以中学为主,西学为辅;中学为体,西学为用。中学有未备者,以西学补之;中学其失传者,以西学还之。"主张中学与西学互补。康有为代拟的《迅即改试策论折》也说:"中学体也,西学用也,无体不立,不用不行,二者相需,缺一不可。"皆主张将中学与西学的结合,作为中国融入世界的基本路径。我们现在来看,洋务运动的成功之处,在于它从技术上建立了中国近现代的工业基础,失败之处则是在制度文化上固守没有经过近代化转型的传统,使得中学与西学之异,变成了旧学与新学之争。

  当时许多学者意识到了中国传统的学术与西方学术体系之间的差异,也试图将中国重经学、尚忠孝的学术思路,与西方重智识、尚技艺的学术倾向结合起来。由于清朝长期的思想钳制与抱残守缺,基于农业社会而建立的思想体系与西方基于工业生产而形成的学理认知不能有效兼容,更不可能在短时间内实现。随着洋务运动的失败,中学西学之争,成为学术界的最大困惑,如严复、王淄尘等很多学者就对中国学术和中国传统产生悲观情绪,迅速形成了"弃中学而就西学"的倾向。

在此背景下,梁启超等人担心中国学术就此衰亡,被时人彻底抛弃,遂借鉴日本提倡"国学"的手法,试图保留中国传统学术,并倡言国学不会灭亡。1902年,他在《论中国学术思想变迁之大势》中将"国学"与"新学""外学"相对举,使之成为中国传统学术的代名词。经过梁启超的提倡,"国学"一词逐渐传播开来。1904年,邓实在《政艺通报》上发表《国学保存论》,提倡保存国学,并于1905年初在上海创立"国学保存会",公开以"研究国学,保存国粹"为宗旨。1906年9月,章太炎在东京发起"国学讲习会",随后成立"国学振起社",发行讲义,期望振兴国学。此后,马裕藻等人发起北京、杭州国学会,谢无量、廖平、刘师培、宋育仁等人成立了成都国学馆,唐文治创办了无锡国学专修馆,罗振玉、王国维创办《国学丛刊》,吴仲、沈宗畸等人主编《国学萃编》,陈尔锡、吕学沅等人创办了"国学扶危社"及《国学》杂志,倪羲抱等人创办了"国学昌明社",编辑出版《国学杂志》等,用不同方式试图继承中国传统学术,以避免其失传。经过各界有识之士的不断努力,"国学"一词迅速普及开来,用以指代中国传统的学术。

第二节 国学的认识

"国学"这个词提出的同时或稍后,也出现了"国故"和"国粹"等说法,尽管这些词汇的内涵大致相同,却在使用中体现出对待中国传统学术的不同态度。

一、国故

魏源在《〈定庵文录〉叙》中说龚自珍"以六书小学为入门,以周秦诸子、吉金乐石为匡郭,以朝掌国故、世情民隐为质干"[①],尽管这里的"国故"还只是"掌故""故实"的意思,但却能隐约地透露出当时学者

---

① 《龚自珍全集》,上海人民出版社1975年版,第651页。

心目中传统学术的大致轮廓,包括了经学、子学、史学、博物、考古等内容。1910年章太炎撰《国故论衡》,以"国故"一词概括中国传统学术,并将之分为语言学、文字学和诸子学三种。这个概念的内涵比魏源说要小一些,但也涵盖了中国传统学术的基本面。1910年,钱玄同认为当时很多青年学者"悉舍国故而新是趋",因而创办《教育今语杂志》,"以保存国故,振兴学艺,提倡平民普及教育为宗旨"。① 1913年,刘师培、黄侃创办了《国故月刊》,并在《发刊词》中明确提出"昌明中国固有之学术"的口号,用"国故"概括所有的传统学术。② 1919年,傅斯年提出"必须用科学的主义和方法"来"整理国故"。③ 同年8月,胡适也在《新潮》上发表文章,支持"用科学的研究法去做国故的研究"。④ 11月,他又系统提出"研究问题、输入学理、整理国故、再造文明"的主张。⑤ 1920年7月,又在南京东南大学讲演《研究国故的方法》,提出采用历史的观念、疑古的态度、系统的研究和整理等研究方法,对中国传统学术进行整理。⑥

1923年1月,胡适在《〈国学季刊〉发刊宣言》中说:"'国故'这个名词,最为妥当;因为他是一个中立的名词,不含褒贬的意义。'国故'包含'国粹';但他又包含'国渣'。"⑦1924年,他又说:"'国故'这两个字……其意义,即中国过去的历史、文化史,包括一切。"⑧胡适对"国故"一词作出系统的概括,泛指中国的传统学术与传统文化。在胡适的倡导下,"国故"一度成为国学的代名词,许多学者对其进行了定义。如曹聚仁在《国故学之意义与价值》中的概括,最有代表性:"'国故'之'国',乃专指'中国'而言,非泛称也。'故'之义为'旧';以今语释之,

---

① 钱玄同:《刊行〈教育今语杂志〉之缘起》,《钱玄同文集》第2卷,中国人民大学出版社1999年版,第312页。
② 见《国故月刊》第1期,1913年3月。
③ 傅斯年:《〈国故和科学的精神〉附识》,《新潮》1919年第1卷第5号。
④ 胡适:《论国故学——答毛子水》,《胡适文集》第2卷,北京大学出版社1998年版,第327—328页。
⑤ 胡适:《新思潮的意义》,《胡适文集》第2卷,第551页。
⑥ 胡适:《胡适演讲录》,河北人民出版社1999年版,第95页。
⑦ 胡适:《胡适文集》第3卷,第10页。
⑧ 胡适:《再谈谈整理国故》,《胡适演讲录》,第98页。

则与'过去'二字相当。"①

章太炎、刘师培、黄侃、胡适等人所谓"国故",一在于"故",是为了与"新"学相比较,只有比较后,方有新、故之别,这就明确了其研究对象是1911年之前的学术与文化。二在于"国",即中国本有的,或者经过中国化的学术与文化。三在于章、刘、黄等人主张以传统方法研究传统学问,有新时代研究旧学问的意味在里头;胡适等人则强调借鉴西方研究方法,以"整理国故"为号召,提倡国故意在保存,主张以新方法研究旧学问。② 总之,他们以"国故"称呼中国传统学术,前提都是以"旧"学问为故,认为这些传统的东西需保存、需整理、需研究。只不过是胡适等人认为:中国传统学术已"旧",不能担负起拯救时弊的作用,须用新学说代替之。而刘师培、黄侃等人却认为传统学术乃中华文化的根本,不能抛弃,还需要一一研究。

二、国粹

"国粹"的提出,实际是部分学者因担心中国固有传统的消失而形成的学术救亡观念,其中以"发明国学,保存国粹"的口号最有代表性,邓实、黄节、梅光迪、吴宓、胡先骕等是积极的呼吁者。

邓实是国粹派的组织者和理论家,他亲自主编《国粹学报》,作为这一主张的宣传阵地。他在《国学讲习记》中说"一国自有一国之学",认为中国学术内容丰富深刻,西学的政治思想和社会学说,中国古已有之。③ 他主张用中学同化、包容西学,显然夸大了中国学术的博大精深。黄节是"五四"时期著名的文化保守派,他非常忧虑青年学西学而忘却中学,担心失去中国学术的根本而不能自主,讨论起来带有更多感情色彩。他说:"国固吾国也,学即吾学也。海波沸腾,宇内士夫,痛时事之日亟,以为中国之变,古未有其变,中国之学,诚不足以救中国,于是醉心欧化,举一事革一弊,至于风俗习惯之各不相侔者,靡不惟东西

---

① 曹聚仁:《国故学之意义与价值》,许啸天编《国故学讨论集》上册,上海书店1991年版,第50—63页。
② 参见卢毅《"整理国故运动"与国学研究的学科重建》,《福建论坛》2004年第6期。
③ 邓实:《国学讲习记》,《国粹学报》第2卷第7号,1906年8月9日。

之学说是依。慨为吾国固奴隶之国,而学固奴隶之学也。呜呼!不自主其国而奴隶于人之国,谓之国奴;不自主其学,而奴隶于人之学,谓之学奴。"①这话说得沉痛伤感,几乎是在感慨学术的不能独立,会导致文化的不能自主,最终必然沦为西方文化的奴隶。将保持中国传统学术的自立自主提高到如此的高度,说明黄节对西学抱有很深的抵触情绪。

最有意思的是由留学生梅光迪、吴宓、胡先骕等人创办的《学衡》,也加入到保存国粹的活动之中。他们在《学衡》发刊词中阐明了"昌明国粹,融化新知"的宗旨:"本杂志于国学,则主以切实之工夫,为精确之研究,然后整理而条析之,明其源流,著其旨要,以见吾国之文化,有可与日月争光之价值。"②可以看出,《学衡》表明了他们对中国传统学术和文化的固守,这显然是针对"新文化运动"中放大传统文化的弊端的思潮而来的。

如果说"国故"是一个学术概念,那么"国粹"更多是一个文化概念,提倡国粹的学者既有传统学者,又有留学归来的新派学生,说明"国粹"论者有一种深沉的文化情结:担心西学淹没了中学,主张复兴中学,批判欧化思潮。他们所谓的"国粹",与晚清张之洞等人"中学为体,西学为用"之论一脉相承,认为中国文化优于西方文化,中学可兼容西学。其着眼点在"粹",即着重强调中国文化之博大精深,感慨新时代新青年醉心西化而不懂传统文化的旨趣,忧心中国的学问或沦丧为西说的附庸,或失传于一代学者之手,故而带着深沉的学术忧虑,强化传统学术的某些优点,以图复兴传统学术。③

三、国学

19世纪20年代后,大家又开始普遍采用"国学"一词,来概括中国传统的学术。汪震、王正己合编的《国学大纲》,将"国学"理解为西学东渐之前的学术传统。④ 胡朴安在《研究国学之方法》、郑奠在《国学研

---

① 黄节:《国粹学报叙》,《国粹学报》第1卷第1期,1905年2月23日。
② 见《学衡杂志简章》,《学衡》第3期,1923年3月。
③ 参见郑师渠《晚清国粹派文化思想研究》,北京师范大学出版社2014年版。
④ 汪震、王正己合编:《国学大纲》,北平人文书店民国二十二年(1933)版,第1—9页。

究方法总论》中,亦如此定义。① 蔡尚思《中国学术大纲》总结说:"国是一国,学是学术,国学便是一国的学术。其在中国,就叫作中国的学术。既然叫作中国的学术,那就无所不包了。既然无所不包,那就无所偏畸了……中国的固有文化,都不能出此国学二字范围外。"②国学的外延极其广阔,囊括了中国古代所有的学识。胡适在《〈国学季刊〉发刊宣言》中作了界定,他说:"中国的一切过去的文化历史,都是我们的'国故';研究这一切过去的历史文化的学问,就是'国故学',省称为'国学'。"③在他看来,"国学"可以看作是"国故学"的简称。④

从晚清到民国,无论是维新派如梁启超、革命派如章太炎,或是新文化运动的倡导者如胡适、钱玄同等,还是相对保守的刘师培、黄节、黄侃等,甚至留学生梅光迪、吴宓等,都普遍意识到:无论西学如何传播,中国传统的学术仍需要进行系统的整理、研究,这是一国学脉之所系、一国文脉之所在。这种共识形成之后,各大学纷纷建立国学研究机构。

1922 年,北京大学设立国学门,其宗旨在于"整理旧学",其《研究所国学门启事》中将国学研究界定为对中国文史哲的研究。⑤ 1925 年清华大学成立研究院,其《研究院章程》中指明国学研究的内容主要为中国语言、历史、文学、哲学等。研究院主任吴宓解释说:"兹所谓国学者,乃指中国学术文化之全体而言"⑥,"本院所谓国学,乃取广义,举凡科学之方法,西人治汉学之成绩,亦皆在国学正当之范围以内,故如方言学、人种学、梵文等,悉国学也"⑦,不仅将国学的范围扩大,而且提倡

---

① 胡朴安:《研究国学之方法》,《国学大师论国学》上册,东方出版中心 1998 年版,第 45 页。郑奠:《国学研究方法总论》,《国学研究》,上海民智书店 1930 年版,第 3 页。
② 蔡尚思:《中国学术大纲》,上海启智书局 1931 年版,第 5 页。
③ 胡适:《胡适文集》第 3 卷,第 10 页。
④ 参见卢毅《"国学"、"国故"、"国故学"——试析三词在清季民初的语义变迁和相互关联》,《南京社会科学》2005 年第 2 期。
⑤ 《研究所国学门启事》,见王学珍、郭建荣主编《北京大学史料》第 2 卷第 2 册,北京大学出版社 2000 年版,第 1444 页。
⑥ 吴宓:《清华开办研究院之旨趣及经过》,《清华大学史料选编》第 1 卷,清华大学出版社 1991 年版,第 374 页。
⑦ 吴宓:《研究院发展计划意见书》,《清华周刊》第 371 期,1926 年 3 月 19。

用西方研究方法来讨论国学。与此同时,燕京大学、中央大学、厦门大学、齐鲁大学和东南大学、辅仁大学、东北大学、西北大学、中国大学等纷纷设立研究机构或国学系。

这一国学研究的热潮,到1930年代被中断。"九一八事变"打破了中国传统学术的自新之路,学术界开始分化,一部分学者投身到抗日活动之中,转而关注社会现实,甚至到了抗日前线,并参加了此后的国内战争。另一部分学者仍坚持在后方延续着传统学术的研究,尔后部分学者留在大陆,另一部分学者到了港台和海外,中国学术遂分途发展。港台学术的发展,在吸收西方学术方法的同时,更多延续了传统的研究路子,在经学研究、学术源流、版本考订方面做了大量的工作。大陆学者则在思想、方法上另辟蹊径,侧重于思想的评判,也取得了相当的成就。

现在我们来总结20世纪国学研究的贡献:一是确立了现代学术分类,将传统的经、史、子、集分为语言、历史、哲学、文学等学科;二是打破了经学一统天下的局面,解放出了诸多学问;三是开辟了新的研究领域,如边疆史地、考古学、风俗调查、方言研究、音韵分析等;四是革新研究方法,如二重证据法、文史互证法、田野调查法等,交叉学科的研究也逐渐形成。以这些成绩为标志,中国传统学术全面步入了现代转型期。

第三节　国学的价值

一、"国学"的定义

一代有一代之学术,国学的定义也应该随着时代作出新的诠释。国学是中华传统文化的学理性总结,是研究中华传统学术及其载体的学问,是对中华民族在物质文明、精神文明、政治文明、社会文明与生态文明进程中所形成的具有永恒意义和普遍价值的思想体系、文化观念、精神追求和学术方法的总结。

我们需要明确,国学研究,并不限于经、史、子、集的文献研究,而是要从其中寻找到中华文明发展中的经验、方法、策略,为中华民族的伟大复兴提供精神动力与思想支撑。国学研究,并不是要皓首穷经、食古不化,而是要创造性转换、创新性发展。我们研究国学,要能从中总结出中华文明的核心价值观念、基本精神气质以及思维方式,以此服务我们当前的建设和未来的发展。

从这个角度来看,国学,首先是一种思想体系,是驱动中华文明延续、发展和自新的内在动力。其次,是一种文化观念,是沉浸在中华文明进程之中的文化习惯、群体认知和价值判断。再次,是一种精神追求,是融合在中华文明之中的共有理想、社会追求和文化期待。最后,是一种思维方式,包括中国人的逻辑形态、分析方式、表达模式、处事习惯等。

二、国学的意义

我们现在研究国学,既具有学术的意义,也具有现实的意义。

第一,国学是揭示中华文明演进及其本质特征的重要内容和基本手段。中华文明是世界上唯一延续五千年而没有中断的文明,这一文明之所以延续,在于其在发展中积累了大量经验,例如如何协调社会内部的矛盾,如何解决与周边民族的冲突,如何建构一个行之有效的行政体系和管理体系,如何处理社会不同阶层和不同宗教之间的矛盾等,才使得五千年的中华民族得以凝聚并发展壮大。我们要对自己的历史经验进行总结,来服务未来国家治理、社会发展和民族复兴的需要。面对经济全球化、区域一体化、文化多样化、利益多元化的世界格局,我们要从中华文明的历史经验中,寻求到行之有效的国家治理体系、社会管理方式,不仅获得思想的启发,也得到实践的教益,形成基于历史经验、适合未来需要的发展道路。中华民族的伟大复兴,必然要参与到全球文明的进程之中,必然要与不同文明进行对话,这就需要我们系统而清晰地对自身文明形态有所了解,能够表达。例如中华文明的特质是什么,中华民族的核心价值要求是什么,中国人是怎么想问题的,中国文化独特的表达形式如何等,这些问题尚没有得到全面的总结和思考,需要我们自己先来研究清楚,然后才能实现与其他文明的平等对话,进而参与到世界文明的进程之中。民国初年的刘复曾说:"我们'新国学'的目的,乃是要依据了事实,就中国全民族各方面加以精详的观察与推断,而找出个五千年来文明进化的总端与分绪来。"①现在来看,这一设想仍未实现,正是继续推动我们从事国学研究的历史要求。

自19世纪以来,中华文明与西方文明的交流,输入得多而输出得少,关键在于我们自身的总结尚不系统。西方自然科学、社会科学乃至人文科学的理论和方法,也是从其传统学术继承、发展而来,经过了工业革命而重新建构起来,而中国传统学术则是基于农业社会建立起来的。两种学术体系的立足点不同,学术的路径、方法、策略也就存在很大差异。尽管我们在20世纪对中国传统学术进行了现代化的转型,但由于这种转型并不是基于对传统学术深入研究基础上而形成的主动转型,而是出于外部改造而进行的被动转型,更多的是对西方学术体系的模仿、复制,而不是出于对中国传统学术的厚积薄发而自觉形成的。这种转型的优点是迅速建立了现代学术体系,缺点是这种削足适履的改造,遮蔽了中国传统学术的优点,也放大了缺点。

中华文明之所以没有中断,就在于其中蕴含着丰富的智慧。由于西方学术的立足点在于欧美,诸多结论、定律甚至指数的形成,并没有考量、统计甚至观照到中国,这就决定了西方有些理论和方法在解决中国问题时存在一些盲区和误区。例如用西方哲学的观念衡量,中国似乎没有与之相对应的哲学,甚至有些学者认为中国没有哲学,只有思想。使用西方文学理论普遍采用的分析方法来研究中国诗歌,也很难描绘清楚如象、意、气、风、骨、神、韵等概念。从理论的视角来说,文学、哲学和历史在最高层面上有着共同的法则或相似的倾向,但问题在于:建立这些法则必须充分汲取不同人文传统所形成的文化成果,在对共同性规律进行总结的基础上加以概括。由于东西方在文化传统、语言表达、历史进程以及风俗习惯上的差异,西方学者在18—20世纪对诸多普遍性规律进行总结的时候,常常弱视或者忽略中国文学、哲学、历史的经验、方式与主张,因而这些学术成果尚不能称之为具有全球意义的总结,还需要进一步调整与完善。

幸运的是,西方学者也越来越注意到这一问题,他们在对全球,尤

---

① 刘复:《〈敦煌掇琐叙目〉叙》,《北大国学门周刊》第3期,1925年10月28日。

其是亚洲文化的描述中,中国人文传统越来越得到强调。不幸的是,我们在对西方理论体系进行使用时,常常将之视为"普遍"理论,有时不加思索地运用到中国人文社科领域的研究中,导致我们在某种程度上忽视了自身的文化传统、历史环境和社会形态,产生了诸多削足适履的照搬。因此,我们这一代学者的使命,不是简单地对中国传统学术进行总结,更不是机械地引进西方理论来诠释中国学术,而是要立足中国传统,吸收西方思想,融会自有理论资源,建立一套适合中国学术特征的理论架构、话语体系。在不同的学科领域,建立起中国学术的解析、评价、表述体系,参与到全球学术理论体系的进程之中。在更高的层面,比较中国学术与西方学术之间的差异及其产生的原因,概括出具有更广泛适用性的学说、观点与主张。这就需要我们培养出一批对中国文化、历史、哲学深有造诣,且对西方理论非常熟悉的学者,能对中国传统学术进行总结,能与西方学者一起建立一套既能涵盖中国学术,又能适用于西方学术的理论体系。

第二,国学研究是保持中国学术独立和思想体系完善的基本手段。我们要对自己的学术体系进行研究,使它独立起来,成为一棵根底盘深、枝叶峻茂的大树,才能与西方学术体系之树平等站立,相看两不厌。现在有些学者的理论阐释,大量采用西方话语,似乎不造词就不足以表达思想的高深,但常常是读来不知所云,总有一种隔靴搔痒的感觉。这就在于他们不仅在理论架构上摒弃了中国传统的概念体系,又对西方语境下产生的理论不甚精熟,因此只能采用造词的手法来表达所谓的"思想",以致语言的隔膜比思想的隔膜更突出。如果我们只是用中国的文学、历史、哲学和艺术来证明西方理论体系的伟大,而不是总结自己的特质,这样下去,中国学术必然会成为西方学术的附庸。

之所以出现这种情况,是因为我们对自己的传统已经不甚清楚了,或者说不能得心应手地用传统的话语体系来表达和交流。换句话说,是我们现在已经对传统的东西不能毫无障碍地加以理解、使用,甚至不太明白我们自己的学术体系的基本模式和内在架构。如果一个国家或者一个民族不能掌握自己文化的话语权,而不得不借用其他的话语体系来描述本国的学术,且不说交流中的被动和隔膜,其学理体系本身就必然存在依附性。

20世纪二三十年代的学者,因为有这样的忧患,常抱着强烈的使命感去追求学术独立。陈寅恪曾说:"昔元裕之(好问)、危太朴(素)、钱受之(谦益)、万季野(斯同)诸人,其品格之隆污,学术之歧异,不可以一概论;然其心意中有一共同观念,即国可亡,而史不可灭。今日国虽幸存,而国史已失其正统,若起先民于地下,其感慨如何?"他将中国学术的独立,看成"吾民族精神上生死一大事"。① 他认为一个民族想要真正独立于世界民族之林,除了要保持自身的文化传统之外,还必须保持学术上的独立,以学理自立支撑文化自立,以文化自信支撑国家自信。正是抱着这一信念,一代学者才有潜心研究国学的精神动力。

或许有的人会认为,我们现在无论怎么研究,也超不过乾嘉学派,也超不过1930年代的国学大师。这难免妄自菲薄,引喻失义。从清末到现在只有一百多年,我们现代学术体系的建立尚没有完成,中国传统文化的现代化转型尚在进行中,我们还有沉积了数千年的学术材料、思路与方法需要用现代的眼光重新审视,全面分析,应当意识到我们已经处在了学术转型之中,必然要承担学术研究的使命。

之所以如此说,是因为一代有一代之学术。四库馆臣总结历代经学的得失,说两汉之弊在于拘,即过分地拘谨于经典;魏晋至唐之弊在杂,把什么东西都纳进来;宋庆历至南宋之弊在悍,随便下结论,有时甚至是妄下评语;宋末到元朝之弊在于党,结成学派,相互抬举;明末之弊在于肆,过分随意,缺少严谨性;清朝之弊在于琐,做学问太琐碎。② 中国传统学术的现代化,就是要用现代的眼光,吸收包括西方学术在内的人类优秀的文明成果,全面而深入地审视中国传统学术,总结其优长,避免其缺失,从而建构出继承传统学术精华,又能与现代文明相辅相成的学理系统。

侯外庐曾总结传统学术的缺点:一是蔽于古而不知世。古代特别

---

① 陈寅恪:《吾国学术之现状及清华之职责》,《金明馆丛稿二编》,生活·读书·新知三联书店2001年版,第361—363页。
② 《四库全书总目提要》卷一《经部总叙》,河北人民出版社2000年版,第49页。

是乾嘉学派的学术研究,过分遵从古经,信守注疏,不能自新,比如《尚书》一直被推崇到清代,我们现在考证已经知道古文经《尚书》是晋朝伪造出来的。而且过分沉迷于经学本身,为学术而学术,便对世事知之甚少。十三经、二十四史,本是出于经世致用的目的,后世研究者皓首穷经为考据而考据,使得经典虽在而精神缺失。二是蔽于词而不知人。指过分强调文辞,对作者和人情世故研究得很少,书呆子迂腐之见太多。三是有见于实、无见于行。说起来头头是道,学说很难验证,学问很难成为行动。四是有见于阙、无见于信。即喜欢考证过去的疑问,不太关注现实乃至未来。① 因此,我们现在的学术,既不能重复乾嘉学者的老路,也不会照搬20世纪的模式,我们要汲取经验,探索出一条新路。大量出土的考古资料需要我们解释研究,中华文明历史的进程需要我们总结,传统的学术体系和思想方法需要概括,这些都要求我们抱着实事求是的态度,客观而理性地加以分析。时代环境不同,关注视角不同,学术指向不同,因而我们这一代的学术,也必将不同于以往任何时代,将来的学者也会给我们做一个评价,如何概括,如何褒贬,取决于我们这一代学者的成就。

第三,国学研究是中国传统学术发展的内在要求。如果说20世纪的国学研究过分地注重学科之间的"分",产生了诸多专门学问,那么我们现在已经意识到学术研究的目的,是要解决问题,无论是自然科学、社会科学还是人文科学领域的所有问题,都是综合作用的结果。要解决这些问题,就要打通各学科之间的人为设限,将不同学科的视野和方法"合"起来,通过跨学科的研究,将中国传统学术的相关思想和各种理论剖析清楚,总结中国学术的本质特征,概括出拥有中国内涵、具备中国特征、具有中国气派的学术体系。从这个意义上说,国学研究才刚刚起步,任重而道远。

我们衡量一个学术研究是否有生命力,要看三个要素:有无丰富的研究对象,有无系统的研究方法,有无开阔的研究前景。

国学有丰富的研究对象。国学研究涵盖文学、历史、哲学、艺术、宗

---

① 侯外庐:《中国思想通史》第五卷,人民出版社1956年版,第398页。

教、方术、天文、地理等诸多学科，其资料存于经、史、子、集等浩如烟海的典籍之中，还有不断出现的考古资料。这些内容即便是单一的研究也不是很充分的，更何况将上述文献、学科打通进行全方位的审视。丰富深广的资料必然带来不胜枚举的问题需要认真剖析，需要系统总结，从而使得跨学科的国学研究有诸多的新课题。

国学有系统的研究方法。中国传统学术在长期的研究实践中积累了很多方法，如版本、目录、校勘、辑佚、辨伪等文献研究方法；如文字、音韵、训诂等语言研究方法；如诗话、评点、传赞等文学评论方法；如道、德、心、性、命、情、理等哲学理论范畴；如气韵、形神、意趣、自然等艺术品评体系等。这些研究方法在漫长的学术积累中，形成了许多独特的技巧和规则，一方面我们要借助这些理论方法对传统学术进行分析；另一方面我们还要总结这些方法，使之理论化、系统化、精确化，能够适应当前乃至未来学术话语表达和交流的需要。

国学有开阔的研究前景。传统的学问中还有很多概念需要精确，比如：中国思想的核心体系是什么？中国史学与西方史学的精神追求、表述视角有什么不同？中国传统的逻辑体系是如何建立的？中国文学、艺术审美体系如何描述？文、史、哲、艺术的艺术经验如何与西方学术体系对接？这些大而言之的问题尚未解决，足以说明我们对传统学术总结得还不够，继承得还不全，研究得还不够深入。

第四节　国学的研究

那么，国学该如何研究呢？

一、研究旨趣

我们做国学研究时不能蹈袭，不能因循，不能自封，不能固守。佛教把能断三界之见惑、预参于圣者之流的行为叫作预流果，说预流之流是圣道之流。1930年陈寅恪就说："一时代之学术，必有其新材料与新问题。取用此材料，以研求问题，则为此时代学术之新潮流。治学之士，得预此潮流者，谓之预流。其未得预者，谓之未入流。此古今学术史之通义。"①这提醒我们,做学术研究,必须时时有"预流"的意识,要有意识追求学术研究的大势。

取法乎上,方能成就格局之大。能做到这一点,必须时时保持对学问持之以恒的追求,必须时时打开求知的心扉,不要把自己变成知识的一部分,而要把知识变成自己的一部分。只有这样,才能抛弃门户之见、学科之见,深入到传统学术内部。先学有法之法,进而用无法之法才能打开众妙之门,领悟中国传统学术之根本,如以史学判断成说的得失,以审美领悟文学艺术的天成,以逻辑明辨哲学的结论,以考据审定文献的是非。只有抱着端正的方法和深沉的态度,才能把握传统学术之根本、学理之脉络,才会形成鞭辟入里的见解,才会有稳重剀切的结论。无论何时都应当意识到,真正的学问不是一个人的专利,它是天下的公器、天下的利器,学问必须要百家争鸣之后才能显其深,要长期积淀之后才见其高。国学研究也不是一时的掌声和鲜花,而是长期的寂寞和坚持。有志于国学研究的人,必须抱着这样的心境和志向才可以。这样说似乎有些悲壮,但历史上有多少大家不是生前寂寞之身、身后鼎沸之名?

二、研究眼光

我们当前的研究,必须要有学术眼光。任何时代的学术都是由新问题、新材料组成。如果我们不能利用新材料,不能提出新问题,没有新视角,那么我们就只能在前人设定的局域中亦步亦趋,抱残守缺,东施效颦,就会迷失进步的路。学术的变迁,一在思想系统,因时而迁,因情而变;二在研究方法,汉学重训诂,宋学重阐释,时有因革,代有转移。学术因时代而变,不同的时代总有新问题、新材料,这就要求我们具备必要的学术眼光。

关于新问题。材料与学问的关系有两种:一是用偏僻的材料做学问,二是用常见的材料做学问。真正的好学问是读平常书做出的,因为

---

① 陈寅恪:《陈垣〈敦煌劫余录序〉》,《金明馆丛稿二编》,生活·读书·新知三联书店2001年版,第266页。

这个材料很多人都读过,能读出别人没有读出的东西,这最能见出高明。如陈寅恪的《元白诗笺证稿》也是以"诗史互证"的方式发明出诸多新的见解。田余庆的《东晋门阀政治》,便是根据"王与马,共天下"的民谣考察出东晋门阀制度的形态。其实传统典籍中有很多问题,细读就能发现,如《中国文学史》中习惯将《孔雀东南飞》作为汉代民歌,但很大程度上忽略了诗作序言所说的"汉末建安中"的时间指向,这无形之中忽略了汉魏诗歌的一体性和延续性。这就要求我们有怀疑的精神,能够带着问题去读书,在读书中发现问题。

关于新材料,主要是指一个时代新的考古发掘、档案资料。新材料,多为前世所未见,如敦煌遗书、甲骨金文、新见简帛、出土文物等,常能补缺前代史实,而成新的学问。现在出土的简、帛、木牍、墓志、钟铭,所载文字常可以补充以往典籍记载的不足,作为研究的参考。推而广之,考古所见的遗址、墓葬,出土的器皿、图画,虽然没有文字,却表现了当时的形制、风俗,我们可以对照文字记载,发现许多未详的史实。典籍的流传,总是越传越少;考古材料的发现,总是越来越多。未来的学术,必以新材料解决新问题。除此之外,前代有些未能重视的文化资料,如家谱、民谣、民俗等,也可以比照文献,加以讨论。这些材料一旦为学术界所认可,往往可以形成一代风气,拓展研究视野。国学研究,须时时留意新材料,以求补充传统文献之缺漏。

新材料的使用,价值是不言而喻的,但也要留意其弊端。主要是新材料的出土,多零散分布,且损益严重,所同于传世典籍者多,迥异于传世典籍者少。特别是那些不同的文字,有的为前人所未见,有的与史籍记载有出入。前人未见的,常有助于我们了解真相,更加清晰地看出学术的变迁。对于那些记载有出入的,则要谨慎思考:因为任何一个时代的学术,必有主流、次流之分,必有成说、假说之别,如果传世典籍皆云如何如何,偶见一记载之言不同,若无充分证据,则须暂时循从旧说为妥。特别是对于思想史,不必因新出土个别字句不同,转而否定传世版本的全部价值。所以,对于可左可右之见,以取中正之说为稳妥。有些谱牒,列历代名人为祖,以神化家族的历史,其记史事,常多溢美心态,我们使用时也要警惕其虚妄之处。总之,运用新材料,必须谨慎,如果一味求新求异,则易长浮躁之心,时间一久,立论轻易而结论亦流于轻薄。

三、研究素养

一要有文献根底。中国传统学术文献集中于经、史、子、集四部之中,这是我们进行国学研究的基本资料库。这些资料的丰富性,只要看看历代正史中的《艺文志》或《经籍志》就可窥知。例如《汉书·艺文志》记载了西汉时期所存世的书,这些书现在九成已经散佚了,但有名字放在那里,我们循此就可以知道当时学术的鼎盛,对当时的学术概况有所了解。有的书流传下来,但在流传过程中形成很多版本,辨别这些版本之间的差异,何时成书,如何流传,就形成了版本学。版本之间有何差异,差异是如何形成的,如何区别这些不同,就形成了校勘的学问。有些书是后来人伪造的,有何差异,怎么辨别,这就需要专门的辨伪知识。那些散佚的古书有些残存在其他的书里,特别是类书之中,把它们辑录出来,重新编纂成单行的书,这便形成了辑佚学。这些专门的学问,是我们进行国学研究的基础。

我们常到图书馆看书,也到书店买书,可以简单运用文献学知识来审视一本书。先看看书名和作者,就可以知道书的性质,是通论还是专论,作者是什么人,大致能够判断书的特色。再看序跋和目录,就知道这本书是如何写成的,大致内容是什么。有的书还有提要或前言,如《四库全书》所录的典籍前面多有提要,对书的版本、得失进行评论。序言习惯流于溢美,这要依靠目录来判断其见识的高下和立论的优劣。此外,还要看附录,附录多列参考文献,参考文献的专博,特别是旁征博引的资料,也能说明作者的视野,从侧面了解一本书的广度。再翻翻注释,能看出作者的态度和讨论的深度。这只是从文献学的角度来谈,当然最重要的还是看正文。

二要重小学基础。要掌握文字、音韵、训诂的基本方法,这是从事国学研究的基础。文字知识,对新出土的考古材料的研究极为重要。文字解读不一样,结论就不一样。现在有些学者不具备这方面的能力,往往只能掌握二手材料,因而引出很多无端的争论。古文字的知识过于深繁,但要大致了解一些,还是必要的。音韵学也是必须具备的,如杜甫《登高》:"风急天高猿啸哀,渚清沙白鸟飞回。无边落木萧萧下,不尽长江滚滚来。万里悲秋常作客,百年多病独登台。艰难苦恨繁霜鬓,潦倒新停浊酒杯。"我们用现在的普通话读这首诗就感觉不押韵。怎么回事呢?是音有古今之分。在中古音里,"回"读 huái,与"徘徊"的"徊"音同;"杯"读 bái。张元幹《贺新郎·送胡邦衡待制》中说:"举大白,听金缕。"大白就是大杯。学了音韵学,才知道原来是唐宋古音的遗留。

明训诂、辨章句、通旨趣、括精要是读书的四个步骤。明训诂,是利用文字、音韵等方法解释字句;辨章句则是对整个句子或者段落进行疏通,如王逸的《楚辞章句》、赵岐的《孟子章句》等,便是以疏通文义为主的著作。在辨章句的基础之上,我们才能读出一本书的旨趣,并概括出一本书的精要。

三要以实证为法。国学研究是基于文献的历史研究,其中很多现象、事件、思想,与我们现在的环境有很大不同,我们必须还原过去的"情景"才能想清楚,才能明白为什么会出现这样而不是那样的结果。这就要求我们必须重视文献的考订和证据的选择,并要具备"回到历史现场"的能力。

我们举二重证据法和三重证据法为例来说明。二重证据法是王国维提出的,是将传世文献和出土文献进行对比,这样就可以解析许多传世文献记载中没有说清楚的问题,如考察商朝的先公先王等。此后的简帛学、敦煌学正是采用传世文献和出土文献对照的方法进行深入研究的。后来这个方法发展成三重证据法,就是传世文献、出土文献和出土实物进行对照,这是考古学常用的方法。也有学者提出将传世文献、出土文献和民俗进行比照,进行社会学、文化学的研究。这些皆是在证据使用方面的努力,都是通过寻求来源不同的文献、资料来提高论证的可靠性。

现在我们写论文,无外乎四种情况:一是理强证强,这当然是最好的文章。二是理强证弱,有的文章说得头头是道,但没有一个文献证据,给人的感觉是有想法没根底,如果想法合乎常理与情理亦可为用。三是理弱证强,这是考证文章常用的写法,不追求理论上的概括,一条材料一条话,很扎实,但容易陷入饾饤之辨。四是理弱证弱,这类文章当然苍白无力。我们要做第一种文章,杜绝第四种文章。在学生阶段做研究,第三种要比第二种沉稳一些,如果真的有理论思考,也不妨试试第二种。关于证据的使用,传统的研究有很多经验,如孤证不能立论、直接证据比间接证据可靠、正史比野史更有力、引用文献以先不以后、断有容易断无难等等,都是历代学者治学经验的积累。

四要能纵横兼通。研究国学,是要对中国古代的历史、思想、文学和艺术进行概括,这就要求我们有一个历史时空观,才能准确地看出某一人和事在特定的历史时期的作用。通常我们把一个现象放在一个特定的空间内进行研究,如地域文学、地域文化、区域风俗、方言等,正是用空间的视角加以考察的。或者运用时间建立一个坐标体系,把某一现象放在这坐标中看,就很容易清晰地看出其前后变化的意义、内涵和特征,同时再联系当时的政治、经济、文化、社会的因素,就能看出这个现象产生的背景。

举个例子来说明,白居易的《琵琶行》写一个技艺精湛、容貌姣好的琵琶女:"十三学得琵琶成,名属教坊第一部。曲罢曾教善才伏,妆成每被秋娘妒。"我们知道盛唐的教坊是服务于皇室和上层贵族的,这些乐工和歌伎都具有乐籍,不能随便到民间演出。怎么会"武陵年少争缠头"呢?她在年衰色弛时流落民间,老大嫁作商人妇。白居易听了她的经历以后,引发了自己的身世之感:"同是天涯沦落人,相逢何必曾相识。"如果我们仔细思考就会发现,唐代教坊曾经发生了多次的调整,如唐肃宗、宪宗、德宗都曾裁撤过教坊乐工。特别是安史之乱,使很多乐工流散民间。杜甫的《江南逢李龟年》就是写在江南遇到著名乐工李龟年而发的伤感。教坊乐工本是在皇宫演出,服务宫廷的,但中唐却因财力等问题,多次让乐工歌伎离开教坊,这就使得很多乐工流散民间。开元年间崔令钦所撰《教坊记》中的很多曲子,后来成为词牌名,说明当时在教坊演奏的曲子与此后的曲子词有着密切关系。正因为教坊乐工的多次裁撤,使原先在教坊创制和演奏的曲子流散民间,在很大程度上提升了民间歌曲的质量,促成了中晚唐曲子词的兴盛。温庭筠《弹筝人》:"天宝年中事玉皇,曾将新曲教宁王。钿蝉金雁今零落,一曲伊州泪万行。"吴融《李周弹筝歌》:"年将六十艺转精,自写梨园新曲声。"这些新声应当是教坊、梨园曲目的外传。白居易贬官江州之前,任太子左善大夫,专门辅佐太子读书,对这些教坊曲目定有所耳闻,自然觉得江州的山歌与村笛"呕哑嘲哳难为听",当他重听教坊曲目的《霓裳》《六幺》之后,"如听仙乐耳暂明"。不仅音乐令他感到愉悦,而且琵琶女家在虾蟆陵,按照《长安志》卷九记述:"常乐坊:坊内街之东有大冢。俗误以为董仲舒墓,亦呼为虾蟆陵。"两人都曾在京城居住,用现在的话来说算是老乡了,又都曾经历了皇室的宠幸,也经历了繁华,却因变故流浪到江州,相互说起身世,都不胜感慨。

原先的歌伎在皇宫,有专门的乐工来谱曲,但这些歌伎流散到民间后,她们虽然会很多曲子,但歌词却相对典雅,不一定能为下层民众接受,要按谱用新词来唱,这就需要精通音律的文人为她们填词,如中唐的李益"每作一篇,为教坊乐人以赂求取"[①],晚唐的温庭筠也"能逐弦吹之音为侧艳之词"[②]。歌伎流散民间、教坊曲目的下行、词与文人的结合、新声受到民众喜爱,是晚唐五代词流行的重要因素。由此看来,如果熟悉中晚唐的历史背景,不仅有助于我们更深刻地体会作品的感情,还能更加全面地审视文学史演进的历史动因。这就要求我们能做到纵通与横通。

四、入门途径

研究国学,先要学习国学。对于初入研究门径的同学来说,一般适宜从读原著入手。古代的学者,常常是以诵经开始,等到成年,早已熟识三五经传,这其中自然接触到大量的音韵、训诂、文字、校勘、版本、目录等知识,他们常常是立足数经而窥其余,可以称之为学有根底。我们现在就不同了,自幼不再读经,常常是到了大学才逐渐接触大部头的学术典籍,读研究生时才有机会去做研究。因此,我们自不必从读经开始,可按照自己的兴趣来选择一部古书,喜思考者可读诸子,喜渊博者

---

① 《旧唐书·李益传》,中华书局1975年版,第3771页。
② 《旧唐书·温庭筠》,第5079页。

可读类书,喜制度者可读政书、会要,喜逸闻趣事者可读诗话、笔记等。初读一本书,一定要结合好的注疏来读,古代的名物制度、文字训诂、社会风尚总体一致,一本书读透了,古代文学的基本常识、常用典故便大致有所了解,再读别的书就不会觉得艰深。如果能坚持深入阅读三五本基本经典,日积月累,学问自然深厚,也就会发现很多问题,有时看到别人研究结论的偏颇,有时看到今人注释的错误。在此基础上,若能结合古汉语、古文献知识考证辨析一两处,或者总结一两点规律,讨论一两个问题,若能言之有物、言之有序,可以说算是初入门径了。

第二章 儒学与经学

什么叫经呢？"经"字的本意是织布时的纵丝。织布有经线和纬线，纬线绕着经线来回编织。由于经线是固定不动的直线，"经"字就有了"恒常""不变"的意思，人们就取"恒常不变"的义项来描述"经"的恒定性。在古人看来，经是古代贤人圣哲的言论汇编，是教人修身、齐家、治国、平天下的大道。经书是中国传统学术的基础性文献，经过儒家的整理和经学家的注疏，成为中国文化的基本典籍，体现了中华民族的基本精神。

第一节 儒经的形成

一、"经"的形成

先秦时期，"经"只是指通行的基本典籍。《庄子·天运》中说："丘治《诗》《书》《易》《礼》《乐》《春秋》六经，自以为久矣。"这六部典籍是周代学术的基础，为当时的士人所熟知、所通用，《墨子》《庄子》《国语》《战国策》中都曾称引。在这些典籍的传授和整理中，孔子的作用最大。《论语·述而》记载："子所雅言，《诗》《书》、执礼。"经过孔子的整理和传授，这些经典成为诠释儒家学说的文献体系，作为儒家的思想资源。

在文化的轴心时代，一种思想学说要想发挥重大的影响，一是要具有一定的超前性，又要具有实践性，儒家不仅提出要建立小康社会、大同社会等理想,又提出实行礼乐教化以推行王道政治,作为理想能够吸引士人去追求,作为行为可以指导士人去践行。这与道家过于玄奥、墨家过于古板、法家过于实用不同,是儒家学说得以光大的学术基础。二是要重视传承,即后学有人。由于儒家重视经典的传授,孔子之后,儒分为八,各派儒学继续发展,除《乐经》亡佚之外,其余"五经"都经过不同的传授体系传到汉代,被列为官学,从而发扬光大。

秦汉时期,由于《乐经》亡佚,其余经典合称"五经"。扬雄就说:"惟五经为辩,说天者莫辩乎《易》,说事者莫辩乎《书》,说体者莫辩乎《礼》,说志者莫辩乎《诗》,说理者莫辩乎《春秋》。"① 两汉设立的博士也只是五经博士。但习惯上有时还称"六经",如章学诚在《文史通义》开篇说"六经皆史",这只是泛指,实际以"五经"为据。

"五经"经过秦汉相传得以保存。陆玑《毛诗草木鸟兽虫鱼疏》就列举了《诗经》的传授学脉:孔子授卜商,卜商为之序,授鲁人曾申,曾申授魏人李克,李克授鲁人孟仲子,孟仲子授根牟子,根牟子授赵人荀卿,荀卿授鲁人毛亨,毛亨作《诂训传》,授赵国毛苌,时人谓毛亨为大毛公,毛苌为小毛公,最后形成了《毛氏诂训传》,即现在通行的《诗经》。现存的"五经"正是经过儒生的口耳相传,才得以逃过秦朝焚书的劫难流传下来。西汉时,这些经典备受推崇。汉文帝时期,伏生能口授《尚书》二十八篇,贾谊通《诗》《书》,被立为博士。董仲舒也因熟习《公羊》,被汉景帝举为博士。虽然汉初博士以"掌通古今"以备顾问,杂取各家,但因为"五经"的难得,就显得格外神圣,士大夫越来越重视它们,其影响力越来越大。这样,经过了儒家改造后的"五经",便成为中国传统学术的基础文献,其中蕴含的思想学说,也越来越多地获得了士人的认同,成为中华民族的学术共识。

汉武帝建元五年(前136),罢黜百家博士,专设五经博士,共七家:《书》《易》《礼》《公羊春秋》各一家,《诗》有齐、鲁、韩三家。这些博士往往专通一经,其弟子经过选拔,据经对策,录为甲乙丙三科,出任低级官员。甲乙科考遂成为一般官员的入仕途径,各家纷纷对所立经典进

---

① 汪荣宝:《法言义疏》卷十《寡见》,中华书局1987年版,第215页。

行注疏和经解,本以大义传承的儒学遂成为以释诂为特长的经学。

二、今古文经学

经学因发展而分化,一是由于传授系统的不同,形成了很多流派,如汉宣帝时,《诗》分齐、鲁、韩三家,《书》分欧阳、大夏侯、小夏侯三家,《易》分施、孟、梁丘三家,《春秋》分公羊、穀梁两家,各家说法不同,且固守家法,形成门户,党同伐异,汉宣帝不得不召开石渠阁会议讨论。东汉光武帝时,《易》增京氏一家,《礼》分大戴、小戴二家,《公羊春秋》又分严、颜二家,各家仍各持己说,争论不休。

二是因为版本的不同,形成了今古文经学。所谓的今文,主要是汉初由老儒生口耳相传的经典,直接用汉代通行的隶书记录下来,这些经典在文、景时期已得到官方的认可。古文经则是在汉武帝之后新发现的古本,如从孔子老屋墙壁出土的古文《尚书》《礼记》《论语》《孝经》等,河间献王刘德及其门客整理的《毛诗》《周官》等,以及刘歆整理的《左氏春秋》等。这些典籍出自古本,最初用先秦的籀文写成,虽在传授中也改为隶书撰写,但习惯上仍被称为古文经。

由于汉武帝以后的经学不再是单纯的学术之争,而变为利禄之争,后起的古文经必然受到今文经学家的排挤和压制。汉哀帝建平元年(前6),刘歆主张增立《左氏春秋》《毛诗》《逸礼》以及古文《尚书》为学官。汉哀帝让刘歆与五经博士讨论,诸经博士却说没读过那些书,没法讨论,多数不理他。刘歆气得作《移让太常博士书》,把抱残守缺的博士和官员们谴责一通。这次交锋,刘歆犯了众怒,遂补吏外出。众博士们也意识到了古文经学的挑战,联合而成今文经派,将那些没有立于学官的视为古文经派。

汉平帝时,刘歆借助王莽的支持,将上述经典立为博士。王莽还将"六经"各立五家,成六经三十博士。东汉光武帝即位后,则将王莽所立古文博士废除,仍保留五经十四家,其间虽短暂立过《左氏春秋》,但旋即废除。古文经学废除后,今文经学内部却争论起来,汉章帝在建初四年(79)召开白虎观会议,试图平息纷争,班固所撰记载这次会议的《白虎通》,便是采用存而不论的方式,把各家见解保存下来。章帝大约意识到了今文经的弊端和古文经的价值,他在建初元年(76)曾令贾逵选今文经《公羊》中严、颜两家的高才生二十人传授《左氏》。建初八年(83),又选儒生学《左氏春秋》《穀梁春秋》《毛诗》与古文《尚书》,虽然不授学官,却可以封爵,给事廷署,这等于承认了古文经学在政治上、学术上的合法性。东汉中期,很多学者逐渐兼通今古文。如贾逵、服虔、马融、郑玄都出身古文家,却兼通今文,他们的同学和后学也多如此。博士人选中今古文之间的界限逐渐淡化,如周防治古文《尚书》,立为博士;卢植今古文兼通,也是博士。到了东汉后期,今古文之间的争论,便逐渐停息了。

今古文之间的争论,表面看是学术问题,实际是利禄问题。今文经学家不希望古文经来分一杯羹,故而颇多诋毁。由于今文经长期服务于政治,其不可避免地沾染很多官气,如抬高孔子地位、圣化儒学、过分阐释所谓经典中的微言大义、通过治学求致用,这就使其学说演绎成分增加,不免流于虚妄,甚至不惜造纬书、言图谶。古文经由于长期在民间传播,多固守家法、师法,注重经典中名物制度的注释,为治学而治学,态度严谨,但注疏过于细密,不免流于烦琐。今古文经学的合流,弥补各自不足,方使经学得以融化优长,稳步发展。

三、经学的意义

汉代经学的形成,标志着中国文化谱系的初步确立,也意味着士大夫与统治者在意识形态领域开始达成共识,经学成为历代士人科考的基本书目,对中国政治制度的深刻影响,一直延续到清末帝制的结束。其对中国文化的浸润作用,到现在仍在延续。

我们知道,"五经"在先秦时候虽然得到公认,但并没有经过官方确定,因此不具有文化的权威性。由于秦火,先秦大部分书籍散佚,流传下来的经典就显得弥足珍贵,特别是儒家所推崇的"五经",被汉代学者奉为经典,作为学术传承的基本文献,得到广泛传播,对汉代的政治思想、经济思想、法律思想和社会文化等都发挥了基础性的作用。

西汉建国之初,用什么思想作为治国的指导纲领一直存在着争论,早期用黄老学说,陆贾认为应该吸收儒家学说,贾谊认为应该将儒家和法家学说结合起来,汉景帝晚期、汉武帝早期还发生了儒家学说和黄老学说的冲突。直到支持黄老学说的窦太后去世,汉武帝才得以重用儒术治国,设五经博士以备问,这标志着儒家学说正式成为官方主导的意识形态。博士制度的建立,是官方给读儒经和学儒经的人提供了一条利禄之道,通过读书可以做官,可以获得利禄,这就吸引了更多的读书人读经,使得经学由"百家之一"变成了"百学之首"。当政者设博士,主要是让博士所研究的经学为其统治服务,并从博士弟子、如博士弟子中选拔郎、文学、掌故等小吏。所以,五经博士的设立是有政治意图的,一方面要求儒家学说适应汉代的治国之道,另一方面为读书人提供了一条入仕的途径。儒生为了参与政治,也必须按照统治者的需要改造、发展、解读儒家学说。经过两汉近四百年的磨合,儒学才最终以经学的形态成为国家治理体系的基本学理。

此后,历代统治者都提倡儒学,儒经的地位不断提高。一部分解说经典的著作和补充儒家学说的典籍也得到尊崇,成为经学的组成部分,先后出现了"七经""九经""十经""十二经"等经书。到了北宋宣和年间,朝廷将《周易》《诗经》《尚书》《周礼》《仪礼》《礼记》《左传》《穀梁传》《公羊传》和《论语》《孟子》《孝经》《尔雅》十三部经典合称"十三经",南宋光宗绍熙年间合刊《十三经注疏》,"十三经"之名正式确立。经过明代李元阳、清代阮元的重刻,"十三经"之名完全确定,其注疏也得以广泛流传。

"十三经"的形成,是儒家典籍不断被经典化的结果,那些解释"五经"的典籍如《左传》《公羊传》《穀梁传》《礼记》《尔雅》等,以及补充儒家学说的《论语》《孝经》《孟子》也陆续进入经典体系,成为儒家学说的基本典籍。

第二节　儒经的演进

先秦是经书流传期,两汉是经学形成期,魏晋之后,经学与政治的关系越来越紧密,其研究也因时代的变化而呈现出鲜明的阶段性。

一、魏晋南北朝:儒经转型期

魏晋是经学的转型期。这一转型期的标志有两个:

一是今古文经学的融合。东汉后期开始的今古文经学混融的趋势,在郑玄所注的"三礼"中得到充分展现。他博采今文经、古文经疏经,远远超越其他学者。郑玄注《周易》《尚书》《毛诗》《仪礼》《礼记》《论语》《孝经》《尚书大传》等百余万言,"括囊大典,网罗众家,删裁繁诬,刊改漏失,自是学者略知所归"①,成为一代经师。郑玄"述先圣之元意,思整百家之不齐"的贡献②,已为时人所公认;其融会贯通的注疏方法,更为学界所推崇。魏晋之际的王肃,不仅兼采各派学说,为《尚书》《诗经》《论语》《左传》"三礼"等经典作注,还借鉴《太玄》儒道兼采的做法,重新解释儒学,如用道家学说来解释礼有"五至""三无""三无私"等特性,是儒学玄化的先导,可以视为魏晋玄学形成的尝试。尽管王肃在注释上故意与郑玄针锋相对,且不惜伪造《孔子家语》作为证据,其做法虽然不足取,但这种打破家法、师法的开阔视野,却为后代经学打开了通途。王肃曾任太常、光禄勋、中领军、加散骑常侍,是司马昭的岳父,其以政治权势形成学术权势,使得王学一段时间内压倒郑学,成为颇有影响的官学。

二是经学玄理化。王肃对郑玄的质疑、修正,使大家意识到经学并非神圣不可违背,这一时期的学者遂有了思考并发展经学的勇气。古文经学的训诂已经不能满足魏晋学者对于理论的渴望,今文经学对圣人的神化又使他们感到虚妄。这样,对"圣人无喜怒哀乐""圣人应物而无累于物"等的讨论,激发了魏晋学者对儒学学理的思考。他们继承了扬雄、杨赐、王肃等一脉相承的儒道结合意识,引入道家思想来注释儒经。如何晏的《论语集解》和王弼的《论语释疑》等,力排汉儒烦琐之弊,以简明为长,意到辄止。他们采用庄子所提倡"得意忘言"的方式,不拘泥于训诂,而侧重讨论其内在的义理,引导了经学的简约之风。

---

① 《后汉书・郑玄传》,第 1213 页。
② 同上书,第 1209 页。

此后,韩康伯的《易系辞注》、萧衍的《周易讲疏》《毛诗答问》、皇侃的《论语义疏》,皆重义理而略字句。

南北朝时,由于道教的兴起、佛教的传入,儒、释、道三者开始走向融会,儒学在此过程中,更加趋向开放。不同的是,北方地区多崇尚郑、王的训诂之法,南方地区多追宗魏晋的义理阐释,学风有别。由于南朝门第观念兴盛,重视家族关系和丧服制度,礼学发达,使得郑学的影响愈为加深,如雷次宗、王俭、刘瓛、何佟之、司马筠、沈峻、皇侃、沈洙等,均以礼学闻名于世。

二、隋唐五代:儒经统一期

魏晋南北朝学术长时间的分途发展,造成了经学在地区发展上的不平衡。魏徵说:"大抵南人约简,得其英华;北学深芜,穷其枝叶。考其终始,要其会归,其立身成名,殊方同致矣。"①正道出了初唐时期经学内部的抵牾和冲突。北方儒生说经,多宗汉儒,深入细致而不免拘谨杂芜;南方不重经文的阐释,灵动飞扬,却不免玄虚随意。随着唐朝的一统,唐太宗开始重视意识形态领域的统一,也为了方便科举考试,诏令中书侍郎颜师古考订五经,颁于天下,以便学者学习。他见儒学内部说法繁杂,又令国子监祭酒孔颖达率领儒生撰《五经义疏》,凡一百七十卷,于贞观十二年(638)献上。其后经过两次刊定,到唐高宗永徽四年(653)正式颁行,这就是我们常说的《五经正义》。

孔颖达在《尚书正义序》中阐述了他们解经的原则:"览古人之传记,质近代之异同,存其是而去其非,削其烦而增其简。"②先选用最好的注释本作为标准本,然后对经文注文加以疏通阐释,如《易》用王注,《诗》用毛传郑笺,三礼独取《礼记》、注用郑注,《春秋》取杜氏左传注,《书》取孔传。然后再融会众说、剪裁诸家,努力做到"文证详悉,义理精审,剪其繁芜,撮其机要"③。虽然皮锡瑞认为《五经正义》存在彼此

---

① 《隋书·儒林传序》,中华书局1973年版,第1706页。
② 《尚书正义序》,《十三经注疏》本,中华书局1980年版,第110页。
③ 《礼记正义序》,《十三经注疏》本,中华书局1980年版,第1223页。

互异、曲徇注文、杂引谶纬的缺失①，但其能在众学纷纭中重择优而定一尊，广采博览而结束纷争，打破南北学派的隔阂，兼容百家注释之长，既保存了西汉以来的经学著述、阐释的成果，也为后世经学研究奠定了基础，因此影响深远。

受此影响，唐代注疏学迅速繁荣，如杨士勋撰《春秋穀梁传疏》、贾公彦疏《周礼》《仪礼》，颜师古注《汉书》、李善注《昭明文选》等，都继承了孔颖达兼收并蓄、取长避短的做法，为后世"注宜从经，疏不破注"的做法做了示范。

三、宋明：儒经新变期

宋代是经学的新变期，在于宋儒排弃旧说，长于推求演绎经义。这一新变的形成，有三个原因：一是随着经学研究的深入，有的学者开始发现经学中的一些问题，如啖助、赵匡质疑《左传》作者并非左丘明，这种怀疑传统经典的真实性、传统文化的正统性的思路，开启了宋人疑经、改经的风气。二是隋唐佛教和道教的兴盛，使中唐很多儒生有了危机感，他们意识到儒学不敌佛学，很大程度上是由于孟子之后其再无发展，韩愈等人提出学者要担当振兴儒学的使命，就不能抱着旧注旧说不放，这对宋儒拓衍经义启发很大。三是由于宋代重用士人，宋儒担负家国责任的意识、文化使命感更强一些。如果说唐朝人建功立业在很大程度上是为了个人与家族，宋儒则似乎更多为了国家和社会，宋儒不管职务有多么卑微，总习惯站在国家的立场上考虑问题。如张载提出的"为天地立志，为生民立道，为去圣继绝学，为万世开太平"②，范仲淹所言的"先天下之忧而忧，后天下之乐而乐"③，便代表了宋儒普遍具有的家国担当意识。有了这种使命感、责任感，他们对前代经典的注释不满，就有信心，也觉得有责任去改。宋儒扬弃了汉儒训诂解经方式，通过阐释义理来表达新说，最终形成了宋明理学。

---

① 皮锡瑞：《经学历史》，中华书局1959年版，第201页。
② 《张载集·张子语录》，中华书局1978年版，第320页。
③ 《岳阳楼记》，《范文正公文集》，中华书局1985年版，第19页。

宋明儒学研究的特征是：第一，在疑经中改经。最初是怀疑前代注释，而后干脆另立新说，服务于现实。如王安石作《三经新义》(《毛诗义》《尚书义》《周官义》)，为变法做学理准备；王昭禹作《周礼详解》，探讨《周礼》中的赋税制度，为赋税改革提供依据。第二，义理化倾向明显。宋儒援引佛、道，阐释先秦儒经中没有被揭示出来的义理，大谈心、性、理、气等范畴。如张载《易说》以"气"来解释周易，邵雍《皇极经世》解释先天、后天之学等，都试图建立更为完整的哲学体系。第三，在集解中求创新，如朱熹《诗集传》跳出了"毛诗"将诗歌当成政治的传统，就文本来解释诗作。他的弟子蔡沈作《书集传》，大谈"二帝三王之心"，阐述治国之道、治乱之法。

在这一过程中，宋儒以经学的阐述为引子，涉及心性、天理、人欲等义理问题。由于关注理论阐释，以典制文献为主的"五经"的地位遂开始下降，颇多义理思辨的《论语》《孟子》《大学》《中庸》开始受到推崇，被尊为"四书"，成为明清科考题目的来源。这种演绎经学的方法，在辩证经学疑云的同时，也打破了经学的权威性和神圣性，使改经、疑经流于随便。元明时期，这一流弊影响很大，明成祖令胡广等人编出《五经大全》《四书大全》《性理大全》等，但由于在文献选择、著述考订上缺少严谨的态度，杂采宋元以来各种说法而不加详审，既不能如《五经正义》那样存精去粗，也不能如宋儒经说那样卓有见地。官定文本的粗疏，使得明代学术缺少扎实的根基，造成了明人治学之浮荡。

四、清代：儒经考订期

宋明时期，部分儒生奢谈心性时，有些儒生则思考经世致用的学问，南宋的陈亮、明代的王艮等都提倡经世之学，东林党人也主张将行为放在言谈之前。明清之际，顾炎武、黄宗羲、王夫之等不满明中叶以来士人侈谈性命、流于空疏的流弊，提倡经世致用以救时弊，他们研究天文、地理、河漕、兵工等，试图探寻知识来服务于实用。

中国经学的发展，一直遵循着两条途径：一条是探寻经学的义理，一条是探寻经文的本义。前者重视阐发，多以演绎来求取新的看法，汉代的今文经学、魏晋的玄学、宋儒的改经，追求的正是对经学义理的体认和引申,这一条道路多接近于哲学研究,把经学作为理论来讨论。后者则重视考证,多以归纳的方法来研究经书所载内容,汉代古文经的注、唐人对经书的疏、清儒对经书的考订等,追求的是对经文细节的辨析,这一条道路多近于文献学和语言学研究,把经学作为材料来分析。汉学和宋学的差异正在于此。

外部由于政治环境的窒息,内部由于宋明理学空谈的流弊过深,重新考订儒经成为清代经学的内在要求。以黄宗羲、万斯同为代表的浙东学派,提出了"学必源本于经术,而后不为蹈虚,必证明于史籍,而后足以应务"的主张①,以汉儒经注为宗,通过研究古字、古音来明训诂字句,进而明经。后经阎若璩、胡渭、惠栋、戴震的发扬光大,到乾嘉前后达到鼎盛。又经王念孙、王引之、段玉裁等延续,形成了著名的考据学派。他们的治学,识文字,通训诂,明假借,知音韵,审句读,明家法,有一套严格的学术规范。

清儒学术研究的优点,在于立足训诂而谈义理,严谨精密、博征广引,不仅理清了经书的诸多悬疑,还形成了许多集大成的著述。如惠栋的《周易述》《古文尚书考》《左传补正》《九经古义》、戴震的《孟子字义疏证》《仪礼经传通解》《礼经纲目》《考工记图》、阎若璩的《古文尚书疏证》、孙诒让的《周礼正义》、孙星衍的《尚书今古文注疏》、马瑞辰的《毛诗传笺通释》、陈奂的《诗毛氏传疏》、钟文烝的《春秋榖梁经传补注》、孔广森的《大戴礼记补注》、朱彬的《礼记训纂》、胡培翚的《仪礼正义》等,代表了传统经学研究所能达到的最高水平。但其缺点是重注疏而轻义理,重考据而轻实践,以学术为器,茫然不明其道,遂使得学术研究成为古旧之学,失去了时新的勇气。

五、近代以来:儒经反思期

清朝中叶以后,以龚自珍、魏源、康有为、谭嗣同等为代表的变革派开始借助今文经学来阐发政治主张。他们利用今文经学,特别是《公羊传》的变易思想,以通三统、张三世来阐述更法变革主张,主张托古

---

① 全祖望:《甬上证人书院记》,《鲒埼亭文集选注》,齐鲁书社1982年版,第347页。

改制,以变应变。这些学说并非严格意义上的经学研究,而是托古经述新义,有些论述为民国时期的学者提供了思想的启蒙,如康有为的《新学伪经考》《孔子改制考》等,敢于打破成说,直接启发了民国时期的疑古思潮和古史辨运动。

进入民国,经学的一统局面被打破,经书不再被作为神圣不可侵犯的经典,而被视为普通的古文献。这一时期的经学研究,更多是作为历史学的资料加以审视,对其中被儒家神化的历史现象加以分析,章学诚所谓的"六经皆史",得到了全面的体认。

20世纪40年代以后,有些学者开始重新认识儒学在现代社会中的作用,如方东美、唐君毅、牟宗三、徐复观、成中英、刘述先、杜维明、余英时等,提倡新儒学。张君劢、唐君毅、牟宗三、徐复观还曾联名发表《为中国文化敬告世界人士宣言》,强调研究"心性之学",以全面解读中国的文化传统。他们主张系统地表述儒学的心性义理,解读中国哲学的智慧体系;研究儒学的外王之道,讨论中国文化中政道与事功的关系;全面审视中国哲学,疏通中国哲学史演进的一些重要环节;建构中国哲学的基础体系,沟通中西哲学的差异和隔膜,他们的论述,推动了儒学理论体系的全新建构。

中国经学经历了数千年的演进,要对其得失、优劣进行系统而全面地审视,必须依赖于对其典籍的深入考察,并分析其在政治、经济、社会和文化领域中的具体作用,这需要长期的讨论和总结,是不能一蹴而就的。在没有全面了解的基础上,就下断语肯定其正面性,或者夸大其负面作用,都是姑妄言之,不足为训。当前的经学研究,首先应该埋下头踏踏实实地做好基本典籍的清理工作,无论保存还是批判,或是弘扬,有了这个基础,研究才能有根据。

第三节　儒学的价值

儒学能够成为指导中国两千多年历史进程的基础学说,不仅在于它的理论形态与帝制体系之间的契合,更在于它的思想倾向、价值追求与社会理想符合中国民众的社会心理。经学作为中华文化传承的载体,不仅成为士人修身治国的理论基础,而且集中体现了中华民族的人文传统和价值取向。

一、思想倾向

我们这里所说的思想倾向,不是分析儒学的思想体系,而是分析蕴含在这些思想体系之中的人文倾向,即这些思想的价值指向。这样有助于我们看出儒学本身的取向,是如何在中国文化中发挥作用的。

一是人本思想。与西方相比,中国更早地进入了人文阶段。西方文学是从古希腊神话等宗教文化开始的,宗教因素不仅支配而且影响了此后的文学艺术发展。中国古代虽然也有神话,但在西周时期就抛弃了神治而走向人治。《国语·楚语下》载楚大夫观射父言"绝地天通"是在颛顼时期,颛顼之史不可详考,中国很早就进入了神权王权合一的历史时期,却是事实。商代帝王为群巫之长,收拢祭天之权,将巫师之沟通天帝转化为王兼群巫之长而祭祀天地,实现了祭权与王权的统一。从甲骨文记载来看,商王同时兼有祭天和统率的双重身份。到了西周,随着德政意识的强化,逐渐疏远了对天的膜拜,转而加强对人类德行的重视。《周易》《尚书》等典籍成书在西周时期,这就意味着在中国文化典籍形成之初,便摆脱了远古宗教意识,将注意力集中在人伦关系的建构上,将解决人自身的问题作为出发点。

《诗经》的《周颂》《大雅》里有不少周民族史诗,最初还写周的先祖诞生后上天是怎么保佑他们,但更多的是描写他们如何率领百姓生产生活,如何通过诚实而质朴的品德,最后得到大家的拥护,实现天下归心,诸侯拥戴,最终灭了作为大邦的商。读《尚书》时,我们也能发现,虽然个别篇章里有阴阳、天命思想,但更多是把天命和道德结合起来,认为能不能治理天下,不仅取决于天意鬼神,更在于自己是否能得到百姓拥护。春秋战国时期,鬼神、天命的观念在士阶层中基本被回避了,大家更多关注人自身的问题,尤其是人与人之间的关系,一个阶层与另一个阶层之间的秩序,如君臣、父子、夫妇、兄弟、朋友之间应该如何交往,讨论天人关系也是基于学理的推导而不是神学的盲从。

这种人本意识,对中国政治来说,形成了以人为本的传统,即肯定人在政治体系中的核心地位,常常通过任人来任事。二十五史中惯常采用的纪传体,就体现了传统文化如何肯定帝王、臣相、儒生、文学在历史进程中的作用。对中国文化来讲,形成了关注现实而不尚玄虚的风气,不仅士人们聚焦于现实政治,连下层百姓也多抱着"诸神并敬,无神为常"的态度,来面对宗教和人生。

二是王道思想。儒学思想的特点是人本意识浓厚,缺点在于这种人本的关怀是建立在怀古情绪之中的。孔子一直对周制的衰亡和解体带有伤感,以恢复周礼作为自己的使命。《诗经》《春秋》《仪礼》恰好产生于春秋战国这一政治变局之中,没有成功的经验可资借鉴,孔子便不由自主地把对周制的怀念注入进去,使大家觉得天下大乱,是因为违背了周制。那么周制是从哪里来的呢?来自文王、周公,他们又继承了尧舜的治国经验。这样,先秦乃至秦汉儒生逐渐勾勒出三代治世的图景,并将这些图景作为一种历史存在进行想象,希望现实中的君臣以三代圣君贤臣为榜样,以仁义、礼乐治国,这便演化成了王道理想。王道将建立"小康""大同"社会作为理想,将圣君贤臣作为治国模式,讲究"内圣外王"的政治人格,试图通过"格物、致知、诚意、正心"等途径培养一个个健全的君子,参与到家、国政治体系之中,通过均富、安民、礼乐教化等策略,建立起一个上下和同、尊卑有序的和谐社会。

儒家的理想一直被作为古代中国的共识,就在于其在一定程度上体现了中华民族的社会向往。任何思想都存在一定的想象色彩,也总有相对应的学说体系或者行为方式。王道是与霸道相对的,霸道强调通过武力征服,王道则追求通过教化熏陶。实际上,这两种模式都存在先天不足:动荡时代,王道显得迂远;统一时代,霸道显得严苛。在春秋战国时期,孔子、孟子等儒生虽不懈游说,但没有一个国君愿意用其治国之道。精通帝道、王道、霸道的商鞅,游说秦孝公,秦孝公听帝道、王道昏昏欲睡,听霸道则数日不倦,遂用商鞅变法。[①] 这说明在天下大乱的时候,王道是无能为力的。从思想角度说,作为儒学理想的王道思

---

① 《史记·商君列传》,中华书局1959年版,第2228页。

想,确实对中国政治形态的形成起到了很重要的作用。但这一思想解释的、阐释的都是一个国家政权建立以后应该怎么治理,其君臣、父子、兄弟、夫妻、朋友应该怎么样,讲的是一个稳定国家架构下的群体伦理秩序。但天下大乱的时候该怎么治理,该怎样建立社会秩序,儒学是回避这个问题的,或者在这一问题上是阐述不清的。因而儒学发挥作用,不是在国家衰微、天下动荡的时候,而是在王朝鼎盛期,如西汉武宣时期、东汉明章时期、唐贞观年间、北宋仁宗时期、明万历年间、清康乾时期等。处在易代之际,正是经学乃至儒学的衰落期,却恰是其他思想如玄学、道家、道教、佛教等思想的发展期。

儒学以王道为追求的思想局限,是影响中国历史进程的因素之一,中国历史的循环或轮回形态,是以分久必合、合久必分的状态前行的。一统的时候倡言王道,缺少天下大乱的忧虑。一旦大乱,儒家学说解体后,却没有任何学说可以担负起重建的使命,霸道重武力而不重思想表述,只能由着大乱,在厮杀和屠戮之后,建立一个新王朝,再把王道学说拿过来使用,如此循环。不仅儒家,中国很少有学说系统阐述天下大乱后政治体系如何重建,即便偶尔有一点,也是所谓的禅让。这种禅让其实是以君子之心度小人,乱的时候是靠武力说话的,禅让常常不是给最有德才的人,而是给最有实力的人,如汉献帝"禅让"给曹丕,魏元帝"禅让"给司马炎,禅让不过是被美饰的篡夺。历史的进程从不按任何的设计来运行。王道思想对中国政治思想的影响,是极为积极的;对历史进程的影响,却存在一定的缺憾。毕竟思想的发展,是以理想的描述和逻辑的推演为方式;历史的发展,并不以追求的美好和行为的虔诚作为动力。

三是德治思想。这里所说的"德",包括两个方面:一是个人的成长、修身完全以德行为基础,要通过诚意、正心来修身;二是国家必须依靠德政来运转,圣君贤圣模式正是以"德"为评价标准建立起来的。这样,儒学就把"德"放在了整个社会治理的核心地位。

孔子为后代儒生所景仰,甚至到现在还为大家所肯定,正在于他是第一个全面肯定道德在社会建构中具有基础性地位的人。商周时期,常常有贵族、国人、野人的区分,表面看是居住地的差异,实际是地位阶层之间的区分。而在孔子眼中,君子和小人的差别不在地位,而在道德。我们现在尚未能免俗,孔子却在两千五百多年前就不以财产作为划分君子和小人的标准,这是很有见识的,也是很有勇气的。他看不起有权势而无德行的季孙氏、阳虎等,对固穷守德的颜回、执着理想的伯夷叔齐、守德三黜的柳下惠却赞不绝口。孔子对德的强调和重视,不仅影响到此后士大夫阶层对人格的评判,也通过经学的传承,深入到整个儒学学说体系之中,使如何追求道德的完善和品德的锤炼,成为中国思想的出发点。

在经学中,德治思想体现为深厚的仁政意识和民本意识。仁政意识,主要是在政治上强调由君主德行带来仁政,在社会上注重建立权责明确的礼制,在家庭中建立长幼有序的伦理体系,建立起上下和同、尊卑有别的社会关系和人伦秩序。这些政治理想、制度设计和伦理建设都源于儒家的仁义观念。仁义观念的形成,从天道角度来说,上天是通过道德来授命君王的,天地以生德为大德,国君必须顺天行事、爱护百姓。从个体角度来讲,任何人都具有恻隐之心,这种恻隐之心正是性善的来源。所以,国君不仅有必要实行仁政以尽天命,也有可能依照仁心来行仁政。

儒家学说侧重讨论稳定时期所要建立的秩序,其学说是以王朝建立、政治稳定为前提的,也就是在承认统治者治权的条件下展开讨论的。儒学中的"人和""民本""民贵君轻"等表述,多是为了提醒君主要意识到民众的力量,要求君王通过内心的仁爱和行政的德惠来保障人民的生活,通过人口的增多和人民的拥护来实现统治的长久。这种民本论,以关注民生、改善民生的社会建设为着眼点,而不是以权利分配、义务明确等政治阐述为指向,更多是"为民做主"而不是"人民自主",这也是儒家学说的局限性。

需要注意的是,由于儒学是积累而成,并不是一个人在一个时期完成的,这既导致了它的丰富性,又决定了它的复杂性。经书中有些资料,记述的是商周时期的情形;有的言论,反映的则是秦汉时期的认识。此后的注释和阐释,儒生和士人又各取所需,形成了很多不同的看法。不同时代的人增加了不同的内容,无论在文字表述还是在思想体系上,儒经常常存在一些相互抵触的现象,需要大家在阅读和研究的时候注意。特别是先秦经书的流传,基本上是口耳相传,这种传播的特点是速度快,缺点在于容易增删或修改,不可避免地渗入很多后代的词汇或者后人的理解。从思想的角度研究,我们既要注意这些细节,但又不能为这些细节所羁绊而裹步不前。毕竟任何历史的记载都是相对准确的,对其追述也不是同步的,我们研究思想,要更多关注其演进大势,方能明白其根本所在。

二、精神追求

这里所说的精神追求,主要是指儒学这一思想体系、文献载体以及其中潜藏的精神力量,是体现在儒学学理之中的人文追求。我们不妨把它看成儒生在传承儒学、利用儒学和研究儒学时的一种态度和方法。我们可以从经世致用、政治批判和积极开放三个方面来讨论。

一是经世致用的精神。儒家学说从诞生之日起,就有参与政治、融入社会、改变人生的意识,孔子、孟子周游列国,正是为了实现自己的理想。为了实现这一理想,孔子听说有人要用他,就不免心动。《论语·阳货》中记载公山弗扰、佛肸招孔子,孔子想去,而被子路劝阻的事情。建立在这种强烈致用心态上的儒学,非常关注现实,渴望参与政事。孔子弟子中的子贡、冉有、子游等都曾入仕,秦汉之际,孔子后裔孔鲋直接参加了陈胜的起义。汉代以后,儒生可以直接通过察举、科举等制度参与政治,经书中经世致用的精神在儒学的传承中得到了全面的体认。

经世致用的传统,使经书不再作为前世文献资料的汇编,而是成为不同历史时期用于推动社会变革、进行社会整合的思想资源和文化资源。汉儒重章句、训诂的目的,在于当时儒经不仅是选拔官吏的标准,还作为处理政事的依据,以《春秋》决狱,以《诗》《书》言事,这就要求精通经典的词句,在客观上也促成了汉儒固守旧说的心态。六朝礼学发达,主要是因为社会秩序完全紊乱,传统的价值体系崩溃,在外面可以任性逍遥,而在家族内部却要讲究伦常秩序。特别大的士族,其内部的运行,必须依靠"礼"所确定的亲亲尊尊原则,无论对于政治秩序的重建还是家庭秩序的完善,都需要用"礼"来整合。唐代领土比汉代更大,所要协调的阶层矛盾、民族矛盾、文化矛盾更为复杂,其通过编纂《五经正义》实现思想上的统一,通过编纂姓氏谱、推行科举制度减少阶层的对立,通过任用番将、颁行十部乐、提倡佛教等来促进民族的融合。其中,《五经正义》的编纂,在意识形态上开创了儒学服务现实的思路。宋儒为了儒学更新,通过重新解释儒学,服务于现实需要。王安石作《三经新义》表达他的变法有据,北宋《春秋》学的兴盛,也是为了应对辽、金、西夏的对峙环境。清代晚期公羊学的复兴,则是出于变革的理论需要。可见经学并非一成不变,而是历久弥新。

儒学的发展,既是由不同朝代文化环境所决定的,也包含儒学对不同历史环境的取舍。儒学的政治地位,决定了它必然要在不同的历史时期呈现出不同的形态,其中某种形态的放大,便是由不同时代的价值追求、现实取向所决定的。也就是说,儒学演进的背后,更多是儒生出于表达自己变革之道或者行为措施的合理性、合法性而做出的选择、阐释和演绎,从王莽、宇文泰、武则天、王安石、康有为等托古改制,就能看出经书对于政治的影响作用。这一影响力,正是经世致用精神的体现,它早已蕴含在儒学思想的建构之中,并为儒生所继承,以儒学学理演进的方式不断扩大。

二是政治批判精神。儒学从诞生之日起就充满着强烈的政治批判意识。《论语·季氏》中说:"天下无道,则礼乐征伐自诸侯出……天下有道,则政不在大夫。天下有道,则庶人不议。"天下按照正道运行的时候,礼乐等制度的建设和征伐等政令的发布都出自天子;无道的时候,正好相反,大夫不尊天子,自行发布政令,这就不可避免地引起下层百姓的议论。在孔子看来,庶人议政是合法的。在《论语》中,有很多议论、批评朝政的话,如季氏伐颛臾、冉有等人聚敛等,都引起了孔子的评论。

这种政治批判精神的形成,取决于两个定位:第一,先秦儒家认为君臣之间并非隶属关系,而是合作关系,孔子说"邦有道,则仕;邦无道,则可卷而怀之"[1],孟子也说"君有过则谏,反覆之而不听,则去"[2],

---

[1]《论语·卫灵公》,《十三经注疏》本,中华书局1980年版,第2517页。
[2]《孟子·万章下》,《十三经注疏》本,中华书局1980年版,第2746页。

郭店竹简《语丛一》里说的"君臣,朋友,其择者也""友,君臣无亲也",都是这种意识的反映。这种带有遇合色彩的君臣关系,能够使士人从旁观的视角来审视政治的得失,形成独立的士人舆论。但在汉代以后,随着士人逐渐变成文吏或官员,其政治批判的客观性遂有所削弱。不过常在历朝历代所形成的"清议"思潮,如东汉晚期的太学生、明末东林党人的政治批判,正是这种旁观视角的延续。第二,儒家学说的理想性。儒家思想长时期为大家所公认,正在于其所设计和描述的"思想图景"是中华民族几千年来所渴望实现而未能实现的理想。这种带有完美色彩的图景在成为一个民族公认的理想追求时,便成为融合族群、调和矛盾的最大公约数,历代帝王都将之作为目标,用以号召普通百姓,用以团结社会精英。这就使得儒学在成为政治意识形态的同时,也成为现实政治的参照,士人常以经书的描绘来比照现实政治,从中寻找批判的理论依据,引经据典来讨论政事,成为中国士人的话语传统。我们在这里强调士人,是因为他们不仅熟知经典的描述,而且也具有参与现实政治的可能性,更具有担负这种建设的责任感。因此,他们是最能代表担负政治批判责任的社会群体。

三是积极开放的精神。从表面上看儒经是封闭的,但实际充满了开放的精神。首先,经典是开放的,从汉代"五经"并称,到南北朝的"七经"、唐代的"九经"、五代的"十一经"、宋代的"十三经",经典的不断增加,说明儒学本身因时代的需要也在不断扩充,这种扩充使更多具有时代感的著述加入进来,这种不自我封闭的形态,正是积极自我更新的反映。其次,儒经阐释的开放性,从《汉书·艺文志》所列的六艺开始,《隋书·经籍志》《旧唐书·经籍志》《新唐书·艺文志》,宋、明、清史的《艺文志》等,都罗列了大量的儒学研究著作。尽管不同朝代都有官方颁行的正义或注疏,但历代都没有禁止学者对于儒学的研究,甚至鼓励学者、官员去研究讨论儒学,因而产生了浩如烟海的儒学著述。其中既有对儒学的怀疑,也有对儒学的演绎和阐释,如汉代的今文经学、宋代的改经风气、清代的疑经思潮等,甚至有些阐释已经成为经典的重要注释。这些学者对具有意识形态意味的著述的讨论和辨析,无疑对避免儒学的僵化有着积极的作用。

因此,我们讨论儒学,除了将它看成文献资料之外,更要把它看成思想资源和历史存在。对于一种存在于历史之中的思想,我们先是要分析这种思想产生的历史环境,分析在当时的思想语境下,这种思想体系的历史作用及其作用过程,这才是思想研究和历史研究的客观方法。因为对于历史上的思想来说,它的进步和落后,是相对而言的,也是依据其他的思想来作判断的,不可避免带有明显的时代性。例如火葬,宋代认为是野蛮的,我们现在却认为它是文明的;即使现在,也有民族或者地区认为它是野蛮的。一个人的见识可以超越他同时代所有的人,却不能超越他所处的时代。对于儒学思想来说,我们先不要一棒子打过去,说它是落后的或者先进的,而是要本着实事求是的态度,去具体分析哪些思想资源影响了我们现在,如小康、大同等理想;哪些思想资源是我们应该避免的,如三纲五常、三从四德等说教;哪些思想对于我们现在的建设是有借鉴意义的,如天人合一、慎独自修、厚德载物、礼法合治等。

第四节　经书的研读

经书是中国传统学术最重要的载体,是中国传统文化谱系的主干,对中国古代的历史、文学、思想、政治、艺术等方面起着主导性的作用,很多学说是在对经书的阐释和升华中形成的,因此可以将经书看成中华文明进程中核心价值体系的记录和总结。那么我们现在该如何来阅读这些经书呢?

一、以扬弃的意识择善而从。我们现在阅读经书,要注意吸收其中精华的东西,抛弃糟粕的东西。这说起来容易,做起来却很难。例如有人认为学国学就是背诵经典,让小孩子去背诵《千字文》《龙文鞭影》,有没有好处呢?当然有,可以锻炼他们的记忆力。合不合适,却要思考。因为现在不再提倡用古文写作,也不再以诗赋取士,与其让孩子们背这些东西,不如让他们背诵更有形象感和审美感的唐诗、宋词,甚至现代诗歌。前面我们已经讨论,古代的儒学也不是一成不变的,都是结合时代来使用、来阐释。我们现在也需要对儒学重新阐释,重新认识,来看哪些东西为我们时代所需,而不必一定复古,更不必回归原始经义。因此,对儒学的新的不同的解释,不妨看成当代儒学的一种新动向。至于说这种解释是不是符合原始经义,或者符合清儒的解释,我们可以再讨论。回头看看儒学发展的历史,就能看出,儒学的历久弥新,正在于不同时代有不同的诠释、重述和重构。

经书能够在三千年的历史进程中,为中国文化所认同,不仅在于官方的提倡,更在于其中蕴藏了高远的人生境界、深沉的人生智慧和丰富的社会经验。《论语·颜渊》所说的"己所不欲,勿施于人",自己不愿意做的事情,就不要勉强别人去做,这是一种宽容而博大的胸怀。《论语·里仁》也说,"君子喻于义,小人喻于利",有些人是可以用正义、理想和事业来激励的,有的人却必须告诉他做这些事会得到什么好处。《礼记》中记载了很多生活经验,如《礼记·曲礼上》里说:"将上堂,声必扬;户外有二屦,言闻则入,言不闻则不入。"到别人家去,要敲门而入,如果门户洞开,要高声问讯而不宜悄悄地进去。发现门口放有两双鞋,听不见室内说话的声音,可能是主人有机密的事,不要轻易进去,以免尴尬或者不便。又说:"凡与客入者,每门让于客。"就是说请客,遇到门要让客人先过,我们现在还以此为传统。儒家教育是为了培养温文尔雅的君子,来参与社会建设,与《庄子》等道家典籍侧重培养特立独行的个性不同。所以,我们可以从中汲取到很多有意义的生活经验。

二、以客观的眼光审视得失。任何一门学问都不可避免地存在局限性,这局限性既来自于视角,也来自于时代。对于儒学,更要如是观。我们要避免这个倾向:在不了解一个东西的时候,就先入为主,妄加评论。有时候有些人一听到经学、儒学就跳起来说,这些东西阻止了我们的现代化;或者声色俱厉地说读经是复古;或者反过来认为我们现在精神家园的失落、社会风气不好,正是由于人心不古,大家都要读经,甚至提出重新复兴儒学。作为一种文化现象,这类争论很有意思。但作为学术观点,这样的极端就显得偏颇了。我们要注意用客观的眼光来看待历史、文化和社会上的每一个现象,思考它产生、变异的各种因素,实事求是地去分析,而不要先入为主地固守某些成见。

儒学的得失是客观存在的,这是毋庸讳言的。但其中很多东西已经变成了传统文化的一部分,而我们每个人自幼便生活在中国文化的传统里,传统的东西仿佛血液和空气,已经浸润进我们的意识和行为之中。某个人可以改变自己,甚至成为经典的叛逆者,但他无法改变这个社会,改变我们的文化传统。中国传统中的很多东西,体现的正是人类进程的一些基本价值观念,例如和为贵、道德意识、自省观念、仁义之心等。我们要意识到,一种学问能够流传几千年,自有它流传的道理,也有它流传的需求。有些东西,你不喜欢它是因为你不了解它。不必要求大家都喜欢儒学,但有些常识是一定要了解的。知识就像堆珠宝,只有底部堆得越多,顶部才能起得越高。特别是对于研究中国古代或者关注中国传统的人,儒学是无法回避的学说,既然必须面对,就要认真思考,这就需要抱着客观的态度来分析。

三、以自新的理念寻求出路。以前有的学者,到国外空谈中国传统,到国内奢谈西方理论,仔细听就会发现,他们或只懂中国传统的表层,或只知道西方理论的名词,以有思想而没有学问的居多。形成这一现象,就在于我们自身的学问在最近五十年里研究得太少,或者总结得不够,这越发要求我们对自己的文化加强研究,把积攒了几千年的学问好好梳理一下,看有多少资源可资交流。

从学说演变的进程来看,一个国家、一个民族都有其自身的学说体系。这一体系中有一些是落后的,不能与时俱进;其中也有很多沉睡的文化观念、道德精神、实践经验值得总结、继承与发展。问题的关键在于我们如何将先进的内容从传统文化中分析出来,关注其对中华民族的精神、气质、文明形态的影响。儒学对中华民族的演进形态、中国历史的进程以及中国传统的学说体系建立起到了关键作用,是我们讨论古代中国社会的基础。现在不来讨论,谁来讨论?现在不加分析,何时分析?

至于说如何具体阅读经书,不妨借鉴这些方法:

一是循传注而精训诂。要选好的注本来读,把里面的意思弄清楚,比如《大学》说的"大学之道,在明明德,在亲民,在止于至善","明德""亲民""至善"的字面意思和思想内涵是什么?什么是格物,什么是致知?如何诚意?如何正心?借助注释把字义弄清楚。在这过程中,会发现不同时代的学者注释不同,这不是经书本身的问题,而是后世理解的差异,透过这些差异,正可以看出儒学认知的历时变化。

二是通大义而知宗旨。字句疏通之后,要知道每一段是什么意思,每一篇讲的是什么意思,是围绕着什么问题在说,通过章句之学而知篇章义理,进而通晓全书宗旨。在此基础上试着用自己的话来概括,比如《周易》的卦象是如何体现"变易"的思想的?《孟子》如何看待"义"?《论语》中的"仁"究竟包括哪些含义,这些含义又有什么样的关系?明白了不同典籍之中关于一些基本问题的讨论,就可以比较不同典籍之间对于同一问题的讨论,自然能看出作者见解的差异与见识的高低。要是能结合其他子书或者史书加以讨论,来比较不同著作在同一范畴或概念上的异同,谈出自己的看法,学问根基慢慢就确立了,学术视野也很快就打开了。

三是明演进而晓流变。儒学的发展具有时代性,读任何一本经书都要留意不同历史时期的学者如何阐释:汉儒怎么解释?唐人、宋人都是怎么继承与创新的?清儒如何考订、如何辨析?特别是在集注一类的著作中,列出了很多注解,哪条最通达?哪条最独特?我们可以思考。看着这一注释产生的时代,这样注释的方法和视角如何?得在何处?失在何处?不同时期的注释和方法有没有历时性的规律,其如何变化?这样就很容易看出儒学的演进过程,明白传统学问的变迁过程。有了这样纵观的视角,就能发现学术研究的大势,便逐渐学会预流。

四是守一经而立根基。"十三经"及其注疏浩如烟海,一时不可能一一精读,但要研究中国传统学术,至少要精读一本,精通其本经、传疏的基本含义,了解历代研究状况,这也是古代学者常用的入门方法。把一本经书及其历代研究作为根底,再以相关的著述辅助进行略读。我们一生能把一本经书读透了,精通了,基本的文字训诂、名物制度、历史知识、文化常识等也就具备了,读书思考也就有了学术的根底,加上纵通与横通的视野,就可以做出很大的学问。

第三章　十三经

如果说中国传统学术是一座大厦,那么经学就是这座大厦的支柱。这些支柱能够巍然屹立,又得益于基石的坚实稳固,这些基石就是"十三经"。这一章我们来谈谈"十三经"的概况。

第一节　《周易》

一、周易概说

《周易》是古代占卜之书。《周礼·春官宗伯》载大卜掌三《易》之法:"一曰《连山》,二曰《归藏》,三曰《周易》。其经卦皆八,其别皆六十有四。"又载筮人"掌三《易》,以辨九筮之名"。其实,《连山》《归藏》《周易》都是由八卦衍生出六十四卦,用于占卜吉凶的。东汉桓谭《新论·正经》说:"《连山》八万言,《归藏》四千三百言。……《连山》藏于兰台,《归藏》藏于太卜。"从他的说法来看,汉代似乎存有《连山》和《归藏》,但后来失传了。根据最近出土的资料,可以看出这两本书的卦序、卦名和爻辞与《周易》不太一样。传说《连山》《归藏》是夏朝和商朝的书,恐怕不足为信。从考古资料来看,商代的占卜主要是龟占、骨占,夏代尚没有太多的资料证明其占卜习俗,而《连山》《归藏》是筮占,与夏商考古所见有别。考古发现西周初年还存在大量的龟占、骨占,可见商周之际龟占、筮占并存,文王演《周易》而使筮占流行。目前辑佚出的《连山》《归藏》中,有些内容涉及周宣王的事情,也说明其并非商代占卜之书。后代的萧绎、刘炫都曾伪造过《连山》，可以推知桓谭所见的《连山》《归藏》不当为先秦古书，其字数达八万言，很有可能是秦汉好事者所累加、篡改。

《周易》最初被称为《易》，后来改称为《周易》。东汉郑玄注《易》时说"易"有三个意思：一是简易，《周易》把天下万物的运行基础归结为八卦，八卦又组合形成六十四卦，每一卦有六爻，最后形成了三百八十四爻，加上用九、用六，形成三百八十六种模式。《周易》试图用这些模式把宇宙之间万物的变化规律概括起来，以简驭繁，用以表达宇宙、社会和人生面临的各种可能性。二是不易，正因为这些模式的建立，概括了天地万物运行的秩序，如阴阳互动、八卦对应、六十四卦演生以及三百八十四爻指代的不同，万物不管怎么变化，都在《周易》的体系之中。三是变易，占卜正是试图预测万物的变化，《周易》体现出演生变化的理念，如每卦各爻都从事物的开端起，发展而成一个轮回，处处体现出变异、变化、变动的意识。

《周易》是怎么形成的呢？班固说：最初是伏羲画八卦，用阴爻和阳爻的变化形成了八卦。文王被纣王囚禁在羑里城的时候，把八卦叠加起来变成六十四卦，并作卦辞、爻辞。这种说法很流行，但不尽合乎事实。因为占卜之法起源很早，应该是先民长期占卜实践的总结，也是商周史官、卜官经验的积累，其间文王或许做了集大成的工作，但不是个人的独创。现在流传的《周易》后面附有十篇文章：《彖传上》《彖传下》《大象》《小象》《系辞上》《系辞下》《文言》《序卦》《说卦》《杂卦》，合称为"十翼"，它们对《周易》的来源、成书、哲理、卦象、爻辞等基本问题进行了阐释。《史记》说"十翼"是孔子所作的，从史料看，孔子晚年确实喜欢《周易》，读《易》读得"韦编三绝"，孔门传易是没有问题的。但自北宋欧阳修怀疑之后，《易传》到底是不是孔子所作，还是有争议的。

我们大致可以认定，《易》经的六十四卦，在西周初期已经编成；而《易》传，从其文字、思想、文体来看，最早要到春秋后期才能形成。

二、《周易》的体系

六十四卦全部是由阴爻和阳爻组成的。阳爻写作一条连接的横线（—），而阴爻写作一条断开的横线（--）。按照传统的解释，宇宙是由阴阳之气组成的，阴气下沉为地，阳气上升为天，阴阳鼓荡而成万物，中和者为人。在《周易》系统中，阳爻被称为"九"，阴爻被称为"六"。每个卦都是由六个爻组成的，从下面往上读，最下面的如果是阳爻的话就读之为初九，第二爻是阴爻的话就读之为六二，再往上面仍是阴爻的话就读之为六三、六四。第五爻是阳爻的话就读为九五，最上爻是阴爻的话读为上六，是阳爻的话读为上九。

六十四卦是由八个本卦组合而成的，这八卦分别是由三个爻叠加而成的。根据三爻之间的组合关系就形成了一首卦歌："乾三连（☰），坤六断（☷）。震仰盂（☳），艮覆碗（☶）。离中虚（☲），坎中满（☵）。兑上缺（☱），巽下断（☴）。"八卦分别代表了八种事物，即乾为天，坤为地，震为雷，离为火，兑为泽，坎为水，艮为山，巽为风。这八种事物，不仅代表了万物的组成，还代表了宇宙的性质和运行规律，体现为八种状态，表现为八种意谓。例如乾卦是由三个阳爻组成的，其体为天，特质为阳刚、积极、不息；坤卦是由三个阴爻组成的，其体为地，特质为阴柔、守雌、厚德。由此衍生出很多与之相关的解释，这在《说卦》中进行了罗列。

八个本卦相互叠加，形成了六十四卦。在这个叠加的结构中，既能用表面形象来说明吉凶，如上艮（山）下兑（泽）为损卦、上巽（风）下震（雷）为益卦，大泽损山，风雷激荡相益。其间亦蕴含了深层的思考，如上天下地为否卦，上地下天为泰卦。本来天上地下，为何反之为泰，正之为否呢？在于阳升阴降，否卦阴阳相背离，泰卦阴阳相交合。六十四卦之间的排列顺序，也体现了一定的变化意识。目前通行的《周易》卦序，与长沙马王堆三号墓出土的帛书《周易》、京房八宫卦序、元包卦序以及先天八卦卦序都不太一样，这说明了《周易》在流传过程中，不同时期的不同学者，对卦之间的演变规律有着不同的认识。现在有许多研究者提出了解释的方案，但多是推测之辞,这是因为卦序的排列不仅反映着个人对万物运行规律的认识,也与当时的数术认识有关。

每卦六爻。先有卦名,如六个阳爻组成的卦,卦名为乾,这六条阳爻是卦象,对整个乾卦进行解释的词:"元、亨、利、贞",则是卦辞。乾卦本身代表了一种积极进取的趋势,《象传》里说:"大哉乾元,万物资始,乃统天。云行雨施,品物流形。大明终始,六位时成。时乘六龙以御天。乾道变化,各正性命。保合大和,乃利贞。首出庶物,万国咸宁。"乾卦是通天之卦,代表着天道运行的持续和正道的顽强;《大象》讲"天行健,君子以自强不息",是说卦象之中,体现了进取意识和积极精神。

对每爻进行解释的辞叫爻辞。仍以乾卦(☰)为例,如初九,即最下一爻,辞为"潜龙勿用",言处于卑微阶段,宜于积累,宜于待机,而不宜轻举妄动;九二是"见龙在田,利见大人",前半句是象辞,用来象征事物的进展;后半句是断辞,得出"利于见大人"的结论。自古占卜多用象征性的语言来描述,一在于这种象征性是原始思维的遗存,二在于这种描述可以作很多的解释。不同时代的学者,甚至同一时代的学者,对《周易》的理解常有不同。九三是"君子终日乾乾,夕惕若厉,无咎",是说努力谨慎,认真做事是无咎的。九四是"或跃在渊,无咎",有时候跳出深渊,是没有灾祸的。九五是"飞龙在天,利见大人"。同样是"利见大人",九二、九五却因象辞不同,而呈现出不同的特点。前者是站在田野来看大人,带有仰视、干谒的意味;后者是龙翔九天,带有平等,甚至是俯视或驱使的意味。龙飞到最高,到九六"亢龙有悔",是说过分在上,则会滋生祸患,过犹不及。"用九"则干脆说"见群龙,无首,吉",即意味着天下大乱,没有首领,这对于飞龙在天者来说是"吉";还意味着保持这种群龙无首的局面,自己能够于乱中取利,也是"吉"。至于到底采用哪种意见,要看卜者根据时地和问卜者的具体情况进行解释。所以占卜,并不能真正全部解决问题,它不过给卜者提供了若干种可能罢了,问卜者必须结合后天的实际情况加以判断。

三、《周易》的价值

从哲学上说,《周易》所体现的变易思想、不易法则、简易意识,代表了商周时人对哲学的基本认识:看到了万物在变化中发展,发展变化是由基本法则决定的,基本法则又是可以概括的。六十四卦正是这种思想的产物,也是这种思想的体现。此后,"十翼"的出现,标志着《周易》从占卜之书向义理之书演进。"十翼"阐释的是《周易》中所蕴含的阴阳之形、变化之法、思维之道,通过表层的占卜,把深层的规律总结出来,形成带有阴阳观念,具有辩证意味的哲学总结。从此,《易》学不再单纯作为占卜之学,而是作为哲学思想,开始发挥越来越大的影响。到了魏晋之际的王弼,进一步阐明了《周易》之中的义理,宋儒张载和周敦颐就依据《易》的图式,建构起理学的体系。因此,要想学习中国古代哲学,不应该忽略对《周易》义理的探讨。

从思维上说,六十四卦在排列上是非常有规律的,不同的爻按照事物发展的趋势进行排列,由兴到衰再由衰到兴,体现出一种螺旋上升的趋势。不只是六爻的排列,六十四卦的整个排列也蕴含着事物的变化规律。如我们经常所说的"否极泰来",就意味着物极必反。否卦是天上地下,按照正常情理,我们知道乾为阳,坤为阴,这是最永恒的一个布局,但在《周易》里称之为否卦,是预示着天在整体、稳定的模式下有可能发生的一种变化。正常时,天在上、地在下,但只看到这一层,却没有看到事物运行的趋势,即地在上,天在下。否卦不好,是现状;泰卦好,是趋势。这样的变化、辩证意识是始终贯穿《周易》其中的。六十四卦分为八组,也可两两相对,体现了排列的严谨。通行本的六十四卦,以乾、坤居首,预示着天和地的大格局。最终为既济、未济,既济是事物完成了,未济是事物未完成。既济是渡过河的意思,未济是没有渡过河,最后以未完成卦意结束,表明天下事理仍然有延展的可能性。

从数术上说,《周易》中的阴阳之说、变化之道、辩证之法,不仅成为占卜学说的基础,而且后来的天文学、中医、建筑等理论建构,都借鉴了其阴阳互动而平衡的思想。《周易》的阴爻与阳爻的关系,跟数学的二进位法很类似,有人说这启发了计算机的发明。从文化上来说,《周易》里还存有大量的历史、文化材料,如王国维结合《周易》爻辞和甲骨卜辞,考证出殷先公先王。其中亦有很多民俗,如《贲》六四"贲如,皤如,白马翰如;匪寇,婚媾",反映的便是抢婚习俗。此外还有丧葬、劳动、节令等习俗,都值得我们去注意。

四、《周易》的研读

《周易》在发展过程中,形成了两派六宗。两派分别是象数派和义理派。象数派是讲占卜的,像施雠、孟喜、梁丘贺、京房、李鼎祚、邵雍、方以智父子,他们分别通过研究卦变、互体、纳甲、飞伏、爻辰、卦气等,来进行占卜。义理派是讨论《周易》义理的,"十翼"之后,西汉费直,魏晋之际王弼,唐朝孔颖达,北宋张载、程颐、朱熹,清初的王夫之等都有撰述。六宗是周易研究的六个派别:一是将之视为占卜之书,如马融、郑玄、荀爽、虞翻等。二是用之来演祥瑞灾异的,如焦延寿《易林》、京房《易传》等。三是用之来演说复杂哲理,如河图洛书派的陈抟、邵雍等,把《周易》数理化。四是玄理派,将《周易》与儒、玄结合起来进行讨论,如王弼的《周易注》、韩康伯的《系辞注》。五是诠释《周易》中的儒家思想,如胡瑗的《周易口义》、程颐的《伊川易传》。六是分析《周易》中的史料,如杨万里的《诚斋易传》等。

那么,我们现在应该怎么读《周易》呢?

一要明哲理。读六十四卦要思考变易之道,《周易》是通过阴阳变化之法,来探讨天地万物运行的基本法则。我们要关注这些大的问题,思考古人是如何探求万物运行,明白变通之理的。这可以通过阅读"十翼"来入手。

二是通卦辞。明白整个义理之后,要读每个卦,明晓各卦的卦象是什么,而后根据卦辞来思考八卦、六十四卦之间的排列,通晓整个卦体,把卦象和卦辞之间的关系想明白,就能提纲挈领地理解整个体系的内部建构。这可以通过阅读每卦的卦辞来获得。

三是审爻变。在掌握卦辞的基础上,对每一卦之间的爻辞进行分析,思考各爻之间的演变规律,明白三百八十四爻所指向的可能性。这样,无论象数研究还是义理研究,都深入地讨论过相关话题。

四是要定德义。要想在此基础上继续深入研究,形成自己的见解,就要用筮法语言或哲理语言对其加以表述,把卦德的深层含义表述出来,这是就卦而言的定德义。就学习态度而言,学习《周易》,思想要纯正,不要流于江湖术士的故弄玄虚,要抱着真切的态度去作学术上的分析。

读《周易》有三个层次:取法乎上,是思考其中描述的天地运行的大道理、大趋势;取法乎中,是通过《周易》思考社会变动的规律;取法乎下,是用《周易》来占卜眼前的吉凶。取法乎上,仅得乎中;取法乎中,必得乎下。

关于《周易》注释的书有很多。高亨的《周易古经今注》《周易大传今注》是很纯正的学术著作,金景芳、吕绍纲的《周易全解》是讲义理的,刘大钧的《纳甲筮法》是讲象数的,各有侧重。黄寿祺、张善文的《周易译注》注释不错,中华书局出版的《周易入门》可以作为入门读本。

第二节 《尚书》

一、《尚书》的形成

《尚书》是中国最早的一部政书,是虞、夏、商、周时期"典""谟""训""诰""誓""命"的汇编,是我们现在所能看到的夏、商、周文献中最集中的传世文献。虽然目前陆续出土了一些甲骨卜辞、铜器铭文,但这些考古资料都是片断性的,真正成体系的三代文献仍是保存在《尚书》中的文本资料。

《尚书》,最早被称为《书》,收集的是三代的公文,内容自然与行政密切相关。它在汉代被改称为《尚书》。东汉王充《论衡·正说篇》说:"尚书者,以为上古帝王之书,或以为上所为下所书。"《尚书》记事的内容,上起传说时代的唐尧,下至春秋时期的秦穆公。按时代先后,分为《虞书》《夏书》《商书》《周书》四个部分。由于夏商周史料的匮乏,这就决定了《尚书》具有珍贵的文献价值,是了解上古宗教、政治、思想观念最重要的史料。

那么,《尚书》是怎么形成的呢?《左传·庄公二十三年》言"君举必书",是说国君的一举一动都要记录下来。《汉书·艺文志》也说"左史记言,右史记事",是说在古代君主的身边有专门负责记录其言行的人。《尚书》保存的正是虞、夏、商、周时期国君与重臣们发布的重要文件和说辞:有的是史实的记载,有的是君臣议论的描述,有的是臣子开导君主的话,有的是勉励的文告,有的是君主训诫士众的誓词。这些文件在先秦时期流传很广,有些是当时记录的,有的是后世根据口耳相传的记忆追记的。根据《墨子》《国语》《战国策》《左传》等先秦文献统计,当时流传的大约有一百四五十篇。可见在两周时期,《尚书》是诸子通读的经典。

司马迁说孔子"追迹三代之礼,序《书传》,上纪唐虞之际,下至秦缪,编次其事"①,曾删定《尚书》。在《论语·八佾》中,孔子曾感慨夏、商之文献不足征,又怎么会轻易地删去《尚书》的一大半呢?春秋时期的其他典籍都引用《尚书》,孔子应当选取其中的一些作为教材,其他的或许因为没有被选用而逐渐散失,特别是经过秦代的焚书,那些流传不广的或者没有被儒生传承下来的,便陆续失传了。到了西汉,汉文帝、景帝、武帝开始留意收集整理图书时,《尚书》的版本问题就出现了。

二、《尚书》的流传

西汉出现了三种《尚书》:

一是今文《尚书》,其传者为伏生,本是秦博士。秦始皇焚书时,他把《书》藏在墙壁里,流亡在外。汉初回家,再看所藏的《书》,已丢失数十篇,只剩下 28 篇。到汉文帝时期,伏生已经 90 岁了,在齐鲁间传授《尚书》。汉文帝派晁错跟他学习《尚书》,于是晁错就用汉隶把伏生所记诵的《尚书》记录下来。这个记录的文稿,即为今文《尚书》28 篇。汉武帝时又加上一篇《泰誓》,变成了 29 篇。伏生传《书》给欧阳高、夏

---

① 《史记·孔子世家》,第 1935—1936 页。

侯胜、夏侯建，于是分别形成了欧阳氏《尚书》、大夏《尚书》、小夏《尚书》三个派别。这三个派别的出现，主要是师徒以口耳相传的方式传授的，难免会在原文上出现误差，其阐释也不尽相同。每传一代都加入新的理解，渐渐地分章和篇数都不一样了，这是由传授形态导致的。

二是古文《尚书》。汉景帝时，鲁恭王拆孔子故宅的一段墙壁，发现其中藏有一部《尚书》，是用先秦六国时的字体书写而成的。鲁恭王把这些书交还给孔子的后代孔安国。孔安国整理后，发现此《书》比通行本多出16篇。汉武帝时，孔安国将书献上。这本书被称为"孔壁本"，又被称为"孔安国家传本"。由于这本书是用古文写成的，一时无人能通读，被保存在皇家书库里，也称之为"中秘本"，《汉书·艺文志》称之"中古文"。刘向用之以校三家的今文本《尚书》，也就是古文尚书。除此之外，还有一个"河间本"，它是河间献王刘德收集整理的。刘德在做河间王时，有很多儒生投奔，他们一起整理礼乐、古书，其中就有一个《尚书》的本子，也是在先秦以传抄形态流传下来的古本。

三是"伪尚书"。据《汉书·儒林传》记载，汉成帝时，东莱张霸献上一种新的《尚书》版本，共有100篇，前面还有孔安国作的序。大家都非常兴奋，于是就拿"中秘本"来校对它，却发现这是张霸离析29篇为100篇伪造出来的，随即便把它废黜了。但《书序》却从此得以流传。

汉代的29篇今文《尚书》，16篇古文《尚书》，再加上孔安国的序，总共46篇，这就是今古文《尚书》的全部内容。由于今文《尚书》已被立于学官，汉哀帝时刘歆建议将古文《尚书》立为学官，遭到今文经学家的反对，直到王莽摄政才得以实现。但东汉初年又出现了排斥古文《尚书》的思潮。古文《尚书》本来就佶屈聱牙，不仅难于背诵，也难以理解，受到排斥之后，渐渐地就失传了。

《后汉书·杜林传》记载东汉杜林曾得到一个漆书古文本《尚书》，只有一卷，他就拿这个本子来校订传世的今文《尚书》。但现在来看，这一卷的本子只不过是今文《尚书》的一部分。当时的贾逵、马融、卢植、郑玄都给这卷古文《尚书》作传注，并把它称为"古文尚书"，但这卷书在东汉末也亡佚了。东汉中期,古文《尚书》已经散佚了,因此马融等人才把漆书本视为至宝。他们所注的"古文"实际上是用古字体写的今文《尚书》,而不是那本从先秦传承下来的古书。魏明帝正始年间,刻三体石经,其中所谓的《尚书》古文,只不过是其字体用先秦古文、秦小篆书写而已,并不是最初的古文《尚书》。

我们现在所用的本子,当然不是流传于先秦的古文《尚书》,也不是流传于汉代的今文《尚书》,而是东晋元帝时梅赜伪造献上的。丁晏在《尚书余论》里说,王肃不仅伪造了《孔子家语》《孔丛子》,还伪造了这部托名为孔安国的《古文尚书》,并附有孔安国的传。其说法大致可以成立,因为古文《尚书》在晋武帝时还一度被立为博士。梅赜不过是一个太守,他哪能伪造出佶屈聱牙的先秦古文?必定有王肃这样既通经学,又有权势,并肯于伪造的人才行。所以,梅赜不过是重新发现并呈献给皇帝罢了。前面所言,今文28篇,加上《泰誓》共29篇,而这本《尚书》就是把那28篇分割成33篇,又伪造了25篇,以成58篇的。当时人并没有发现这本书是假的,于是就把这个《古文尚书》当作真正的古文进行研究。唐代的孔颖达编《五经正义》,对其做了注疏,用的就是这个《古文尚书》。这个本子流传到现在还在使用,包括离析28篇而成的33篇和晚出的25篇,其中《虞书》5篇,《夏书》4篇,《商书》17篇,《周书》32篇。

这个秘密直到宋代才被发现,蔡沈在作《书集传》时就觉得《古文尚书》有问题。元代吴澄作《书纂言》,只注解今文,而将伪古文除外。明代梅鷟作《读书谱》《尚书考异》,发现所传的《古文尚书》是杂集补缀而成的,因为它无一字无所本,是把先秦典籍里的话收集起来编辑而成的。我们知道一本典籍的流传不可能正好在当时的典籍中全部被引用。清代阎若璩作《古文尚书疏证》,列出128条证据证明《古文尚书》是伪造的。此后,江声《尚书集注音疏》、王鸣盛《尚书后案》、孙星衍《尚书今古文注疏》、惠栋《古文尚书考》、王先谦《尚书孔传参正》等,分别从训诂、章句、音韵等角度进行论证,终于使大家意识到《古文尚书》的本来面目。

三、《尚书》的研读

阅读《尚书》时要注意分析其中关于夏、商、周历史的记载,如《尧典》记载了尧舜时的一些文艺思想、政治和社会形态,以及天文历法知识。《禹贡》记载了不少地理常识。《甘誓》记载了祭祀时所用的誓言,从中可以看出当时的宗教仪式,特别是神道观念。《商书》和《周书》记载了许多详尽的商周史事,如《高宗肜日》《西伯戡黎》。《牧誓》《康诰》《吕刑》等反映的军礼、军社等制度和重刑、明法等观念,都可以作为重要的史料参用。

《尚书》的文字古奥迂涩,唐人看起来已经是"周诰殷盘,诘屈聱牙"①,读起来确实很难懂。目前最好的《尚书》注本,仍是孔颖达的《尚书正义》、孙星衍的《尚书今古文注疏》。通论性质的有刘起釪的《尚书研究要论》《尚书学史》,我们期待着更好的当代注本。

第三节 《诗经》

一、《诗经》概说

《诗经》是中国最早的诗歌总集。它曾先后经过三四次的整理,到春秋晚期才成型,共收集了西周至春秋中叶五六百年间流传的诗歌。由于宗庙祭乐一般不轻易变更,因而《商颂》中的祭歌虽由宋襄公时的正考父编定,但不免有商朝宗庙祭曲的遗留。现存的《诗经》篇目是311篇,但是其中有6篇是有题目而没有辞的"笙诗",可能是这6篇在当时只有音乐形态,由于音乐的失传,就只剩下题目了。《诗经》实存305篇,习惯上称之为"诗三百"。

《诗经》的作者,可考的记录不多,其中只有7篇提到了作者。多数诗篇是经过群体的传唱,逐渐成形的,不妨把它看成是集体智慧的结晶。我们可以大致概括为:《大雅》和《小雅》多数为士大夫所作,《国

---

① 马通伯:《韩昌黎文集校注》卷一《进学解》,古典文学出版社1957年版,第26页。

风》中大部分是在诸侯国中传唱的歌诗,《周颂》《商颂》《鲁颂》分别为周王室、宋国、鲁国的乐官所作。绝大部分诗作经过收集,由乐官整理、编纂成集。这些诗篇多数最初没有专名,常用篇章的开头作为题目,比如"关关雎鸠"这一篇,就用《关雎》作为题目。

《诗经》在秦朝时也遭到焚毁。汉代传诗主要有四家:齐辕固生、鲁申培、燕韩婴、赵毛亨和毛苌,简称齐、鲁、韩、毛四家诗。齐、鲁、韩三家属今文经学,毛诗属古文经学,在当时是民间学派。到了东汉,毛诗反而日渐兴盛,并为官方所承认;前三家则在魏晋之后逐渐衰落,到南宋则完全失传。我们现在读到的《诗经》,正是毛诗传本。

二、诗六义

"六义"是对《诗经》内容和诗法的概括,可分为"三体""三用"。"三体"是指风、雅、颂三种体式。《诗经》分《大雅》《小雅》、三《颂》和十五《国风》,这种分法既有音乐风格上的差异,也有诗歌产生地域的差异,还有诗歌用途上的差异。"三用"是写诗的方法,即赋、比、兴三种艺术手法。

什么是风呢?就是各国的地方民谣。我们现在还常说风土人情,是因时间、空间不同而形成的文化差异。各地物候、风情不同,音乐便有差异,歌调也有不同。这些流行在诸侯国的音乐经过收集、整理,不仅可以供诸侯了解民间舆论,也有助于周王室体察百姓想法。在周代的乐政体系中,有采诗、献诗之说,这便是风诗的来源。

雅,从语言上来说是雅言,从音乐上来说是正音。言之为雅音,是当时朝廷官员、诸侯交流要使用统一的官话。如孔子读《诗》时不是用当时的鲁方言,而是用"雅言"①。言之为正音,是因为二雅的曲子为周王室所用音乐,按照礼制诸侯是不能使用的。《大雅》有 31 篇,《小雅》有 74 篇,便是是按音乐性质而分,《大雅》比较庄严肃穆,《小雅》则欢欣和悦。司马迁认为政有大小,大事用《大雅》,小事用《小雅》,则是按照语言来推测的。

---

① 《论语·述而》:"子所雅言:《诗》《书》、执礼。"《十三经注疏》本,第 2482 页。

颂,是祭祀用的乐舞。《周颂》31 篇是周朝祭祀用词,《鲁颂》4 篇是鲁国祭祀用词。《商颂》5 篇是周灭亡商之后,把商的贵族迁到宋国、郑国、卫国这些地方,因为古代灭国不毁宗庙,商朝的祭乐得以保存。鲁国初封君是周公之子伯禽,其以周礼治鲁。周公去世后,鲁得以天子之礼享周公,保留了《周颂》。周平王东迁之后,王室礼乐不全,周礼周乐独在鲁,今存《诗经》便是赖鲁乐工保存而流传下来的。

赋、比、兴是诗歌的三种表达手法。赋,"敷陈其事而直言之",用我们现在的话说就是铺陈;比,"以彼物比此物",就是现在所说的比喻;兴,"先言他物以引起所咏之词",我们可以把它理解为感兴。①

铺陈,是把一件事情从头到尾说清楚,既有叙事,也有描写。如《邶风·静女》写一个女子与一个男子的约会:"静女其姝,俟我于城隅。爱而不见,搔首踟蹰。"这个文静的女子非常美,在城角约会。但她很调皮,躲起来让男子找。男子没有看见女子,就很着急,在那里挠着头转来转去。后来女子出现了,送给男子一枝红茅草,上面有美丽的光泽。回来后男子晚上睡不着觉,感叹说不是这个东西美,而是因为它是美人送的。

比喻,大家都非常熟悉。其中的《卫风·硕人》,描写卫姜"手如柔荑,肤如凝脂,领如蝤蛴,齿如瓠犀,螓首蛾眉",说她的手像刚发出来的草的嫩芽,肌肤如凝成的羊脂,脖颈像天牛的幼虫一样颀长圆润,牙齿像葫芦籽一样整齐洁白,额头像螓儿一样方正,眉毛像蚕蛾的触须一样细长,这是说她的静态之美。而后面两句就把人写活了:"巧笑倩兮,美目盼兮",一颦一笑,目光晶莹而灵动。这样的比喻形象鲜明,卫姜之美丽便跃然纸上。

感兴,是中国诗歌形成的重要机制之一,也是诗歌所能生发的心理基础。春天来了,大家外出踏青,看见流水潺潺、鲜花怒放、天空晴朗,心中就有一种非常舒服的感觉,为大自然所陶醉,从而引起感情的波动,不由得喊几声,感叹几句。这种心理反应,如果继续加深,就会催发诗歌的产生。如果看到鸳鸯戏水,诗人们就会感觉它们很自在,又看到

---

① 参见朱熹《诗集传》卷一,中华书局上海编辑所 1958 年版,第 2—5 页。

蝴蝶成双飞舞而自己形只影单,就不免生出一点伤感,可能会生出"关关雎鸠,在河之洲。窈窕淑女,君子好逑"的想法。《王风·黍离》写一个男子的出差:"彼黍离离,彼稷之苗。行迈靡靡,中心摇摇。"看见道路两边的禾苗在风中摇摆,唤起了自己心里的波澜。"知我者,谓我心忧;不知我者,谓我何求。悠悠苍天!此何人哉?"感慨自己整天忙忙碌碌地奔波却不知为了什么。《秦风·蒹葭》:"蒹葭苍苍,白露为霜。所谓伊人,在水一方。溯洄从之,道阻且长;溯游从之,宛在水中央。"顺着河流往上走,道路又那么地绵长;顺着河流往下走,这个人又不在对岸,而是在水中央。有人认为这是写一个国君对贤人的思慕,也有人认为这是写一个男子的单相思。这种悠长绵远的情感,正是借助朦胧的意境而生发出来的,给人无限联想,可以提供无数种解释。这种感兴的诗法,奠定了中国诗歌从景物描写起笔、托情于景的传统,是意象说、意境说形成的基础。

三、《诗经》的研读

《诗经》的价值,一在于文学价值,二在于文化价值。作为中国最早的诗歌总集,《诗经》是中国诗歌的源头,成为中国诗歌技法的母体,其所带来的文学影响,无论如何描述都难以穷尽。其中保留了很多上古语汇和读音,可以作为语言学研究的资料,大量的名物制度、风俗习惯、社会形态和宗教意识,又可以作为上古文化形态的文本资料。特别是在《大雅》和三《颂》里的民族史诗,有诸多可供考证的余地。还有不同时期的国君狩猎、征战、祭祀、丧葬、朝聘等礼制的描写,可以作为研究商周历史的第一手文献。

如果要研究《诗经》,《毛诗传笺》和《毛诗正义》是必须阅读的书。朱熹的《诗集传》也不错,只是读起来儒家气息浓了些。方玉润的《诗经原始》是从文学的角度分析《诗经》的,有鉴赏的意味。洪湛侯的《诗经学史》也可以参看,一般阅读的话可以读程俊英的《诗经译注》,其注音解释简明扼要。

第四节　三礼

一、礼的本义

在中国古代，礼既是一种道德规范，又是一种社会规则，也是一种活动仪式，在中国传统文化中起着核心作用。有的外国学者认为礼在中国古代起着宪章的作用，朝代虽然可以变，但是礼的根本精神和基本宗旨并没有发生变化。作为一种实践的传统，礼在中国古代人际秩序中形成了一种既体现群体价值认同，又具有个体规定性的行为模式，被全体社会成员所认可。作为一种习俗和习惯，礼不仅具有外在的规范意义，还具有内在的道德约束。按照儒家的经典解释，这种外在的模式和内在的约束性是一致的，即出于心而形于外。

礼学分成四个层面：一是礼义，即礼的德义要求。从文本来说，它是对礼的本义进行阐述，包括礼的来源、原则、内涵等，是从思辨的角度对礼的精神进行形而上的概括。二是礼仪，即那些形而上的概括如何体现在现实生活的实践中。它是具体的仪式和规则，包括各种祭祀时所使用的吉礼，朝廷宴会、婚庆等场合使用的嘉礼，外交朝聘等活动所使用的宾礼，军队所使用的军礼，国家重大事故或丧葬等场合使用的凶礼等。三是礼制，礼仪是规定人与人之间的行为，礼制规定的是器物的形制和数量，即礼器和礼数。如规定帝王祭天时用多大的鼎，诸侯用多大的鼎；天子的车用几匹马，诸侯的车用几匹马。四是礼度，即讨论在不同场合、不同环境下对礼仪和礼制调整的尺度。如按照正常的规定要守孝多少天，如果不具备条件时，又如何根据礼义来调整。这些层次和逻辑是我们现在总结的，在先秦时期并没有单独地被列出，而是混在三本重要的典籍《仪礼》《周礼》和《礼记》之中。《仪礼》侧重讲仪式，《周礼》侧重讲礼制，《礼记》更多是讨论礼义和礼度，这三本书构成了中国礼学的基础。

二、《仪礼》

《仪礼》，又称《礼经》或《士礼》。《仪礼》是先秦"六经"之一，它最初直接被称作"礼"，汉代还一度被称为《礼记》，如司马迁说"《书传》《礼记》，自孔氏"①，这里说的《礼记》是《仪礼》。东晋元帝时，荀崧奏请置《仪礼》博士，始有《仪礼》之名，但尚未成为通称。郭璞注《尔雅》引《仪礼》文字，也称之为《礼记》。唐人张参《五经文学》引《仪礼》文字，也说是"见《礼经》"，直到唐文宗开成年间刻石经，《礼经》改称《仪礼》之名，方才成为通称。

《仪礼》以士阶层为视角，记录了一个人从成人、成婚到齐家、治国、平天下的过程中应该参与的主要礼仪，详细描述了各种礼仪活动的程序。该书大致形成于东周，有人认为是孔子编订的。孔子确实将"礼"作为教学的实践环节，如果我们把儒家典籍中所记的孔子及其弟子的礼仪活动与《仪礼》的仪程做一个详细比较，来看看孔子是不是按照《仪礼》的仪式来行礼，就可以印证孔子是否编订《仪礼》了。

上古时期有"礼仪三百，威仪三千"②，但到了汉代，《仪礼》只剩了17篇。南宋王应麟依照《周礼·春官宗伯》对礼的划分方法，将这17篇分为四类：《特牲馈食礼》《少牢馈食礼》《有司》3篇记祭祀鬼神、祈求福佑之礼，属于吉礼；《丧服》《士丧礼》《既夕礼》《士虞礼》4篇记丧葬之礼，属于凶礼；《士相见礼》《聘礼》《觐礼》3篇记宾主相见之礼，属于宾礼；《士冠礼》《士昏礼》《乡饮酒礼》《乡射礼》《燕礼》《大射礼》《公食大夫礼》7篇记冠昏、宾射、燕飨之礼，属于嘉礼。

现在来看，这些礼仪可分为八种：一是冠礼，讲男子到20岁时举行加冠仪式，意在明成人，要负起成家立业之责。二是婚礼，意在合两姓之好、序夫妇之情，引导士人肩负起家族责任。三是丧礼，即丧葬仪式，意在仁父子，通过举行丧礼序父子之情。四是祭礼，意在严鬼神之序，鬼是先祖，神是天地神灵，包括天上的神灵和自然界的神灵，处理好

---

① 《史记·孔子世家》，第1936页。
② 《礼记·中庸》，《十三经注疏》本，中华书局1980年版，第1633页。

神人关系。五是乡饮酒礼，多在春秋农闲时节，乡里宗族在一起饮酒，意在睦乡邻、序长幼，让士人掌握宾主交往之礼。六是乡射礼，每年在乡里举行射礼，不仅比试武艺，而且通过射礼能够使大家知道如何进、如何退，养成君子之风，形成君子之争。七是聘享礼，主要是国与国之间的外交礼节，意在知邦交之礼。八是朝觐礼，意在别上下，每年旦日，诸侯来朝拜君主，让士人学习君臣之礼。《仪礼》的17篇围绕这八种礼仪展开，简略不同，如冠礼仅有一篇，丧礼则多一些。《仪礼》具体详细地记载了这些仪式的程序，但是其中很多规则早已废弃不用了。

这八种礼仪涵盖了上古士人生活的基本层面，从中可以看出当时神人关系的建构、家族关系的设计、社会交往秩序的安排，也能够了解上古很多的习俗，通过仪式、器物的差异，可以明白当时的社会等级与行为规范。在丧礼中，还能够看到亲族观念、家庭伦理，在祭礼中可以看到宗教仪式、鬼神崇拜，在朝觐和聘享礼中能够观察到邦国、诸侯之间交往所体现的政治秩序。此外，认真阅读考据，还能了解上古名物制度的规定与使用，明白各种不同质地、不同色泽、不同形状的玉怎么叫，各种各样毛色的牛、羊的专名，能增加很多文字和训诂的知识。

三、《周礼》

《周礼》，原名《周官》，是在汉景帝时期，由河间献王刘德从民间收集而来的。其最后一篇《冬官》已亡，只好取性质相似的《考工记》补上。但这本书献给朝廷后，一直被存在秘府之中，无人知晓。汉成帝时的刘向、刘歆父子在校理秘府文献时，才又发现此书，并加以整理。刘歆认为此书出自周公之手，是"周公致太平之迹"[①]，并奏请王莽立为学官，更名为《周礼》。东汉初，刘歆后学杜子春传《周礼》，并由郑众、贾逵、马融等继承下来。随着郑玄对其注疏，这本书便迅速传开，并被列为"三礼"之首。

《周礼》记载了一套成体系的官僚结构。之所以被称作《周官》，并不是说这是周朝的官制，而是说这本书是以人法天，建立起官僚体制

---

① 贾公彦：《周礼疏·序周礼废兴》，第636页。

的。古人认为一年有360天，周天是360度，周天之官的取意是与天相配的，而成360个官。诸官以天、地、春、夏、秋、冬为类，分别归冢宰、司徒、宗伯、司马、司寇、司空六职管理。其中，冢宰主要管理宫廷，司徒管理民政，宗伯管理宗庙，司马管理军事，司寇管理刑罚，司空管理营造。这些设置初步奠定了此后六部的格局。

《周礼·天官冢宰》开头说："惟王建国，辨方正位，体国经野，设官分职，以为民极。乃立天官冢宰，使帅其属，而掌邦治，以佐王均邦国。治官之属。"冢宰是管理宫廷事务的，其下面设置各种各样的官，如大宰、小宰、宰夫、宫正、宫伯、膳夫、庖人等，分管各种具体事务。各官还设有胥吏和士等下属，其数量固定，职责明确，类似于我们现在的职务编制表。

《周礼》保存了大量的上古史料：大到天下九州的分布，小到草木鱼虫的记录；上到天文历象，下到沟洫道路。其不仅涉及邦国的建制，如政治、法律、文化、教育、礼制、乐制、兵制、刑法，还包括赋税收支、膳食服饰、寝庙祭祀、车马用具等。可以说，举凡先秦名物、典章、制度、风俗，无所不包，是考察周秦制度的基本参照读物。特别是关于用鼎、乐悬、车骑、用玉等所用器物的等级、组合、形制、度数的记载，非常详切，有的记载仅见于此书，这就决定了这本书在文化史、制度史上的极高价值。

这本书成为后来变法的制度渊源。王莽相信《周礼》是周公所作的，他处处学周公，便按照《周礼》改官制，要恢复井田制，统一度量衡，结果把天下弄得大乱。我们且不说这本书是否是刘歆伪作，即使它记载的是上古时期真实的社会制度，到了汉代再按照它的设计来改革，也是不切实际的。王莽变法，以亡国身死为结局，正在于泥古不化地复古。北周宇文泰用《周礼》设立官制、品位，便是参照其分职；唐武则天立周，也把官职改称为春官、夏官，以求复兴周制；王安石变法，也是从其中有所借鉴，可以说《周礼》中带有理想性的设计思路，启发并影响了中国古代的诸多制度。此外，《周礼》作为最早最系统的政典，成为后世典制的样板，唐《开元六典》、宋《开宝通礼》、明《大明集礼》，皆以《周礼》为蓝本撰制。《周礼·考工记》中"左祖右社、面朝后市"的记载,也成为东汉以后都城建制的基本格局。

四、《礼记》

《礼记》实际是"仪礼之记"。《仪礼》本为"六经"之一,语言简略,其所记程序又复杂,很多人都读不懂。随着孔子讲授《仪礼》,其弟子和后学就对其进行解释、补充和阐述。解释的文字最初是附在《仪礼》之中的。西汉礼学家戴德和他的侄子戴圣就抽出《仪礼》的阐释文字进行选编,戴德所选的85篇叫《大戴礼记》,戴圣编的49篇叫《小戴礼记》。东汉郑玄选《小戴礼记》作注解,其义既明,其流传便广,这就是现在通用的《礼记》。

《礼记》共49篇,郑玄把它分为八类:通论类16篇、制度类5篇、明堂阴阳类2篇、丧服类12篇、子法类2篇、祭祀类4篇、吉事类7篇、乐记类1篇。近代梁启超把它分为五类:

一是通论类,包括《礼运》《经解》《乐记》《学记》《大学》《中庸》《儒行》《坊记》《表记》《缁衣》等,主要是对礼的精神、儒家学说的旨趣进行阐述。其中影响最大的是《中庸》和《大学》。《中庸》讲心性,《大学》讲三纲八目,总述儒学的要旨。

二是制度类,主要解释《仪礼》所载礼仪所蕴含的礼义,有《冠义》《昏义》《乡饮酒义》《射义》《燕义》《聘义》《丧服四制》等。

三是记录孔子言行、孔门弟子及时人杂事的,有《孔子闲居》《孔子燕居》《檀弓》《曾子问》等4篇,多为儒家传说的小故事。

四是记载古代制度礼节,并加以考辨的,有《王制》《曲礼》《玉藻》《明堂位》《月令》《礼器》《郊特牲》《祭统》《祭法》《大传》《丧大记》《丧服大记》《奔丧》《问丧》《文王世子》《内则》《少仪》等篇。这类篇章内容丰富,记录了很多上古的礼俗,如《月令》讲述了一年十二个月天怎么运行,地如何表现,人应该做什么事,国家应该做什么事。《丧服》是对丧礼进行的更为细致的解释,讲人去世以后,家人跟与死者远近关系不同的人应该穿着不同的服饰;《内则》讲的是家庭的规则和习惯。

五为名句格言,如《曲礼》《少仪》《儒行》等篇。

由此可以看出,《礼记》是诠释、补充《仪礼》的记述的。《仪礼》讲礼节,《礼记》则阐发其含义。当然,《仪礼》并不是古代礼的全部记录,它只限于士阶层的礼,对天子朝仪和下层的礼节并不记述。东汉主张恢复古礼的曹褒、王纯等人曾试图对《仪礼》进行补充,推广士以下的礼,但并没有成功。其原因,一在于《礼记·曲礼上》所说的"礼不下庶人,刑不上大夫",礼为贵族交际规范,百姓以俗为制,是为民俗;合于礼的精神,是为礼俗。仓廪实而知礼节,下层百姓谋生尚难,作为道德约束和自我规范的礼,难以在下层百姓中推广。二在于春秋时期已经礼崩乐坏,靠道德约束的礼已经不能适应社会的需要,礼必须依赖于法才能通行。单纯依靠礼来约束下层民众,显然是不行的。汉以后治理百姓,常以明法正律为要求,通过神道设教来劝善惩恶。

到了唐代,孔颖达在作《五经正义》时,用《礼记》来替代《仪礼》,使得《礼记》的影响越来越大。南宋朱熹作《四书集注》,把《礼记》中的《大学》和《中庸》两篇单列出来,和《论语》《孟子》并列,成为明清科考的必备。

五、"三礼"的研读

两汉经学发达,《仪礼》作为今文经、《周礼》作为古文经流传,《礼记》在当时还不算是有影响的"经"。郑玄为"三礼"作注,广泛地吸取了古文经和今文经的成果,使"三礼"并称,成为礼学的基础性著作。魏晋南北朝注疏学发达,门第观念较强,用于阐释人伦关系的礼学成为显学,雷次宗、王俭、皇侃、徐遵等学者的研究,为隋唐礼学注疏的统一,做了训诂和学理上的铺垫。

宋、元、明期间,礼学研究主要是汇通经义,考据虽然不少,多是存而不论。王安石的《周官新义》,便是在《周礼》中寻找变法的理论依据。魏了翁《仪礼要义》、卫湜《礼记集说》、吴澄《礼记纂言》,重在阐释礼义。清代礼学考据成就较高,除官修的《三礼义疏》之外,李光坡的《三礼述注》,方苞的《周官集注》《仪礼析疑》《礼记析疑》和盛世佐的《仪礼集编》,能把前代的注疏汇编起来并加以讨论,研究比较深入。胡培翚的《仪礼正义》、孙希旦的《礼记集解》和孙诒让的《周礼正义》,

是清代"三礼"研究集大成的著述。

如果要阅读的话,钱玄的《三礼通论》简明扼要,可以参看。清秦惠田的《五礼通考》是把礼学和制度结合起来进行讨论,并对五礼的形成和演化进行了考证,可以作为进一步研究的门径。黄以周的《礼书通故》对礼学典籍作了很好的辨析,也是值得重视的参考书。

第五节　春秋三传

一、《春秋》

《春秋》这本书,在"十三经"里不是独立成书的,而是以"春秋三传"的形式出现。"春秋"在先秦既是通名,也是专名。当时有很多诸侯国把本国史书称为"春秋"。由于历史的原因,流传下来的只有鲁国的国史《春秋》,成为现在的专名。

《春秋》是孔子根据鲁国史官的记录整理而成的,记载了鲁隐公元年(前722)到鲁哀公十四年(前481)12位国君共242年的史实。这12个国君合称"春秋十二公",即隐、桓、庄、闵、僖、文、宣、成、襄、昭、定、哀。《春秋》基本把东周时期鲁国及相关国家的大事记载了下来。由于这本书是采用编年形式写的,是中国编年体史书之祖。

《春秋》记事简略,如隐公元年说"夏,五月,郑伯克段于鄢。秋,七月,天王使宰咺来归惠公、仲子之赗",其中的人名不清楚,事件也不是很详细。正因为如此,后来才出现了《左氏传》《公羊传》和《穀梁传》对它进行补充和阐述。

《春秋》简单而富有深意的记事,被称为"春秋笔法"。《史记·孔子世家》说孔子作《春秋》,"笔则笔,削则削",就是有意识地修正,在保证史书客观的同时,把贬、褒、颂、诫寄托在里面。孔子一直以恢复周制为理想,春秋诸侯不尊王,所以他在书中要表达尊王思想,对各诸侯不合礼义之事进行批判,通过历史道义观,来审视当时的政治行为,使乱臣贼子畏惧。这种寄托在字里行间的微言大义,意在正名分、寓褒贬、别善恶,如他区别使用"攻""伐""侵""袭"等词,来表达他对事件的评价,这就是所谓的"一字贬褒"。由此而形成的春秋笔法,表面上看是陈述的,却有道德倾向性,虽然不作评论,但评论自在其中。

孔子之后,他的弟子继续传授这本书,逐渐形成两个倾向:一是补充叙述为孔子所简略的事件,形成了《春秋左氏传》,简称《左传》。《左传》被认为是左丘明所作,左丘明与孔子同时代,曾得到孔子的赞赏。《左传》所记的年份比《春秋》多27年,或者是左丘明长寿,或者为后人增补。二是阐释《春秋》的笔法,目的是阐发《春秋》中的微言大义,解释孔子为什么这么写,有何深意。《公羊传》为公羊高所作,主要是解释《春秋》的义理,对大一统关注较多,更适合上层的口味;穀梁赤的《穀梁传》,对尚贤等观念阐释较广,有点平民意识。

"传"是对"经"的解释。汉初有五家为《春秋》作传,其中邹氏、夹氏失传,只剩三家:《左氏传》《公羊传》和《穀梁传》,也被称为《春秋左氏传》《春秋公羊传》《春秋穀梁传》,或《公羊春秋》《穀梁春秋》《左氏春秋》,合称"春秋三传"。《左氏传》《公羊传》成书于战国前后,《穀梁传》成书最晚,汉武帝时戾太子比较喜欢,其曾孙汉宣帝时较为推崇,方整理流传开来。

二、《左传》

《左传》的价值,在于用史实印证、阐发、补充《春秋》的细节,有时也订正了《春秋》中的错误,如个别的时间、地点,要比《春秋》更详细准确,史学价值很高。《春秋》约有 16,000 字,而《左传》则有 196,000 字左右,文字容量为《春秋》的十多倍,成为记载春秋历史最系统的史籍。

《左传》保存了春秋史实,也记录了春秋时人所谈及的夏、商、周史实。这些史料在当时可能是常识,就像现在妇孺皆知的民间故事,如果不把它们载入典籍,一百年后恐怕就会失传。《左传》中讨论制度变革时,常引用上古之制、史官之言、前代之论,是研究商周史实的入门史料。《左传》还记载了当时人对战国形势的判断,如预言秦国必兴、三家分晋等,从中也能看出时人的政治认知。

《左传》的文学价值非常高,叙事手法严谨、行文简洁,最值得称道的是行人辞令的记述。行人是当时的外交官,辞令是他们所说的话。

《左传》记载了大量外交官应对国君的话,既能娓娓道来,又能气势磅礴,在三言两语之中,能把交战双方的优势和劣势讲出来,并达到说服对方的目的。这对《战国策》启发很大,与战国纵横家游说之术是一脉相承的。

三、《公羊传》《穀梁传》

《公羊传》和《穀梁传》同源异流,都是对经典的本意进行解释,采用当时常用的对答体进行表达。《公羊传》的传承者是齐国的公羊高,他受传于子夏,其后代口耳相传,到汉景帝时,公羊高的玄孙公羊寿和齐人胡毋生将所学合写而成《公羊传》。《穀梁传》最初的承传者是鲁国的穀梁子。史书对其具体名字有不同的记载:东汉桓谭《新论》说是穀梁赤,王充《论衡》说是穀梁置,南朝梁阮孝绪《七录》说是穀梁俶,唐颜师古注《汉书》说是穀梁喜,我们一般采用桓谭的说法。

我们可以比较一下"三传"的特点。《春秋》记载隐公元年:"夏,五月,郑伯克段于鄢。"《左传》详细记述了郑武公的妻子武姜,不喜欢庄公而喜欢共叔段。武公即位后,段不断地扩充势力,武姜试图内呼外应夺取都城,最终为庄公打败。后庄公在颍考叔的斡旋下,与其母武姜和好。《左传》记载该故事完整,叙事谨严。《公羊传》在"夏五月,郑伯克段于鄢"之后说:"克之者何?杀之也。杀之,则曷为谓之克?大郑伯之恶也。"《穀梁传》也说:"克者何?能也。何能也?能杀也。何以不言杀?见段之有徒众也。段,郑伯弟也。何以知其为弟也?杀世子,母弟目君,以其目君,知其为弟也。"逐字分析了其中蕴含的义法和笔法。两者释法大致相同,但文风稍有差异:《公羊传》属齐学,文风恢奇博议;《穀梁传》是鲁学,文风纯谨细微。

四、"三传"的研读

《左传》故事性强,读起来很生动,正如范宁《穀梁传序》里说:"左氏艳而富,其失也巫。"为了将故事讲得精彩,不可避免有些小说家的手法,如"豕人立而啼""鲧死后化为黄熊"以及大量的占卜应验记录等,开启了后世史传文学的写法。要想研究《春秋》,不妨把三本书相互参照来读,就能相互补充。

目前较好的参考书有:《春秋左传正义》,西晋杜预注,唐孔颖达疏;《春秋公羊传注疏》,东汉何休注,唐徐彦疏;《春秋穀梁传注疏》,西晋范宁注,唐杨士勋疏。这些都收在《十三经注疏》之中。《左传》的简注本,有杨伯峻的《春秋左传注》,此外童书业的《春秋左传研究》,沈玉成、刘宁的《春秋左传学史稿》也具有很好的参考价值。

第六节 《论语》

一、《论语》的形成

《论语》记录了孔子及其弟子的言行,大约在汉文帝之前已经定本。20世纪70年代,在河北定州八角廊汉墓发现了竹简本《论语》,其文字次序与今本《论语》大致相同。这是现在所能见到的《论语》最早的版本。不过在西汉,《论语》主要是靠齐鲁的儒生口头传授,分《鲁论语》和《齐论语》两种,分别有20篇和22篇。东汉后期,从孔子住宅夹壁中发现了《古论语》21篇。关内侯张禹是汉成帝的老师,他以《鲁论语》为底本,参照《齐论语》,编成了一本《论语》,被称为"张侯论"。郑玄又以"张侯论"为依据,参考其他论语作《论语注》,这就是今天我们所使用的《论语》。后来,其他《论语》的本子都亡佚了。

今本《论语》共20篇,492章,记录的是孔子的言谈举止、孔子及其弟子的对话,以及他们与诸侯、官员、隐士等人的交往细节,带有浓厚的语录体色彩。各章之间并没有必然的逻辑联系,有些孔子晚年的话被放在前面,也有早年的话被放在后面的情况,阅读时一定要注意。

二、孔子的思想

"礼"和"仁"是孔子思想的两个基点。在《论语》中,孔子对"仁"进行了广泛而深入的阐述,对不同学生的回答也是不一样的。有时讲的仁,就是爱人,有时则说是诚敬。在孔子看来,"仁"是人之为人的根本,是人类社会建构的基石。作为个人感情,要能够尊重他人、关心他人、爱护他人，人对人之间的道义便是"仁"。作为社会认知，"仁"是社会建构的基础，是国家治理的基本策略，国君能够勤政爱民，是为仁政。

春秋时期，西周严格而有序的礼制被破坏，孔子试图通过"礼"的恢复，来维系社会各阶层之间的良性运行，建立完善的社会管理体制和顺畅的社会运行秩序。孔子把"礼"作为群体之间或群体内部交往时的行为规则，作为内在道德体验的外化。就个人修养而言，孔子提出的"克己"，就是要把自己内心的一些欲望克服下去。在公众场合我们都非常注重自己的言行，独处的时候则会非常随便，这个随便就是本性的流露，本性有善的一面，也有恶的一面。若要变成能体现群体价值共识的君子，就需要把个性中恶的一面，或者说自私、弊端、毛病压制下去，按照社会规范的伦理来调整自己的行为，这就是克己复礼。

对人本身的尊重，是孔子思想的着眼点。春秋时期，天道和神命是知识分子无法回避的两个命题，如墨子就过分地讲天志鬼神，对人的自我价值体认不够；老子又讲天道，天道的运行规律是难以弄清的，只能消极地顺应自然，以小国寡民来自保。孔子偶尔也言天命，但多数时"罕言利与命"①，这些东西不是孔子不知道，而是他很少谈，可能是因为他看出了其中的虚妄，摒弃了鬼神说。《论语》中，孔子谈论最多的是日常生活的道德、行为、行政问题，这使儒学较早地摆脱了神学的控制，与神学划清了界限；在天人关系的讨论中，孔子侧重讨论人道，又摆脱了天道的不可言说。通过他和弟子们的实践，使关注现实、注重修养、参与社会、积极进取成为中国士大夫的基本气质。

孔子之所以被中华民族所尊重，成为中国历史上影响最大的圣人，根本原因在于：一是他是第一个以道德而不是以财产为标准区分君子和小人的，这就使得中国人文传统在形成之初就确立了崇高的道德标准。二是孔子打破了"学在官府"的传统，广开私学，不问家境贫富，只要向学，就可以来学习，不因为财产多少剥夺人受教育的权利。私学的普及，打破了贵族对文化的垄断，促成了春秋时期士阶级的迅速形成，

---

① 《论语·子罕》，第2489页。

促进了中国学术的全面发展。三是孔子的理想主义精神,引导了中国社会向着尽善尽美的方向发展。儒家的思想里确实有复古的倾向,这是因为孔子所言的理想社会,正存在于其复古的表述之中,成为激励中华民族不断前行的目标。一个连自己命运都无法改变的人,却能影响一个民族几千年思想的发展,正在于孔子及其弟子所提出的小康、大同社会,表达了中华民族最深层的渴望。

三、《论语》的研读

《论语》自西汉被视为"六经"的附庸,一直受到世人的关注。汉晋间,孙邕、郑冲、曹羲、荀顗,都对《论语》作过注解。其中最著名的是何晏的《论语集解》与皇侃的《论语义疏》。北宋邢昺作了《论语正注》,南宋朱熹把《论语》《大学》《中庸》《孟子》合称为"四书",作了《四书章句集注》,成了科举考试重要的参考书。注疏集大成者是清末刘宝楠的《论语正义》,考证严谨,最有参考价值。杨树达作的《论语疏证》也颇有见地,他的侄子杨伯峻作的《论语译注》是现在常用的版本。

第七节 《孟子》

一、仁义与民本

《孟子》的撰者是孟子及其弟子。顾炎武考证说《孟子》有内篇和外篇,外篇已经失传了,现存的《孟子》7篇为内篇。相对《论语》来说,《孟子》的中心更加明确,不再是简单的语录体,而是围绕问题展开深入的讨论。

第一,《孟子》将《论语》的"仁"发展成"义"。"义"是什么呢?用我们现在的话来说,就是责任,是人之能群的根本。战国时期,国与国之间相互争霸,如果再讲"仁爱"显然不合时宜,只能通过讲责任与义务,将"仁"更加具体化,才能引起国君们的注意,才能符合民众的认知,才能形成相互的约束关系。如果说"仁"是一种内在的道德体验,那么"义"则是一种现之于外的责任。诸侯要重义,对待其盟国必须尊重彼此的约定与承诺;百姓也需讲义,用以明确彼此责任与义务,社会秩序就能良性运转。

第二,孟子把孔子的"人本"落实到"民本",使他的政治思想更具有时代感。"人本"显然是包括所有的人,即无论是国君还是民众。"民本"则将国君和民众分开,强调百姓的重要性。在孟子看来,一个国家的兴衰和长治久安的关键在民,不全是依靠国君为代表的统治阶层,这就使孟子的学说比孔子的学说更具有现实针对性。战国时期,由于吞并和战争,西周分封制度下相对固定的土地疆域及其所有权、管理权开始发生变动。国与国的竞争,主要是国力竞争。在农业社会,一需要开辟土地,二需要吸纳百姓。开辟土地,无论是采用武力吞并还是农业开垦,都需要有大量的劳动力,已开垦的土地也需要耕耘,人口的多少和民力的大小,不仅决定了国家的财税,也决定了国家的综合实力。孟子认为一个国家的强盛与衰弱关键是看其人口的多少,将商周时期"民惟邦本"的理念发展成为"民贵君轻"的"民本"说。

第三,孟子把商周时期的"天德"思想和孔子的"仁爱"思想结合起来,阐述为"性善"论。他肯定天是人间道德的来源,按照西周以来的"皇天授命,惟德是辅"的认知,上天不仅授命给有德的人,而且辅佐有德的人,论证出天本身具有道德感。由于人间百姓受这种先天道德的支配,人必然具有道德,这种道德就是"仁"的来源之一。先天道德感决定了人类社会必然要以仁爱作为基本的情感倾向和价值判断。孟子虽然赞同孔子"仁者爱人"的说法,但他却不从先天道德来论述,而是认为仁爱之心的根本在于人自身,即人有"恻隐"之心。也就是说任何一个人,都有"不忍之心",这种"不忍之心""恻隐之心"正是仁爱的本源,表明任何人心的深处都是善良的。这样,天道说从外在论证了天德对人德的决定作用和派生作用,恻隐之心又从内在论证了人心本善,从内外两个角度推导出"性善"说。

第四,从"性善"论出发,孟子认为统治者有可能实行仁政;从"民本"说出发,统治者必须施行仁政,"仁政"便成为孟子基本的政治理念。在孟子看来,统治者也是人,也有性善的一面。他见梁惠王时说:

你在一次祭祀时不用牛祭祀,而用羊祭祀。这并不是因为怕杀牛而杀羊,也不是杀不起牛而杀羊,是因为当时你看到一头牛从门前走过,这个牛是哆哆嗦嗦的,所以不忍心杀而用羊代替。孟子认为梁惠王有不忍之心,但只用这种心性来怜悯牛是不行的,要把它用于治国安邦上,通过同情百姓、关心百姓,让天下归顺,才能成就辟土地、朝诸侯的梦想。

除此之外,孟子还有"以意逆志""知人论世"等说法。"以意逆志",是说我们读一个文本时,要通过它所表达的意思和语言来探寻它所要表达的本意;"知人论世",则指在讨论一本著作的时候,我们也要了解这个人,了解他所处的时代背景。这对于文学研究、历史研究都是很有启发意义的。二者成为古代文论的重要命题和古代文史研究的重要方法,充分体现了孟子客观而辩证的认识论。

二、心与性

《孟子·告子上》说:"恻隐之心,人皆有之;羞恶之心,人皆有之;恭敬之心,人皆有之;是非之心,人皆有之。恻隐之心,仁也;羞恶之心,义也;恭敬之心,礼也;是非之心,智也。仁、义、礼、智,非由外铄我也,我固有之也,弗思耳矣。"孟子认为这些内在的心性正是仁、义、礼、智的本源,是道德产生的基础。

在孟子看来,每个人都有恻隐之心、羞恶之心、恭敬之心、是非之心,一旦具有恻隐之心,就会有不忍做的事情,这就是仁的基础。知道羞耻和憎恶,就能依照社会的规则确立起道德评判标准,催生对社会的责任感,这就是"义"。当看见老人、长辈时,会自然地抱着尊敬和谦恭的态度。这种谦恭和尊敬,也自然会使人更加注意自己的言行举止,更加重视礼仪,推而广之便是"礼"。希望对一件事情判断出对错,辨明是非,这就是智慧,这种智慧不仅体现在对物的分辨上,更体现在对社会道德的判断上,是非之心成就智慧。

从狭义角度来讲,孟子把孔子的"仁"推导到"义",是一种理论的发展。从广义角度上来讲,孔子的"仁"涵盖了很多的道德内涵,不仅是爱人,还包括恭敬、认真、谦逊、坚持等品德。孔子并没有论证这些品德的来源,孟子讨论了这些德行全部源自"人心"。由于仁、义、礼、智生于内心,人性是善良的,一个人完成内心的修炼,可以达到完善、完美的境地,也就可以"成圣"。与孟子同时的思孟学派继续讨论这一问题,提出了"性自命出""成之闻之"等观点,此后的《中庸》直接由此生发,继续讨论心性、性情等问题,这也成为宋明理学的逻辑起点。

需要注意的是,荀子也讲"性",但认为"性恶"。孟子说人"性善",是说人有恻隐之心,恻隐之心引导人向善,是从来源谈起,他说的"性"是人性。荀子讲"性恶",并不是反对孟子,他是从结果来看,说的是人行为的结果,他说的"性"是本性。荀子要求人必须学习,用礼和法来约束自己,改掉恶的习惯。儒家是用道德来评判人性的,道家则认为天、地、人都是按天道运行,天道自然,人法地,地法天,人亦自然,所以只存在人的天性,而不讨论人性或本性。杨朱说"性无善无恶",他认为性就是生性,是生命肉体,认为这一客观存在无善恶之分。先秦诸子不同的视角和逻辑,就推导出不同的性命观。

思孟学派认为,仁、义、礼、智,加上圣,即是"五行",现在出土的郭店竹简和西汉贾谊《新书》中就有这样的论述,意思是说人可以通过仁、义、礼、智的培养和践行,达到圣的境地。随着汉魏学者们对圣人的讨论,特别是汉儒认为圣人可学而不可得,使"成圣"说被削弱,"圣"被"信"替代,从而将仁、义、礼、智、信作为"五伦"进行阐释。

三、《孟子》研读

《论语》都是很短的片断,《孟子》多是长篇大论。《论语》多是孔子对其弟子的教导,语言平实而简洁;《孟子》更多是向国君阐述自己的主张,论述纵横捭阖,其"善养浩然之气",因而言谈讲究气势。他论仁政,使齐宣王"顾左右而言他";批评许行、论难杨朱,滔滔不绝。喜欢了解人生智慧的,就多读《论语》;喜欢思考心性哲学的,不妨读读《孟子》及思孟学派的著作。

《孟子》成书后,东汉赵岐作《孟子章句》,对其阐释。此后《孟子》的研究较为沉寂。到宋儒那里,才大放异彩。朱熹的《孟子集注》,借《孟子》阐述他的理学见解。清代焦循的《孟子正义》,是集大成的著作。一般入门的本子,可选杨伯峻的《孟子译注》。

第八节 《孝经》

一、《孝经》概说

《孝经》大致成书于战国末年，《汉书·艺文志》言："孔子为曾子陈孝道也。"说孔子曾经给曾子讲述孝道，讲天子和庶人的五等之孝，讨论侍奉亲人的法则，后来曾子作了这本书。《四库全书总目提要》说是孔子"七十子徒之遗书"，成于秦汉之际。班固《汉书·艺文志》说："夫孝，天之经，地之义，民之行也，举大者言，故曰《孝经》。"这个"经"不是经典的"经"，而是经法的意思。

《孝经》有两种版本，一种是孔壁本，从孔子旧宅中所得，是古文经，共22章；另一种出自河间，为河间人颜芝原藏，用隶书书写，为今文经，共18章。这两种《孝经》，区别在于章数的不同，但文字出入并不大。

二、孝道观念

《孝经》主要阐述孝道观念。第一章开宗明义："夫孝，德之本也，教之所由生也。"认为孝是道德的根本，是社会教化的基础，进而认为作为一个生命个体，要感谢父母的生育，报答父母的养育之恩："身体发肤，受之父母，不敢毁伤，孝之始也。立身行道，扬名于后世，以显父母，孝之终也。"一个生命来到这个世界上，都必须经过孕育、抚养，他至少需要三年才能脱开父母的怀抱。此后成长，父母亦操了很多的心。《论语》中有人问孔子什么是孝，孔子有很多种说法，其中一种是说："唯其疾之忧"，就是说等你长大成人，这个时候对父母的孝就是让父母只担心你的身体，而不担心你的行为。古人说"死生由命，富贵在天"，如果父母只需要忧虑你的身体，不用担心你的所作所为，这就是孝，是真正的大孝。古人重视生命的延续，不能在父母还没去世的时候先走，要做到"慎终追远"，要能赡养好父母的晚年，必须珍惜自己的身体。在此基础上把事业做好，让父母为之骄傲，这就是孝。

有的同学可能觉得这么简单的道理,还用说？中国的思想是讲道理的,并不像西方哲学追求形而上的概括,进行超越生活之上的总结。中国的哲学讲知行合一,注重身体力行之道,仁、义、礼、智、信,其着眼点都在于实践。这种孝道正是儒家建构思想体系的基础,孝始于事亲,真正的孝道是从侍奉自己的亲人、尊敬自己的长辈开始的,《孟子·梁惠王上》说"老吾老以及人之老",便是先有孝心,然后推广,就能仁爱于天下。我们可以想：一个连自己的父母都不孝顺的人,他会尊敬天下的老人吗？一个连自己的孩子都不爱护的人,他能关心天下的孩子吗？一个对自己兄弟都不亲近的人,他能够认真地对待他的同事吗？这个"孝",小可以让家庭和睦；中于事君,可以参与政治,成就功业；终于立身,最终成就德业,以至扬名天下。

《孝经》讲了五等之孝：天子、诸侯、卿大夫、士、庶人,并描述了这五种不同等级的孝道是如何体现的。士人要想治国、平天下,必须先用"孝"来和睦宗族,通过一个个家庭单元的伦理建构,最终促成天下的和睦相处,以期达到圣治的境地,这是儒家治国的策略。对于个体来讲,在家里能以恭敬、谨敬的态度侍奉父母,在外能以同样的心态对待自己的事业和同事。在心性的锤炼之中完成事业,在事业成功中实现人生价值。

《孝经》认为通过"广要道""广至德""广扬名",可以推行孝治天下。在儒家看来,孝不是外在的表现,而是内心的庄敬。中国古代有句俗话："论孝在心不在物,在物贫贱无孝子；论色在行不在心,在心天下无圣人。"儒家认为孝主要在于内心的恭敬,是发自内心的感情,而不光是外在的表现,外在的表现不能称之为真正的孝。

《孝经》主张通过孝行、谏诤、事君、丧亲等方式来行孝。有的人说"养儿防老",父母培养孩子的孝心是为了将来孩子能够赡养自己,这只说对了一半。古代提倡孝道,不光是为了让孩子将来孝顺,更重要的是把"孝"作为家庭伦理的基石,作为德行培养的基础,作为国家治理体系的根本,实现了心性修炼、家风建设和社会治理三位一体,成为中国家庭伦理、社会认知和政治学说的基础。

三、《孝经》的研读

《孝经》对中国政治文化产生了积极的影响：

一是以孝治为本。中国历代总要表彰一些孝顺的榜样，帝王更要做孝的表率，对其母后也常按时拜见，用以弘扬孝道。《孝经》说："圣人之教，不肃而成，其政不严而治，其所因者本也。"如果天下人都能孝敬老人、爱护孩子，还用依靠刑罚吗？为了赡养父母，自己需要认真工作；为了父母平安，自己不去做一些违背社会道德规范的事情。推而广之，如果把父母概念换成一个更为宽泛的概念，如大家都能为了朋友、为了单位、为了国家而不去做不应该做的事情，"其政不严而治"，完全不用依靠严刑，依靠伦理就够了。

二是移孝于忠，就是在家孝顺父母，出外忠于君王。中国古代有"丁忧"制度，就是父母去世后，不管工作多忙，不管官多大，都要辞官回家守孝。现在可能会认为这是浪费时间，但古代正是通过这种伦理的约束把道德内化为个人感情，促成良好社会风尚的建立。当把孝道变成个人的伦理法则时，在父母去世后，他自然会把这种孝敬转移到对国家的忠诚上。中国古代都把忠和孝捆绑在一起，就是希望孝子在内孝敬父母，在外能忠于国君，即《孝经》里所说的"君子之事亲孝，故忠可移于君"。

三是博爱于众。"孝"有助于培养博爱意识，"教以孝，所以敬天下之为人父者也；教以悌，所以敬天下之为人兄者也；教以臣，所以敬天下之为人君者也"，大孝，即要孝敬天下的老人、敬天下的兄弟、敬一国之君。

四是谏诤于义。孝是不是一味地顺从呢？《孝经》强调在处理父子关系、君臣关系的时候，要有谏诤意识，"父有争子，则身不陷于不义。故当不义，则子不可以不争于父，臣不可以不争于君"。当父亲有错误的时候，一定要说出来；当国君有错误的时候，一定要想办法劝诫他。这时在衡量"孝顺"与否时，要采用"义"作标准。

唐玄宗李隆基亲自作《孝经注》，南宋邢昺作疏。司马光作《古文孝经指解》对其进行义理阐释。朱熹著《孝经刊误》，作了大量的删改，以求符合自己的见解。近人王正已著《孝经今考》，大家可以参看。

第九节 《尔雅》

一、《尔雅》概说

"尔"是"正"的意思，"雅"就是雅言，通过正音、正意、正形，来正言。《尔雅》最初不是单独成书的，它被附在经书的后面，用以解释经书中的字。西汉时被整理出来，单独成书，唐文宗时被列入"十三经"。这本书在战国时期就形成了，经过汉代增补、润色，形成了现在的规模。《尔雅》与经书的关系密切，古代训诂类的书都以它作为样本，在体例上多有仿照。其特点很鲜明：一是以标准语解释方言。在先秦的时候，地区方言差异很大，所以需要正音。二是用当代的语言解释古语，这是正意。秦汉时期，六经中的很多语言，已是"古汉语"了，需要对此前的语言进行解释。三是用常用字解释生僻字。有些生僻的字如"涷"，指暴雨，如"飚"，是"扶摇"的意思，当时已很少用了，只有通过解释，才能够明白，这是正形。

《汉书·艺文志》说《尔雅》共3卷20篇，而现在只有19篇。其解释有三：一是19篇加上序篇为20篇，这是王鸣盛的说法。二是崔述认为19篇加上《释礼》是20篇。三是孙志祖认为《释诂》分上篇和下篇，连同另18篇共20篇。

二、《尔雅》的体例

现存《尔雅》为19篇，大致可以分为五类：一是解释语言，包括《释诂》《释言》《释训》，如解释"初""绩"都是开始的意思。二是解释社会关系，如《释亲》，说"父为考，母为妣"，又说母亲的姊妹为从母，从母之男子为从母弟等。三是解释建筑器物，如《释宫》《释器》《释乐》等。《释宫》解释宫室的名称，如窗户的里面叫"夹"，东西墙叫"序"。如《释器》中讲木头做的一种容器叫"豆"，用瓦做叫"登"等。四是解释天文地理，包括《释天》《释地》《释丘》《释山》《释水》等，具体解释了什么是天，什么是地，九州是什么，五方、四野、八陵都是什么，对研究古地理认知很有帮助。其中，有些解释很详细，如春天打猎叫"蒐"，夏天打猎叫"苗"，秋天打猎叫"狝"，冬天打猎叫"狩"。五是解释动物植物，分《释草》《释木》《释虫》《释鱼》《释鸟》《释兽》《释畜》，里面有一些详切的解释，如根据大小、花纹、形状、年龄的不同，将虫、鱼、鸟、兽分别命名，有助于对上古名物的理解。

《尔雅》用这八种方式对事物进行解释：文同训异、文异训同、训同义异、训异义同、相反为训、同字为训、同声为训、辗转为训。

三、《尔雅》的研读

《尔雅》的价值，一在于作为训诂的基础，使我们了解到很多字的本义。如《释天》说："谷不熟为饥，蔬不熟为馑，果不熟为荒，仍饥为荐。"可见饥和饿意义是不同的，饥是说天下人都没吃的，饿是说自己没什么吃的。二是奠定了类书体例。《尔雅》按天地、日月、四时、禽兽分类，按类编纂，其体例是最早的类书体例。三是博物资料。其中记述了很多名物资料，如四野、五方等，是汉代博物意识的遗留，博物意识催生了汉赋的排比和博物类小说的形成。四是作为汉语史料，《尔雅》保存了大量先秦时期的语言，历代常把它作为资料来研究上古汉语。

《尔雅》的注疏很多，郭璞的《尔雅注疏》收集了很多魏晋的资料，邵晋涵的《尔雅正义》、郝懿行的《尔雅义疏》反映了清儒的研究成果，周祖谟的《尔雅校笺》资料很丰富，可以参用。

第四章　史部通论

史官是古代为帝王掌书记事的人。《世本》记载早在黄帝时期,就立史官,如仓颉、沮诵是当时的史官。《周礼·春官宗伯》说太史掌建邦之六典,小史掌邦国之制,内史掌王之八枋之法,外史掌书外令。《礼记·曲礼上》也说:"史载笔,士载言。"史官负责记述国家大事以及国君的言论,从而保存了大量的史料,形成了中国发达的史述系统。

第一节　史书分类

一、史书的分类

上古史官注重保存史料,使得史书大量出现。西汉整理图书时,史书并没有单独分类。刘歆的《七略》就没有列史类,《战国策》《史记》被单列于"六艺略"的《春秋》之后,说明当时史书并没有形成独立的分类。班固在《汉书·艺文志》中说:"左史记言,右史记事。事为《春秋》,言为《尚书》。"他认为史书分记言、记事两种。刘知幾《史通·载言》也赞同这种观点:"左右二史,分尸其职。"章学诚在《文史通义·书教上》中则说"事见于言,言以为事",言与事的分野只是相对而言,认为《书》亡而《春秋》作,到《左传》一变为编年体,到《史记》二变为纪传体,到《汉书》三变为断代体。史书不断变化而发展,不断发展而变化,其分类也是逐渐形成的。

西晋荀勖、张华,根据三国魏郑默《中经》而编定《中经新簿》,将图书分为四类,以甲经、乙子、丙史、丁集并列,史书被单列出来,不再被混于经书之中。东晋李充编写《四部书目》,也延续荀勖的做法,单列史部。南朝梁阮孝绪著《七录》,不满史部典籍的繁芜,进而将史书分为12类:国史、注历、旧事、职官、仪典、法制、伪史、杂传、鬼神、土地、谱状、簿录。史书根据内容形态进一步详分。《隋书·经籍志》在此基础上分为13类:正史、古史、杂史、霸史、起居注、旧事、职官、仪注、刑法、杂传、地理、谱系、簿录。其中,将阮孝绪所谓的"国史",改称为"正史",这种纪传体断代史遂成为中国史书的骨架。这一分法为后代史部目录所继承。清代纪昀等人在编纂《四库全书》时,继续采用这种分类,只不过进一步细分为16类:正史、编年、纪事本末、别史、杂史、诏令、奏议、传记、史钞、载记、时令、地理、职官、政书、目录、史评。这个分类的标准并不统一,有的是按照体例,有的是按照内容,有的则是按照体裁。

刘知幾在著《史通》时,曾按照史书体例的不同,将史书分为6家:尚书家,即记言类史书;春秋家,即记事类史书;左传家,即编年体史书;国语家,即国别体史书;史记家,即纪传通史类史书;汉书家,即纪传断代史类史书。这种分法简明清晰,很容易区分。梁启超的《中国历史研究法》继承了这种分类,分为纪传、编年、纪事本末和政书四体。这一分法归类清晰,但忽略了史评和史论类著作。

二、纪传体史书

纪传体史书是通过给人物立传记的方式来叙述历史进程。其以人物为线索,通过记述人物言论和事迹来叙述历史事件,能够较为清晰地呈现人在历史上的地位,符合中国古代以人系事的传统。纪传体史书一般由本纪、列传、书志、史表、传赞组成。有的没有世家,有的则缺少史表、书志,但本纪和列传必不可少,故称之为纪传体。

纪传体史书的创立者是司马迁,他所著的《史记》是中国第一部纪传体通史。纪传体史书一般先设立本纪,采用编年体叙述帝王的事迹,以此作为时间框架。《史记》设立世家,采用家族合传来记载诸侯和贵族的历史,符合上古诸侯分封的政治现实。后代有的史书还采用"载记"来叙述割据政权的历史,与《史记》设立世家的方式类似。列传是各类人物、各民族、各属国的传记,内容最为富博。书、志则分门别类,以事为纲,记述典章制度、自然风土、学术科技、社会各方面的历史状况,是当时的政治、经济、文化、法律等资料的汇编。史表则多用来记述年代、处理琐碎史料以及罗列人物,例如《史记》有《十二国诸侯年表》,《汉书》有《百官公卿表》等,从中可以很清楚地看出不同历史时间所发生的人物、职官的变迁始末。每篇末尾或者书末附有传赞、序论,不仅评论历史人物或历史事件,也补充记述某些制度的沿革。

这些不同的体式相互补充,可以较为全面地叙述历史沿革、人物传记和典章制度,很容易将一个朝代的历史面貌勾勒出来,既有可读性,又有资料性,便于从整体上提纲挈领地把握历史面貌。刘知幾在《史通·二体》中言其长处:"纪以包举大端,传以委曲细事,表以谱列年爵,志以总括遗漏,逮于天文、地理、国典、朝章,显隐必该,洪纤靡失。"纪传体史书的缺点是难以清晰地描述历史的时间顺序,也无法使读者清楚地看到历史事件之间、历史人物之间的复杂联系。虽然很容易知晓一个人的家长里短,却需要翻阅很多人的传记才能明白一件事的来龙去脉。

三、编年体史书

编年体史书是按年、月、日的顺序记载历史事件的。编年体记事出现得很早,《春秋》《左传》《竹书纪年》便采用编年体。其以时间为经,以事件为纬,容易考查事件发生的具体时间,也便于了解历史事件之间的联系,避免了纪传体叙事的重复,此其优长。编年体过分强调时间的顺序,既不容易呈现出个人在历史事件中的作用,也不容易集中地叙述每一历史事件的全过程。有时为了把一个事件说清楚,既要追叙往事,还要附带补记后事,因而也不是绝对地按时间的先后来叙述。这种灵活的处理方式,正可以看出编年体在事件叙述上的局限性。又因编年体史书常以事件发生为主,不可避免地忽略了经济、文化、社会等方面的细节。

《春秋》《左传》《竹书纪年》之后,编年体史书一直在发展,东汉荀悦著《汉纪》,东晋袁宏著《后汉纪》,对前代编年体史书严格按照时间顺序的写法有所发展。如运用了连类列举的方法,把历史人物的言行事迹进行分类书写,弥补了编年体史书对人物、事件描述的不足。北宋司马光著《资治通鉴》,将宋以前的历史编年重新叙述了一番,将编年体所能达到的叙事容量发挥到了极致,使编年体史书成为重要的史书体式。南宋李焘的《续资治通鉴长编》,按年叙述宋以后的历史进程。清代毕沅编《续资治通鉴》,仍采用"通鉴体"的形式记载史事。

可以列入编年体史书的还有历代的"起居注"及"实录",也是按年叙述某一历史时期的事件。南朝梁已有周兴嗣、谢吴所撰的《梁皇帝实录》,但早已散佚。现存较早较完整的是唐代温大雅的《大唐创业起居注》,记录了李渊自起兵反隋直到攻克长安、废除隋帝、正式称唐帝共357日的史事。韩愈《顺宗实录》,依靠《昌黎文集》得以保存下来,此外还有宋代残缺不全的《太宗实录》。目前保存比较完好的是明清的实录,台湾"中研院"历史语言研究所校勘影印的《明实录》共3183卷,其卷帙最大。《清实录》为清朝11位皇帝的实录,加上《宣统政纪》,共4484卷之多。这些实录是依据档案、起居注等原始资料修撰而成的,是修正史所依靠的基本资料。

四、纪事本末体史书

纪事本末体史书是以叙事的方式,以某些历史事件的发生发展为描述视角的史书。这种体式以事为纲目,正好弥补了编年体重时间、纪传体重人物而略于事件之不足。章学诚在《文史通义·书教下》中言其"因事命篇,不为常格。……文省于纪传,事豁于编年,决断去取,体圆用神",长于讲清某些事件的来龙去脉。

这一体式始创于南宋袁枢的《通鉴纪事本末》,他按照司马光《资治通鉴》的年次,分类编辑,每事标以醒目的题目,共编集了239个事目,始于《三家分晋》,终于《世宗征淮南》,可以看出这1300年间所发生的重大事件的来龙去脉。明代陈邦瞻受袁枢的启发,编撰了《宋史纪事本末》《元史纪事本末》,清代谷应泰编撰了《明史纪事本末》,李有棠编撰了《辽史纪事本末》《金史纪事本末》,张鉴编撰了《西夏纪事本末》,近人黄鸿寿编撰了《清史纪事本末》,使纪事本末体成为中国史书的另一重要体例。

纪事本末体史书的优点在于按照某一历史事件独立成篇,各篇按时间顺序进行排列,它可以集中而相对完整地描述历史事件的全貌。缺点是不能显示出同一时期各历史事件之间的联系。不过,纪传体以人为纲、编年体以时间为纲、纪事本末体以事件为纲,三者相互补充,各能弥补彼此的短处。如果把它们结合起来阅读,就能全面而系统地看出中国历史的不同侧面。

五、政书

政书是记述典章制度的史书,广泛地收集政治、经济、文化、法律等方面的材料,并分门别类系统地加以描述,有助于我们了解各种制度的历史沿革。政书成为史书的分类之一,源于明代钱溥的《秘图书目》。但其源头却可以追溯到《礼记》。司马迁《史记》中的"八书"、班固《汉书》中的"十志",以及后世史书中的"志"都是政书的前身。这些保存在经书和史书中的资料,用起来很不方便。到了唐代,刘知幾的儿子刘秩作《政典》35卷,便分门别类叙述自黄帝至唐代开元、天宝间典章制度的兴废沿革。此后,杜佑在前代史料的基础上,编成《通典》,内容涵盖各类书志史料,条理分明,记叙完备,发凡起例,为后代所沿袭。此后不仅有《续通典》的出现,还有仿《通典》的体例而编纂的《历代兵制》《营造法式》《历代大礼辨误》等专门性的通史政书。

记述某一朝代典章制度的断代式政书,一般称之为会要或会典。唐玄宗时,李林甫等人撰《唐六典》,专叙唐代典制。唐德宗时,苏冕把高祖以后九帝的典章制度编成《会要》40卷。唐宣宗时,杨绍复等又编《续会要》40卷。宋王溥把这两本书补充到唐末,编成了《唐会要》100卷,是我国最早的断代政书。受此影响,后代学者根据前代的史料,编纂了历代会要,其中较为著名的有徐天麟的《西汉会要》《东汉会要》,徐松的《宋会要辑稿》等。还出现了仿照会要体例编纂的专门性断代政书,如《大清律例》《大唐开元礼》《皇朝礼器图式》等。

六、史评史论类著述

史评史论类著述是专就史事、史书或史学进行评论或论断的著作。其不是以历史叙述为主，而是以历史评论为主。

史评是对历史现象进行评价。早在西汉时期，就形成了反思秦朝过失的学术讨论，其中贾谊的《过秦论》便是著名的一篇史评。后来，司马迁著《史记》，常以"太史公言"的方式品评人物。班固的《汉书》，也采用传赞的方式加以评点，逐渐形成史评传统。此外，东汉班彪著《王命论》、三国曹冏著《六代论》、唐朱敬则著《十代兴亡论》，亦纵论历史得失，讨论朝代兴亡，品评人物功过，分别代表了不同历史时期的史评特点。北宋范祖禹论唐300年的得失成败，作史论306篇，合称《唐鉴》，成为我国较早的史评专书。孙甫著《唐史论断》、李焘著《六朝通鉴博议》，皆为著名的史评著作。王夫之的《读通鉴论》900条，对自秦至唐末的历史现象进行评述，如言东汉皇帝"替母党以崇妻党"，揭示了东汉外戚间的斗争形态，深刻独到。他还撰《宋论》，专评宋代史事，见识却不如《读通鉴论》高且广，其不通财政、不明通变以及晚年的保守态度，也显露无遗。

史论著述是对史学的评价。南朝梁刘勰的《文心雕龙》中，有一篇《史传》，专门讨论史学形成与演变、前代史书的优劣、各史学家的追求等，还只是单篇。唐刘知幾的《史通》是史论的专著。其中"内篇"评论前代史书的体例、史料采集的方法、史学叙述的要点；"外篇"讨论历代史官的设置、史学典籍的源流，涉及史家的得失。此后，郑樵的《通志》、范祖禹的《唐鉴》和吴缜的《新唐书纠谬》等，亦为史学评论。影响最大的，还是章学诚的《文史通义》，它对清以前的史书编纂、史学得失作了深入的讨论。著名的"六经皆史"的观点，就是其开篇的第一句话。他还提出要严格区分史著与史料，注重"史才、史学、史识、史德"等相结合，全面总结了中国史学的特点和方法。

第二节　史部的特点

一、经史一体,正野分途

章学诚在《文史通义》开篇提出"六经皆史"的观点,还深入地讨论了经学与史学的关系。他认为史原本于《春秋》,《春秋》"纲纪天人,推明大道",意在通古今之变而成一家之言,经学和史学同出一源。这一看法,并非章学诚的创见,唐王通的《文中子·王道》、北宋刘恕的《资治通鉴外纪·序》、明王应麟的《困学纪闻》等著作中便有经史一体的看法。王阳明曾说:"以事言谓之史,以道言谓之经,事即道,道即事。"①认为经和史分别是从不同侧面表述所谓的"道"。李贽在《焚书·读史》中也说:"经、史,一物也。"认为经史相为表里,并认为《诗经》《尚书》是二帝三王以来之史。顾炎武也认为经史同源,经史同归,以经史互训来讨论六经,撰成《日知录》。乾嘉学派继承了经史互训的手法,把经学作为史学来讨论,提出了很多新的见解。章学诚正是在这样的基础上作了集大成的概括和总结。

这种说法的实质,是认为史书体现了经书所体现的"道"。而把六经看成"史",则是因为六经多是先王的"政典"和前代文献的汇编,经过孔子等所谓的"圣人"的整理,成为表述中国正统治国之道的载体。此后的史书,秉承了经学正统的治道,对历史材料加以取舍,才形成了官修的正史系统、以官方资料作为基础的政书、编年体史书、纪事本末体史书。因此在中国古代,只有符合经学精神和正统思想的史书,才被定为"正史";而那些私撰的、不合"治道"或者不合"正史"之道的史书,被称为"野史"。②

作为与正史相对的一个概念,野史的得名,主要在于其所体现的"道"不及正史的鲜明。明代高儒的《百川书志》在史部中列"野史"一

---

① 《王阳明全集》卷一《语录一》,上海古籍出版社2011年版,第11页。
② 参见陈力《中国史学史上的正史与野史》,《四川大学学报》1999年第2期。

类,其中所列的"野史",多数是小说。按照高儒的理解,野史几乎近于《汉书·艺文志》中所说的"街谈巷语,道听涂说者之所造也"。

由此衍发,野史更多带有"体制不经""真虚莫测"的特点,既不能体现官方的政治意图,也不可能担负起教化的作用,与正史是无法相提并论的。我们这里所说的是广义上的野史,包括"伪史""霸史""载记""杂史""别史"等与正史相对的史籍。

"伪史"是《七录》中的称呼。永嘉之乱后,那些在中原先后称霸的朝廷,被南朝认为是假名窃号而称国,其在政统上被称为"伪朝",其史便是"伪史"。《隋书·经籍志》把它们改称为"霸史",清朝修《四库全书》时把它们改称为"载记",专指正统国家之外的历史,并纠正了"伪史""霸史"称呼的偏颇。杂史主要指各种正史之外的历史记录。《隋书·经籍志》认为这些记录"率尔而作,非史策之正",多数是抄撮旧史,体制随意,内容"迂怪妄诞,真虚莫测",不足为训。《四库全书总目提要》也说这类史书记录的内容繁简不一,多取材朝廷、军国之事,有的记述一件事情,有的只记述一事的见闻,常常是以"一家之私记"的形态出现。相对于正史而言,杂史在真实性上不足,在完整性上不够。别史,按照陈振孙《直斋书录解题》的说法,即是在内容和性质上处于正史和杂史之间的那些史籍。

如果仔细考察,就会发现野史中记载了大量的朝代掌故和历史见闻,如洪迈的《容斋随笔》中,所提到的野史就有沈括的《梦溪笔谈》、孔毅的《野史》,这些笔记、杂记中,恰恰存有大量的历史史料。司马光撰《资治通鉴》以正史为经,以野史为纬,取用杂史 222 家,作为参照。《三朝北盟会编》虽然只记宋徽宗、钦宗、高宗数十年间之事,却采录野史二百多种。

虽然野史语言不如正史雅训,事实也不如正史准确,但野史多出于作者的亲见亲闻,常可以作为正史的参考。刘知幾在《史通·杂述》中说:"大抵偏纪小录之书,皆记即日当时之事,求诸国史,最为实录。"是说野史可以作为参考资料使用。民国时期的傅斯年在《史料论略及其他》中比较了正史和野史的差异,说"官家的记载时而失之讳""私家的记载时而失之诬"①,主张正史和野史兼取。

二、官修主导,私著丰富

中国的正史多由官修,这涉及一个王朝正统的问题。战国以前,三代相承,并不存在正统与非正统的观念。但孔子所言的"夏夷之辨",已经说明了当时的学者忧虑华夏正统为狄夷所毁。秦夺取天下之后,并不被东方诸国所认同,因为秦起自西戎,受少数民族的影响深一些,为东方六国诸侯、贵族所蔑视。为了表现自己的正统,秦始皇借用邹衍的五德终始说,来论证秦称帝的合法性,并烧毁东方六国所流传的史书。《史记·六国年表》说:"秦既得意,烧天下《诗》《书》,诸侯史记尤甚,为其有所刺讥也。"其意在树立秦之正统。西汉立国之后,正统问题一直被儒生和学者拿来讨论,西汉为了显示自己的正统性,不惜通过改元、改德来显示自身的合法性。东汉班固修撰史书时,认为如果按照《史记》的做法,东汉势必要被编在王莽之后,便采用断代史的方式,以凸显东汉的地位。由此开端,史书所承载的,已经不再是史料的问题,而有深刻的政治用意,并成为朝代合法性的标志。

除了正史外,官修的史书还有各类起居注。《隋书·经籍志》著录历代起居注 44 部 1189 卷。唐以后,历代均设有掌管起居注的史官,负责编订起居注,后整理成朝代实录,这也是卷帙浩大的官修史籍。

就正统性而言,每个朝代建立之初,都会主动修订前代的历史,来显示自己的政治继承性和文化的正统地位;从国家建构和思想统一的角度来说,官方主导修订的历史,有助于援引旧朝遗老,以凝聚学者的共识,促进新朝的国家认同和文化自信,官方修史成为中国历朝历代的传统。

官方修史之外,私人也修撰了大量史书。孔子修《春秋》,可以看作是私人修史的开始。战国时期,私人修史的风气盛行。楚威王时的太傅铎椒,采集前代春秋的成败事迹,编成了《铎氏微》40 章。赵成王时的丞相虞卿,作了《虞氏春秋》8 篇。秦襄王时的丞相吕不韦,学习

---

① 傅斯年:《史料论略及其他》,辽宁教育出版社 1997 年版,第 26 页。

《春秋》,杂采诸书,作了《吕氏春秋》。按照司马迁的记述,荀子、孟子、公孙固、韩非子等,也曾依据各国《春秋》而著书。到了汉代,官修的史书有《汉书》《东观汉记》等,汉末以后,私修的《后汉书》就有 10 家。三国史,私修者有 5 种。私修晋史者,有干宝、孙盛等 12 家。历代私修断代史数量非常多,很多正史正是借助这些私修的著述完成的。我们当充分注意私修史书作为基础性资料的作用。

三、学识兼备,尤重史德

秉笔直书是中国史书的优良传统。最著名的例子是春秋时晋太史董狐不畏权势,记载"赵盾弑其君",被孔子誉为"古之良史"。齐国太史兄弟三人与南史氏不顾生命危险,按照真实的原则记载了"崔杼弑其君",为时人所景仰。以此为例,"实录"成为中国史家的一个原则,也成为史书品评的一个标准。如司马迁的《史记》被誉为"实录",唐吴兢直笔实录,被誉为"后世董狐",他们都体现了中国史学对真实传统的坚持。

秉笔直书要求记录忠于历史真实,不能故意隐瞒、歪曲、篡改历史事实。刘勰在《文心雕龙·史传》中列举了信史的标准:一是"述远"而不"诬矫",二是"记近"而不"回邪"。即记述元古的历史,即使前代历史史料不清楚,也不要编造;记述近代史事,史料就在眼前,不要因为个人的好恶而加以回护或者扭曲,要用析理居正的态度来处理。孔子在修订鲁《春秋》时,寄托了微言大义以褒贬,中国的史书被附加了申劝诫的历史道义、政治道义和国家道义,正如此,唐太宗才有"以古为鉴,可知兴替;以人为鉴,可明得失"的说法①。这从另一个角度证明了中国史书不仅是史料的编纂,更是"正道""治道"的载体。

史德既体现于作者的撰史态度中,也体现于史书的价值取向中。中国史书要求尊重历史、实事求是、秉笔直书、用材料和事实客观公正地描述,而避免一己之私情羼杂其中。《文史通义》有《史德》《言公》诸篇,专门讨论了"史德"和"直书"。章学诚认为仅有才华和学识,并

---

① 《新唐书·魏徵传》,中华书局 1975 年版,第 3880 页。

不足以成为好的史学家,《史德》便说:"能具史识者,必知史德。德者何?谓著书者之心术也。"只有做到文道合一、言事一致,才能做到叙事公允、褒贬得当。这种公允的态度正是"言公"的前提,有了这样的精神,"能者无所竞其名,黜者无所事其剽,核者无所恃其辨,夸者无所争其耀"①,才能平心静气地审视材料,进行撰述。

一个史学家不仅要有秉笔直书的自觉性,还要有不为权势所屈、不为名利所动的勇气。史籍中曲笔的形成,或是顺迎时俗,阿谀权贵;或是诬蔑他人,以图私利。这种随意褒贬、迎合权贵的做法,历史上常常存在,就是在正史中也是不能完全避免的,这更证明了重视"史德"的可贵。

四、叙述简略,考订详赡

中国史学重视考订,例如《春秋》有三传,《史记》有三家注,《汉书》《后汉书》《三国志》都有大量的传注。这些注释的出现,一是由于史书记载简略,后世学者为了阐明本事,不得不进行大量的补充和注解;二是由于史书的记载本身存在一定的缺失或者讹误,后世学者需要进行大量的补订、辨伪。

其实,在史籍撰述的过程中,就存在着对史料的搜集、排比、甄别、编辑等环节。大量存在的原始资料,不仅在内容上存在着差异,而且在来源上也真伪难辨。所以鉴别史料是史学家撰著的前提工作。司马迁在编纂《史记》时,对于不同的史料,采用存而不论的方法加以处理。东晋孙盛著《异同评》,专门讨论史料的考异和分辨。裴松之注《三国志》,引用多家的记录辨别是非,还参考多种说法分析异同,这些都是对史料的考订。

这类考订在后代成为专门的学问,北宋吴缜的《新唐书纠谬》《新五代史纂误》,专就《新唐书》《五代史》中的错误进行考订。刘攽的《西汉刊误》《东汉刊误》,也分别对《汉书》《后汉书》的讹误进行校订。较著名的还有王鸣盛的《十七史商榷》、钱大昕的《廿二史考异》等,校

---

① 章学诚:《文史通义·史德》,中华书局1961年版,第144页。

订了前代正史中的文字讹误,还纠正了记事的谬误,对于一些存疑的名物,进行了训诂,这些都是阅读正史不得不参考的资料。

特别值得注意的是司马光的《资治通鉴考异》,这是司马光在撰《资治通鉴》时的记录,从中能够看出司马光是如何对史料进行比对、分析和采纳的。其中列出了所引资料的差异,并自撰考异,参考群书,评其同异,撰成专书30卷,与《资治通鉴》相表里。后来胡三省撰《资治通鉴音注》,把这些考异条文列在《资治通鉴》正文之下,把考异与《资治通鉴》合为一书。我们读《资治通鉴》时要注意体味这些材料中所蕴含的经验和心得。

这些大量存在的考订、注释,最初仅是对史书的补订,是研究的成果,后来便成为史著的重要组成部分,成为研究的对象。中国的史料不断累积,史学研究日趋深入,与这些考订的深入密不可分。

第三节　史书研读

史书研读要注意哪些问题呢?

一、明大势

所谓的明大势,就是要明晓历史发展的总趋势,这也是我们研究历史的一个重要目的。读史使人明智,说的就是只有看清历史发展总的规律和趋势,才能透过几千年文明史的进程来评判现在和未来人类的作为。这是我们历史研究的根本意义。

中华文明史的演进有很多深刻的规律,值得我们总结。文明的发展常常表现出两种形态:一是文明的扩张,一是文明的内敛。其具体又分别可以表现为武力的扩张与内敛、文化的扩张与内敛。中华文明正是形成于武力的内敛和文化的扩张的协调统一之中。周边文明常常在攻伐中原文明的过程中,主动或被动地受到了中华文明的吸纳,并参与到中华文明新的建构之中。异族文明进入中原之后,常常带来的不是文明的萎缩,而是文明的繁荣和新生。这种历史形态的出现,完全得益于中华文明的内部控制和协调机制的建立。文明的发展既赖于对固有传统的坚持,更赖于具有开放的吸纳精神。前者是保持文明延续的必要前提,后者是促进文明发展的充分条件。以复古为革新来处理行政制度,以通变意识来调整经济体制,以雅俗互动来发展文化艺术,中华文明正是通过这些外部和内部的调控机制,才保证了它的持续发展。

漫长的中华文明是以统一的中央集权国家形态出现的,这种局面是依靠儒家的礼乐意识和刑法思想来维系的。这些思想意识在先秦时期已经开始形成,并以经典的形式表达了对上古大同社会的建构和对周政的推崇。尽管这些学说带有明显的理想成分,但在经典中则是进行实践性的描述,使之历史化,如小康社会、和谐意识、尚贤思想、尊重民生,成为中国政治文明所追求的目标。此后的政治和行政改革,多以恢复或者实现上述理想为动机,如两汉的礼制变革、隋唐的科举制度、宋代的变法运动以及明清时期的税制改革等,它们常在继承传统的基础上,加以调整革新。而历代经济体制变革所体现出来的通变意识,也是建立在固守传统的基础之上的,而不是颠覆式的否定。这是中华文明政治变革和体制调整的基本方式,它既保证了文明成果的延续,又使文明能够不断地自新。对这些规律的总结,不仅能够使我们明晓历史发展的总体趋势,从而思考如何在尊重文化多样性前提下实现各地区、各民族文化的交流,如何在缓解不同文明冲突的过程中推动人类文明的融合,对人类文明的整体演进过程进行全面思考,以探求出人类文明发展的必然走向。

二、知得失

唐太宗李世民曾说:"以古为镜,可以知兴替;以人为镜,可以明得失。"①我们常说的以史为鉴,正是以历史上的兴衰成败作为现在的借鉴。纪传体史书以人为纲,纪事本末体史书以事为纲,阅读史书,可以看到很多人事兴衰成败的经验和教训。能够厕身于二十五史之中的人,都是历代的政治人物和社会精英,通过对他们生平事迹、行为策略的分析,可以给我们提供很多的教益。大而言之,有助于国家的建设、

---

① 吴兢:《贞观政要》卷二《任贤篇》,上海古籍出版社1978年版,第33页。

行政的完善和社会的融合；小而言之，有助于增进人生的智慧、处事的策略和事业的发展。

  著名的楚汉之争中，楚霸王项羽曾一统诸侯，英名盖世，最终却不得不自刎乌江。刘邦出身亭长，虽不能沙场驰骋，最终却可以一统天下，建立汉朝。其原因在于项羽靠自己的勇敢试图成就霸业，这在起兵之初尚可，随着地盘的扩大和实力的增加，他个人的成功就必须依赖于团队的建立。项羽不能用人，韩信在项羽手下，只能做一个执戟之士，没有施展才能的机会。投奔刘邦之后，刘邦立刻拜他为大将。项羽在每次封侯的时候，总是把印拿在手里摩挲，舍不得把它交给手下。刘邦常把那些还没有攻下的地方封给手下，并激励手下说你去打吧，打下来你便做齐王、燕王等。这让我们明白：要想成就大事业，单依靠个人的力量是不行的；只有建立一个能够相互取长补短的人力资源团队，才能够取得最终的成功。司马迁在《史记》中采用"互见法"来叙述历史事件的成败，把人物的正面经验放在本纪、本传里进行描述，把其缺失放在其他相关的传纪中加以介绍，并利用评论来点出人物的得失，这是很值得大家参看的。

  中国历史中有很多著名的言论、故事、行为也值得我们去深思，如殷纣王因残暴而失天下，周厉王时的"防民之口，甚于防川"，周幽王的"烽火戏诸侯"等都是任意而为、不顾劝诫的教训。齐桓公尊周而匡诸侯、曹操挟天子以令天下、诸葛亮七擒孟获等，都是卓有见识而高明的行政经验。可以说，成功的经验总是相似的，而失败的教训却是千差万别的。由于历史往往是由成功者来书写的，其中有些成功的经验是出自后世的总结或者当时的粉饰；而对那些失败者的记录，则相对比较真实。中国古代的行政是以人系事为基本方式的。这种方式通常并不是比较优点，而是比较缺点，即往往在其最缺失处、最软弱处下手。欧阳修在《新五代史·伶官传序》中说："祸患常积于忽微，而智勇多困于所溺"，很多事情的功败垂成，常常是失之于最小的弱点。人的一生或者一个团体的发展，都是如此。在现在这样激烈的竞争环境中，不容许我们有任何的失误，也不容许我们错过任何机会，我们没有可以借鉴的经验，只有避免前人的失误。我们可以充分借鉴历代治国、理政、睦邻、富民、强兵等方面的得失,来服务于当前的国家建设。

三、审源流

在古代历史中,很多制度的演进是绵延不绝的,如礼制变迁、官制演化、地理沿革等,历朝历代都对其进行了相应的调整。这些制度的调整,有时是延续,有时是放弃,有时是增补。分析这些制度的变迁,将有助于我们从不同的侧面看出历史演进的动因和线索。这就需要我们对其中很多的细节进行考订。

例如校猎,不仅是古代军事训练的重要方式,也是历代军礼的主要内容。先秦时期已产生带有军训性质的田猎活动。魏晋以至明清,校猎都是军事训练的重要形式,具有特定的制度形态和礼仪规范。作为承前启后的一环,两汉是校猎制度形成与演变的关键时期。但古代典籍却没有详细地总结两汉的校猎制度,对于其相关的情况,也没有系统的阐释。如唐杜佑的《通典·军礼》不载两汉校猎,南宋郑樵的《通志·礼略三》则说:"周制,天子诸侯无事,则岁行蒐、苗、狝、狩之礼。汉、晋以来,有阅兵之制,而史阙田猎之仪。"元马端临在《文献通考·王礼考》中收录了两段司马相如、扬雄赋作的序言,并把它们列举为两汉的田猎,与先秦、唐宋的校猎制度并列,但惜其未征引其他资料以资述证。现当代学者也不同程度地忽视古代的校猎制度,或点到为止,或一笔带过,并未做深究,未将作为娱乐的田猎和作为制度的校猎区别开来进行讨论。而文学史研究中讨论校猎赋,多认为校猎是帝王的娱乐活动,也没有将两汉校猎赋与校猎制度结合起来考察。我们通过考证汉赋中大量存在的校猎描写,证实了校猎制度不仅是两汉军事训练制度和礼仪制度的主要组成部分,还是两汉重要的朝政典礼。虽然说西汉校猎"重兵",东汉校猎"重礼",两汉校猎活动虽然有强化与弱化的变迁,但练兵习武的性质并没有产生根本性的变化。我们可以通过利用汉人亲自撰写的汉赋作为史料,来补充现存典籍中缺失的记载,并由此填补中国礼制史、军事史上被忽略的一环。这样,可以使我们更好地看到魏晋乃至后代校猎制度的来源。

四、阐幽微

中国史书虽然详备,但由于历史进程绵长,有很多细节并没有得到详细的描述。有的虽然记录在案,但繁杂琐碎并散乱在不同的传记、表章或书志之中,需要重新提玄勾勒,才能把一段史实分析清楚。乾嘉学派考史辨妄,重视求实、求真,积累了大量的方法,也提出了很多有见识的观点。惠栋、钱大昕、王鸣盛、戴震、汪中、焦循、阮元、章学诚等,所秉持的"辨章学术、考镜源流"的追求和方法,代表了这一研究的旨趣。

这种研究需要充分借助考古、文献等资料,通过排比、分析、思考,将看似毫无关系的记录结合起来,进而描述一段未被详细记录的史实。例如考古发掘表明,两汉都城制度发生了很大的变化。从史料上看,在西汉初年和东汉初年,都曾有过关于建都何地的讨论。西汉时,刘邦听从了刘敬、张良的建议,把都城从洛阳迁到长安。东汉时期,有很多士人劝光武帝、明帝将都城西迁长安,最终却未成行,还因此引发了激烈的争论,形成了一个辞赋创作的热潮。史书上并没有关于两汉都城制度变迁讨论的直接记录,现存的辞赋,如杜笃的《论都赋》、班固的《两都赋》、张衡的《二京赋》却记载了论辩双方的观点,并对两都的制度和风格进行了描述。我们由此作为视角,可以看出都洛派与西迁派表达了截然对立、尖锐冲突的都城观。这些对立和冲突,从表层来说,是由于西迁派保守的都城观和都洛派新的都城观的不同而造成的;从中层来分析,两汉之际是都城选址观念、都城营造思想和宫室建筑理念发生重大转折的历史时期,两派的争论体现了两汉间人在这种转折过程中对这个问题的不同认识;从更深的背景考察,则是两汉政治文化变迁的深刻体现。由此深入,我们可以借助考古资料来分析两汉都城选址观念、都城建设思路以及它所体现的政治文化的变化。在文明时期,人类大规模的建设行为往往受理性的支配,也就是说,考古所发现的都城建制的巨大变化不是自发的,而是有着深刻的思想背景和历史成因。两汉都城制度的变化来自于政治文化和社会风尚的调整,通过辞赋中的描述和史料的零星记载,我们不仅可以看出汉代都城制度的变化线索,也能够发现京都赋兴起的历史动因,还能够审视这一时期两个政治集团之间的微妙关系。

五、辨真伪

辨明真伪,包括两个方面的内容:从文献学的角度来说,主要是辨析典籍的真伪,如姚际恒的《古今伪书考》、张心澂的《伪书通考》等,都对很多典籍的真伪作了考证。从史料学的角度来说,主要是辨析历史记载的真伪。中国的正史系统,因为受到经学的支配和正统意识的影响,有时会产生一些曲笔回护的现象和一些想象的成分。野史则多传说逸闻,难免虚构,很多事件的真伪,常在两可之间,这就需要我们进行详细的考察。梁启超在《中国历史研究法》中详细而系统地论述了辨伪的方法,并提出12条鉴别伪书的通例,后又在《中国近三百年学术史》"辨伪书"一节中总结出清儒辨伪的6条方法。当时兴起的古史辨派,与梁启超的思考相呼应,开始对中国古史系统进行深入的讨论,并指出其中的不实和虚妄之处。

古史辨派怀疑古史真实性的精神以及他们所形成的研究方法,是值得我们学习和借鉴的。但我们也需要思考这样的问题:古史辨派分析问题的基点是依靠先秦文献记载的顺序的。他们发现有些记载出现得越晚,其记录就越详细;有些靠前的历史,反而出现的年代较晚,因而怀疑古史的真实性,并提出层累的古史体系的看法。这种看法,在一定程度上忽略了上古文献的一些基本特征:一是文献的整理要远远落后于口头的传播。特别是在商周时期,由于书写工具的不便和文字形体的限制,很多以传说形式存在的古史并没有被详细地记载下来,或者只存在于某些特定的载体中,如甲骨、钟铭、歌诗等。当时没有书写并不等于没有史实发生。自人类的记忆和语言产生起,口头传播的历史就已经形成了。这些口头传播的历史有的为当时的人所熟知,是共同的历史记忆,无须专门加以记载;有的则受制于客观环境,也没有被记载下来。如果商周时期没有那样为社会所公认的传说体系,那么春秋战国乃至秦汉学者即便把它们编造出来,也不可能得到民众的认同和统治者的接受。所以,当战国、秦汉著述成为风气时,士人们开始将从民间传说体系中获得的历史知识,加以系统化、条理化,并作为资料源加以处理，方形成古史系统。二是传说的特点是因时而变，因干续叶，越来越详切，后世记录自然要比前世详细许多。有些地域性的传说，随着国家的统一和民众迁徙与交流，就变成了全国性的传说，例如大禹治水、黄帝事迹、仓颉造字等，全国有很多遗迹，也有很多记述。古史辨派多立足于文献的考察，忽略了上古文献的传播形态，其怀疑有功，但辨伪稍过。因此，我们在肯定古史辨派怀疑精神的同时，更要注意到古史的可信性和可阐释性。我们需要抱着疑古、信古、释古三种态度，方才能对史料进行相对客观的分析，认真辨析古史的来源、内容、形式的真实和虚妄，这才是最为科学的学术研究态度。

除此之外，有的研究者和阅读者还非常重视对史籍正误的记载进行考订，并阐释历代阙疑的一些问题，以发掘某些沉潜的史实，最后总结出独特的历史真实。钱大昕的《廿二史考异》、王鸣盛的《十七史商榷》、顾炎武的《日知录》、赵翼的《廿二史札记》等，便是明正误、释疑义、钩沉潜、括细节等方面的代表作。

第五章　二十五史

"二十五史"是中国25部正史的合称,"二十五"这个数字是历代累积而成的。历史上的不同时期先后有"前三史""前四史""十史""十三史""二十四史"等合称。最近的一次是1921年,中华民国总统徐世昌下令将《新元史》列入正史,与"二十四史"合称为"二十五史"。但后来学界习惯将《清史稿》列入,称为"二十五史"。如果再加上《新元史》,也可以称之为"二十六史"。我们这里采用常用的说法,即列《清史稿》而不列《新元史》。《四库全书总目提要·正史类叙》说:"盖正史体尊,义与经配,非悬诸令典,莫敢私增,所由与稗官野记异也。"正史记载了上自传说中的黄帝,止于清亡近五千年的史实,并全部采用纪传体的形式,附以表志,是中国史籍的骨干。

第一节　前四史

一、《史记》

《史记》,又称"太史公书""太史公记",有时也省称为"太史公"。为西汉太史令司马迁所作,是我国第一部纪传体通史,叙述了自传说时代的黄帝到汉武帝元狩元年(前122)近三千年的历史。司马迁在《太史公自序》中说全书有12本纪、10表、8书、30世家、70列传,共130篇。班固在《汉书·司马迁传》中说《史记》缺少10篇。张晏、赵翼、周密、梁启超等都有过考证,但说法各不相同。从现在通行的《史记》来看,有些章节显然是由他人补定的,如西汉中期的褚少孙就补写过,今本《史记》有时出现的"褚先生曰"便是证明。

司马迁写《史记》的动机有三个:一是家世因素奠定了作史的基础。他出身于史官世家,能博览史籍,积累了丰富的史学知识;又因其经过多次游历,并做了实地调查,收集了大量一手资料,这决定了《史记》的记事翔实、内容丰富。二是史学意识形成了作史的动力。中国优良的史学传统是司马迁作史的文化动力,他把"究天人之际,通古今之变,成一家之言"作为其建立史学体系的追求①。汉武帝时期大一统的政治形态,也促使他建立与之相适应的史学观,如他将夏、商、周三代国君、重要贵族和民族的来源都追溯到黄帝时期,从血缘上维系了中华各民族之间的关系,这对促进民族之间的认同有着积极的意义。三是遭宫刑之祸促成了司马迁作史的风格。从司马谈的《论六家要指》可以看出,司马谈是秉承黄老思想来看待汉武帝时期的政治的。汉武帝推行的"有为"之政与文帝、景帝时期的"无为"之政形成了鲜明的对比,司马迁对武帝的一些事迹作了一定的批评。特别是他替投降匈奴的李陵辩护,被武帝处以宫刑,这使他对世态炎凉、人情冷暖有了更深的体认。受辱心态下写史,使他充满了不平意识,对历史上悲剧性的英雄和失意的士人有了更深的理解,屈原、项羽、贾谊、李广以及游侠等传中,最能看出司马迁"托史言志"的悲愤和无奈。鲁迅称《史记》为"史家之绝唱,无韵之离骚",正是看出了《史记》在史书体例上的开拓和寄托的深切感情。

司马迁撰成《史记》后,其书被抄成两部,正本藏于秘府,副本藏在家中。据《汉书·司马迁传》记载,在汉宣帝时,司马迁的外孙平通侯杨恽对外公布《史记》,才得以广泛流传。魏晋时期,《史记》已经有很多抄本,也有很多注释,如西晋末徐广就作了《史记音义》。从这些抄本和注释中可以看出很多版本的差异。南朝宋裴骃在《史记音义》的基础上作的《史记集解》、唐代司马贞作的《史记索隐》和张守节作的《史记正义》,被合称为"三家注"。这些注释不仅列出了各种版本的异

---

① 《汉书·司马迁传》,第2735页。

同,展现了历代注疏的差异,也是阅读《史记》不可或缺的参考资料。

三家注合刊于南宋。后世所流传的南宋光宗绍熙、庆元年间的黄善夫本、元世祖至元二十五年(1288)的彭寅翁本以及明代的廖铠本、柯维熊本等,属于同一系统。明代南京国子监、北京国子监分别刊刻《史记》三家注本,世称南监本、北监本。清代乾隆四年(1739)的武英殿本是以明监本为底本,加以考订而成的。由于殿本的编纂者多为御用史官,著述避讳较多,加之段落颠倒、脱落丢失,民国时期张元济等人所编二十四史中的《史记》,底本用的是黄善夫本。

清人对《史记》作了大量的考证,如梁玉绳的《史记志疑》、杭世骏的《史记考证》、方苞的《史记注补正》、钱大昕的《史记考异》、王筠的《史记校》、王念孙的《读〈史记〉杂志》、张照的《馆本史记考证》、张文虎的《校刊史记集解索隐正义札记》等,纠正了《史记》在史实、文字等方面的许多讹误。清同治九年(1870),金陵书局刊行张文虎校正本,以明朝毛晋的《史记集解》为底本,汇集宋、明诸本以及诸多清人的考证,择善而从,是清后期较好的本子。中华书局以这个本子为底本,作了点校,为现在流行最广的版本。

二、《汉书》

《汉书》,又名《前汉书》,是东汉班固等人所撰的一部纪传体断代史。它记载了自汉高祖刘邦反秦到王莽新朝败亡期间共230年的史实。该书有12本纪、8表、10志、70列传,共100篇。班固在撰写《汉书》之前,他的父亲班彪已撰写了《史记后传》65篇,班固在此基础上继续创作。班固死时,8表与《天文志》尚没有完成,由他的妹妹班昭和马续补撰。《汉书》实际上是由四人合力完成的。

《汉书》在体例上较《史记》略有变更:改"书"为"志",取消"世家"而并入"列传"。他吸取了《史记》的史料,对汉初的史实进行了纠偏补缺,如补立《惠帝纪》,又增王陵、吴芮、蒯通、伍被、贾山等传,使西汉的史料更加丰富。特别是由于班固曾做过兰台令史,得以阅读很多的秘藏文献,他在传中能够大量地引用诏令奏疏。他还利用所能见到的丰富的资料和藏书,编纂了刑法、地理、五行、艺文、食货五志,把秦汉时期的刑法律令、地理物产、天文气象、典籍源流、经济财政等作了详尽描述。

司马迁是在痛苦而激愤的心境下撰写、修订《史记》的,其批判意识比较强。班固最初私修《汉书》,为人告发,汉明帝不仅不怪罪,反而任命他为兰台令史,专门著书。班固由此进入皇室,并成为当时权臣窦宪的党羽,参与了汉明帝、章帝时期的很多大事,如迁都之争,编定《白虎通义》等。这种恩宠使他在书中对西汉帝王多有回护、避讳、隐恶、溢美之处;又受当时风气的影响,多言天命谶纬之事:这些都是其不足的地方。不过《汉书》的资料富赡,语体典雅,部分章节的叙事亦生动流畅,形成了与《史记》不同的风格,促成了中国史书语体的多样性。

《汉书》形成后,应劭、服虔曾为它作注音解释而著成《汉书音义》。唐代颜师古在他的叔父颜游秦《汉书决疑》的基础上,搜集了东汉以来23家注释,为《汉书》作注。其注释精审,论证可信,成为最流行的注本。清代王念孙的《读〈汉书〉杂志》、沈钦韩的《汉书疏证》、周寿昌的《汉书注校补》、钱大昭的《汉书辨疑》、朱一新的《汉书管见》、沈家本的《汉书琐言》等,都对汉书进行了补正、注释。特别是王先谦的《汉书补注》,集67家考订精华,最有参考价值,杨树达的《汉书窥管》、陈直的《汉书新证》也是常用的参考书。

三、《后汉书》

《后汉书》记载了从刘秀起兵推翻王莽新朝至汉献帝禅让共195年的东汉史实。全书分为10纪、80列传、8志。其中本纪和列传为南朝刘宋时的范晔所撰,但他并没有完成创作10志的计划。于是南朝梁刘昭从西晋司马彪的《续汉书》中抽出8志30卷,将其补入《后汉书》中,成今本《后汉书》。

东汉后期,已有很多学者撰写"后汉书",如刘珍的《东观汉记》,三国吴人谢承的《后汉书》,西晋司马彪的《续汉书》,华峤、谢沈、袁山松亦各有《后汉书》,薛莹、张璠、袁宏三人分别著《后汉记》,张莹的《后汉南记》等,范晔是在这些著述的基础上完成了《后汉书》。《后汉书》在体例上,一是不再固守一帝一纪的模式,而是采用附记,将享国较短的帝王附在前代帝王之后；二是根据皇后临朝称制、东汉外戚干政的史实，设立皇后本纪；三是新增党锢、宦者、文苑、独行、方术、逸民和列女7种列传，更加重视特定社会群体的作用；四是重视史评，在每篇末尾附"论""赞"，以评判是非，论辩得失；五是在司马彪的8志中，舍《食货志》，而新创《百官志》以替代《汉书》的《百官公卿表》，并立《舆服志》以记述东汉服章、乘舆制度。

现在通行的《后汉书》注本，其纪传为唐章怀太子李贤注，志为南朝梁刘昭注。另外，清惠栋作的《后汉书补注》、王先谦作的《后汉书集解》，都可资参考。

四、《三国志》

《三国志》是西晋陈寿所撰，它记载了黄巾起义到西晋灭吴近一百年的史实。其中包括《魏书》30卷，自董卓之乱到曹魏亡国；《蜀书》15卷，自刘备立国到刘禅亡国；《吴书》20卷，自孙氏父子经营江东到孙皓亡国。三书共65卷。

《三国志》最值得注意的是其正统观念。西晋以曹魏为正统，故《三国志》里称曹操、曹丕为帝。而吴、蜀君主即位，以魏为年号，以明正朔。且《魏书》有"帝纪"，而《蜀书》《吴书》则只有列传，也是这一历史观念的反映。

陈寿著《三国志》时，参考了王沈的《魏书》、鱼豢的《魏略》以及韦昭的《吴书》，同样来自蜀汉的他，对蜀汉历史非常熟悉，能够谨慎地取舍，超乎其上，使之成为著名的史学著作。其优点在于文笔凝练、叙事简洁；缺点在于缺少表、志，个别事件的叙述过于简略。幸而有裴松之作《三国志注》，他引书二百多种，补益了大量史实，使《三国志》的史料更加详赡。《四库全书总目提要》概括了裴注的六条原则：一是引诸家之论，辨明是非；二是参诸书之说，核实讹异；三是传中所有之事，详叙委曲；四是传中所无之事，补足阙佚；五是传所有之人，详其生平；六是传所无之人，附以同类。同时也指出裴松之喜欢搜集奇闻，追求广博，有时失于芜杂。不过由于裴注所引的六朝典籍多已散佚，反倒有助于资料的保存，成为后世考据家们取材的源泉。

由于《三国志》叙事简略，缺少表、志，有很多学者做过补充，如梁章钜的《三国志旁证》、卢弼的《三国志集解》等，汇集了多种校勘、纠误、注释。中华书局正是利用二书，加以校勘整理而编定校点本的《三国志》。明清时期的万斯同、周嘉猷、谢钟英、黄大华、陶元珍、洪饴孙、吴增僅、侯康、姚振宗等人利用各种史料，补充了大量的表志，被收入《二十五史补编》之中。我们阅读《三国志》，不仅要注意其正文，更要阅读裴松之的注文。如果要研究三国历史，这些所补的表、志也很有参考价值。

第二节　两晋南北朝诸史

一、《晋书》

《晋书》记载了自司马懿伐吴到刘裕建宋共156年的两晋史实，并以"载记"叙述了十六国割据政权的兴亡过程。其中帝纪10卷，志20卷，列传70卷，载记30卷，共130卷。

《晋书》先后由房玄龄、褚遂良、许敬宗三人主修，其参撰者有二十多人。他们参阅唐初流传的臧荣绪、王隐、虞预、何法盛、谢灵运、萧子云、萧子显八家所撰的《晋书》，以及陆机、曹嘉之、干宝、习凿齿、邓粲、刘谦之、王韶之、徐广等人所撰的《晋纪》等和孙盛的《晋阳秋》、檀道鸾的《续晋阳秋》、郭季产的《续晋纪》等书，修补而成。该书史料丰富，内容翔实。受唐初骈丽文风的影响，全书讲求辞藻绮丽，多记异闻，有不少类似小说家的笔法。全书由二十多人参撰，难免存在内容重复，前后记录有所抵牾的情况。

清代周家禄作《晋书校勘记》、丁国钧作《晋书校文》、李慈铭作《晋书札记》等，万斯同等补充《晋书》表、志18种，丁国钧、黄逢之《补晋书艺文志》，沈维贤补《晋五胡表》，对《晋书》作了校勘、补正、定误等工作。近人吴士鉴、刘承幹的《晋书斠注》，收集了大量的资料，并对《晋书》加以辨异、证同、纠谬、补遗，很有参考价值。

二、《宋书》

《宋书》为南朝梁沈约所撰,记述了自南朝宋武帝刘裕开国到顺帝刘准失国共59年的历史。该书共100卷,其中本纪10卷,志30卷,列传60卷。

《宋书》在记述本纪、列传时,收录了大量的诏令、奏议、书札等,具有丰富的史料价值。其记事严谨、语言精练、体例明晰,采用了带叙法和家传法,符合南朝门阀制度的现实。最值得称道的是志30卷,内容富博。《律历志》载杨伟的《景初历》、何承天的《元嘉历》、祖冲之的《大明历》全文,资料翔实;《礼志》合郊祀、享祖、朝会、舆服等礼制,尤重丧服;《乐志》述乐器、乐章,保存了大量歌辞;《天文志》记载浑天、盖天、星象等学说;《符瑞志》言祥瑞灾异;《五行志》言气象、灾害、瘟疫等;《州郡志》言侨州郡县的分合;《百官志》言历代官制源流、属员等,极具史料价值。部分志的叙事上溯到魏晋,可补《三国志》等前史的缺略。

《宋书》初为私撰,难免存在回护、隐讳、溢美之处。后在流传时稍有残缺,宋代就开始有人对其进行补阙,如取唐高峻《高氏小史》、李延寿《南史》来补其散失的部分。在这一过程中,原排在列传之后的8志,被移到纪、传之间,造成了一些混乱。北宋仁宗嘉祐年间开始刊刻"南北朝七史",南宋高宗绍兴年间以嘉祐本补合刊行,被称为"眉山本",后来的版本多据此而出。

三、《南齐书》

《南齐书》为梁萧子显所撰,记述了南朝萧齐一代的兴衰始末。《隋书·经籍志》言全书共60卷,而现存59卷,其中本纪8卷,志11卷,列传40卷,佚失者当为序录。宋以前此书或被称为《齐书》,或被称为《齐史》。北宋曾巩进行整理,始称之为《南齐书》,以区别于唐李百药所写的《北齐书》。

萧子显撰写齐史之前,已有很多的齐书,如沈约、刘陟各撰的《齐纪》、王逸的《齐典》以及《齐永明起居注》《建元起居注》《中兴起居注》《齐职仪》等。特别是檀超、江淹所修的国史,对萧子显的帮助最大。

《南齐书》的传记详略得当,史实可信。其中的《州郡志》,不仅叙述了每州的建置沿革,还叙述了当地的风土人情,有较高的史料价值。《魏房传》所记载的北魏史,可与《魏书》参读。缺点为曲笔较多,志的叙述不够详切。

四、《梁书》

《梁书》为隋唐间姚察及其子姚思廉所撰,记载了自梁武帝萧衍建国至梁敬帝萧方智亡国共 56 年的历史,其中本纪 6 卷,列传 50 卷,共 56 卷。

南朝很多学者都曾撰写过梁史,如沈约的《武帝本纪》、周兴嗣的《梁皇帝实录》、鲍行卿的《乘舆飞龙记》、萧子显的《普通北伐记》、萧韶的《梁太清记》、谢昊的《梁书》、许亨的《梁史》、刘璠的《梁典》、阴僧仁的《梁撮要》,以及北周萧欣的《梁史》、隋姚最的《梁后略》等。姚察历经梁、陈、隋三朝,在陈朝初年参与《梁书》的编撰。入隋后,在开皇九年(589)受诏编撰《梁书》《陈书》,惜未能完成,临终时让儿子姚思廉继续编撰。姚思廉与魏徵等人历时 7 年,直到贞观年间才完成《梁书》《陈书》。

梁陈多文士,《梁书》详细记述了沈约、江淹、任昉、王亮、殷钧、裴子野、王僧孺、刘昭、萧子显、萧子云、周兴嗣、吴均等文士的史料,行文简洁洗练,一洗六朝史书芜冗之习。其中收录了很多有价值的文章、著述,如范缜的《神灭论》与《无因果论》、阮孝绪的《七录》、钟嵘的《诗品序》、刘勰的《文心雕龙序》等。仍存有曲笔,增美而讳恶。

五、《陈书》

《陈书》为隋唐间姚察及其子姚思廉所撰,记述了南朝陈五帝 33 年的兴衰成败,其中帝纪 6 卷,列传 30 卷,共 36 卷,而无表、志,是二十五史中篇幅最少的史书。

《陈书》帝纪多用姚察旧稿,姚察为陈朝旧臣,记叙多有曲笔。列传中的孝行、儒林、文学三传记载了 32 位以德、才著称的人物的事迹,最有阅读价值。但有些重要的人物如萧詧、王琳、张彪等,该书并没有收入。过多的诏令、奏议直接影响了文章的可读性。

六、《魏书》

《魏书》为北齐魏收所撰，记载了北魏、东魏鲜卑族政权的兴衰始末。该书原为131卷，北宋时例目1卷、纪传志的第29卷散佚，后又有散乱。现存《魏书》分本纪12卷，列传92卷，志10卷，共114卷。

魏收骄矜性急，早年生性孟浪，时人和后人难免由人品而怀疑到他的史德。他在编纂《魏书》时，有人希望抬高其门族，但被魏收拒绝，于是对他加以谤毁。《北史·魏收传》中有很多批评魏收的话，还有人骂《魏书》为"秽史"，该书遭诟病最多。隋文帝灭陈之前，就令魏澹著《魏史》，但不及魏收所著。统一全国后，又令杨素主撰新的《魏书》，也未能完成。唐太宗时，合北朝四史为《北史》，最终未能替代魏收所撰的《魏书》，却导致了《魏书》的散佚残缺。如今本的《太宗纪》、《天象志》三、四，就是宋人用魏澹的《魏书》和唐张太素的《魏书》所补的，又用李延寿《北史》、高峻《高氏小史》等补充纪传志第29卷。

经历了如此的打击，《魏书》仍然流传下来，说明它自有历史价值。一是其内容丰富，史料真切。由于鲜卑族的历史资料不足，且隋唐之书又不能在材料上取胜，这就稳定了《魏书》的原创性。二是设《释老志》，言佛道盛况，符合北魏崇敬佛道的历史。三是改《职官志》为《官氏志》，描述鲜卑氏族的发展状况。四是列传中多有家谱式的叙述，符合鲜卑政权中胡汉贵族相结合的特殊门阀体制。

《二十五史补编》中收录了万斯同等人所补的表志。赵翼的《陔余丛考》与《廿二史札记》、王鸣盛的《十七史商榷》、钱大昕的《廿二史考异》、洪颐煊的《诸史考异》等，都有对《魏书》的辨正、考疑。

七、《北齐书》

《北齐书》为唐李百药所撰，记述了从高欢起兵到北齐灭亡前后约八十年的史实。该书分为本纪8卷，列传42卷，共50卷。它初名为《齐书》，宋代改名为《北齐书》，以与《南齐书》相区别。

李百药的父亲李德林曾作纪传体《齐史》，李百药在此基础上增扩为50卷。由于李百药是在描述一个失败的朝代,其所记各种乱政,多有夸大失实之处。刘知幾在《史通·杂说中》中就批评他"以实为虚,以非为是",在《杂说下》又批评他说:"其有事可书而不书者,不应书而书者。"自李延寿编成《北史》后,《北齐书》就流传不多了。宋代晁公武在《郡斋读书志》中言其已残缺严重。据清人考证,它仅有17卷保持着原貌。由于李延寿《北史》中关于北齐的历史多采自《北齐书》,后人又从《北史》中抄出大部分的北齐史料,并结合其他史料以补《北齐书》之阙。这就是今本《北齐书》多数章节同于《北史》的缘故。

八、《周书》

《周书》为唐令狐德棻主编,并由岑文本、崔仁师、庾俭等人参与修撰而成。它记载了宇文氏建立北周的历史,兼及东魏、北齐、梁与陈等四朝史事。其中本纪8卷,列传42卷,共50卷。

《周书》编撰所据的资料贫乏,内容单薄,人物多本朝显官先祖,故抑扬不尽合史实。不过,作为北周唯一的、系统的史书,还是保留了很多原始的材料。自宋以后,《周书》有所散佚,后人则采《北史》以补全之。清人谢启昆的《西魏书》、今人王仲荦的《北周六典》与《北周地理志》,是主要的参考书。

九、《南史》《北史》

《南史》为唐代李大师及其子李延寿所编撰。李大师认为南北朝时期各朝的断代史彼此孤立、记事重复,又缺乏联系,主张撰写《南史》《北史》,把各代历史打通,惜其未能成书。他的儿子李延寿继承其遗志,完成了《南史》与《北史》的写作,二史合称为"南北史"。

《南史》合南朝宋、齐、梁、陈四代的历史为一编,记载南朝四代170年的历史。它上起南朝宋武帝永初元年(420),下至陈后主祯明三年(589)。《南史》分本纪10卷,列传70卷,共80卷。依朝代、帝位先后的顺序排列,无表、志;以《宋书》《南齐书》《梁书》及《陈书》为本,删繁就简,重新编纂,并补充了诸多史料。《南史》文字简明,事增文省,多采用家传形式,突出门阀士族的地位。

《北史》记载了自北魏道武帝登国元年（386）至隋恭帝义宁二年（618）北朝魏、北齐（含东魏）、周（含西魏）、隋四个政权的历史。它分本纪 12 卷，列传 88 卷，共 100 卷。

《北史》立足于北朝的《魏书》《北齐书》《周书》《隋书》四书，又有所补充。如其根据魏澹的《魏书》补西魏三帝纪，《后妃传》被补入西魏诸帝之后，《宗室传》补充魏宗室的史料，并补收梁览、雷绍、毛遐、乙弗朗、魏长贤等人的传记。《北史》吸收杂史、杂传、小说笔法，并穿插了神鬼故事、谣言谶语、戏谑笑料，荒诞不经之处甚多。由于其乃删削魏、北齐、周、隋四《书》而成，叙事简略，但也有文气不接之感。《北史》与《南史》一样，亦多有重复的现象。

第三节　隋唐五代诸史

一、《隋书》

《隋书》是由唐魏徵、长孙无忌先后主持，颜师古、孔颖达、许敬宗、李淳风、李延寿等人参与撰写而成的，记述了隋朝历史的始末，其中帝纪 5 卷，列传 50 卷，志 30 卷，共 85 卷。

《隋书》是在贞观年间所编纂的《梁书》《陈书》《北齐书》《周书》《隋书》这"五代史志"的基础上完成的。其史料来源充足而且详备，特别是志，记载了梁、陈、北齐、北周和隋五朝的典章制度，最有价值。如《礼仪志》所言的朝仪、冠服、车辂，《音乐志》所载的音乐、舞蹈，《律历志》《天文志》《五行志》所载的数学、音律、度量衡等，《食货志》所载的财政经济，《刑法志》所言的六朝刑律，《百官志》所载的官制变迁，《地理志》所言的州郡沿革，对我们了解六朝政治、经济、科技、文化的变迁有极大的帮助。特别是《经籍志》，不仅著录了所存典籍，还附载了诸多亡佚的书籍，成为《汉书·艺文志》后又一篇重要的目录学著作。《隋书》秉直书写，较少隐讳，一改南北朝诸史的回护之风，体现了较高的史学水平。

二、《旧唐书》

《旧唐书》为后晋宰相刘昫所撰。该书记载了唐朝289年的历史，共200卷，包括本纪20卷，志30卷，列传150卷。

刘昫之前，有吴兢、韦述、于休烈、令狐峘等人相继编写的《唐书》，而且唐高祖到唐文宗的各朝实录也存在。但唐武宗以后的宣、懿、僖、昭、哀五代，连"实录"都没有存下，只有张昭远、贾纬等杂采各家传闻、小说编出的《唐年补录》和《唐末三朝闻见录》。刘昫编撰《旧唐书》时，离唐亡仅三十多年，还是能够看到很多国史、实录、笔记、行状、家传等，所以《旧唐书》保存了很多原始史料。特别是纪传中，大量收录了唐朝君臣的诏令、手札、奏章等。唐朝与突厥、回纥、吐蕃、契丹等民族以及邻国日本、朝鲜、印度的交流史也记载得非常详细可靠，共记述了45个周边政权。

宋仁宗庆历年间，宋祁和欧阳修编成《新唐书》，《旧唐书》就不再流传。明嘉靖十七年（1538），余姚闻人铨等重刻《旧唐书》，并以新、旧区分"两唐书"。北宋以来，很多学者都认为《旧唐书》繁芜不精。此书出自乱世，在四年多的时间里成书，难免有明显的粗率、转抄的痕迹，甚至出现了同一人物并列两传的情况，如杨朝晟、王求礼、丘神绩都曾两次出传。这种繁芜的另一面，却是大量原始资料的堆积，书中详细地记载了均田制、租庸调制和两税法，还保存了李淳风的《麟德历》、僧一行的《大衍历》，以及贾耽传的《陇右山南图》和《海内华夷图》，具有很高的史料价值。

清人罗士琳等撰《旧唐书校勘记》，张道著《旧唐书疑义》，岑建功编《旧唐书逸文》，可供参看。目前较好的版本是百衲本《旧唐书》，它是用南宋绍兴刊本残存的67卷，配以明代闻人铨本影印而成的。

三、《新唐书》

《新唐书》是由北宋宋祁、欧阳修主持，刘羲叟、梅尧臣、范镇、吕夏卿、王畴、宋敏求等参撰而完成的，其中帝纪10卷，志50卷，表15卷，列传150卷，共225卷。该书耗时17年完成，宋仁宗嘉祐五年（1060）

由曾公亮进呈。

编纂《新唐书》的原因,是宋仁宗认为《旧唐书》过于浅陋,该书在其编纂之初,就试图超越《旧唐书》,而自成格局。其主要变化:一是简略叙述,省净文字。如《旧唐书》帝纪30万字,而《新唐书》把帝纪简化为9万字;据《直斋书录解题》记录,《新唐书》删去《旧唐书》中61人列传,而增写331人列传,还增加志3篇、表4篇。二是体例完善、笔法严谨、风格统一。《旧唐书》照录笔记,还存在着许多"大唐""本朝""今上"等字样。《新唐书》在修撰时,在列传标名、语言风格上进行了统一处理,使全书的前后保持了一致。三是新增的列传取材丰富,不仅用本人奏章、后人追述,还用碑志、石刻、杂史、笔记、小说以为资证。四是增补诸志,如《食货志》由2卷增至5卷,《地理志》由4卷增至7卷,《艺文志》增补了中唐以后的著作。它还新增了《兵志》《选举志》《仪卫志》,设立宰相、方镇、宗室世系和宰相世系4表,对唐代宰相、地方藩镇、宗室支派、宰相宗族作了描述。

这种简略化的处理,方便了阅读,却失去了很多史料,如《哀帝本纪》旧书约为一万三千字,新书则只剩一千字左右。其多采用谱牒、笔记、小说等资料,存在不少谬误。特别是出于排佛的偏见,居然将玄奘、一行等删除。故新、旧《唐书》各有所长。《旧唐书》保存的是唐实录、唐国史等原始资料,而《新唐书》多用宋人所见的历史资料,如果要深入研究,我们可以将两书进行对读。

《新唐书》最早刻于北宋仁宗时,南宋又进行了刊刻,百衲本《新唐书》据两宋本影印而成。其研究著作有吴缜的《新唐书纠谬》、汪应辰的《唐书列传辨证》、王若虚的《新唐书辨》、陈黄中的《新唐书刊误》、钱大昕的《新唐书纠谬校补》以及罗振常的《南监本新唐书斠义》等。

四、《旧五代史》

《旧五代史》为北宋初薛居正监修,卢多逊、扈蒙、张澹、李昉、刘兼、李穆、李九龄等参撰。它记载了后梁、后唐、后晋、后汉、后周共54年的历史。原本五代各自为书,名为《梁唐晋汉周书》,共150卷,其中纪61卷,志12卷,传77卷。诸纪断代为书,为断代史,志为五代典章制度的通史,有天文、历、五行、礼、乐、食货、刑法、选举、职官、郡县等十志。传记述了包括吴、南唐、吴越、楚、闽、南汉、前蜀、后蜀、南平、北汉十国在内的各割据政权的情况,以及契丹、吐蕃、渤海、党项、南诏、于阗、东丹等少数民族政权的始末。后来为了与欧阳修等所修撰的《五代史记》相区别,而称之为《旧五代史》。

《旧五代史》的资料主要依据各朝的《实录》,并参考了范质的《五代通录》。由于修史时距五代不久,修撰者多为五代旧臣,他们熟悉史料,所引文献丰富、详备。缺点在于这些旧臣们直接照录实录且成书迅速,实录具有隐晦粉饰的弊端,造成了不少曲笔,再加上叙事繁杂,不久欧阳修等人就开始另撰《五代史记》。

金章宗泰和七年(1207),立欧阳修《五代史记》为学官后,《旧五代史》就失传了。清乾隆修《四库全书》时,邵晋涵等人从《永乐大典》中辑出《旧五代史》的史料,又利用《册府元龟》《太平御览》《通鉴考异》《五代会要》《契丹志》等书进行补充,并参考其他资料,经过考异,按原书篇目编排而成现在的《旧五代史》,故现存的《旧五代史》只是后世的辑本。近人陈垣著《旧五代史辑本发覆》、陈尚君著《旧五代史新辑会证》,对辑本有较好的研究,可以参看。

五、《新五代史》

《新五代史》是欧阳修耗时二十余年编撰而成的,它最初叫《五代史记》,后来为了与《旧五代史》相区分,而命名为《新五代史》。全书共74卷,其中本纪12卷、列传45卷、考3卷、世家及世家年谱11卷、四夷附录3卷。

《宋史·欧阳修传》说:"自撰《五代史记》,法严词约,多取《春秋》遗旨。"他试图继承春秋笔法,对五代之乱加以评判。欧阳修在编撰《新五代史》时,充分利用新出现的资料,如《五代会要》《五代史补》《五代史阙文》《唐余录》《九国志》等,使《新五代史》具有一定的史料价值。欧阳修是北宋诗文革新运动的领袖,他的文笔简洁,叙事生动,行文可读性很强。《新五代史》在体例上打破了《旧五代史》一朝一史的体系,而把五代的本纪、列传综合在一起,依时间的先后顺序进行编排，使其浑然一体，结构严谨；采用类传法，设立《家人传》《臣传》《死节传》《死事传》《一行传》《唐六臣传》《义儿传》《伶官传》《宦者传》《杂传》等，每类传目，内寓特定含义，寄托褒贬之义。尤其是《十国世家》《司天考》《职方考》等，独有见地。不过，欧阳修认为五代为乱世，其典章制度无一可取之处，不列史志。但在《司天考》中，还是收录了王朴的《钦天历经》4篇，在《职方考》中叙述了290多个州郡的废置更易。

《新五代史》长于叙事，《旧五代史》长在资料。旧史立传人物有460余人，新史只有256人；旧史有志10篇，新史仅有2篇。新、旧《五代史》各有所长，不可偏废。自吴缜撰《新五代史纂误》后，考异辨伪之作便层出不穷，如吴兰庭的《五代史记纂误补》、杨陆荣的《五代史记志疑》、杜贵墀的《五代史记注削繁》、牛坤的《五代史续补》等，值得参看。

第四节　宋辽金诸史

一、《宋史》

《宋史》是由元朝丞相脱脱和阿鲁图先后主持修撰的，铁木儿塔识、贺惟一、张起岩、欧阳玄等七人任总裁官，斡玉伦徒、泰不华、杜秉彝、宋褧、王思诚、干文传、汪泽民、张瑾、麦文贵、贡师道、李齐、余阙、刘闻、贾鲁、冯福可、赵中、陈祖仁、王仪、余贞、谭慎、张翥、吴当和危素等23人参与修撰。全书记录了两宋320年的史实，共496卷，其中本纪47卷，志162卷，表32卷，列传255卷。

《宋史》的修撰得益于宋朝积累的丰富史料。北宋时期，由崇文院、秘书省承担本朝史的编纂，保存了大量的起居注、时政记、日历、会要，还有编年的实录和纪传体的国史，以及其他的私家著述，如李焘的《续资治通鉴长编》、徐梦莘的《三朝北盟会编》等，这些都成为《宋史》修撰的基础。

《宋史》的志最有价值，全书共有15志，162卷，几乎占了全书三分之一的篇幅。其中《食货志》14卷，《兵志》12卷，《礼志》28卷，其资料翔实，叙述明晰。《职官志》详细记述了宋朝各级官僚机构的组织概况,包括食邑、荫补、俸禄等。此外立传2800多人,涉及各个方面的人物,是二十五史中卷帙最多的著作。

由于成书仓促,编者众多,《宋史》在史料剪裁、史实考订、全书体例等方面存在着繁芜杂乱的毛病:有的一人两传,有的无传而说有传,有的一事数见,有的有目无文,有的互相抵牾等。北宋史料丰富,南宋史料稀少,《宋史》对南宋的史实有所缺略,如宋宁宗以后的史实多缺而不载。在《文苑传》中载北宋文人81名,南宋仅11名;而在《循吏传》中,南宋却无一人。清末陆心源的《宋史翼》40卷,增补《宋史》列传780余人,并附传64人,可补《宋史》的不足。

项梦原的《宋史偶识》、王维俭的《宋史记》《宋史记凡例》、陈黄中的《宋史稿》、李慈铭的《宋史札记》、聂崇岐的《宋史地理志考异》、倪灿的《宋史艺文志补》等,都是对《宋史》进行补订的著作。

二、《辽史》

《辽史》由脱脱等主持编撰,铁木儿塔识、贺惟一、张起岩、欧阳玄、揭傒斯、吕思诚任总裁官,廉惠山海牙、王沂、徐昺、陈绎曾等人参撰。全书记载了自耶律阿保机任契丹部落"夷离堇"(907)起,到辽天祚帝保大五年(1125)辽灭,共219年的历史,还兼叙了辽将耶律大石所建西辽的部分历史。全书共116卷,包括本纪30卷,志32卷,表8卷,列传45卷,国语解1卷。

辽国设有国史馆,修纂起居注、日历、实录、国史等。在辽圣宗时就开始整理实录,到辽末天祚帝时,耶律俨整理出太祖诸帝"实录"。在修《辽史》时,史官主要依据耶律俨的《辽朝实录》70卷、金代萧永祺的《辽史》75卷以及南宋叶隆礼的《契丹国志》,并在辽的《皇朝实录》70卷和金朝陈大任的《辽史》及《资治通鉴》《契丹国志》的史书中有关契丹的记载的基础上,略加整理,只用了11个月的时间便修撰而成。

《辽史》的特点是列表较多,共有8表。这既省却了不少篇幅,又弥补了纪、志、传记载的不足,同时新创了游幸、部族、属国3表。新设《营卫志》以记载契丹营卫概况、各部族的建置和分布等;用《兵卫志》记述辽御帐亲军、宫卫骑军、大首领部族军、众部族军、五京乡丁、属国军、边境戍兵等制度；又附《国语解》，注明契丹语中官制、宫卫、部族、地名等称呼。

由于《辽史》成书仓促，可资参照的史料有限，有的记载过于简略，如西辽国的史实就语焉不详，又有不少疏漏、阙略、讹误之处，其谬误居二十五史之首。后人对它进行了大量的增补、校注，如清厉鹗的《辽史拾遗》、杨复吉的《辽史拾遗补》、陈汉章的《辽史索隐》、罗继祖的《辽史校勘记》、万斯同的《辽大臣年表》、汪远孙的《辽史纪年表》、李慎儒的《辽史地理志考》等，都是对《辽史》的补充。

三、《金史》

《金史》由脱脱、铁木儿塔识、贺惟一、张起岩、欧阳玄、揭傒斯、李好文、杨宗瑞、王沂等人任总裁官，沙剌班、王理、伯颜、赵时敏、费著、商企翁等人参撰而成。该书记载了自金太祖收国元年（1115）至金哀宗天兴三年（1234）蒙古灭金，共120年的历史。全书共135卷，其中本纪19卷、志39卷、表4卷、列传73卷，并附《金国语解》1篇。

金代史官系统发达，有掌修起居注的记注院、掌修日历的著作局、掌修实录和国史的国史院，除卫绍王、金哀宗外，各帝均有实录，还保存了记载金朝先世的《先朝实录》三卷；国史记载了皇帝本纪、功臣列传。这些图书文献后归于元，加上金朝其他文人也注意搜集金代史实，使得金代历史文献保存得比辽代多而且完整。《金史》是根据金实录、金国史，并参考王鹗的《汝南遗事》、刘祁的《归潜志》、元好问的《壬辰杂编》编撰而成的。丰富的历史资料，使得《金史》首尾完备、条例整齐、文笔简约而资料周赡。赵翼在《廿二史札记》中称其远在宋、元二史之上。在内容上，它保存了女真族建国前后的历史资料，如《交聘表》以编年体记述金、宋、西夏、高丽等国的往来交聘。礼、乐、舆服、食货、选举、百官等志，系统全面地记载了金朝的典章制度，客观审慎。

施国祁的《金史详校》10卷，订正了不少版本、史实错误，是很重要的参考书。

第五节 后三史

一、《元史》

《元史》是以宋濂、王祎为总裁官,汪克宽、胡翰、赵埙等16人参纂,经过两次修撰,共用331天完成的。全书记载了元朝兴亡196年的全部史实,共210卷,其中本纪47卷,志58卷,表8卷,列传97卷。

《元史》的纪传主要依据元十三帝实录和《后妃功臣列传》;而志和表则取材于元朝所修的《经世大典》,以及《元典章》、王祯的《农书》、郭守敬的《授时历经》和宋人所著的《黑鞑事略》《蒙鞑备录》《长春真人西游记》等。

《元史》的本纪,因事迹多少而长短不一,如《世祖本纪》有14卷、《顺帝本纪》有10卷。列传设类传14种,并新立《释老传》。其列传叙事,多标出详细的年、月、日,很有价值。各志保存了元代的原始资料,如《天文志》记载郭守敬所制作的天文仪器和从西域引进的天文仪器,还有各种历法;《地理志》录有元代考察黄河发源地的报告;《祭祀志》记载蒙古族祭祀习俗,都是宝贵的资料。

《元史》成书迅速,加之明人为学粗疏,其中存在着大量的问题,如丞相见于表者有59人,而立传者却不到一半;本纪中有时一事而再书,列传有时一人而两传;有时前后记载矛盾;有时地名、人名、译名不统一。这些缺憾的存在,使《元史》饱受史家批评。清朝以后,不断有人重修《元史》,如邵远平著《元史类编》、魏源著《元史新编》、曾濂著《元书》、柯劭忞著《新元史》、屠寄著《蒙兀儿史记》等,都试图补阙。但因为《元史》存有大量的原始资料,后修的史书都不能取代它。

我们今天阅读《元史》,需要参考考订、补正类的著作,如解缙的《元史正误》、朱右的《元史补遗》、许浩的《元史阐微》以及《永乐大典》中辑出的《元朝秘史》等。

二、《明史》

《明史》记载了自朱元璋洪武元年（1368）至朱由检崇祯十七年（1644）共 277 年的史实。全书 336 卷，其中目录 4 卷、本纪 24 卷、志 75 卷、表 13 卷、列传 220 卷。

《明史》的修撰，历康熙、雍正、乾隆三朝而成。先后经过三次纂修，历时近百年，由有学识的官员如冯铨、洪承畴、李建泰、范文程、张玉书、陈廷敬、王鸿绪、朱轼、徐元梦等参与，也有著名的学者如万斯同、朱彝尊、尤侗、毛奇龄等参撰，最后由张廷玉进呈。

万斯同是黄宗羲的弟子，黄宗羲曾编《明文海》400 多卷、《明史案》240 卷，万斯同对明朝掌故、实录了如指掌，先后编写和审订了两种明史稿。他以布衣身份参加史局，亲自手定《明史稿》500 卷。万斯同去世后，王鸿绪对他的明史稿进行了改编，直到乾隆四年（1739），才形成定稿的《明史》。此时修书的总裁官为张廷玉，便题为张廷玉等撰。

赵翼在《廿二史札记》卷三十一《明史篇》中说："近代诸史自欧阳公《五代史》外，《辽史》简略，《宋史》繁芜，《元史》草率，惟《金史》行文雅洁，叙事简括，稍为可观，然未有如《明史》之完善者。"《明史》体例严谨，叙事清晰，文字简明，编排得当，大量参考了明代 16 位皇帝的实录、邸报、奏疏、方志、文集等，并吸收了《大明会典》《大明一统志》《万历会计录》等资料。其志丰富充实，新列了阉党、流贼、土司等志，专门记述明代宦官、起义和少数民族的政权，持论公允，体现了良好的史学素养。

不足之处在于刻意隐瞒了女真臣服于明，南明弘光、隆武、绍武、永历朝以及鲁王监国诸朝的史实。清中后期有部分学者进行补正，如刘廷燮的《建文逊国之际月表》、黄大华的《明宰辅考略》和《明七卿考略》、吴廷燮的《明督抚年表》、傅以礼的《残明宰辅年表》和《残明大统历》等，可资参考。

三、《清史稿》

《清史稿》记载自清太祖努尔哈赤天命元年（1616）建国称汗至宣统三年（1911）清亡共 296 的历史。全书共 536 卷，其中本纪 25 卷，志

142卷,表53卷,列传316卷。

《清史稿》是由民国初年特设的清史馆编修的,以馆长赵尔巽任主编,缪荃孙、柯劭忞等为总纂,先后有一百多人参修。1914年开始编纂,1927年秋大致完稿,1928年刊印,前后历时14年。《清史稿》充分利用了清廷档案、私家著述,特别是《清实录》《清国史》《清圣训》《清典志》以及各类人物传记、名人年谱、纪事史书等。它取材以实录为主,兼采国史旧志及本传,参以各种记载,丰富翔实。

《清史稿》体例取法前代正史,以本纪逐年记载军国大事,各志、表记录天文、地理、礼乐、选举、艺文、食货及皇子、公主、外戚、封臣等概况,并新设《交通志》《邦交志》,表列军机大臣、理藩院等,列传增畴人、藩部、属国3传,以契合清朝制度和政治形态。书中对参加反清斗争的张煌言、郑成功、李定国、洪秀全等人,也以列传出之,实为难得。

由于修史者多为清朝遗老,不免对农民起义、太平军、辛亥革命多有诋毁;成于众人之手,又在乱世中仓促成书,体例不一、繁简失当、史实错误、前后抵触、遗漏颠倒、文理不通等便随处可见。但其便于阅读,大致符合史实,仍是目前研究清史不可或缺的参考资料。

《清史稿》在刻印时,金梁私改了原稿,并将印成的1100部书中的400部运往东北发行。编纂人员发现后,将留在北京的原印本更正重印,删去、修改了部分传记、书目,改订了清史馆职名,并抽换了《艺文志·序》。这就形成了"关外本"和"关内本"之区别。金梁以"关外本"为基础,再次作了删改、增补、压缩,以529卷重印。1977年中华书局以此重印本为底本,对其进行校对、勘正后出版,这是目前常用的本子。

第六章　诸子的分野

"子"字的本义是小孩子,后演化为对男子的统称,并成为公、侯、伯、子、男五爵之一。作为一种美称和尊称,"子"被用来形容受尊敬的人,如孔子、墨子、孟子等。

第一节　子学的形成

我们先得把先秦子学梳理一下,来看看中国古代的思想家们讨论哪些问题,他们的观点和视角如何,这是理解中国古代思想的基础。

一、子学出于王官

先秦子学兴起的原因,一般认为主要有以下几点:

一是官吏流散。西周时期,学者主要集中在官府,学问也流行于贵族阶层,这时的学问很大程度上是王官之学。平王东迁之后,中央政权衰微,原先供职于王室的官吏流散,道术为天下裂。由于各种官吏所掌握的知识、思考问题的角度、处理问题的方式不同,对天下的问题的认识亦不相同,就形成了很多不同的学派。《汉书·艺文志》总结先秦学术的渊源,认为不同的学派来自不同的职守,如墨学来自清庙之守,兵家来自司马之官,法家来自理官等,各家的分立得益于学术下行与学说分化。

二是士阶层形成。学术最初是在"士"以上阶层普及,春秋葵丘之会提出"士无世官",也就是说"士"这个阶层不再世袭出任官府职务。

士阶层需要自谋生路,他们开始建构自己的学说,来完善自己的学术体系,以达到救世之弊的目的。天下大乱,诸侯纷争,用一种什么样的思想把天下凝聚起来呢?不同学术背景的人开出了不同的药方。

三是官学解体。商周时期,学在官府,学在贵族,下层百姓掌握不了文字,自然也掌握不了学术的根本。尤其是商周时巫、史、祝等学问,用于祭祀、占卜、记事、礼乐等,一般百姓难以接近。平王东迁之后,王室卑弱,养不了那么多官员,多数流散民间,或者投奔诸侯。前者以办私学的方式,形成不同的学派,如墨子、孔子、孟子、荀子等都曾教授过弟子,传播学说。后者则寄食诸侯、贵族门下,相互辩难,也形成不同学派,如魏国西河、齐国稷下、楚国兰台等,都一度成为学术的中心,既促进了教育的普及,也促成了论辩的深入。

四是人才需求。春秋时期的诸侯不再单纯地向上天乞求自己的合法性,转而向民间寻求对自己的国家和政权有所帮助的人,礼贤下士成为社会普遍的风气。对士人而言,只要有才学,通过游说就可以实现自己的理想,这就促使更多的士人有意识地学习知识、掌握知识并提出见解。儒、墨、道、法四家,试图建构自己的政治学说、道德学说和社会学说,与各国诸侯礼贤下士、寻求治国之道不无关系。随着井田制的瓦解与士人失职,士阶层普遍地被解放出来,他们四处寻找机会,如孔子、孟子也曾游说各国,荀子也曾在齐、楚徘徊,一度到了秦国,并预言秦国必兴。由余、商鞅、韩非、李斯都不远万里来到秦国。人不求本国出,但求为本国用,已成为当时的社会风气。学术在争鸣中得以交流,人才在流动中得以成长,这就是先秦子学兴盛的历史背景。

二、子学的地域特点

先秦以前,中国没有完全意义上的统一,虽然在政治上有过一统,但在文化上却没有,这种状态一直延续到唐宋时期。中华早期文明都是各个区域多元发展,不同地域的文化之间存在着一定的差异。春秋时期,不同地域也产生了不同的学术体系,或者说是不同的学说体系适宜在特定的地域发展。两者的相互作用,就形成了学派的地域性:

一是邹鲁派,主要分布于现在的山东半岛一带,他们主要讲仁、义、礼、教化等,以孔子、孟子及后来的荀子为代表。

二是荆楚派,主要分布于现在的湖南、湖北、河南南部一带,以尚道、守雌、虚无为旨,老子和庄子是代表人物。此外,还有一些分支,如墨子、许行、陈相、宋钘、陈辛等,他们都有一些或远或近的关系。如老子讲返璞归真,墨子学说中也有讲究素朴的一面,即反对音乐,反对用礼仪文饰;许行也有民自安其乐、老死不相往来等意识。

三是燕齐派,主要分布于现在的河北北部、山东北部、河南东部,以空疏迂怪之谈见长,与邹鲁派的严谨守成不同。邹衍谈天地运行的大道理,邹奭修辞华美,淳于髡善于辩说。阴阳家、五行家多出自这一派。先秦学者已注意到文化的地域性,如爱吹牛多出自齐人,其中《孟子·离娄下》中的"齐人有一妻一妾"最为著名;笨一些的多是郑人、宋人,如自相矛盾、掩耳盗铃、买椟还珠、南辕北辙等都是郑人、宋人的逸闻趣事,这大约跟郑人、宋人是商代的后裔有关。周灭商后,在舆论上开始打压商之后裔,并给他们编段子,所有可笑的、龌龊一点的事情都归恶于郑人、宋人。

四是三晋派,主要分布在战国时期燕、赵、韩等地,即现在的山西、河北南部、河南北部一带。这一带土地干旱,谋生艰难,人都很刻苦,做事都是有板有眼的,注重质实简易的学术,法家学说在此地比较流行,如商鞅、慎到、韩非都是在三晋之地出现的学者。这一派还有谈论名辨的一支,如邓析、惠施、公孙龙、魏牟等。

先秦诸子的形成,一是在西周官学的基础上发展而来的,二是吸收了不同的地域文化。司马迁在《史记·货殖列传》、班固在《汉书·地理志》专门阐释了不同地区具有不同的民风和民俗,以此来说明一方水土养育一方人,这种差异至今仍旧存在。讨论先秦诸子时,要注意到这一特点。

三、诸子的分派

先秦学者已经注意到诸子在思想上的差异,开始对其进行分类。《庄子·天下》中将当时的学术分为六派:墨翟、禽滑釐,为墨家学派;宋钘、尹文重名辨;彭蒙、田骈、慎到,重刑名之说;关尹、老聃,为道家学派;而庄周和惠施,则各成一派。庄子的理解与我们现在的理解是有差异的,至少他认为自己和老子不是一派。荀子在《非十二子》里面也把当时的学者分为六派:它嚣、魏牟;陈仲、史鳅;墨翟、宋钘;慎到、田骈;惠施、邓析;子思、孟轲。他对每派的代表人物都提出了批评,其中有些学者的著述已经失传了,我们只能从荀子的批评中知道他们学说的大概。但惠施和邓析属于名家,子思和孟轲属于儒家,他们的思想大致接近,却是我们现在可以看到的。

到了西汉,开始按照学说的旨趣进行分类。司马谈在《论六家要指》中将先秦诸子分六类:阴阳家、儒家、墨家、名家、法家和道德家。刘向和刘歆在校《诸子略》时将之分为儒、道、阴阳、法、名、墨、纵横、杂、农、小说等九流十家。此外,还有兵家、术数、方技等,因其分别由任宏和李柱国校勘整理,没有列入"诸子"之中,其实也是子学的组成部分。

西晋荀勖分典籍为甲、乙、丙、丁四部,把诸子、兵书和术数归于乙部。东晋李充修《四部书目》,丙部包括诸子,分儒家类、道家类、法家类、名家类、墨家类、纵横家类、杂家类、农家类、小说类,还有天文类、历算类、兵书类、五行类、杂艺类、事类、经脉类、医术类等。南朝宋王俭作《七志》,诸子被列入第二类,而兵书被列入第四类;南朝梁阮孝绪作《七录》,又把诸子部和兵部合在一起。

《四库全书》的子部分为儒家类、兵家类、法家类、农家类、医家类、天文算法类、术数类、艺术类、谱录类、杂家类、类书类、小说家类、释家类、道家类等,把凡不属于经、史、集三部的著作都归于子部。

我们讲的诸子,主要是从思想或哲学的角度来讨论的,因而选择那些相对系统且较为重要的子家,使大家对先秦思想有个大致的认识。佛教、道教我们会用专门的章节来讲。

第二节 老子

一、老子的道德论

先秦诸子的学说建构,存在着言道和指物的差异。方法决定对象,内容决定视角,这种差异既是内容上的,也是方法上的。言道派关注的是天地万物运行的总体状态,指物派关注的是事物之间的异同。用我们现在的话来说,言道派重整体,只见森林,不见树木;指物派重个体,更多的是只看到树木,而忽略了森林。老子认为道是天地运行的根本规律,是宇宙的本源。那么"道"是什么东西呢?《老子》第一章说:"道可道,非常道,名可名,非常名。"这两句话是从言道和指物两方面说的:讲大的运行状态是讲道,讲具体事物的时候是重名,可道的道和可名的名,都只是对道与名的暂时理解与局部阐释。

《老子》认为天地万物都生于道,第四十二章便说:"道生一,一生二,二生三,三生万物。"万物是客观存在的,那么这个客观存在是从什么地方来的呢?是从无中来的。无就是道,道派生出万物,这是老子道论的根本。人法地,地法天,天法道,道法自然,因而道是自然而然存在的,不是人为或者后天形成的。天地有大美而不言,体现的正是自然而然的运行。这种运行既有规律,也有它的自然性。但自然性具体是什么呢?老子并没有详细论述。我们可以概括出来:道是宇宙的本体和状态,道的特征是无始无终,没有开始也没有结束,类似于我们现在所说的混沌状态。道无形无状,是孕育天地并存在于其中的本初形态。这个形态,后代的哲学家有的理解为元气,有的理解为太极,老子只说是个道,既没有时间,也没有形状、声音和气味,它是万物的本源。天地万物都是从这个"道"中派生出来的,最后又归于这个"道"。

与道论密切联系的是"德"。"德"是什么意思呢?在先秦,"德"有两方面的含义:一是类似于我们现在所说的德行的"德"、品德的"德",儒家多如是观。二是"德"为道之本体的外在表现。道是一个不可名状的形态,道被人们所感受到的特征,或者是其所衍生出来的对人类社会起直接作用的东西便是"德"。德是道的派生物,也是道的形式或外化。

老子认为德是道的外化,外化到天地万物、社会运行与人的生活之中。在政治上,老子强调无为而治,既然整个天地来自于道,道又是自然而然的状态,人既然生活在天地之中,就应该顺应天地自然的特点,而不必强行作为。作为统治者,也要摒弃个人的私欲,顺应自然,让老百姓自我发展。具体来说，就是保持纯朴的风气，不要过分用礼、乐来教化，不要讲求智慧和技巧，自然而然地治理国家："我无为而民自化，我好静而民自正，我无事而民自富，我无欲而民自朴。"①老子所说的"治大国若烹小鲜"②，也是这个意思，即治大国的时候，不要强加自己的意志力，这就像炖小鱼似的，不要乱翻，否则便不能保持它的味道和形状。唐代柳宗元的《种树郭橐驼传》阐释的也是这个意思，说种树的诀窍在于把树栽上以后不要乱动，如果今天摸一摸，明天摇一摇，树就很容易死掉，其实质也是反对过度乱为。

由此深入，老子反对过于强为，他说："绝圣弃智，民利百倍；绝仁弃义，民复孝慈；绝巧弃利，盗贼无有。"③认为用智慧和权术治国，就违背了自然而然的法则；讲仁义之道，就会让百姓无所适从；运用技巧就有分工，有分工就有私利，有私利就会产生贫富差距，有差距就有了盗贼的出现。在老子看来，道不能运行的时候只能求助于德，德不能运作的时候就求助于仁，再不行的时候就只能讲责任，而责任感沦丧的时候就只能求助于规则。因此老子认为，这种社会是每况愈下的。④ 他希望回到这样的社会："小国寡民，使有什伯之器而不用，使民重死而不远徙……甘其食，美其服，安其居，乐其俗。邻国相望，鸡犬之声相闻，民至老死不相往来。"⑤这是中国最早的乌托邦想象。儒家也有乌托邦理想，认为尧舜时期便是，这是从历史想象的意义上建立起来的；老子心目中的理想国度来自无为和自然，是道派生出来的，是从哲学理念中推导出来的。

二、老子的无为论

从社会学的角度来说，老子主张以柔克刚。来自荆楚学派的老子、

---

① 《老子道德经》第五十七章，《诸子集成》第3册，上海书店1991年版，第35页。
② 《老子道德经》第六十章，第36页。
③ 《老子道德经》第十九章，第10页。
④ 《老子道德经》第三十八章："失道而后德，失德而后仁，失仁而后义，失义而后礼。"
⑤ 《老子道德经》第八十章，第46—47页。

庄子,其思想具有知雄守雌、尚柔弱的倾向。他们认为道的原始状态跟人类产生有点类似,都是由母体派生出来的。郭店竹简《太一生水》:"太一生水。水反辅太一,是以成天。天反辅太一,是以成地。"这里用的都是生的概念。水的特性是以柔克刚,以柔弱胜刚强。万物产生于无,又以无为作为追求,虚无和退默便是社会生存的法则。退就是在社会上不要过分地讲求进取,默就是静默。老子说:"我有三宝,持而保之,一曰慈,二曰俭,三曰不敢为天下先。"①他的"不敢为天下先",只是一种方式,而不是结果。老子提倡"无为",是指不要违背自然,不要强自妄为。通过不违背自然、合于自然之道的行为,最后达到无不为的境界。也就是只要顺其自然,一定会达到想要的境界。

在道德论和无为论的支配下,老子又提出了修养论。他认为统治者要治国,必须先修道,以自身教化他人。这种先修自我,进而去教育、统治、领导别人的思想,和儒家的有点相似。不同之处在于老子讲的是先修道,儒家讲的是先修身。修道在于体认无为和自然,修身则在于体认德行和仁义。修道是合于天地运行的大道,修身强调仁心所产生的品德。道家和儒家的理论在此出现了分野。儒家主张知其不可而为之,在于其修身以入世;道家主张知其不可而不为,在于顺自然而出世。因此,老子主张无欲、无事、无为、好静,去动就静,去语就默,去显就隐,去群就独,方才能体认自然,明晰大道之所在。独就是独化,不汲汲于社会的获得,而以体认玄道为究极。到了庄子,更加强调个体与天地大道的合一,无我无心,合于天性;以坐忘实现心中无我,以心斋体认我中无心,把自己消散在天地万物之中,抛弃肉体自我的人性而合于精神自我的天性。

三、老子学说的影响

老子的影响,不仅是老子言论的流传,也包括其思想方法和行为追求对后世的启发,主要有三个方面:

一是言不尽意的倾向。老子认为天地运行的大道是不能被表达

---

① 《老子道德经》第六十七章,第41页。

的,即便能把它说出来,那也不能表达其根本。因为任何可以表达的道理都不是恒久不变的道,任何可以称呼的名称都不是恒久不变之名,"道"和"名"都是对道的本体进行阶段性或局部性的概括。天地的运行规律是不可穷尽的,也是不可表达的。老子又提倡玄默,所以道家并不追求用语言来阐明一切。庄子也说:"以天下为沉浊,不可与庄语,以卮言为曼衍,以重言为真,以寓言为广。"①天下的道理是说不明白的,反倒不如用寓言来说,以意会来沟通。庄子有些鄙夷名家学派总是试图把道理用语言说清楚的努力。魏晋玄学所讨论的言意之辨便是在这一理路上的延续和发展。

二是反对世俗的价值。在道家看来,相对于天地大道和自然来说,人类的所有活动,以及社会中所产生的礼法都不过是大道所派生出来的。人与其在社会中蝇营狗苟,反不如回归天性,天性即自然。老子并没有说到这个层面,庄子把这个层面表达出来了,魏晋时期的玄学家也进行了深入的讨论。

三是启发了重自我的一派。在老庄之间的杨朱,与老子有点关系,有人说他曾经学过老子的思想。杨朱学说的要点,在于强调为我利己,轻物重生。既然世俗污浊,必须抛弃,那么留下的只有我自己了。这与庄子的全天性之说的出发点是一致的,与老子的批判意识亦有些相似。只不过老子是站在道的立场上看社会、看人本身的;杨朱是站在人本身的角度上来看道、看社会的。老子认为天地是自然运作,人在自然面前只能无为,只能顺应自然。杨朱把老子的这个结论进一步地推展,说人要珍惜自己,外在的东西都是暂时的,都是累赘,只有自己的生性才是最重要的。既然天地运行规律无法探究,那就不要去讨论这些问题,不必参与到对世界的改造之中,反过来要保全自己,要全性。这个"性"是生命、生性,即肉体自我。这与告子的理解是一样的,孟子讲性善,荀子讲性恶,性善和性恶都是在道德上对性进行判断,并把性视为德行的来源。告子与孟子辩论时,就坚持性是无善、无恶的。显然,告子是把性当作生命和生性来看的,并不涉及道德判断。

---

① 郭庆藩:《庄子集释》卷十《天下》,中华书局1961年版,第1098页。

这种重自我的认识,过分地强调对个体生命的保护和眷恋,为了追求全性,就要求废除所有外在的约束,完全顺应生命本身的需求和欲望去满足它、实现它。杨朱一派过分地把人的自然属性放大,认为自然属性是合理的,鼓励任性而游。由于过分地强调自我,他们不愿意为社会做出任何奉献,就显得很自私。墨子曾经批评杨朱说,即使拔一毛而利天下,他也不为。老子所言的顺其自然是顺应天道,杨朱一派则把顺应自然应用到人道上,认为顺着个人欲望的满足也是自然。这种为我利己、重物轻生、全性保真的思想,到魏晋时期得到了实践和张扬,成为道家学说的一个潜流。

第三节　庄子

一、齐物论

在读诸子之书的时候,我们需要注意:同样一个命题绝对不是一个人在讲,诸子都在讲。如果诸子所讲的命题之间没有关系的话,何来争鸣呢？正因为彼此对同一个问题有不同的看法,才形成了争鸣的局面。庄子的齐物论与公孙龙、惠施的合同异的思想有些类似,其区别在于庄子直指结论,而公孙龙、惠施论证了过程。

庄子的齐物论,主要表现为三点:

一是道为本体。老子讲道,道生出天地万物;庄子反过来说,天地万物是道的体现,也就是说天地万物都是道之规律性的外化。道怎么运作,天地万物就都怎么运作,这一点与佛教和魏晋玄学的路子是一样的。魏晋玄学认为玄在山水中,玄在日常生活中;佛教说佛理大到山川,小到一滴水都是如此。

二是齐物而论。既然天、地、人都是同构的,其运行规律又是一样的,人与物、物与我都是道的体现,从道的至上性来看,万物之间的界限是不存在的。其所以存在着差异,关键在于你怎么看:看同的时候就会发现世界上很多东西都是相同的。庄子认为天与人、他与我、里与外、大与小、长与短都是没有根本区别的。这就打破了空间的拘束,消除了时间的差异。

三是泯灭界限。齐物意识继续发展,就消除了事物之间的界限。既然万物是相同的,那么有没有是非观念呢?有没有得失观念呢?显然是没有的。这样,成与败、贵与贱、美与丑、大与小、死与生之间的差异同样也就被泯灭掉了。若以这样的眼光看世界,很容易陷入一种内涵模糊和外延混沌的状态中。《庄子·秋水》中记载庄子和惠施关于"鱼之乐"的辩论:庄子说鱼真快乐,惠施说你不是鱼,你怎么知道鱼的快乐呢?庄子说你不是我,你怎么知道我不知道鱼的快乐呢?《庄子·齐物论》记载了庄周梦蝶的故事。庄周晚上睡觉时梦见了蝴蝶,第二天早上起来想:是我梦见蝴蝶还是蝴蝶梦见我了呢?可以看出,在庄子心目中,物和我之间是没有界限的。

二、修养论

庄子的修养自我,与儒家修养德行的目的是不一样的。庄子是以修炼符合内在超越的需要,让自我回归天性;儒家是以修炼符合外在事功的需要,让德行符合社会伦理。

庄子的修养立足于两个基点:一是心斋。庄子所强调的心斋,就是虚心应物。虚心是让心灵清虚,把心灵打开;应物就是应对天地万物,完全泯灭自己的内心,泯灭自我和万物之间的界限,而把天地万物都摄入自己的心中,把自己和宇宙运行的大道、宇宙混沌状态结合在一起,排除自己的一切杂念。这时便忘记了小我,而获得了大我,这就是"道法自然"的修炼方法,其对此后道教的修炼很有影响。

二是坐忘。坐忘就是独处。儒家所讲的独处,叫慎独。道家所讲的独处,叫坐忘。慎独是指在独处时也不要忘记了道德,《中庸》说"君子慎其独也",就是在个人独处的时候也念念不忘社会的要求。道家的坐忘则是要求忘掉所有的礼乐、仁义、智勇,忘却世俗中的一切事情,让自我进入一种玄冥的境界,通过玄冥的想象以获得精神的彻底超越。庄子所言的指向是精神上的,而不是肉体上的摆脱拘束,这是庄子与杨朱的差异。通过想象让自己的心性完全逍遥,以达到心气恬静、合于自然、泯灭私智的境界,是庄子理想的境界。

庄子的修养论主要体现在精神的超越上,以无思养心,以无为养体。这是有别于杨朱的肉体贵生意识的,也有别于儒家的修养论。一方面,庄子重内圣而不求外王,重自我而不重政治。儒家所提倡的修养是由内圣以达到外王,通过自我修养不断地把自己培养成君子,并通过修身来齐家、治国、平天下。庄子的养生论也讲自己的内圣,通过内圣使自我达到完美的境界,这种完美是人的天性的回归,而不是外在的实现。另一方面,庄子是全天性而不求功德,求自得而不待外物。天性是与天地之道一致的一种本性,合于最高规律性的自由自在,是无须借助外物的。庄子在《逍遥游》中说鸟飞得很高,看起来很自由,但是它需要凭借风和云气,仍是不自由的。真正达到至高境界的圣人和神人,其所凭借的东西是越来越少的,甚至不靠外物而完全回归于自我。

我们知道纵横家过分强调势,借势来实现自我价值;儒家过分地讲求外王,试图借助礼乐以实现其政治理想。庄子渴望获得的绝对自由是一种超越性的生命体验,是企图摆脱外在条件而达到一种无上逍遥的境界。他的这种生活于现实而在精神上超越现实的做法,是一种精神的自由。与此后道教所追求的"超脱于尘世",佛教所讲的"超度于此生"有着明显的区别。

三、处世论

从表面上看,庄子和老子是相同的,都强调无为自然;但从深层理解,两者却有不少差异。老子侧重强调道德的无为,庄子则侧重讨论个体的无为。庄子认为人的死亡和生存是自然之事,自然界的生灭也是如此,所以我们就应该顺应变化,泰然处之。正是有了超越死生、泰然处之的意识,庄子在妻子死后,才会鼓盆而歌。这在儒家那里是不可理喻的,儒家要讲五服之祭和慎终追远。庄子乃至道家在缓解社会的压力和人内心的焦虑方面,起了一定的作用。这一点对后世士人心态的影响非常大,《孟子·尽心上》说:"穷则独善其身,达则兼善天下。"如果此生通达,就要兼济天下,讲政治,讲万物,讲外王,讲功德;如果此生艰辛,就要独善其身,重内圣,全天性,重自我,重自得。后世士人在独善时更多从老庄中汲取逍遥自得,以求超脱尘俗。儒家和道家之间的相互补充,为中国文化开启了两个方便之门。

老子的《道德经》有时仍旧忘不了社会政治,庄周的《庄子》则偏重讲述人生的哲学。庄子把老子所讲的运行大道归结到人生,这里所说的人生,是广义上的人生,指的不仅是生命,更包括精神世界。庄子学说集中讨论了精神层面的自由,这使得他在学理上超越杨朱,具有更广泛的普适价值。庄子的处世论不是表达在尘世中如何面对群体和人伦,而是在精神层面上如何超越世俗,独与天地精神往来。

先秦两汉诸子关于人与天地的往来,有四个层面的理解:一是天人交通,即把天地看成有意志的神,以祭祀进行交流,如墨家的天志说。二是天人感应,即把天地看成是秩序和道德的来源,通过天命、天德之说来进行沟通,如董仲舒的天人感应说。三是天人分立,把天地人看成同类而能进行互补,相参相用,如荀子的制天命而用之说。四是天人一体,即认为天与人是一体的,天与人在精神的本原上是一致的,如庄子的天性论。庄子认为人可以通过自己内心所建构的精神世界来体认天之运行,体味地之孕育,把自己和天地相并立。这并不是为了凸现自我的伟大,而是把自己放在天地之中,在精神层面与天地沟通起来。前三者更多地是在宗教和哲学方面发挥基础性的作用,而庄子通过天人一体求得的精神自由的方法,对于后来中国艺术"外师造化、中得心源"的理论有很深的启发。

庄子的处世哲学,是顺人而不失己,以无用为大用。在人与人的交往中,讲求顺人,即顺应他人,而不强求;如果顺人是以退为守,那么不失己就是坚持自己的立场。《庄子》中有不少的辩论,并不是要说服别人,而是为了探讨言外之意,点到辄止。《孟子》中孟子与梁惠王、许行、告子辩论时则把他们说得无言以对。从中能看出二者在处世上的差距。《庄子》还以鹅会不会叫、树有材无材、皴手之药、葫芦中空为例子,辨明有用无用之理,说明无用才是大用。虽带有一些诡辩的意味,却表达了超脱而玄远的思考。

第四节　墨子

一、墨学的形成与消亡

在先秦,墨学与儒学是并称的两大显学。墨学的代表人物墨子,最初学习儒学,后来觉得儒学过分地讲究礼乐等繁文缛节,而流于虚文,就放弃了儒学。礼乐是通过隆杀来表示尊卑,差别既大,文饰便多,墨子认为这就不可避免地影响到社会生产。如人死后,要按照生前级别进行丧葬,根据关系远近来守孝。墨子认为这不仅妨碍了生产,而且耗费了很多社会财富,于是自立新说,创建了墨家学派。

墨子的学说代表了小生产者的利益,有很多人参与进来,墨家便建立了严密的组织。他曾经带着自己的手下东奔西走,到处游说以缓解战争。墨子死后,由巨子继续领导墨家弟子。墨家既是一个学术团体,又是一个带有侠义思想的民间组织。

墨家到秦汉以后就衰亡了,其原因主要,一是过于刻苦,不符合普通人的生活。《墨子·鲁问》说他们"短褐之衣,藜藿之羹,朝得之则夕弗得,祭祀鬼神",为了老百姓,墨家摩顶放踵,毫不利己,专门利人。其继承者很难有这样的觉悟和毅力,组织难以为继。二是陈义过高,难以实行。墨家的十大学说太过于完美,不尽符合民众的生活见闻,难免使人对其学说产生顾虑。三是组织严密。《吕氏春秋·孟春纪·去私》说:"墨者之法曰:'杀人者死,伤人者刑。'"墨家规定,无论到哪国做官的墨者,都必须坚守墨家的主张,若行不通时,则宁可辞职。这种超脱国家政权体系之外的组织形态,在大一统的秦汉不可避免地遭到禁绝。

墨子死后,墨家分为禽滑釐、胡非子、随巢子等三派。《汉书·艺文志》著录墨家有《胡非子》3篇、《随巢子》6篇、《我子》1篇、《田俅子》3篇,但其具体内容已不可知了。

《汉书·艺文志》总结墨家者流说:"及蔽者为之,见俭之利,因以非礼,推兼爱之意,而不知别亲疏。"其缺点在于过分地讲兼爱,忽略了人与人之间的亲情。儒家讲有差别的爱,墨家讲无差别的爱。这种博大的胸襟,在现实中是难以达到的,也不符合人之常情,但可以作为人类的终极理想。《礼记·礼运》中所谓的"大同",便吸收了"兼爱"的思想。

二、墨子的思想

墨家以兼爱、非攻为其政治学说。兼爱就是兼相爱,类似于现在所说的博爱。墨子认为天下之所以大乱,其根源在于彼此不能相爱。从人际的角度来说,人与人之间要交相为利;从国际的角度来说,诸侯之间应禁止征伐。他认为战争对老百姓的损害很大,必须反对战争、制止战争。儒家也反对战争,反对的是不义之战。理由是战争杀了很多人,既少仁,也少义。墨子反对战争并不仅因为仁,而是认为战争不利于百姓生产,也不利于邦国的和睦。

墨家以尚同、尚贤为其行政学说。尚同就是上下同心,团结一致。《墨子·尚同上》说:"上之所是必皆是之,所非必皆非之。上有过则规谏之,下有善则傍荐之。上同而不下比者,此上之所赏,而下之所誉也。"即要求上下应该保持一致。他认为治世需用贤人,贤人多出自民间,应该从民间擢拔人才。前半句是春秋战国士人普遍认同的思想体系,后半句则更多代表了下层士人的渴望。

墨家以天志、明鬼、非命为宗教思想。墨子相信天是一个有意志的存在,也是一个至上神,认为社会的运作和人类社会的建构需要顺应天意,彼此之间应该讲究兼爱,人人为我,我为人人,只有这样上天才会奖赏人类,使一切风调雨顺。如果人类的行为违背了天意,则必然会受到上天的惩罚。天能够监督君臣、百姓,执行自己的意志。为了说明天可以监督君臣、百姓,他又提出了明鬼说,认为有鬼神时刻在监督着他们。这样就建立了一个类宗教的学说体系,试图用天帝、鬼神的监督使人间的善恶得以贯彻。同时,墨子是不相信命运的。孔子说"五十而知天命"[1],孟子也讲"天将降大任于是人也"[2],他们都认为人的祸福和成

---

[1] 《论语·为政》,第 2461 页。
[2] 《孟子·告子下》,第 2762 页。

就是来自于天命的。墨子认为人的祸福不是由天命决定的,而是由人自身决定的。墨子代表的是最下层老百姓的利益,老百姓如果依靠天命,那他的一辈子便只能安于现状了。春秋贵族多出于世袭,他们就很自然地宣布上天授命而得富贵。民间百姓是不能认可这一点的,因为如果上天授命给贵族,那什么时候才能轮到最下层的贫苦百姓呢?所以他们反对天命,这就为尚贤、尚同的学说开辟了道路。

墨家以节用、节葬、非乐为其经济学说。墨子立足于下层老百姓的利益,看到的是货物有穷,而耗费无尽,故提倡勤俭持家。春秋时期,厚葬已经成风。厚葬是把可供活人使用的财物埋在地下,造成了大量的物质耗费。墨子从社会生产的角度提出要节葬,要节用。儒家讲究礼乐,主张通过音乐使上下得到共同的精神熏陶,通过礼制把人与人之间的关系区别开来。老子和墨子都有非乐思想,只不过老子认为音乐是无用的,墨子认为音乐是浪费的。

战国中期,学者们都普遍思考名实问题,辨析名称和本质之间的关系,以促使辩论的深入。墨子提出了"三表法":"上本之于古者圣王之事,于何原之?下原察百姓耳目之实,于何用?废以为刑政,观其中国家百姓人民之利。"[①]主张在讨论问题时,先看这件事情有没有历史渊源,再看适不适用,并观察其对老百姓有没有利。除此之外,墨子还建立了一套逻辑体系,其被称为墨辨逻辑。他在《墨经》《大取》《小取》中专门予以讨论,如把名分为达名、类名和私名等。西晋鲁胜在《墨辨叙》中说就:"墨子著书,作《辨经》,以立名本。惠施、公孙龙祖述其学,以正刑名显于世。"认为墨辨逻辑对名家学派的发展起到了促进作用。

第五节 荀子

孔子去世后,儒家分为八派,影响最大的主要有三脉:一是思孟学派,侧重讲心性和道德,从孟子的著作和出土的郭店竹简可以看出,这

---

① 《墨子·非命上》,《诸子集成》本,中华书局1993年版,第400—401页。

一脉是长期沉潜的,一直到宋明时期通过理学和心学才得以复兴。二是易传系统,以《周易》的"十翼"为代表,将儒家学说与阴阳学说结合起来。这又有两个指向:一个是以《周易》的说解为核心,形成了"象数"和"义理"两派;另一个以儒家学说为中心,宣扬天人感应思想,其以汉代谶纬之学为代表。三是礼法系统,将儒家的"礼"与法家的"法"结合,试图在修正原始儒家的思想中,形成新的礼法合治的学说,以荀子为代表。

一、性恶论

荀子在人性论上,强调性是恶的,认为可以通过化性起伪使人改变性之恶。我们知道儒家思想在讨论人的本性时,是从道德判断入手的。孟子认为人性是善的,荀子认为人性是恶的。善和恶的判断都立足于道德,后来的董仲舒、扬雄、韩愈都认为性分善恶,也是以道德判断为基础的。孟子言性,是由天命看到人性,认为天既然有道德感,也就应该有道德的警示作用。人既然受命于天,那么人性就应该与天性相同。既然如此,人性就是善的,这是性善的外源。他把人的恻隐之心放大,以作为性善的内源。内源与外源相结合推导出人性为善。荀子讲性恶,在于他所看到的不是性的来源,而是性的结果。荀子不否认人性可以向善,也就是说他看到的是性的表现,所以荀子"性恶"中的这个"性",说的是人的本性。

《荀子·天论》篇说:"天行有常,不为尧存,不为桀亡。应之以治则吉,应之以乱则凶。"天是独立运行的,天和人是分离的,天有天的运行规律,人有人的活动规律,天人可以相参相用。这就抛弃了孔孟之中的天命论,由于天人之间是互补的,人应该用天所提供的条件来实现生产,即"制天命而用之"。由于否定了天对人的决定作用,孟子学说中天对人的道德决定性前提就不存在了,也就是说道德的先验性不存在了,因而仅从人的本身来推导性善就缺少了必然性。荀子认为性是自然造就的,饥了想吃,寒了想穿,都喜欢快乐享受。这是人先天的自然属性,善则是社会属性。必须对人进行教育,让人向善,让人学礼。可以说,孟子说的性善是看到了隐藏在自然属性之中的社会属性,荀子说的性恶是看到了获得社会属性之前的自然属性。

为了让人们获得更多的伦理、道德和礼乐意识,荀子非常强调学习在人性形成中的重要作用,《荀子》的第一篇便是《劝学》,言通过后天的礼乐教化,人是可以达到善良境地的。荀子说的"性恶",是本性之初的"恶",而不是最终的"恶",只是暂时的"恶"。这个"恶"经过教导和引导之后是会向善的方向发展的。这个"恶"并不是人人都一样的,因为个体不同,其表现也不同。

二、礼法论

荀子把孟子所讲的"仁政"和"义"发展为"礼"和"法"。礼是通过伦理和规则来约束行为的,但是到了战国晚期,单靠道德和伦理已经不能约束老百姓的行为,开始出现很多非礼、违礼的事情。在这种局面下,刑与法开始逐渐得到重视。

礼与法的关系不是绝对的。西周时是以礼为法的,君臣是依靠宗法关系和血缘关系建立起来的,伦理和礼制很容易维持其政权的运行。春秋时期,子产和郑析就把不成文的礼用法的形式写出来,并将成文法用于社会的治理上,在某些程度上已经摆脱了礼的局限。法家所提倡的法,是以法为礼,把礼所要求的道德规范完全用法律条文表达出来,把礼的秩序变成法的规定。荀子的学说正处在以礼为法和以法为礼的转变当中,他一方面强调礼乐,明分使群以礼,合同上下以乐;另一方面约以刑罚为法,主张用刑罚来保障礼的实行。

礼和法在逻辑上是德主刑辅的关系,也就是把法制建设和道德建设结合起来。礼法合治,礼为主导,法为辅助。这与法家的思想不同,法家不重视礼义,只留下礼仪以供使用,秦将礼仪的规定改称为仪法,只重仪式的规定,不重视礼的道德含义,汉代很多学者认为"秦无礼"。

三、名实论

荀子也参与到名实辨析的学术思潮之中。他认为天底下之所以出现名和实的争论,原因在于人们对名和实的了解不多。他认为名就是名称,实就是事物的本质。名与实的区别,一在于其状,即事物所表现的外在的特征和规律不同,就有了名实的区别。二在于认知的差异,一个东西你说它大,别人却认为它小,这也产生了差异。荀子认为讨论名实问题,要立足于解惑、解蔽、正名、明礼法,而不是为了讨论而讨论。

荀子的名实论可以概括为:以辨同异为目的,以心征知为途径,以定名实为作用,以辨三惑为立意,以核名实为原则。

辨同异的目的就是区分事物的相同和差异,相同的用同名,不同的则用别名,把万物区分出相同和不同点来。这种区分要通过我们的辨析,而不要被万物的外相所迷惑,并在此基础上根据它的性质、形状进行总结和定名。定名的目的在于认识、交流的方便,而不是设置更多的障碍。他认为当时的命名习惯有很多令人困惑的地方:一是以名乱名,如侮和辱的不同。二是以实乱名,如说山渊平,因为山本身就包含了高的意思,而渊也包含了深的意思,如果把这些词汇本身所含的属性去掉,无视名中所含之实,这就需要核名实,事物相同就用相同的名字,不同就用不同的名字。单足以喻则单,单不足以喻则兼。只有如此,才能分辨出事物的名与实。三是以名乱实,如白马非马。马是一个统属的概念,而白马是个体的概念,白马属于马但是白马不等于马。在荀子看来,这种讨论就是用名来乱实。

荀子的名实论是以他的认识论为基础的,其认识论概言之:因形神而知内外,由意物而入征知,倡虚一而归静笃。首先是要区分开形和神,形是外在的,神是内在的,形神之间的关系是相互依存的。意物是感性认识,通过感官认识一个东西,是天官意物;征知是理性认识,荀子意识到人认识外界事物是感性和理性相结合的。虚一而静有点受老子和庄子思想的影响,也可能是他在稷下时形成的观点,反映出战国末期儒道合流的趋势。一就是专心,静就是静心,人要虚心、专心、静心,才能认识万物,才能把事情做好。

如果说荀子徘徊在儒家学说的边缘,那么他的弟子韩非和李斯则进入法家的领地,并把荀子的礼法思想推展为重法。此外,"六经"很多得益于荀子的传播,如《诗经》经荀子传给浮丘伯,再传给申培,而成"鲁诗";荀子传大毛公一系,而成"毛诗"。《韩诗外传》中引用荀子之说有44处之多。《左传》由荀子传给张苍,再传给贾谊。所以,荀子的学说对秦汉学术的影响很大。秦用法家思想治国,却失之峻急严苛。汉初反思后,又退回到儒家思想,但并没有退回到孔孟之说,而只是退到了荀子之学,将外儒内法作为治国的策略。虽然后世在政治舆论上推行孔孟之道,而在行政措施则更切近于荀子外儒内法、礼法合治之说。

第六节　法家

一、法家三派

春秋之际,诸侯之间的竞争非常激烈,朝夕攻伐,彼此争霸,不可能去进行长时段的国家建设。诸侯们首先关注的是眼前的问题怎么解决,儒家集百年可兴的治国之法,虽然听起来很好,实行起来很难。法家主张用严刑峻法来统治社会,通过耕战来寻求发展的做法,易于操作,便于强国。商鞅向秦孝公游说时,最初谈的是帝道,说得秦孝公昏昏欲睡;后来说的是王道,秦孝公也不感兴趣;最后谈的是霸道,秦孝公听了数日不倦,最终任用商鞅实行变法,拉开了秦以法治国的大幕。

韩非之前,法家大致可分为三派:

一是重法派,以商鞅为代表。通过史书所记载的事迹和《商君书》来看,商鞅的思想主要包括:第一,以赏罚必信为手段。如果在一个国家推广法令条文、推行法治,就必须要赏罚必信,必须要明确哪些行为应给予奖赏、哪些行为应给予惩罚。商鞅用"徙木立信"的手段来树立赏罚必信的态度。第二,以一决于法为目标。以此打破贵族统治,推行"太子犯法与庶民同罪",这是对儒家"礼不下庶人,刑不上大夫"传统的颠覆。[①] 儒家以德来衡量民众的内心,提倡由内到外的修养;法家以法来衡量行为的结果,重视由外而内的约束。第三,以严刑峻法为手段。为了整齐风俗,推行法律,也为了维护刑法的尊严,商鞅制定连坐法,建立了相互牵连、相互管理、相互监督的治安体系。第四,以弃古法

---

① 《礼记·曲礼上》,第1249页。

新为宗旨。儒家以恢复三代之治为追求,有复古的倾向;法家正好与之相反,其认为历史是不断进化的,时代变化,法也就随之变化,礼也自然变化。商鞅用实践行动为法家建立起一套适合于当时社会统治的制度体系,成为法家学说的一个基点。

二是重术派,以申不害为代表。术就是治国手段,是君主驾驭臣下的技巧和策略。在申不害看来,法是可以公开的,以之作为臣民的行为准则;术却要隐藏在君主的心中,作为驾驭部下的手段。申不害认为国君的主要威胁,不仅来自于民众或敌国,更来自于臣下,国君必须有两面之术,用术来助长威势,推行刑法,三者结合,就如虎添翼,使臣下慑服。他把术分为两类:通过循名责实的考核来监督臣下,通过阴谋权术以静制动地驾驭臣下。重视术的缺点就是过分地强调权衡和变化,容易流于狡诈。这一政治手段,既有其现实存在的合理性,也易助长行政行为的卑劣性。

三是重势派,以慎到为代表。势是由权力而带来的威势,用慎到的话来说,就是"贤智未足以服众,而势位足以缶贤者也"①,靠品德和智慧不足以让大家服从,靠权势和地位就能使贤者屈服。他主张国君应该通过集权和尊君抑臣的方式来治理国家。他所说的"大君任法而弗躬,则事断于法"②,就是主张君主制定法律,并把全国的力量统一于国君。有了这样的权势,国君就可以用权、用法去治理百姓了。

商鞅以法整齐民众,申不害以术驾驭臣下,慎到以势推动集权,这三者从不同的角度阐述了法、术、势的治国用途,为韩非学说的集大成作了铺垫。

二、韩非学说

韩非的思想体系,总的来说是:舍道德而论法律,非仁义而尚威势,重变革而反法古。这三点和商鞅、慎到、申不害的思想观点是一脉相承的。具体来说,主要包括如下几点:

---

① 陈奇猷:《韩非子集释》卷十七《难势》,上海人民出版社1974年版,第886页。
② 《慎子·内篇》,华东师范大学出版社2010年版,第7页。

第一，以性恶论为学理基点。法家思想的形成，性恶是一个必要的理论前提。在制定法律前要做有罪的推设，先预设人会犯什么样的罪，以便于制定什么样的条文来应对。法律的制定者必须视人性为恶，预设人是要做坏事的，然后才制定法律。在这样的学说建构中，性恶是必然的理论前提。任何一种思想的形成，绝对不是一个人冥想出来的，都有这样或那样的一些萌芽和积淀，才会形成完善的体系。尤其是当这个思想被完全地、系统地加以表述和运用时，必然要经过很多人的积累。荀子认为人性重私利而恶，就主张用教化来改变。韩非认为人性既然重私利，就没有向善的可能，必须用法律来制裁，使之不敢行恶。

第二，以法后王为变法依据。既然人性有恶，那么原来的法律就不能解决现在的问题，只能通过变法来修改。儒家以法先王、法圣王作为其学说依据，制度的设计以托古改制为特点，把尧舜之政作为其行政的典范。法家学说正好相反，商鞅、韩非都主张"法后王"。"法后王"就是不要回顾以前怎么做，关键是要关注现在应该怎么做，直接针对现实进行思考。法家认为这样制定出来的政策就易于实行，《韩非子·心度》："故治民无常，唯治为法。法与时转则治，治与世宜则有功……时移而治不易者乱。"如果时间、地点变化了，世道变化了，而法不变，社会肯定就要乱。法家之所以能在很短的时间内使国家强大，关键在于其应时而变，如李悝变法、吴起变法、商鞅变法，都能够使国家在十年左右的时间里迅速地强大起来。儒家认为无论时空如何变换，总有不变的常理存在，过分地强调经验，难免流于保守。法家认为时有变革，代有转移，问题不同、形势不同、情况不同，其方法策略就要随时通变，而没有不变的常理。道家则认为无论时空如何转变，总是按照其内在的规律在变化着。按规律变化是一种天道，按常理变化是一种德行。我们不妨把这些看作是三家的不同。我们讨论一种学说时，不要简单地去评判这种学说是进步的还是退步的。因为任何一种学说都有其产生的背景、存在的合理性和局限性。在历史进程中，有时候是思想是否适合现实的问题，而不是思想本身的错误和正确的问题。我们要看这种思想在当时的作用和影响，其要解决的问题是什么，切入的角度是什么,这才是实事求是的研究思路。

第三,以实用性为治理根本。法家在建构其学说时,处处把实用作为国家治理的根本立足点。其所制定的法律条文、社会规则能否实用,能否切入到现实之中,是其考虑的前提。在韩非子看来,现在无用的东西即使将来是有用的,那也是无用的。《韩非子·五蠹》说:"故不相容之事,不两立也。斩敌者受赏,而高慈惠之行;拔城者受爵禄,而信廉爱之说;坚甲厉兵以备难,而美荐绅之饰;富国以农,距敌恃卒,而贵文学之士;废敬上畏法之民,而养游侠私剑之属。举行如此,治强不可得也。"他认为儒生、游侠等都是社会的蛀虫。实际上,秦始皇所设博士中还有很多儒生。韩非子那么说,只证明了他过分地讲求当前实用的特点。

第四,以法治为唯一选项。《老子》三十八章曾说过:"失道而后德,失德而后仁,失仁而后义,失义而后礼。"到了荀子、韩非时代,只能是"失礼而后法"。因为礼治已经不能阻止社会的乱象,只有靠法律来治理。儒家重视德治,关注的是治人者。孟子所说的"劳心者治人,劳力者治于人"①,关注的焦点是如何培养治人者。法家重视法治,所关注的是被治者。认为首先要给下层人民作出行为的规定,不管有多卑劣的想法,只要不违反这些规定,就不算是违法。而儒家则认为不要有非礼非法的想法。儒家和法家之所以能够互补,正在于他们分别关注到了治人者和被治者。由于韩非子认为人性为恶,而且世风日下,认为任人不如任法,行政只有"一断于法"②,才能消除各种弊端。《韩非子·有度》说:"法不阿贵,绳不挠曲,法之所加,智者弗能辞,勇者弗敢争。刑过不避大臣,赏善不遗匹夫。"有法律作为准绳,滔滔不绝的辩论就没有了用处,再勇敢的人也无法与法律进行抗争。我们读《论语》,发现孔子论政主要是讲如何用人。如"举直错诸枉"③,即把正直的人放在不正直的人的上头,国家自然就治理好了。墨子的"尚贤"、

---

① 《孟子·滕文公上》,第 2705 页。
② 《史记》卷一百三十《太史公自序》,第 3291 页。
③ 《论语·为政》,第 2462 页。

孟子的"仁政",都是以人治为基础的,都试图通过人的道德示范和行为引导来建立一种政治模式。法家则认为仁政行不通,只有通过法律的完善和制度的规范才能建立完善的社会体系。

总的来说,儒家尊古,法先王,言必称尧舜,其行政必托之而出;法家薄古,法后王,主张随时变革,处处关注于实用。儒家尚贤,法家重势。儒家重仁义、德治,提倡人治;法家反对仁义礼乐,主张法治。儒家重德轻利,崇王道,以德作为最高的标准;法家尚力重利,崇霸道,以法作为判断的依据。二者理路完全不同,各有优长,各有弊端,相合而用,方能各避其不足。

《汉书·艺文志》说法家的优点在于善于强国,缺点在于峻急严苛。这种峻急严苛到了极致,就难免抛弃教化仁义,专以刑法督责百姓,以致"残害至亲,伤恩薄厚"。秦统一天下之后,把法家学说用到极致,最终导致其迅速的崩溃。秦国迅速地强大,在于充分运用了法家思想的正面作用;其迅速灭亡,在于把法家思想的弊端发挥到了极致。

第七节　名家

一、名家的形成

先秦时期,讨论名实不仅是名家的专利,也是诸子普遍关注的话题。老子说:"名可名,非常名。"①孔子说:"名不正则言不顺。"②墨子的墨辨逻辑,荀子的名实论,都是对这一问题的思考。宰我、子贡、苏秦、张仪、邹衍、邹奭、淳于髡、田骈、惠施、公孙龙都善于辩说,都在不同程度上为名辨思潮推波助澜。

《汉书·艺文志》说:"古者名位不同,礼亦异数。"名家的优长在于辨析名分。如果太斤斤计较于非常琐碎的细节,就会容易让人失去真

---

① 《老子道德经》第一章,《诸子集成》第3册,第1页。
② 《论语·子路》,第2506页。

慧。形而上者谓之道,形而下者谓之器。儒家、道家、法家都在思考治道的问题,名家思考的是认识方法、逻辑关系和表达策略。所以说,名家关注的是道的阐释方法,而不再是道本身。

名家之祖是邓析。据《吕氏春秋·审应览·离谓》记载:"子产治郑,邓析务难之,与民之有狱者约:大狱一衣,小狱襦裤。民之献衣襦裤而学讼者,不可胜数。"邓析专门用法律的条文来辩护,大家都跟着他学辩论。郑国人"以非为是,以是为非,是非无度,而可与不可日变,所欲胜因胜,所欲罪因罪,郑国大乱,民口讙哗"①,狡辩成风,无以为治,后来姬驷歂把邓析杀了。

尹文也是早期名家学者。《汉书·艺文志》注说他"说齐宣王,先公孙龙"。他所探讨的逻辑问题主要有两点:第一,论名有三科。他认为名有三类:一是命物之名,如方圆白黑之类;二是毁誉之名,如善恶贵贱之类;三是况谓之名,如贤愚恶憎之类。第二,论法有四呈。一是不变之法,如君臣上下之类,是对社会关系的分析;二是齐俗之法,如能鄙同异之类,是对社会现象的概括;三是治众之法,如废赏刑罚之类,是对行政行为的总结;四是平准之法,如律度权量,是对规则秩序进行描述。他的这些总结还多停留在命名、概括的阶段,说明这时的名家还处在逻辑思考的初期。到了战国中后期,名家学说迅速地发展,形成了重要的两派:合同异和离坚白。

二、合同异

合同异一派是以惠施为代表的。《庄子·天下》说惠施"遍为万物说",《齐物论》批评惠施"非所明而明之,故以坚白之昧终"。这一派认为天下的东西都是相同的,其与庄子的齐物论有点类似,泯灭了事物之间的内在关系与差异。但庄子的齐物论是建立在对道的认识之上的,是一种思想的认同;惠施的合同异则是建立在逻辑表述之上的,是一种逻辑的推导。

惠施的著作已佚,《庄子·天下》篇记载了他的十大主张:

---

① 陈奇猷:《吕氏春秋校释》卷十八《离谓》,学林出版社1984年版,第1178页。

1. 至大无外,谓之大一;至小无内,谓之小一。

2. 无厚不可积也,其大千里。

3. 天与地卑,山与泽平。

4. 日方中方睨,物方生方死。

5. 大同而小同异,此之谓小同异;万物毕同毕异,此之谓大同异。

6. 南方无穷而有穷。

7. 今日适越而昔来。

8. 连环可解也。

9. 我知天下之中央:燕之北越之南是也。

10. 泛爱万物,天地一体也。

章太炎在《国故论衡·明见篇》把惠施的观点分为三组:一是认为惠施所说的空间并不是实有的空间,而是理论的空间。二是认为惠施所说的时间不是实有的时间,而是理论的时间。三是实有的空间、时间的差异是存在的,理论上的时间和空间的同异,不是绝对存在的。所以,上述十个观点是成立的。

除此之外,惠施还有一些奇特的论点,如卵有毛;鸡三足;郢有天下;犬可以为羊;马有卵;丁子有尾;火不热;山出口;轮不蹍地;目不见;指不至,至不绝;龟长于蛇;矩不方,规不可以为圆;凿不围枘;飞鸟之景未尝动也;镞矢之疾而有不行不止之时;狗非犬;黄马骊牛三;等等。这些奇怪的看法与前面的十大主张一样都反映了惠施合同异的努力。胡适在《中国哲学史大纲》里把这21件事分为四组:一是讨论一切空间、时间的区别都非实有,只是理论上的存在。二是论一切差异都不是绝对的,从自相来看,万物毕异;从共相来看,万物毕同。苏轼在《前赤壁赋》里所说的"自其变者而观之""自其不变者而观之",与这个看法很类似。三是逻辑知识,如"飞鸟之影,未尝动也",即我们觉得飞鸟一掠而过,但鸟影和鸟是没有变化的。四是名实关系,如"黄马骊牛三",黄马和骊牛是三件事物,马是一个,牛是一个,黄和骊是形容毛色,这样实际上就是三件事物。

总的来说,合同异泯灭了事物之间的界限,在看似不同的事物中寻找其相同点,在差异性中寻求其相似性,忽略事物的个性,而重视其共性。

三、离坚白

离坚白派与合同异派的指向是相反的,其侧重讨论事物的绝对性,即认为天下的任何事物都是不同的。在这一派看来,坚石和白石不能被看作一个东西。因为坚描述的是硬度,只有摸了才知道它是坚的;白是颜色,只有看了才知道它是白的,只能选取其中任何一个感觉与石合为一物。也就是说,一块石块不能同时见到坚和白。这种把坚和白分离的思考,意在讨论事物不同侧面之间的差异性。这一派的代表人物是公孙龙。

《汉书·艺文志》载《公孙龙子》14 篇。今仅存 6 篇,其中《迹府》是后人汇集公孙龙的生平言行写成的传略,《白马论》《指物论》《通变论》《坚白论》《名实论》是公孙龙名家思想的记录。

"白马非马"是离坚白派的标志性观点,到底阐释的是什么意思呢?他是说白马不等于马。其理由有:第一,马是一个类的概念,白马只是类中的一部分,故白马不能等同于马。在这里,白马是殊相,马是共相,白马只是马的一个特点,不能概括出马的全部。第二,马只是作为一个概念而存在着,白马则是实在的。第三,白马是有专色指称的,马则可以指称任何色的马。

指物论是公孙龙的另一个命题,它是对老子的"名可名,非常名"、庄子的"以非指喻指之非指"的深化。公孙龙用"物"来指代客观存在,用"指"来指代或概括"物"的属性、功能,用"实"来指代"名"所称呼的对象,用"名"来称谓"实"的特点。公孙龙的《指物论》讲的是对物命名的原则,因为物是普遍存在的,当我们对某个"物"进行命名的时候,实际上是把"物"的一个属性拿出来进行表述,这个属性只是物的"实"。称为"实"的名,也只是概括了"物"的一部分而已。所以,任何"名"都不能概括"物",当"指"某一具体的"实"时,就已经提取或者忽略"物"的某些属性了。这其中最令人头疼的"指",其分别有"所指""能指""受指"三个含义,容易混淆。一旦理解,就很容易明白其中的意思。

总的来说，公孙龙"离坚白"的命题在逻辑上是成立的，尤其是其注意到事物的"名""实"之间的差异。他认为事物、属性之间是互相独立的，即使同一事物中的各种属性也是可以分离看待的。显然，他的思想意识具有一定的辩证性。但过分地否定事物、概念之间的相互联系，割裂事物、概念之间的同一性，难免失之偏颇。

第八节　其他学派

一、阴阳家

阴阳家的代表人物是邹衍。司马迁把他列于稷下诸子之首，并说"驺衍之术迂大而闳辨"①。他喜欢谈论天文变化的终始，得到了一个绰号叫"谈天衍"。他早年学习儒学，看到儒墨的后学不知道天地广阔，只能立足于一点来谈论治道，"将一曲而欲道九折，守一隅而欲知万方，犹无准平而欲知高下，无规矩而欲知方圆也。于是推大圣终始之运，以喻王公，先列中国名山通谷，以至海外"②。他以阴阳消息论怪迂之变，并作《终始》《大圣》等十余万言，成为这一时期阴阳家的代表人物。

邹衍的学说主要有"五德始终说"和"大小九州说"。"五德始终说"是以天文论天人的关系，以五行论人事的变化，以地理论万物的消长。他认为世界上的万物都是由金、木、水、火、土这五行相生相克而生成的，朝代的更替也是如此。按照这一学说推论，尧属于土，夏属木，商属金，周属火，秦属水，汉属土。木克土，夏代尧；金克木，商代夏；火克金，周代商；水克火，秦代周；土克水，汉灭秦。用这种说法来解释历史演进的必然性，在秦汉时期的影响很大。五行相生相克的观点成为中国后世阴阳学、数术学和医学的理论核心。

"大小九州说"是邹衍对宇宙空间的一种假设，他认为儒家所称的中国，只占天下的八十一分之一而已。中国只是赤县神州，神州内有九

---

① 《史记·孟子荀卿列传》，第2348页。
② 《盐铁论·论邹》，《诸子集成》第8册，上海书店1991年版，第54页。

州,为禹所分:冀州、兖州、青州、徐州、扬州、荆州、豫州、梁州、雍州,这是小九州。神州之外还有九个州,为海所环绕;每州内又各有九州,语言风俗各不相通,这是大九州。这种假设不仅开阔了战国时期学者们的视野,促成了《山海经》等书的编纂,也为汉魏时期的想象空间提供了理论支撑。

阴阳学说在中国非常盛行,其通过对日月星辰、物候的观察,可以制定节历,有助于社会生产。但过分地探求其中的一些所谓的禁忌、术数、吉凶,就难免失之于虚妄。这种"舍人事而任鬼神"的做法,实为过分地相信天意,并认为人生下来,其生老病死、吉凶祸福完全是由天所决定的,把人后天的主动性和能动性给放弃了。

二、纵横家

纵横家多是当时的一些策士,他们并没有学理上的追求,只是把儒家、法家、名家、墨家等思想撮合,进行游说。纵横家的前身是春秋时期的外交官,善于游说与献策,奔走于诸侯之间。到了战国晚期,出现了苏秦和张仪这样的策士,成为纵横家的代表人物。苏秦主张东方六国联合起来攻打秦国,被称为合纵;张仪主张秦国和东方的某一个国家结盟,去攻打其他的国家,被称作连横。后人就把他们合称为纵横家。

纵横家并没有专门的著作传世。《汉书·艺文志》里虽然记载了苏秦和张仪的著述,但并没有流传下来。从《战国策》的记述中可以想见苏秦、张仪以及当时那些纵横于各国之间的策士们的言谈和举止。

《鬼谷子》,虽然《汉书·艺文志》没有载录它,从先秦的引文和书中所谈论的形势来看,今本应当是先秦著作的辑本。其记载了战国纵横家所崇尚的权谋策略和言谈辩论技巧,不妨把它看成是纵横家理论的阐述和概括。《鬼谷子》分上、中、下三卷。上卷含《捭阖》《反应》《内键》《抵巇》4篇。中卷含《飞钳》《忤合》《揣篇》《摩篇》《权篇》《谋篇》《决篇》《符言》8篇,以阴阳捭阖为基础,说的是各种谋略权术的使用。下卷含《本经阴符七术》《持枢》《中经》3篇,阐述了盛神、养志、实意、分威、散势、转圆、损兑等七种自我修炼的方法。

全书以黄老学说为骨干,以纵横游说为宗旨,讲的是怎么揣摩对方的心意，怎么权衡利弊，如何把握游说对象的内心活动，如何利用人与人之间的微妙关系以达到目的，怎么去说服别人，怎么去利诱别人。如说对忠勇的人要跟他讲义，对贪婪的人要跟他讲美色、财物、名利。大要而言，弃操守而求实利是纵横家最大的不足。

三、兵家

《汉书·艺文志·兵书略》将兵书分为四种：兵权谋、兵形势、兵阴阳、兵技巧。可以将之看作兵家学说的几个流派：

兵权谋主要探讨的是权术、谋略，也就是在兴兵打仗之前，从宏观角度考虑的战略问题。兵形势主要探讨的是对战时地形、趋势的把握，也就是战术层面的问题。兵权谋和兵形势最大的区别在于：战略思考的是这场仗到底要不要打？战术思考的是一旦开战，这场仗究竟应该怎么打？兵阴阳主要探讨的是具体的时令、寒暑、气候以及八卦、五行、风角等玄妙的内容，大多是军事部署与防御层面的问题，比如说博弈论、敌我的矛盾论等。兵技巧则主要探讨的是冷兵器的器械、射法，行军过程中的营寨、布阵等，大多是军事训练与装备层面的问题。

《孙子兵法》是中国兵学最为经典的著作，其中提出的谋略之道、行动之法、攻守之宜、选将之理，成为后世兵法的理论来源和基础体系。明代兵学家茅元仪曾说："先孙子者，孙子不能遗。后孙子者，不能遗孙子。"说的正是《孙子兵法》在古代兵学中的基础性地位。

后世的兵家著述，基本涵盖了权谋论、形势论、博弈论、组织论、防务论、作战论、军阵论、技巧论、阴阳论等范围，阐述的是理路，即如何去思考、组织、应对，几乎所有的兵书都是从"原道"开始的，即阐明兵法用于匡扶正道、保境安民的作用。要了解兵学，还是先读《孙子兵法》。要理解兵学，还要博览其他。

四、杂家

杂家的出现，意味着先秦时期的诸子学说开始趋向合流。其实，诸子的思想原本就不是截然对立的，他们都是对当时社会的治道、社会的问题开出方子。方子之间有差异，就导致结论的不同。《吕氏春秋·

审分览·不二》概括诸子的优长:"老耽贵柔,孔子贵仁,墨翟贵廉,关尹贵清,子列子贵虚,陈骈贵齐,阳生贵己,孙膑贵势,王廖贵先,兒良贵后。"他们看待问题的立足点、出发点或者结论是相互补充的,才能在争鸣和争论之后逐渐融合。杂家正是在对诸子思想的优缺点进行思考之后,试图吸收不同的学说来建立兼容体系。杂家充分利用诸子的思想精华来武装自己,后来居上。缺点在于太杂,它什么都信,却又什么都不深信;什么都知道一点,什么都不精通,这就注定了杂家在学术上不可能有大的作为。

《吕氏春秋》是先秦杂家的代表作,分为十二纪、八览、六论,共160篇。十二纪按春、夏、秋、冬四季进行分类,以十二月令为线索。《春纪》讲养生,《夏纪》讲教学音乐,《秋纪》讲军事,《冬纪》论人品。八览共64篇,它从开天辟地说到做人、务本之法、治国之道。六论共36篇,兼取儒、道、墨、法、兵、农、纵横、阴阳家等各家学说。

《吕氏春秋》的编纂是吕不韦雄心的展现。吕不韦的理想是造就一个强大的秦国,秦国不像东方六国那样有深厚的文化传统,它以耕战立国,无暇于文化建设。吕不韦为相期间,集门下食客三千人,令其"人人著所闻",通过著书立说来促进秦国的文化建设,为秦的集权制度建立理论根据。可以说,《吕氏春秋》编纂的目的是为了统一思想,《不二》就说:"一则治,异则乱;一则安,异则危。""齐万不同,愚智工拙,皆尽力竭能,如出乎一穴者,其唯圣人矣乎?"从这个角度来说,《吕氏春秋》通过对其他学说进行融合、吸收,试图建立一种超乎其上的学说体系。由于这一学说体系是以诸子们的观点为材料的,很多地方又是抄录,不能自成体系,难免存在消化不良的地方,却保留了先秦不少资料。

《吕氏春秋》的思想系统主要体现在以下几个方面:

第一,一诸说,弃封建。"一诸说"就是把儒、墨、道、法等各家学说全部融会贯通,服务于大一统的帝制体系。秦打破并瓦解了西周以来的分封制,开始建立起以郡县为管理模式的行政体制。分封制度为贵族共和制,是依靠血缘关系、宗法制度和礼仪秩序来维系君臣秩序的。国君只是名义上的共主,并不掌握全部的行政资源。在帝制的体系之下,国君掌握全部的行政、经济和军事资源,因而需要学理体系为政治运行提供支撑。

第二，隆君主，明时变。这一点延续了秦立国之初的既定方针，也吸收了法家以势树立君威、以术驾驭臣下、以法治理百姓的治国之说。秦国历代国君的变革意识和法家的通变思想，使《吕氏春秋》的编纂者不致拘泥于诸子学说，能够变通；也不尊奉前代典籍，而敢于破旧立新。《察今》明确提出："无法则乱，守法而弗变则悖，悖乱不可以持国。世易时移，变法宜矣……故凡举事必循法以动，变法者因时而化。"它还举了著名的"刻舟求剑"的例子，来说明不通时变者的愚昧。

第三，蹈清静，尚实用。《吕氏春秋》吸收了道家清静无为、尚虚之说，认为有道之君，要虚静以待。这既提出了君主治国之道，也提出了君主理政之法。尚实用是指吕不韦编纂《吕氏春秋》是直接服务于秦国的政治的。这与儒、墨、道、名等家不治而议的情形不同，它是体制内高官对秦政治思想的一种思考、总结或者改良。由于这个学说只是初步建立，其在理论上尚未真正成熟，还没有来得及付诸实践，吕不韦就被流放而死，影响了此一理论的实践与发展。

《吕氏春秋》的编纂在学术上的意义，是意识到了诸子学说之间的相似和不同，试图将之打通，取长补短地使用，为子学在融合中发展开启了大门；在思想史上的意义，是意识到了治国理政不能单取一种思想作为教条，应该将各种思想融通，博采众长，启发了后代兼取众说的国家治理理念的形成。

第七章 子学的发展

秦汉以后的中国子学,不再像先秦那样泾渭分明,而是融合着先秦各种思想资源加以发展,并且不断吸收各自时代的文化养分,结合新的时代需求,不断深化其学理。我们大致可以按照两汉、魏晋、隋唐、宋明以及清代五个历史阶段来讨论。它们在内容上各有取舍,在方法上各有差异,我们可以看看它们都说了些什么,又是怎么说的。

第一节 两汉子学

相对于先秦诸子,两汉子学是非常凋敝的。两汉子学有两个重要的特征:一是以学术的融合为倾向,这从先秦时期逐步加强的趋势。二是子学为儒学所笼罩,这是在汉武帝以后出现的新趋势。

一、《淮南子》与黄老思想

《淮南子》在汉武帝即位之初的建元年间(前140—前135)成书,是淮南王刘安集合一批学者编纂而成的。《汉书·刘长传》记载:"作为《内书》二十一篇,《外书》甚众,又有《中篇》八卷,言神仙黄白之术,亦二十余万言。"现存的《淮南子》一书只有《内书》。汉武帝即位之初,主政的窦太后还崇尚黄老学说。在汉武帝亲政的元光元年(前134)之后,才开始推行儒学,《淮南子》可以看成是汉初黄老学说的一个理论总结。

汉初黄老之学,是先秦时期已经形成的帝道思想的延续。前面已经提到,商鞅曾向秦孝公谈论过帝道,帝道实际是黄帝之道。黄帝是先秦时期逐渐被神化并在汉代成型的历史人物,司马迁在《史记·五帝本纪》中对黄帝的事迹进行了概括。帝道思想研究得不是很充分,这种统治学说既有整齐风俗、因任自然的一面,又有崇尚力伐的一面。因任自然与道家,特别是与老子的不同,在于它并不完全崇尚无为之治,而是主张因循自然,遵从天道。汉初的黄老之道便是把黄帝的因任自然和老子的无为之说结合起来,形成的一种新的治国思路。老子的无为是治国之术,是为了达到无不为的目的。黄帝因任自然的目的,是顺阴阳之大化,因顺自然而治理国家,是一种顺势推舟式的治理。《礼记·月令》《吕氏春秋》《淮南子》等典籍阐释和如何顺应自然,但黄帝之道顺应的目的是为了利用,而非无所作为,这与老子的顺其自然有区别。

同时我们也要注意,黄老学说并不是单纯的清静无为,而是将道家思想和法家思想融合起来。体现黄老思想的著作如黄帝帛书、《三略》以及《管子》的部分篇章中,常有很多刑名的论述。《黄帝四经》就讲"道生法",认为法也是道的一个派生物。无为只是黄老思想的一个表层,法术却是黄老思想的基本内核,由此可以看出帝道思想和法家思想的暗通之处。信奉黄老思想的司马迁把老子和韩非子合传,也表明了西汉时期老子学说与法家学说有着密切的联系。《淮南子》充分总结了汉初黄老思想的特征,我们可以把其宗旨概括为:旨近老子,出入经道;淡泊无为,蹈虚守静。具体来说:

第一,以元气阴阳为宇宙论。《淮南子》在道始于一、道生万物的基础之上,进一步总结了元气说,认为天地万物是由气构成的。《周易·系辞下》中说:"天地絪缊,万物化醇;男女构精,万物化生。"《管子·枢言》也说:"有气则生,无气则死。"《淮南子·天文训》说:"气有涯垠,清扬者薄靡而为天,重浊者凝滞而为地。"元气大化后,成阴阳;阴阳而生四时,然后形成自然万物。张衡的《灵宪》也认为天地未分以前,混混沌沌;既分以后,轻者上升为天,重者凝结为地。他把天地生成的过程和结构分为"溟涬""庞鸿""元气""天元"等。《易纬·乾凿度》也说:"一者,形变之始,清轻者上为天,浊重者下为地。"气生万物,亦包括人。建安时期,曹丕《典论·论文》中所提出的"气有清浊"说,刘劭《人物志》的"气质"说,正是元气说的延伸和发展。

第二,以因势利导释自然无为。老子的无为很容易给人一种无所作为的印象,《淮南子》则修订之。如《修务训》说"无为者,寂然无声,漠然不动,引之不来,推之不往",认为合乎天地之道来治国,便是因任自然。《修务训》又说:"夫地势水东流,人必事焉,然后水潦得谷行;禾稼春生,人必加功焉,故五谷得遂长。"《淮南子》把因任自然发展成为因势利导,在借鉴老子道论时,弱化了其中无为的因素。我们应该注意到,法家所讲的"任势",是要有意识地驾驭、利用政治权势;《淮南子》所讲的"因势",是遵循、利用自然形势。

第三,引性善仁义论教化治民。《吕氏春秋》在兼容诸子的时候,儒家也开始吸收其他学说。西汉初年陆贾的《新语》,兼取儒道而归宗黄老,《道基》用道生万物的观点讨论天地万物的形成和演化,又讲通过礼的教化可以达到"道"所描述的清静无为的境界。贾谊《新书》的核心学说以讲求仁义为本,但又指出保障仁义之道的施行要借助于权和法。《淮南子》也把儒家的仁义、礼乐之论引进来,作为教化百姓的手段。如《泰族训》就说:"所谓仁者,爱人也;所谓知者,知人也。爱人则无虐刑矣,知人则无乱政矣。治由文理,则无悖谬之事矣;刑不侵滥,则无暴虐之行矣。"主张将教化、法度结合起来治国。

第四,以与时变化言法度制令。《淮南子》在讲黄老之术的法令和制度的时候,吸收了法家的思想,其表现是与时变化,不再像儒家学说那样注重复古。其认为法制、政令应随着时间的变化而变化,《氾论训》说:"圣人法与时变,礼与俗化。衣服器械,各便其用;法度制令,各因其宜。故变古未可非,而循俗未足多也。"主张既不要完全遵循旧的传统,也不要不遵循世俗而进行随意变革。这一点使其既摆脱了儒家学说守旧复古的不足,又超越了法家频繁变革而民无所从的局限。

二、董仲舒与天人感应说

董仲舒继续了西汉儒家兼容他说的趋势,把儒家学说和阴阳家思想结合起来,既为汉武帝罢黜百家提供了理论依据,又把原始儒家已经弱化的天志、天命学说加以强化，并融合阴阳五行的思想，提出了著名的天人感应说。他的《天人三策》《春秋繁露》等，对两汉的学术和行政产生了深刻的影响。

董仲舒的学说以阳尊阴卑言上下，成三纲之说；以五行运转言秩序，成五常之说。他认为君为阳、臣为阴，父为阳、子为阴，夫为阳、妻为阴。在他看来，阳是主导而阴是辅助，人类社会秩序应该服从于阴阳秩序，由此建立了三纲之说：君为臣纲，父为子纲，夫为妻纲。董仲舒用五行配五季、五方，即用东、南、西、北、中的方位和木、火、金、水、土五行的关系来推论行政秩序。他认为按照五行来安排和推行政事，就会风调雨顺，天下太平。如果不奉五行、不行五政，就会出现灾变怪异。他把此前儒家学说的礼、义、仁、智、圣修订为礼、义、仁、智、信，使之与五行相匹配，作为指导国君和百姓修德的理论依据。

具体而言，董仲舒的学说有如下几点：

第一，天有意志。这与墨家的天志说极为相似，他延续了早期的神道观念，认为上天是有意志的。因为上天有意志，所以天和人是可以感应的。

第二，天人感应。天有阴阳，阳为德，阴为刑。用现在的话来说，德就像太阳一样，是一种仁爱，是一种无私德行；而阴为刑，刑为杀，是一种惩罚和摧残的力量。董仲舒认为刑主杀而德主生，天任德而不任刑。国君是承天意而治理天下的，任德教而不任刑，这就把天志说和天德说融合为一。

第三，受命改制。董仲舒充分地吸收了邹衍的五德终始说，不仅主张以德配天，而且提出了黑、白、赤三统三正之说。《春秋繁露·三代改制质文》对其作了具体的论述，大致意思是：夏商周三代的正朔不同，分别崇尚黑、白、赤三色，三统有不同的正朔，分别称为夏正、殷正和周正。他引用了公羊学贵本重始的学说，认为新兴王朝必须改正朔，以此来显示自己是受命而王的。

第四，尊卑定位，就是把前面所说的三纲五常作为维系社会秩序、行政秩序和伦理秩序的基础。通过政治理论，把孔子的"礼"、孟子的"义"和荀子的"法"有机地结合起来，形成既能服务于行政体系，又能满足社会群体和家庭伦理关系的秩序意识。

第五,性分三品。董仲舒把人性分为圣人、中民、斗筲之性。圣人的情欲很少,不教自善,是只能仰望而不可企及的纯善。而斗筲之性是情欲很多,教也不善,是朽木不可雕一类的纯恶。大多数人是中民,即善中带恶、恶中有善,通过礼乐教化,是可以成圣的,但达不到圣人的境界。"性分三品"论在理论上调和了孟子的性善说和荀子的性恶说,使善恶之论不再纠缠于学理上的分别,更便于作为实践的标准。

三、王充《论衡》

王充的代表作是《论衡》,全书以"疾虚妄"为立意。西汉后期,今文经学的兴起,带动了谶纬之学的发达。谶纬之学最大的特点是虚妄,"虚"是指内容荒诞不经、没有来历,"妄"是指学说的无法求证。《论衡》的核心观点便是疾虚妄、求实诚。

第一,批评天人感应之说。天人感应是董仲舒的儒学神学体系的核心理论。董仲舒建立天人感应学说,主要用于解释汉王朝建立的合法性。西汉之前的国君都出自贵族,汉高祖刘邦出自贫民。按照传统习惯,上天怎么会授命于这样一个人呢?西汉时期,不断有人怀疑汉朝的合法性,并多次有要求皇帝让贤的说法。西汉皇室要维系其统治的合法性,只能借助于两个手段:一是在外部形态上借助于礼,依靠礼制来隆皇权,汉高祖、汉武帝先后完善了汉礼。二是在政治学说上借助于宗教神学,塑造一个有意志的天,把天作为皇帝合法性的来源,用天人感应、阴阳尊卑学说来推隆皇权。董仲舒在天人感应之说中又借助灾异之说对君权进行了限制,使其在尊皇权的同时又能够制约皇权。在此基础上形成的谶纬学说便有两个指向:预言皇权变化和谴告皇室行为。王充批评天人感应之说的建构是荒诞不经的,他认为气为物质而不是道德,灾异全属于自然运动。天地之元气只是一个物质的存在而不是道德的存在,也就摒弃了人间的道德和人间的秩序来自于天的学说的根基。

第二,非议生而知之。此前,儒家学说认为有人生而知之,有人学而知之,有人困而知之,还有人困而不学;圣人是生而知之的。王充则认为没有生而知之的人,所有的知识都必须来自后天的积累,这就意味着他摒弃了圣人说。

第三,驳斥鬼神之论。王充不相信鬼神,认为人死犹如火灭,火灭何能有光?这很接近于无神论的思想。先秦诸子对鬼神的看法很微妙,儒家远鬼神,墨家信鬼神,道家不言鬼神,有人说法家具有无神论的思想,韩非曾经说过画鬼最易,可见其心目中还是有鬼存在的。王充是深入论述没有鬼神存在的学者,这种思想的不断积累,促成了南北朝无神论的思想。但王充又局限于命定之说,这使他的无神学说体系显得不是很彻底。

不过,王充能够在谶纬学说盛行阶段提出这些观点,难能可贵,既表现了他独立思考的精神,也体现了他的卓越见识和独到眼光。

四、《白虎通》与东汉儒学

东汉时期,今文经学和古文经学、今文经学内部各派和古文经学内部各派之间产生了各种矛盾和对立。为了统一经学,建初四年(79),汉章帝在白虎观召开了一个会议,由太常、将军、大夫、博士、议郎、郎官及诸生、诸儒陈述见解,讨论经学的异同。汉章帝亲自裁决经义奏议,会议成果由班固写成《白虎通》一书。由于班固采用存而不断的手法来处理争议,把今文经学和古文经学杂糅到一起,今文经学中的谶纬元素并没有被排除,东汉又恰是谶纬比较流行的时期,《白虎通》就保留了当时最为鲜活的思想素材,反映了当时的哲学意识。

一是用五行论政治。这一点是对董仲舒的天人感应思想的继续发展,认为政治的发展就是五行之气,并用三纲六纪来说伦理。三纲中君、父和夫占整个社会架构中的主导性地位,而六纪通过对"敬诸父兄,六纪道行,诸舅有义,族人有序,昆弟有亲,师长有尊,朋友有旧"社会关系的伦理化[①],形成了一套适合当时的政治形态和社会秩序的理论架构。这一伦理学说的形成,加上儒学被经典化,标志着汉代国家意识的形成。在这之前,夏、商、周虽然有制度,但尚未形成真正意义上的

---

① 陈立:《白虎通疏证》卷八《三纲六纪》,中华书局1994年版,第374页。

国家意识形态。虽然三代有原始宗教形态,也只是处于朦胧状态下的一种崇拜,不能视之为一种自觉的意识形态。

二是用天命论成败,认为历史上的成败得失完全都是由天命所决定的。

三是用三统论历史,继承了董仲舒的思想,并进一步将君权圣化、将历史神化,如《圣人·异表》说"黄帝龙颜,得天匡阳,上法中宿,取象文昌""舜重瞳子,是为滋凉,上应摄提,以象三光"等,都是典型的神化之言。

四是将儒家体系化。对儒家典籍记载的诸多事项进行了系统的学理阐释。如《乡射·天子亲射》概括乡射的意义为"自内发外,贯坚入刚,象物之生",这倒是切合实情的。《嫁娶·嫁娶之期》概括成婚的内涵:"阳数奇,阴数偶也。男长女幼者何?阳道舒,阴道促……男三十……妇二十……合为五十,应大衍之数,生万物也。"则有些牵强。

由此可见,《白虎通》把经学神学化、天人学说体系化、谶纬理论经典化,使汉代政治文化笼罩在一种玄虚的理论氛围之中。通过宣扬天决定万物,宣扬人的成败得失和历史的变迁完全是由天来决定的,来稳定社会秩序和统治权的统一。

《白虎通》的出现,标志着儒学的经典化,也意味着儒学失去了鲜活的理论发展动力,并剥夺了士阶层对其进行诠释和改造的权力。士阶层在对儒学失去兴趣的同时,转而开始关注以《老子》《庄子》为文献基础的道家学说。西汉初年是尊尚黄老思想的,由于董仲舒学说的形成,国家治理多通过儒家学说来寻求理论支持。老庄的学说逐渐由治国之道转化为个人修养论。随着东汉儒家学说的官方化,老庄思想逐渐合流,其中的治国之论、玄思之法以及任自然之生活态度,引导士风为之一变。

东汉士人的变化,原因是多方面的,学术和制度是两个关键因素。在学术上,儒学的神圣化,使士人失去了干预政治和变革学说的理论动力。孔孟等原始儒家学说的基点,是关注人与人之间的关系,是对人的道德修养和人的伦理的认同,当《白虎通》把道德本原完全上升到天意的时候,士阶层只能去证明这些学说的正确性,而不能利用这些学说去改良政治,导致其参与政治的热情有所衰退。

在制度上,东汉皇权得以强化。刘秀即位后,废弃了御史大夫、丞相和廷尉,并将这三公所掌握的权力委予尚书台,以加强中央集权。尚书台多由宦官、下层文吏出任,服务和听命于皇帝。这种架构必须依赖于一个强权的皇帝,皇帝完全可以通过尚书台减少别人的干预,直接颁行政令,从而减少如西汉后期儒生那些无谓的讨论。其缺点在于失去了三公对皇权的辅佐,如果皇帝年幼或者昏昧的话,就很容易被尚书台所控制。西汉吕后乱政后,铲除诸吕及其党羽,后来汉文帝的选立都是由三公完成的。三公在西汉的政权架构中,呈现出三足鼎立的局面。他们之间的相互制约、制衡、妥协,能够保证国家的稳定。东汉的尚书台过分被强化,当皇帝失去对国家的控制、意志不能得到贯彻时,东汉政治便迅速进入了宦官专权的时代。为了铲除宦官,不得不依靠外戚,宦官同时又设计诛杀外戚,导致了两边轮流把持朝政的局面。中央政权忙着斗争,下面的刺史们便逐渐坐大,为东汉后期的军阀混战埋下了伏笔。在这种背景下,儒家学说已经无法挽救政治的弊端,士人们变成了体制外的旁观者,他们非议朝政,形成了所谓的清流、清议。实际上在这种清流的背后,更多是对儒家学说的一种抛弃或者淡化,他们在忧国的同时,也开始忧己。因为既要谋生,又要提防政治恶斗中的不测风险,还要面对东汉晚期接连发生的瘟疫和灾异,士人们不免要倾向于老庄的清静、远遁、全性、无为等思想。因此,东汉刚刚建立的儒教神学,还没有来得及全面实行,便因社会的变动而被暂时放弃。

第二节 魏晋玄学

从学术发展来看,魏晋玄学的形成,是先秦以来学术融合趋势的延续,特别是儒和道的融合与会通早已开始。扬雄的《太玄》、张衡的《思玄赋》等著述中所提出的"玄",说明玄学在两汉已经开始萌芽并不断积淀,为魏晋玄学的形成提供了命题和学理上的准备。

一、玄学的命题

玄学的逻辑基础是汉魏之际清议风气所带来的名实之辨。汉末士人的清议，继承了先秦儒家的微言大义和贬褒意识，并试图通过对事件和人物的品评，形成一种社会舆论。曹操治国，以循名责实为法，刑名思想有所回归。人物品评在方法论上与先秦的名实论是一脉相承的，只不过先秦诸子讨论的多是事物，汉魏多是品评人物。受这种思想的影响，刘劭的《人物志》便对人的各式各样的形态和人的性、品、德进行分析。魏晋的九品中正制，又依人物品评来选举官吏，并根据循名责实的原则进行考核。魏晋的人物品评讲究言简意赅，只是三言两语概括人物的特征。如许劭评价曹操为"治世之能臣，乱世之奸雄"①，就非常精辟。《世说新语》《诗品》《古画品录》中的评论也都很精短。在这样的背景下，对语言本义的关注和对某些词汇义界的重视，便成为这一时期语言学的一个特点。

玄学的学术基础是对《论语》和"三玄"等经典的阐释。魏晋玄学家通过假经典立新义，以阐释求创作的方式，建立起学说体系。玄学学说的最初形成，不是一套系统的理论建构，而是在对《论语》《周易》《老子》《庄子》的注疏和阐释中形成的。如何晏注《论语》，王弼注《周易》《老子》，向秀、郭象注《庄子》，都是通过注疏来阐发自己的思想的。这些注疏抛弃了汉儒章句之学重训诂的传统，重视对义理的阐发。这些义理便是现在所说的玄学思想的表述。

玄学的方法是援儒入道，儒道兼宗。西汉的陆贾、贾谊以及《淮南子》等，已经初步泯灭了儒和道两家的界限。这种兼宗是自发的，体现为两者之间的互补。魏晋时期的儒道融合，是在理论层面上对儒道学说的核心体系进行会通，不仅从差异性的角度着眼，更多是从相同性或相通性的角度进行讨论，以寻求二者在学理上、方法上和表述上的深层冥契。经历了建安的动荡和瘟疫，魏晋士人们的忧生之嗟催生出深沉的自我意识，这使他们在个体精神需求上更倾向于老子和庄子。魏晋

---

① 《三国志·武帝纪》注引孙盛《异同杂语》，中华书局1959年版，第3页。

官方的意识形态还是以儒学的价值体系为核心的,重视名教之说。这就形成了魏晋时期政治文化和士人文化的脱节,使得名教和自然成为这一时期讨论的焦点。

什么叫"名教"？"名"就是名分,"教"就是礼教。"自然"是什么呢？一是宇宙的本体或事物的本貌。宇宙的本体是道,道法自然,自然便是宇宙运行的自然而然的规律。二是人顺应自然天性。庄子说人要全天性,天性就是自然,事物也是自然而然的,不要给它强加太多的东西。名教出自儒家学说,以礼乐教化为主;自然则是出于道家学说,以全天性为本。这样一来,自然和名教之间的冲突就产生了。魏晋玄学家大体上是以自然为本,即站在个体自然的立场上来看待名教,来讨论伦理与自然、规范与天性的关系。礼教也好,名分也好,都出于社会伦理、社会道德和社会规则,都具有一种外在的约束性。而自然就是天性,名教和自然讨论的实质是外在规范与自然天性之间的关系。

怎么讨论呢？玄学关注的另一个命题便是言意之辨,就是讨论言和意的关系。魏晋玄学家可分为两派,即言不尽意派和言尽意派。言不尽意派认为,语言和概念是无法完整地表达思想的,主张"得意忘言"。这一派多倾向于道家思想,或者说以道家思想为主导。其在哲学上有崇无的倾向。天地之无是没有边际的,也是无法被表达清楚的,"无"没有边缘,"有"只是暂时的,用有限的言是无法表达无尽的意的。言尽意派则强调语言对于认识事物、交流思想还是非常重要的。这一派多偏重于儒家思想,多为崇有派,他们认为有限的语言是可以表达思想本体的。

二、玄学的演进

第一个时期是正始玄学,代表人物是何晏和王弼。他们主张"名教出于自然",认为名分和礼教要合乎人的自然本性。这个说法并不新鲜,《礼记·坊记》中说:"礼者,因人之情而为之节文",礼是循人情而成的。郭店竹简《语丛一》说:"礼,因人之情而为之节文者也。"循人情而成礼仪,假礼仪而表达人情,二者相得益彰,这是先秦儒家对礼和人情的基本立场。何晏和王弼在哲学思想上的以无为本,更接近于老庄的思想，他们是站在的道家立场上来看名教和人情的。他们认为万物以无为本、以自然为本，名教只是无、自然所派生出来的。因为名教本于自然，要顺民之自然本性，实行无为而治，名教便可通行。以无为本体，他们认为象和言都不足以表达意，只是用于表达意的一个凭借、一个手段。在现实生活中心有灵犀者的意会，便是点到即止，双方都可以明白。关系越是陌生的人就越要不停地说，以求把意思表达清楚。交流和表达的最高境界是意，而不是言。通过语言达成的共识，并不是最高的境界，最高的境界在于人与自然的冥契，人与人之间的心气相通。

　　第二个时期是竹林玄学，代表人物是阮籍和嵇康。竹林玄学形成于魏晋之际，当时司马昭一边标榜名教，一边行篡魏之实，居高位者通过名分和礼教有意识地提高自己的政治地位，并通过军事势力来控制社会，他所提倡的名教对士人的压迫感越来越重。竹林七贤因为善于谈玄而得名，他们隐居在山阳竹林之下，弃经典而尚老庄，蔑礼法而崇放达。其中嵇康自然真挚，任性放诞，不拘礼法，是一个典型的性情中人，他在《释私论》中提出"越名教而任自然"。他认为名教已经剥夺、压制了人的自然本性，应该要超越名教，直接让人的自然本性释放出来，而礼法对人的束缚太多，所以要摒弃礼法。如果说何晏、王弼的学说是站在道家的立场上对名教和自然进行学理上的讨论，那么嵇康的学说则完全来自其对现实政治的思考。嵇康在《与山巨源绝交书》中，借助做官违背自己本性自然的托词，表达了对山涛等人投靠权贵行为的不齿，这种行为可看作嵇康对自己思想的实践。他的《声无哀乐论》认为声音本来就没有什么哀和乐的区别，人之所以对声音产生哀乐的感应，原因就是人给声音附加了社会属性。这种思考有一半的合理之处：自然本性或者自然属性是因为有了社会属性之后才加以改变的。音乐本身是无所谓哀和乐的，都是后天附加上去的。只有摒弃外在的附加，才能体会到真正的天籁之音。

　　第三个时期是元康玄学，代表人物是郭象和向秀。元康是晋惠帝司马衷的年号（291—299），这是西晋相对稳定的时期。郭象和向秀都曾经注过《庄子》，向秀先注，郭象后注，郭象有没有抄向秀的《庄子》注，仍存争议。不过他们的观点大同小异，都认为名教就是自然，以调和名教和自然的关系。在他们看来,名教出于自然,便说明名教和自然是两个东西;越名教而任自然,则将二者对立起来了。郭象和向秀注《庄子》时,认为名教和自然是一体的。如果说名教出于自然,有一个谁决定谁的问题;越名教而任自然,有谁排斥谁的问题。名教即自然,则是说两者具有统一性。这个观点的提出,有其现实的客观环境。由于西晋已经建立,儒学作为官方的意识形态又得到了重视,这时候排斥它不仅没有必要,也没有可能。士阶层便把"大舆论"中的意识形态(名教)和"小舆论"中的自然之道结合起来。这既可以说是士人的无奈之举,也是玄学发展的必然产物。

向秀早逝,郭象又吸收并发展了他的《庄子》注,认为万物独化于玄冥,各安其分,各适其性。我与物的关系是主观和客观的关系,只有主客观冥然自和,方能达成一致,天地万物是同源且能合和的,又何必再分成名教和自然?所以说,道德不在个性之外,而在个性之中,因为不存在一个独立于本性之外的道德,道德和个性是一体的,名教便是自然。

元康玄学中,还有著名的崇有论,以裴頠的《崇有论》为代表。裴頠认为万物的本源是"有",万物不是"无"所生出来的,而是自生的,即直接从"有"中生出的。他试图以此来弥补贵无派流于虚空的弊端。这一时期的士人和贵族追逐着财富、权位,也习惯了私欲的表达,崇有派有点"存在就是合理"的意味。这时士人所提倡的性是本性,而不是天性。庄子所讲的天性有一些理想的成分,儒家的性命说含有道德的评判,它们都存在一个内在或外在的约束。这一时期的士人放弃了个人操守而追逐名利,完全是由着本性来的,《列子》的编纂,便吸收了这一时期所形成的思想观念。

《列子》最初是由列子的门人来整理的,后来散佚了。魏晋时期有人作过补充整理,东晋张湛为其作了注释。刘向曾经读过《列子》,他说《列子》"其学本于黄帝老子,号曰道家。道家者,秉要执本,清虚无为,及其治身接物,务崇不竞,合于六经"①。秉要执本是治国之道,清

---

① 杨伯峻:《列子集释》附录二"重要序论汇编",中华书局1979年版,第278页。

虚无为是帝王顺应自然治国。它不仅是黄老学说的体现,还合于六经之说。我们现在所看到的《列子》宣扬要摆脱人世间贵贱、名利的羁绊,顺应大道,淡泊名利,清静修道,这显然是被魏晋时期玄学家们修订了的。所以,我们不妨把《列子》看成是玄学的余绪。

三、玄学之外

南北朝的子学并不发达,有两本书值得一提。一是《金楼子》,作者是萧绎和他的门客。《金楼子》开始体现出三教合一的趋势,全书以崇儒为根本,以弘佛为援引,以尚道为旨归,这个"道"当然是经过玄学理化和儒化的"道"。《四库全书总目提要》总结说:"其书于古今闻见事迹、治忽贞邪,咸为苞载。附以议论,劝戒兼资,盖亦杂家之流……自表其撰述之勤;所记典籍源流,亦可补诸书所未备。"兼容百家而不厚此薄彼。《金楼子·著书》便说"老聃贵弱,孔子贵仁,陈骈贵齐,杨朱贵己,而终为令德",对诸子能够等量齐观,也体现了南朝学理融通的倾向。

二是刘昼的《刘子》,也把儒道结合起来。其《九流篇》说:"儒教虽非得真之说,然兹教可以导物;道家虽为达情之论,而违礼复不可以救弊。今治世之贤,宜以礼教为先;嘉遁之士,应以无为是务。"对儒家、道家优缺点的评价已经很客观,重视二者的相互补充,与北朝儒道佛三教合一同向。其中强调人的修养,要神恬心清、谦下守柔,来自道家;又要求忠孝仁义,讲中和之道,则源自儒家。

这两本书,一南一北,都不约而同地追求儒道合一,我们不妨把它们看作是南北朝子学发展的结果。

第三节　隋唐子学

一、《文中子》与《无能子》

《文中子》和《无能子》分别是隋代和五代时期的两本子学著作。《文中子》在思想上开启了宋明理学,《无能子》则继续讨论三教合一的问题,它们一前一后,勾连起南北朝子学和宋明理学。

《文中子》也叫《中说》,因作者王通被弟子和门人私谥为"文中子",故名。他仿照《论语》来记录他和弟子们的问对,共十篇。其价值在于:一是以儒家仁义之说为骨干,继续了南北朝以来三教合一的思路。二是提到了穷理、尽性、正心等概念。这三个词在先秦儒家学说里萌芽,并没有得到全面的阐述,王通把这三个问题提出来并加以讨论。陆九渊就说:"孟子之后,以儒称于当世者,荀卿、扬雄、王通、韩愈四子最著。"①虽然王通的见识不一定高明,作为思想延续脉络中的一环,我们可以视之为宋明理学的一个原始起点。

《无能子》是五代时期一位信仰道教且通晓儒释的学者所作,其生平不详。他有非常鲜明的无君论思想,认为君主专制违反自然,可以与著名的无君论思想家鲍敬言、康与之、邓牧、谭峭并列。与之相呼应的,他还有圣过论思想,认为圣人也有过失。无君论和圣过论在中国古代是叛逆思潮。无君论具有初步的民主意识,而圣过论则打破了圣人在儒学体系中的神学地位,对于宋儒的辨古疑经的启发是巨大的,使宋儒有理由,也有信心接上原始儒学加以阐释,担负起"为天地立志,为生民立道,为去圣继绝学,为万世开太平"的使命,有勇气去重新建构其学说体系。

《无能子》中有佛教"无心"之说,道教的服气和坐忘修炼法,儒家的宿命论、仁义道德等,已经把三教贯通。《金楼子》中的三教合一只是初步的尝试,经过了《刘子》《文中子》的发展,到《无能子》时,三教合一已成为一种普遍的理论认识。

二、中唐诸子

隋唐佛教盛行,能够在这其中独立思考并形成独特的学说系统的,是韩愈、李翱、柳宗元、刘禹锡等人。

韩愈是唐代儒学重要的代表人物,但他并没有建立起一套完整的哲学体系。在他的文集中,有《原道》《原仁》《原性》等篇,可以看出他

---

① 陆九渊:《象山先生全集》卷二十四《策问》,商务印书馆1935年版,第287页。

的哲学思考。第一,以华夷之辨排佛教。他认为佛教是外来宗教,必须排斥,否则中国的道统无法建立。第二,仿禅宗法统建道统。他认为孟子之后没有儒生,道统是整个中华文明的一个核心,要仿照禅宗来重新建立道统,形成尧舜禹—文武周公—孔子—孟子这样的正统文化体系。第三,他继承了董仲舒的思想,把人性分为三品。董仲舒把人的本性分为圣人之性、中民之性和斗筲之性。韩愈直接用道德进行判断,认为上性智善,下性愚恶。上善的性完全是善的,下善的性完全是恶的,而中性则是有善有恶之性。第四,情分三品,这是他的创造。情就是内在的感情,先秦儒家认为情是性的一种外在表露,是本性的派生物,具有德性的内在规定性。韩愈把"情"和"性三品"相对应,认为最上品的情合于道,最下品的情是没有节制的、放任的。中情是常人的情,其有合于道的地方,也有不合于道的地方。

　　李翱继承了孟子的学说,作《复性书》专门讨论性。他认为性是纯善无恶的,也就是说人的德性是纯善的,不分善恶。但是情分善恶,他认为性和情是两个层面,性是本质,情是表象,是性的外化。他的复性理论就是要恢复人的善性。人的纯善无恶之性怎么恢复呢?就是要求人们寂然不动,保持清明。寂然就是安静守虚,不要被外界的诱惑所吸引,以守住本性。清是我们所说的清静,明是我们所说的大明。复性就是要求人恢复到本性的善良上来。因为情分善恶,所以对情要有所节制,即要节制自己的情欲、情感。先秦思孟学派建立礼制,除了沿袭前代治国经验之外,还强调礼制的节情作用。先是顺情,即顺应人的感情来制订礼;而后成礼,通过礼又可以节制人内心的感情。那么如何节情呢?李翱认为要至诚而得,正心诚意。

　　柳宗元的学说主要体现在《天说》《天对》《答刘禹锡天论书》《非国语》《封建论》这些著述中。他的主要观点是:第一,天地元气皆为自然之物,自动而成。这直接继承了荀子的说法,又吸收了《淮南子》的思想,它通过元气来讨论万物的生成。第二,天人各行其是而不相预,认为天地相参相用,谁也不决定谁,并行不悖。第三,以封建论论国家政体。柳宗元的封建是分封建国,他认为封建制的覆亡,在于政而不在于制。现在来看,在当时的历史条件下能提出这些观点,的确是很冷静的思考。

刘禹锡最有意义的观点是讨论天人关系。中国古代哲学是围绕着两大主题展开的:一是天人关系,二是心性之说。天人关系主要解决人和天之间是怎么互动的,心性之说是探讨人内心的性和外在的情是如何表露的。刘禹锡讨论天人关系所得出的结论,可以看作先秦以来天人论的总结。他的观点是:第一,天为有形之大,人为动物之尤、万物之长,是天地造化之灵秀。大凡入于形器的东西,都有所能和有所不能。天有它不能达到的地方,人也有其不能实现的地方,天人是分列并立的。第二,万物皆有数,万物皆有势。用现在的话来说,就是万物都有规定性、必然性,只要存在于天地万物中,这些事物必然存在其内在的规定性和发展的规律,天地也是如此。天人之间虽然分列,但是可以相互补充,即天人"交相胜"。荀子讲天人相参相用,刘禹锡把天人相参相用发展为天人"交相胜"论,他在《天论》中提出"天非务胜乎人,人诚务胜乎天"的观点,认为天不是要超过人,但人要借助天道来改造自然。第三,人之道在法制。刘禹锡的思想近于法家,他说治理国家不应该靠教化,而应该靠法制。法就是规则,制就是制度。他认为天下无非三种状况:一是法大行时期,这是治世。二是法小弛时期,这是由治变乱的时期。三是法大弛时期,就是法制松弛,法令完全被破坏时期。第四,重视因果关系。刘禹锡作《因论》7篇,探讨事物之间的关系。佛教讲因缘,认为天地万物之所以有联系就在于因缘。刘禹锡借鉴了这一理论体系,来言及祸福、大小、利钝、声实等辩证关系。

柳宗元和刘禹锡对天人关系的讨论,可以看作中国哲学对天人关系的总结。此后的宋明理学,不再深入探讨天人关系,而是将其注意力集中在心性的讨论之中。

第四节 宋明理学

宋代重文轻武,提高了士人的地位,使得士大夫把自己个人的发展与整个国家的发展结合起来,充满着一种使命感、责任感。宋儒常从家国责任感上对国家治理进行思考,特别是对儒学进行深入的反思,关注于两个基本问题:一是心性问题,发挥《中庸》的发明本心之说;二是格物穷理,继续《大学》格物致知的讨论。

一、宋初诸子

周敦颐的学说主要保存在《周子全书》里。他把无极和太极这两个观念引入进来,认为太极动而生阳,动极而静,静而生阴。天地初始,混沌一片,而后分阴阳。在动的时候生了阳,动到顶点的时候就静下来;静到顶点的时候就生了阴,阴阳合和,就是太极。周敦颐认为圣人仿太极而建人极,天道是由阴阳二气构成的,人间世也仿照阴阳、动静运动。太极以阴阳变化为德,人极以纯粹至善为德。《太极图说》说:"万物生生而变化无穷焉,惟人也得其秀而最灵。"人只有通过主静、无欲,才能达到这一境界。静而无欲,就会减少外在的事物对善性的吸引。既然人的终极是要向善的,人的本性又是善的,很多人由善变到恶的原因就是欲望太多。人主静而无欲,要守住善道、纯粹之道,就要从外面加强自身的修养和道德,把易恶而复善作为一种修养追求。周敦颐提出的哲学范畴如无极、太极、动静、性命、善恶等,成为后来宋明理学讨论的要点。

张载吸收了周敦颐的学说又有所发展,由阴阳关系来讨论伦理纲常:

第一,太极即气,阴阳同体。张载认为气和太极是一物两体,内视为气,外视为极。同时,太极是气运行之道的一种图像化的表述。他认为宇宙中只存在幽明,不存在有无和空寂。周敦颐是由道入儒的,张载是由阴阳入儒的。相对而言,阴阳家认为是由于阴阳的运行而形成万物,道家则认为是道生出了万物。当然道家也借助阴阳之说,但道家的阴阳更多地是指一种静态的阴阳;阴阳家所谈的阴阳更多是一种动态的阴阳。张载所说幽明就是阴阳二气的运行状态,阳气在高峰时为明,当它静下来时则为幽。阴阳幽明之道是太虚的形态,也是气的形态。太虚只存在幽明而不存在"无"和"空寂"。"无"是道教推崇的概念,而"空寂"是佛教推崇的概念,说明宋儒已经采用三教合一的方式来重新建构宇宙图式。

第二,善在仁义,格物知礼。张载认为善就是仁义,人本身也是天地之灵秀,人与天地是并立的。他在《西铭》中说:"天地之塞,吾其体;天地之帅,吾其性;民吾同胞,物吾与也。"既然人来源于天地变化之气,又是天地正气的一种体现,人应该知礼成性。礼是一种外在的修饰,知礼是人之心性的外化。通过外在的礼的约束,让个人心性合于天地之性。通过道德的锤炼,将"自诚明"和"自明诚"建立起来。"自诚明者,先尽性以至于穷理也,谓先自其性理会来,以至穷理"①,是通过道德上的行为来顺吾性。"自明诚者,先穷理以至于尽性也,谓先从学问理会,以推达于天性也"②,是通过认识能力的扩充来尽性。如果把两者结合起来,就能用修学变化气质,让自己的心性与天地之体、天地之气合二为一。将天地的浩然之气和人的浩然之气结合起来,就能培养出具有以躬行礼教为追求的完美人格。

程颢、程颐兄弟是洛学的代表。他们的学说存在着一些差异,但也有不少相似的地方。如程颢侧重强调教育的目的在于培养圣人,要求弟子循天理,仁民爱物,谨守伦常。程颐认为学者须先识仁,仁者与物同体,义、智、信,皆仁也,读书意在穷理致用,而不必滞心于章句之末。从哲学上说,他们都认为:

第一,天理即性,生理即仁。以天地运行来论人伦秩序,是北宋哲学家思考问题的方式。周敦颐从太极入手,张载从阴阳来论,二程则从天地运行入手,认为天理就是性。在儒家学说中,天理就是一种德,心性论也是从德性着手的。在儒家看来,德最根本的表现就是仁,生生之为德,生生之为仁,天地之大德曰生,生之为性。这个"生"是由德派生出来的,所以叫作生德,生德派生出来的性就叫德性。儒家所说的性都是与德密切相关的,从不离开德来讨论性。由德生出来的东西契合于人的本性,仁德与天地万物为一体,学者须先识仁,才能体会天地的大道理;也只有真正顺应天道、顺应天理,才能用仁养德。

第二,格物致知为本。如何体认仁德,进行自我修养呢?这就需要

---

① 《张载集·张子语录》,中华书局1978年版,第330页。
② 同上。

回到《大学》所谓的致知、格物。致知能使智识日渐通明,格物能使人内感于物而识其理。格物致知能使"心"与天地合德,与日月合明,不必看事物表象便知其根本,达到所谓的"内感"状态。

第三,穷理尽性为法。致知的目的在于明天理,穷理是对天理、天德的探究。了解了天之道德在仁,又明白了生德之谓仁,才会意识到应该抱着虔敬的态度和诚恳的态度来学习和修养,让自己的德行和心性合于天地之德、天地之理。二程自建伊皋书院,讲学二十多年,不仅形成了二程学说,也对南宋诸子的讨论起到了启蒙性的作用。

二、朱熹

朱熹早年学习佛道,31 岁时拜二程的三传弟子李侗为师,后来成为宋代理学的集大成者。他的学说继承并总结了北宋理学的结论,成为明清的官方哲学。主要体现在六个方面:

第一,由无极而太极。朱熹吸收了周敦颐、张载、程颐、程颢的说法,认为在天道运行的过程中,气是充盈在天地之间的,它是万事万物的根本,既是理,又是太极。太极既然包括万物之理,万物则体现太极。

第二,理气同体。在生成气的同时,理就在其中,这一点补充了张载谈气而忽略理的缺失。朱熹认为理是一种规律,更是一种道德,它在道德感还没有实践之前就已经存在了。理气不离不杂,先有天理的存在,先有道德存在,然后才有气,才生成万物。气是物质,理是精神;理本气末,理在气中;理是内核,气是载体。

第三,理一分殊。理是体现在气中的,气又形成了天地万物,所以万物都体现了理。理分布在万物之中,因此每一个事物中都有理的存在。他借用了佛教的说法:一是月映万川。理仿佛月,月亮一出来,所有的山川都沐浴在月光之中。也就是说,万物都是由气生成的,气中有理,理在气中,万物都蕴含了天地万物之哲理。二是随器取量。盛一杯水,水中有理,气凝滞而成水,气升华而成物,一滴水也有理的存在。

第四,性分天理和气质。他说天命之谓性,性即理。郭店竹简《性自命出》中也有类似的话。人是由元气形成的,元气又由理贯穿,人性也就体现了理。人的本性都体现了理,而人之所以有差别,则在于其气质的差别。理有没有差别呢？没有,人的善恶区别在于后天气质的不同。

第五,人心分为道心和人心。道心与天理对应,是理在心性上最全面的表现。道心出于天理或性命之正,禀受仁义礼智之心,发而为恻隐、羞恶、是非、辞让,是善心的表达。人心出于形气之私,主要表现为饥食渴饮之类。比如说,小孩刚生下来的时候没有受到污染,即是理的直接表现。随着他的成长,外界的污尘逐渐地蒙蔽了他的内心,这样道心就逐渐衰弱,私欲逐渐增多,便形成了人心。圣人也有人心和道心,不过圣人不以人心为主,而以道心为主。

第六,居敬穷理。朱熹认为可以通过心的修炼来让性合于天道,让人心合于道心,让修养合于天理。他从孔子的"敬"入手,提出人要收敛自己的内心,用道心统摄万物,而不是用人心统摄万物。要用心守住天理,通过整齐、严肃、居敬的态度,加强修养,就能消灭自我的私欲,回归到合于天理天德的善性。朱熹以物我同构、物我一理来说明人可以通过后天的修养来探求和明了天地运行的道理,可以通过穷究物理开启心智,穷究物理反过来又提高德行,两者相互促进,互为因果。

总之,根据上述推理,朱熹最后得出"存天理,灭人欲"的说法,认为"学者须是革尽人欲,复尽天理,方始是学"[①]。所谓的"存天理",就是人间要完全按照完美的天理、天德来运行,"存"就是要把天理天德存在内心之中。所谓的"灭人欲",是指人欲是由人心所生出来的种种欲望,只有灭掉这些后天的私欲,才能实现人格的完善和道德的完美。这与佛教的六根清净、守护本心有相通之处。

三、陆九渊

陆九渊与朱熹同为南宋重要的哲学家和教育家,但两人思考的方法和结论却是不一致的。虽然曾经有过鹅湖之会的论辩,但谁也说服不了谁。朱熹思考的逻辑是从天理推到人的内心,由外而内,继承的是周敦颐、张载、程颐、程颢等人的逻辑过程,从外到内而推,由太极、阴

---

① 《朱子语类》卷十三《力行》,中华书局1986年版,第225页。

阳、元气、天理，最后推到人心。这种方法侧重强调外在的东西对内心的影响。陆九渊则是从内心来反观万物，由主观性来驱动客观性，这显然是两个相反的逻辑过程。他的讨论弱化了北宋以来儒学家拘泥于逻辑推导的过程，直指人的内心。他以发明本心为要，直接继承了孟子的"万物皆备于我"的思考①，认为"人心至灵，此理至明；人皆具有心，心皆具是理"，并宣称"宇宙便是吾心，吾心即是宇宙"②，把天人合一说法发挥到了极致。他认为"本心"就是孟子所说的恻隐之心、羞恶之心、辞让之心、是非之心。陆九渊关心的是人如何把其本心发扬出去，朱熹及之前的学者则注重道德、天理的内化，思考如何把外在的东西内化到自己心里。孟子虽然认为天有道德感，但他在阐述善性时认为善是从心里面发出来的，任何人都有恻隐之心。这种恻隐之心就是善根，就是仁。把善性分开来以后就形成了大仁、大爱。朱熹和陆九渊两人，一个是由外向内看，一个从内向外看；一个是从天道讨论人心，一个是从人心讨论天道。由于其起点、途径不同，自然谁也说服不了谁。

陆九渊在方法论上也受到了禅宗的影响。禅宗不重文字，其他佛教派别主张通过经典的阐释来表达自己的见解，禅宗则不强调经典，而是依靠参悟佛理，印证因果。这与玄学的言不尽意派有一定程度的相似。打个比方说，言就是佛经，象就是佛象，意就是佛理，禅宗认为佛理不必靠"言""象"来表达，不关注本原，侧重讨论人和物之间的关系，将心摄万物作为思考的基点，这对陆九渊"发明本心"的学说有着直接的启发。

什么是"发明本心"呢？就是"求放心"。"放心"这个词是从《孟子·告子上》的"学问之道，求其放心"援引而来的。具体的做法就是以志为基，剥落弊病，存养本心，尊尚德性。志是人的一种意志力，是发明本心的基础。要想发明本心，就需要用力把内心或者外在的一些弊病剥落掉。影响本心发展的弊病被剥落以后，恻隐之心、羞恶之心、辞让之心、是非之心就能被发扬，本心发扬之后就会尊尚德性。陆九渊和

---

① 《孟子·尽心上》，第2764页。
② 《陆九渊集·杂著》，中华书局1980年版，第273页。

朱熹所关注的问题都是如何塑造完美的人格,如何存养善性,他们思考的逻辑虽然不同,其结论却大致相似,即都认为人不能向善,是受了物欲的蒙蔽,善心不显,天理不明。修养的方法,无论是陆九渊的存养内心,还是朱熹的居敬穷理,都注重不断地学习,不断地鞭策自己,以恢复本性之善。

二人的逻辑不同,陆九渊认为心即理,被称作心学;朱熹认为性即理,被称为理学。理学家认为理是万物的本源,性是天理的派生物,需要通过读书来穷究物理。陆九渊认为性是心的派生物,理又是性的体现,道即吾心,吾心即道,发明本心,自然合道。所以理学的长处在于"道问学",建立起一套外在的穷究物理的方法论。心学的长处在于"尊德性",引导人印证本心,以实现仁、义、礼、智的外化。相对而言,朱熹通过"我注六经"来论证自己的学说,在继承中发展;陆九渊通过"六经注我"来阐发自己的观点,用发展来继承。因此,朱熹是北宋理学的集大成者,陆九渊则是宋明心学的开创者。

朱熹和陆九渊的理论争执并不妨碍二人在晚年成为志同道合者。鹅湖之会六年后,朱熹邀请陆九渊到他的白鹿洞书院讲学,晚年也勉励弟子要兼取所长。朱熹的弟子吴澄就试着融合二人的学说,陈献章也吸收二者的长处,提出以自然为宗、自得为宿的修养论,主张以心体物、随处见理;并强调知行并进、心事合一。以心体物,来自于陆九渊;随处见理,接近于朱熹,避免了他们在方法上的固执和结论上的偏颇。

四、王阳明

真正将陆九渊心学理论进行完善和总结的是明中叶的王阳明。王阳明初学朱熹学说,批判地吸收了朱熹注重先验性的"理"的本体论。后又出入佛、老,受宗教心性学说的影响,继承了思孟学派的"尽心"和陆九渊的"心即理"说,并仿照朱熹的"求理于物",提出了"求理于心"的观点。

王阳明认为心就是理,把陆九渊的心学和朱熹的理学结合了起来。陆九渊所讲的心,还局限于孟子的四心;而在王阳明看来,心无所不包,凡物、事、理、义、善、学等都在"吾心"之中,"吾心"以"良知"为本体,良知是人人生而俱来的,是不待学而能的本然,但要通过"致良知"来达到"为圣"。这种良知是发自内在的个体心理的欲求,其与外在的社会伦理道德是统一的,"'未发之中'即良知也,无前后内外而浑然一体者也"①。王阳明有效地弥补了陆九渊和朱熹各自的偏颇。朱熹由天理内化到性,少涉本心;陆九渊由心外发到性,少涉天理,真正完善的学说体系应该是天理、内心、性情三者的贯通。朱熹和陆九渊都没有说通,王阳明则弥补了二者的局限。他认为既无心外之理,所有的理都是要深入到内心之中才能被外发的;又无心外之物,因为心是涵养天理、万物的源泉。这种说法如果秉持中正,就少了朱、陆的偏颇,但王阳明在论述的时候,偏重于陆九渊一边。所以,他的学说是减少了偏颇性的心学。

王阳明吸收了南宋以来的事功派的理论。事功派主要是指南宋晚期的一些学者放弃了心性的讨论,转而思考现实问题。在哲学上,以陈亮的事外无道、义利双行,叶适的我为我发、义利并立为代表,他们强调个人要参与到社会之中,而不主张泛泛地空谈心性。王阳明反对朱熹的"知先行后",他提出了"且知且行,即知即行"的知行合一说。王阳明的学说强调实践性,与朱熹以前的北宋诸子是相通的;又强调体验性,与陆九渊的思想很相似。因为人心便是宇宙,本心合于大道,只要把本心完完全全、无亏少欠地发挥出来,自然能够达到与天地万物同体并一气贯通的超然自乐的境界。因此,陆九渊和王阳明的心学,放大了天人的关系,重视作为个体的人的主观能动性,对于建构主体的人格精神,肯定个体的生命价值,都具有积极的意义。但其缺点在于强调心外无物,强化了心的作用,不免流于空疏。

五、心学之后

明末清初,务实学风兴起,以纠正王阳明过于务虚的学说。如黄宗羲反对君为臣纲,认为理贯穿于万事万物之中;顾炎武注重博学于文、行己有耻的经世致用说。王夫之在哲学上进行了系统的建构,他认为

---

① 《王阳明全集》卷二《语录二》,上海古籍出版社1992年版,第64页。

理依于气,气外无理,理本气末,理气一体,并提出了道在器中,即天理、大道分布在不同的事物之中;要尽器之用,据器之德来治器。他又认为尊生为德,顺人欲而行天理,这是对朱熹"存天理,灭人欲"的一个纠正。

不过清代学术以朴学为主,在思想上的创见并不多。清中叶以后,随着西方学术的传入,子学有所变化,开始逐渐向现代转型,显示出注重实学的倾向。考据学家戴震,在诸多考据性的著述中,总结了一些见解,如生生为仁,化而为道;察之几微,分以条理;体之情欲,臻于神明。他认为道体现了万事万物的普遍性,理体现了万事万物的特殊性。方以智精通西方天文学、物理学,作《通雅》《物理小识》《药地炮庄》等书,将朱熹格致说向器物学的方向发展,并提出质测、宰理、通几之说。他提出的心物交格,将理论与经验并重,主张主观与客观相辅相成;认为天地万物之间是相反相因的,带有对立统一的意识。方以智的学说代表了清代子学的新趋势。

此后的哲学家,如魏源提出了"师夷之长技以制夷";郑观应提出了中学为本、西学为末;康有为一边讲元气论,一边把中国的兼爱说和西方的博爱说结合起来,提出了博爱论;谭嗣同把西方的心力说和中国的民本说结合起来;严复以气论为本体论,又吸收了西方的怀疑论、进化论,并对其加以讨论,尽管这些中西合璧的思想只是初步的尝试,却为中国哲学的现代转型作了极好的铺垫。

第八章　集部概论

"集",《说文解字》的解释是"群鸟在木上也";《尔雅·释言》释"集"为"会";《广雅·释诂》说"集"是"聚"的意思。"集"就是把各类文章放在一起,集部多是文章、诗赋的汇编。

第一节　集的形成与分类

刘歆在《七略》里首创《诗赋略》,共列106位诗赋作家的1318篇作品,可以将之视为"集"的雏形。

在《诗赋略》里,刘歆对诗和赋进行了汇编。他区分诗和赋的标准,主要是看它是"歌"的还是"诵"的,可"歌"的叫"歌诗",以"诵"为传播方式者称之为"赋"。《诗赋略》将赋分为四类,不同的文学研究者对此问题有不同的看法。我们可以按照当时辞赋所追求的"讽谕"之旨将之分为四类:一是"屈原赋",体兼风雅,骨含讽谏。这类辞赋在风格上不仅具有《国风》和《小雅》温柔敦厚、怨而不怒的特点,还有强烈的情感倾向和家国意识。二是"陆贾赋",陆贾的赋现已完全失传,从其他同类赋来看,其风格侈丽闳衍,讽谏有所式微。三是"荀卿赋",以荀子的《礼》《智》《云》《蚕》《箴》为代表,这些咏物赋以直面政教、恻隐讽谏为宗旨,开后世咏物传统。四是"杂赋",篇幅短小,以诙谐调侃为趣。由于汉代文学尚未自觉,这些分类方法只能被看作文体角度的分类。

汉魏之际的曹丕,将不同作家的作品收在一起,出现了别集的雏形。他在《与吴质书》里说："昔年疾疫，亲故多罹其灾，徐、陈、应、刘，一时俱逝，痛可言耶！……顷撰其遗文，都为一集。观其姓名，已为鬼录，追思昔游，犹在心目。而此诸子，化为粪壤，可复道哉！"曹丕将徐幹、陈琳、应玚、刘桢流传下来的作品收集合编，可见这时已经开始个人文集的编纂。《隋书·经籍志》也认为集起源于东汉："别集之名，盖汉东京之所创也。自灵均已降，属文之士众矣，然其志尚不同，风流殊别。后之君子，欲观其体势，而见其心灵，故别聚焉，名之为集。"如果我们留心《后汉书》，就会发现其中经常说某人有诗、赋、颂、铭、诔等多少篇，颇类结集。虽然《后汉书》作于刘宋时期，此类说法参考了当时文集流传之现实，结合曹丕的话来看，可以确定东汉时已经开始了别集的编纂。

《隋书·经籍志》确立了集部，收入了各类文学文献 554 部，共 6622 卷。加上所附录的亡书，合 1146 部，共 13390 卷。其将文学典籍编成 3 种：楚辞类、别集类、总集类。楚辞类是对以屈原赋为代表的骚体进行的总结；别集类主要是个人的作品集，如蔡邕的《蔡中郎集》、司马相如的《司马文园集》等；总集是把很多人的作品合集，如《昭明文选》《玉台新咏》等。

北宋欧阳修等所编撰的《崇文总目》，一度把"楚辞类"归入总集，又增设了"文史类"。欧阳修撰《新唐书》时，以丁部为集，录为 3 类：楚辞、别集和总集，与《隋书·经籍志》的分法相同。其共收录了作家 1226 家，作品 17748 卷。在总集类的末尾附了文史类，多是文学评论一类的著作。南宋尤袤编《遂初堂书目·集部》时，把集部分为 5 类：别集、总集、文史之外，又加上了章奏和乐曲。宋人重策论，流行曲子词，将章奏和乐曲列入文学，正是文学观念与时俱进的反映。陈振孙在《直斋书录解题·集部》里，分列楚辞、总集、别集、章奏、文史、诗集和歌词，由于诗集、歌词和别集之间的界限很难划分，他在操作的时候难免重复。

南宋郑樵作《通志》改集部为文类，并依文体分为楚辞、别集、总集、诗总集、赋、赞颂、箴铭、碑碣、制诰、表章、启事、四六、军书、案判、刀笔、俳谐、奏议、论、策、书、文史、诗评 22 类，既烦琐又不便于实用，目录学上很少采用。《四库全书》的集部综合了各个时期的分类方法,认为集部之目,楚辞最古,别集次之,总集再次之,诗文评又晚出,词曲则其闰余。因而把集部分为楚辞、别集、总集、诗文评、词曲5类。这一分法既简洁又明晰,我们就按这个分类方法对集部的特征加以概括。

需要注意的是,集部与我们现在所说的文学并不等同,例如经部的《诗》、史部的杂传及子部的小说和散文,都是文学研究的范畴。

第二节 楚辞类及其研究

一、楚辞的特点

"楚辞"一词,最早见于《史记·张汤传》:"(朱)买臣以楚辞与助俱幸。"其本义是泛指楚地的歌辞。刘向把先秦时期屈原、宋玉和西汉贾谊、淮南小山、东方朔、严忌、王褒仿楚地民歌而作的作品收集起来,编为《楚辞》。刘向把自己写《九叹》也加了进去,这就是16卷本的《楚辞》。

楚辞是中国诗歌的重要源头。宋黄伯思在《东观余论·校定楚辞序》中说:"盖屈宋诸骚,皆书楚语,作楚声,纪楚地,名楚物,故可谓之《楚辞》。"楚辞地域色彩极其浓厚,与《诗经》四言为主的句式有很大的不同,被称为"骚体"。如屈原《离骚》:"路曼曼其修远兮,吾将上下而求索。"《九歌·湘夫人》:"袅袅兮秋风,洞庭波兮木叶下。"《九章·橘颂》:"独立不迁,岂不可喜兮?深固难徙,廓其无求兮。苏世独立,横而不流兮。闭心自慎,不终失过兮。秉德无私,参天地兮。愿岁并谢,与长友兮。"这类句式在北方文学如《诗经》《论语》《孟子》中,是偶尔可以看到的,并没有发展成为诗歌的主流,在楚地则成为表达浪漫想象、不羁情感和优美意境的载体。上面所引的句子,或写人生追求的执着,或写洞庭湖无边的秋色,或赞扬橘树独立不迁的品格,因其形神兼备,成为不朽的名句。

《九歌·山鬼》中说"风飒飒兮木萧萧,思公子兮徒离忧",写的是一个女子思念心上人,其意境萧瑟,情致悠长,含有令人叹惋不尽的伤感。在《国殇》中,写将士们的英勇不屈,前仆后继,奋勇杀敌,最后牺牲的过程,也同样富有表现力:"诚既勇兮又以武,终刚强兮不可凌。"表现出将士们忠诚而勇敢,宁可壮烈牺牲也誓不投降的爱国精神。《九章·哀郢》中说:"鸟飞反故乡兮,狐死必首丘。"鸟儿飞来飞去总要回到自己的家乡,狐狸在死的时候头总要朝着家的方向,用来表明自己不愿意离开祖国,宁死也要死在祖国的恋家、恋乡、恋国情绪。

二、楚辞的文学价值

楚辞是中国文学重要的源头之一。《文心雕龙·辨骚》专门讨论骚体的源流:"自《风》《雅》寝声,莫或抽绪,奇文郁起,其《离骚》哉!"刘勰将屈原的《离骚》看成是《诗经》之后诗歌的新发展。现在看来,这些发展主要包括如下几个方面:

第一,文体启发。楚辞包含了这样几类文体:一是前四后三的字句,如《招魂》中的"天地四方,多贼奸些。像设君室,静闲安些。高堂邃宇,槛层轩些"("些"为语气助词),不仅与《诗经》的四言诗有一定的关联,也是后来七言诗形成的一个源头。二是对偶句式,如《离骚》中的"朝饮木兰之坠露兮,夕餐秋菊之落英"等,在汉代骚体中,这类对偶句不断增加,形成了后代骈文和骈赋的基础。三是参与到散体大赋的建构之中,成为散体大赋的组成部分,促进了散体大赋的产生和演变。

第二,文法价值。楚辞最有文学意义的文法体现在两个方面:一是象征。《诗经》中存在比兴,如《关雎》的"关关雎鸠,在河之洲",一个男子看到两只鸟在游戏,马上想到自己却是一个人,便有"窈窕淑女,君子好逑"的联想。这是一种感兴,感兴是观察到的事物与自己后来所要说的事物之间并没有必然的联系,只是偶然地拈联。楚辞将这种感兴发展成为象征,象征是把每一句话的本体去掉,只保留喻体。如"鸷鸟之不群兮,自前世而固然",高飞的大鹏展翅在天上飞来飞去,天生就是如此。这里的大鹏实际是诗人的自我象征。在屈原的辞赋中,用香草美人来象征君子,用恶禽臭物来比喻小人,这样,植物与人、鸟与事之间就形成了一种相对稳定的对应关系,这就是象征。象征是意象的前身,逐渐成为具有特定意义的符号。二是感兴。《湘夫人》中"袅袅兮秋风,洞庭波兮木叶下",这两句虽然写的是自然风光,总给人一种萧瑟的伤感。《山鬼》中的"风飒飒兮木萧萧,思公子兮徒离忧",风吹着树叶哗啦啦地响,思念的心上人还没有来,更给自己增加了无边的孤单和哀伤。这种借景抒情,在《诗经》时代已经存在,到了楚辞时代则显得更为自觉。象征和感兴是中国诗歌构建意象和意境的基本手法。意多指感情,象就是事物。意象就是把自己的内心情感和外部景象结合起来。如果把自己的内心之情融合着众多的意象,形成和谐而自然的抒情境界,便成了意境。

第三,文风影响。楚辞的文风是非常肆丽的,肆是恣肆之美,丽是绚烂之丽。《诗经》重视表达的温柔敦厚,孔子说:"诗三百,一言以蔽之,曰思无邪。"[①]《诗经》追求的是"怨而不怒,哀而不伤"的情感风格。楚辞更多地是"发愤以抒情"。屈原反复地倾诉,反复地表达自己内心的伤感、痛苦、愤怒,形成了恣肆之美。楚辞在表达时大量地引用花草、自然风光来象征,给人以绚烂多彩的艺术观感。如屈原在《离骚》中用"朝饮木兰之坠露兮,夕餐秋菊之落英"来形容自己注重内美的修炼;在《九歌》《招魂》中,铺陈各种花草的斑斓、器物的精美,更是美轮美奂。在楚辞中,文学追求形式的美感,就显得有点自觉了。汉代辞赋继承了楚辞讲究辞藻、注重修饰的特点,使文辞无以复加。可以说,汉代在文学功用上继承了诗教传统,在文法上更多地借鉴了楚辞的华美。

第四,文气形成。气韵生动是南齐谢赫《古画品录》对绘画美感的总结。什么是气呢?气就是流贯在文学作品或者说艺术作品中的生命力,是生命体验的外化,是中国艺术追求的最高境界之一。这种生命体验既可以是饱满的情感,也可以是充实的志向,甚至还可以是若有若无的闲愁。文气就是文章中所流淌的精神气质和文化气韵。《尚书·舜典》里所说的"诗言志",是说诗歌要表达自己的志。志是符合群体认知、社会共识的一种自觉追求。诗歌更多地要表达自己的正面思想,如热爱祖国、坚持操守、歌颂正义、追求理想等,这些都是光辉的、正面的

[①] 《论语·为政》,第 2461 页。

东西,当然也包括郁勃而充盈的情感。屈原的作品总给我们一种感动,虽然有很多忽东忽西、上天入地的描写,但其依照感情的波动为线索,因而感人至深。中唐以前,中国的诗歌主要是靠气来贯穿的;中唐以后,诗歌更多地以典故和韵律,构思的成分太多。楚辞"发愤抒情"的传统,奠定了骚体长于幽怨的气质,也为中国诗歌"长于抒怨"的风格作了铺垫。

三、楚辞书目

今本《楚辞》,以屈原的作品为代表。《离骚》叙述了屈原自己一生的理想、抱负、遭遇,并思考自己的出路。《九歌》由11篇作品组成,是楚国祭歌的改编。《天问》写的是屈原对天文地理、历史神话所提出来的170多个问题,构章独特,气势磅礴。《九章》写自己在流放过程中的感想与思考。《招魂》写屈原在楚怀王死了以后,向天地四方招取楚王的魂魄归来。《远游》描写的是带有远遁意味的神仙境界。有人怀疑后两篇作品不是屈原所作的。《卜居》和《渔父》记录了屈原的一些生平事迹,显然是后人的追述。

此外,还有宋玉的《九辩》、景差的《大招》、贾谊的《惜誓》、淮南小山的《招隐士》、东方朔的《七谏》、严忌的《哀时命》、王褒的《九怀》、刘向的《九叹》等。这是《楚辞》的基本篇目。《四库全书》所列的楚辞类,基本上都是围绕上述作品所进行的阐释、解释、音义。

研究《楚辞》的代表性著作有如下几种:

东汉王逸的《楚辞章句》。章句的特点是对每一章、每一句进行解释,用分章析句的办法进行诠释。这是现存最早的《楚辞》注本。王逸出生于楚国故地,熟悉楚方言,长于训诂名物,注释中常采用前人成说加以辨正,以抒发新见。前后常附有序文,以总结诗篇要旨。其缺点在于因过多地阐释诗歌中的"微言大义",显得有点迂远。

南宋洪兴祖的《楚辞补注》。这是洪兴祖晚年的力作,他在王逸注的基础上进行注释,先列王逸的章句,然后在后边加上"补曰",引出自己的见解。洪兴祖态度谨严,辨析精密,能够精校异文,遍考方言,训释音义,广引文献来阐发屈原的思想,做了很多基础性的工作。洪兴祖曾得罪过权臣秦桧,因而南宋刊刻的《楚辞补注》曾进行过删削,原序文也已经亡佚。由于刊刻等问题,原为单行本的《楚辞考异》散入《楚辞补注》之中,其多在"补曰"之前,顺序有些紊乱。不过,今本《楚辞补注》保存了王逸的《章句》、王勉的《释文》、五臣注以及洪兴祖的《考异》等,很有学术价值。

南宋朱熹的《楚辞集注》。朱熹把收入王逸《楚辞章句》中的《七谏》《九怀》《九叹》等篇删去,增入贾谊的《鵩鸟赋》《吊屈原赋》两篇,编为8卷。注释简要,对资料问题的考订常有新见,并附有《辩正》二卷,来评驳旧注。他还删定晁补之所编的《续楚辞》《变离骚》二书,成《楚辞后语》6卷。

这三部书是对《楚辞》进行研读的基本书目。此外还有一些不错的作品,如汪瑷的《楚辞集解》、蒋骥的《山带阁注楚辞》等,可以参考。刘梦鹏的《屈子章句》,字有训诂,句有串解,节有大义,篇有小序,章有总论,是辑注义理类的代表作。陈第的《屈宋古音义》、蒋骥的《楚辞说韵》、戴震的《屈原赋注音义》,标释音义,通过探求读音来明义。吴仁杰的《离骚草木疏》、周拱辰的《离骚草木史》、胡文英的《屈骚指掌》,以考证故实、名物见长。蒋之翘的《七十二家评楚辞》、陆时雍的《楚辞杂论》、张德纯的《离骚节指》等,侧重品评楚辞的风格和文学意味,各逞才情。

第三节　别集和总集

一、别集形成

别集是作家的作品集。钱穆认为别集起源于先秦子书,他在《现代中国学术论衡》中说:"小说家在先秦为九流十家之一,此后演变,亦渐成文学之一部分。然后起小说,乃不失古代小说家言之传统。中国之集部,本源于先秦之子部,此亦其一例。"不过,南朝梁萧绎认为别集起源于两汉,《金楼子·立言》说:"诸子兴于战国,文集盛于二汉,至家家有制,人人有集。"姚振宗在《隋书经籍志考证》中认为其源于西汉刘向之手:"别集始于何人?以余考之,亦始于刘中垒也。《诗赋略》五篇,皆诸家赋集、诗歌集,固别集之权舆。"《诗赋略》所记的诗赋都是按照作者或是地域标目的,姚振宗认为这是别集的雏形。魏徵在《隋书·经籍志序》中说:"别集之名,盖汉东京之所创也。"章学诚《文史通义·文集》中提出其源于晋代:"自东京以降,迄乎建安、黄初之间,文章繁矣。然范、陈二史,所次文士诸传,识其文笔,皆云所著诗、赋、碑、箴、颂、诔若干篇,而不云文集若干卷,则文集之实已具,而文集之名犹未立也。自挚虞创为《文章流别》,学者便之,于是别聚古人之作,标为别集。则文集之名,实仿于晋代。"这些说法只是从现象入手进行讨论,我们应该从史料的记述中具体分析。①

在东汉时期,宪王刘苍去世以后,汉明帝下令把刘苍自建武以来所有的奏章和书、记、赋、颂、七言、别字、歌诗等,"并集览焉"②。班昭去世后,他的儿媳妇丁氏曾把班昭所著的赋、颂、铭、诔、问、注、哀辞、书、论、上疏、遗令编为16篇,并作了《大家赞》。③曹叡曾下令把曹植所著的诗赋、颂、诗、杂论、铭等一百多篇编纂起来。④《三国志·蜀书·诸葛亮传》也记载诸葛亮把自己的言教、奏议编成集子。这些记述都表明,别集在汉末已经形成。⑤

阮孝绪作《七录》时,把别集放在集部之首,说明别集在当时已经广泛地流行。因为别集多为个人的集子,因人的才性不同,所擅的文体不同,题名也不一样。张舜徽概括说:"清人自裒所为文,或身后由门生故吏辑录之,以成一编。大抵沿前世旧称,名之曰集,或曰文集,或曰类集,或曰合集,或曰全集,或曰遗集。亦名之曰稿,或曰文稿,或曰类稿,或曰丛稿,或曰存稿,或曰遗稿。而稿之中有初稿、续稿之分;集之中有正集、别集之辨。其不以集或稿为名者,则命曰文钞,或曰文录,或

---

① 参见张可礼《别集述论》,《山东大学学报》2004 年第 6 期。
② 《后汉书·东平宪王苍传》,第 1441 页。
③ 《后汉书·曹世叔妻传》,第 2792 页。
④ 《三国志·陈思王植传》,第 576 页。
⑤ 参见徐有富《先唐别集考述》,《文学遗产》2003 年第 4 期。

曰文编,或曰文略,或曰遗文。此正例也。亦有不标斯目,而别制新题者。"①《四库全书总目提要·集部总叙》中说"四部之书,别集最杂",是有道理的。

二、别集分类

一是按照内容分,可分为全集、体裁集、选集、分期别集。全集是把一个人的作品全部收录,如《李太白集》收录了李白所有的作品,《王右丞集》收录了王维的全部作品。体裁集是按照体裁分体收录作品的,如《樊川文集》是杜牧的文集,《剑南诗稿》是陆游的诗集。

选集又可以分为体裁选集和题材选集。体裁选集是按照体裁编选的集子,如陈亮所编的《欧阳文粹》,是把欧阳修最好的文章抽出来选编而成。虞集的《杜律注》则是选取杜甫的 149 首律诗,对其加注。题材选集是按照内容来选录的,如凌濛初喜欢苏东坡,就把苏东坡谈禅的诗歌编选成《东坡禅喜集》14 卷。陶元柱仿凌濛初编了《山谷禅喜集》,山谷是苏轼的得意弟子黄庭坚,其号为山谷道人,也喜欢谈禅。

分期别集是按照时间编选而成的集子。如白居易,"白氏前著《长庆集》五十卷,元微之为序;《后集》二十卷,自为序;今又《续后集》五卷,自为记。前后七十五卷,诗笔大小凡三千八百四十首"②。先编《长庆集》50 卷,过了一段时间,再把后来作的诗文收录起来,补充一下,再后来的就再补充进来。黄庭坚的集子也是如此,只不过不是他自己编成的,洪炎编的《山谷内集》30 卷,收录的都是黄庭坚 34 岁以后的诗作。李彤编的《山谷外集》把黄庭坚 17 岁以来的诗作也补充进来。黄㽦所编的《山谷别集》,把《山谷内集》和《山谷外集》没收的作品编进来。由于成集时间的不同或者编撰的时代不同,而使集与集之间呈现出一定的差异。

二是可以依照有无注释,而分为原本、注释本和评点本。原本是最初的本子。注释本是后人对原本的注释,如仇兆鳌的《杜诗详注》,把

---

① 张舜徽:《张舜徽学术论著选》,华中师范大学出版社 1997 年版,第 530 页。
② 《白居易集》,人民文学出版社 1979 年版,第 1552—1553 页。

杜甫的诗歌编纂成一个集子并对其加注。评点本就是对集子进行点评，如钟惺的评点本《刘文成文集》等。

三是按照编定者来分，分为自编、他编和辑集。如前面提到的白居易自编诗文集，黄庭坚的集子是由他的门人所编订的。辑集就是采用辑佚的方式将前代作家的作品收集起来，如明代张溥收集整理的《汉魏六朝百三名家集》里收了 103 家汉魏文人的集子。像扬雄的《扬子云集》、班固的《班兰台集》、张衡的《张河间集》、蔡邕的《蔡中郎集》、庾信的《庾开府集》，他都进行了整理，很有参考价值。①

三、总集

总集是汇编多人的作品而形成的。《隋书·经籍志》说："文集总钞，作者继轨。"《四库全书总目提要》也说："文籍日兴，散无统纪，于是总集作焉。一则网罗放佚，使零章残什，并有所归；一则删汰繁芜，使莠稗咸除，菁华毕出。是固文章之衡鉴，著作之渊薮矣。《三百篇》既列为经，王逸所裒又仅《楚辞》一家，故体例所成，以挚虞《流别》为始。"如《诗经》是中国第一部诗歌总集，《楚辞》也可以看成是总集。到了魏晋时期，挚虞所作的《文章流别集》可以被称为总集，可惜这本书已经散佚，无法窥知原貌。不过从萧统的《昭明文选》、徐陵的《玉台新咏》来看，总集并不是每个人的全集。全集常追求全，难免不分良莠全部收录，总集则可以依据自己的标准选择最好的作品加以著录。因为总集所录作品都是选出来的，到目前为止没有任何一本书能把所有的东西都收进去，总集也是不全的，后世常有对总集的补遗和续编。

总集有其选择的标准，很值得研究。如唐人编选了很多"唐诗选"，宋、元、明、清也有不少"唐诗选"。这些集子选谁、不选谁，不仅体现了作者的眼光和诗学见解，也反映了当时的学术认知。《昭明文选》不仅选诗歌、辞赋，还选录了不少具有文学意味的文章。萧统比较传统，即注意文学的雅正，繁钦的《定情诗》、民歌《孔雀东南飞》一类写男女幽怨之情的，他是不收的。徐陵等人所编的《玉台新咏》则专收类似

---

① 参见张可礼《别集述论》，《山东大学学报》2004 年第 6 期。

轻艳浮荡、缠绵悱恻的爱情诗,其内容以男女相悦、相思、相伤、相怨为主。郭茂倩所编的《乐府诗集》把汉魏六朝和唐五代的乐府诗作了收集。此后彭定求等人所编的《全唐诗》,其收录诗歌共 42931 首,作者 1895 人。唐圭璋所编的《全宋词》共录两宋词人 1330 多家,词作约 20000 首。这些都是总集类的代表作。

标明"全"的总集,过分地追求大而全,不分好歹地全部收录,其作为资料可以,但阅读起来却很不方便,便有人从中选择编集。清代张景星编的《元诗别裁集》,沈德潜编的《明诗别裁集》《清诗别裁集》等,基本收录了三朝重要的诗篇,是阅读元明清诗的入门读物。

第四节　诗文评类

诗文评主要是关于诗歌和文章的评论性著述,大致相当于我们现在所说的文学理论著作。《隋书·经籍志》把刘勰的《文心雕龙》、钟嵘的《诗品》与《昭明文选》《玉台新咏》放在一起,列入总集类。《开元四库书目》便将文学批评著作从总集中厘析出来,别立"文史"之名,与楚辞、别集、总集并列为四类。这说明唐人已经意识到文学评论的独立性。《新唐书·艺文志》的"文史"类除了收入李充《翰林论》、刘勰《文心雕龙》、严峻《诗例录》、钟嵘《诗品》等著作之外,还收录了多种唐人诗格类的著作,可见文学评论著述的概念日渐扩大。南宋郑樵著《通志》时,分列文史与诗评两类,将《文心雕龙》《翰林论》等归入文史,诗评则专收诗话诗格著作,如钟嵘《诗品》、王昌龄《诗格》等,可以看出他将文章和诗歌区别对待。

明代焦竑《国史经籍志》开始用"诗文评"这一概念,并将文史类和诗评类著作收入。《四库全书总目》诗文评类正选著作 64 部,共 731 卷,存目著作 85 部,共 524 卷。诗文评正式成为目录学意义上的分法。

根据《四库全书总目提要》的"诗文评"序,我们大致可以将这类著作分为理论专著类、传中夹评类、文中批点类、评兼考校类。

一、理论专著类

这类是典型的文学理论著作，其代表作是《文献雕龙》。《文心雕龙》是中国文学批评史上一部具有划时代意义的作品，是魏晋南北朝文论的集大成之作。这本书采用骈文形式创作，辞采优美，内容丰富。全书共50篇，其中总论5篇:《原道》言文章内容的理论来源和表述宗旨;《征圣》言圣人的文化意义和文学意义;《宗经》言经典内容博富、文采斑斓，当为文人所宗;《正纬》言纬书的文学意义;《辨骚》言楚辞传统的文学价值和文学意义。从《明诗》到《书记》20篇，是文体论，其围绕"论文叙笔"这个中心，对各种文体的源流、作家、作品进行总结和评论。创作论共20篇，以"剖情析采"为中心，对创作过程中的构思、比喻、行文、词采等相关问题进行讨论。批评论由《时序》《才略》《知音》《程器》4篇组成。《时序》讲时代与文风的关系，《才略》讲才气与文学的关系，《知音》讲文学鉴赏，《程器》讲文学批评。最后一篇为《序志》，言自己的写作动机。

二、传中夹评类

这类书选取作家作品，并对作者生平、作品得失进行概括，如《河岳英灵集》《宋诗钞》等。唐殷璠的《河岳英灵集》收录了初盛唐自常建至阎防共24人的234首诗歌。前有"自序"，书后有"集论"，每人下有评语，叙述其生平事迹、诗作风格、文学成就，然后进行摘句称赏。高仲武的《中兴间气集》选择了从钱起到张南史共26位中唐诗人的134首诗。窦常的《南薰集》选取中晚唐韩翃至皎然共30位诗人的360首诗，在名下系以事迹、赞语。除此之外，元好问的《中州集》，房祺的《河汾诸老诗集》，钱谦益的《列朝诗集》，吴之振、吕留良的《宋诗钞》，朱彝尊的《明诗综》，都是这类著作。清朝号称蘅塘退士的孙洙所辑的《唐诗三百首》，其附有简练的作者简介和评析，也是这类著作。

三、文中批点类

这类书往往针对散文、小说，也包括一些辞赋，对文章的文法进行评论。吕祖谦的《古文关键》是较早出现的散文评点本，其取韩愈、柳宗元、欧阳修、曾巩、苏洵、苏轼、张耒文六十余篇，列举文章的命意、布局之法，以引导学者研读，很类似现在的作文选。楼昉的《崇古文诀》选取自秦汉以下至宋代古文二百多篇，逐篇加以评议。真德秀的《文章正宗》选录《左传》《国语》以至唐末散文，按照体裁进行划分。批点常常既有点评，也有旁注和批注，文末还有按语。谢枋得的《文章轨范》选取汉朝至宋朝的散文69篇，按学习写作循序渐进的顺序排列，并分"放胆文"和"小心文"两种，加眉批和尾批。其选文评点注意释明句意和段落大意，重视修辞法，并且点出关于写史评的技法，对初学者很实用。祝尧的《古赋辨体》收录了从战国至宋代的赋作及部分与赋相近的文体，对各卷、各家、各篇均加以评点。

对诗歌进行文中批点的著作也很丰富。方回的《瀛奎律髓》共49卷，专选唐宋两代五七言律诗进行批点，共选诗人380余家，诗作2989首，并分类编排。范德机的《杜工部诗范德机批选》6卷，专选杜诗，其有句评、总评、首评、尾评四种形式。他的《李翰林诗范德机批选》4卷，选诗19首，除有句评、首评、尾评外，还有题评。钟惺、谭元春的《古诗归》15卷、《唐诗归》36卷，其评语或前或后，双行夹评。题前的批语或尾批都是就整首诗或整组诗而论的，双行夹评则是就某一句诗或一联诗，甚或就诗句中的某一字义进行点评。此外，王夫之的《古诗评选》《唐诗评选》、沈德潜的《古诗源》、张惠言的《词选》、周济的《宋四家词选》《词辨》都是采用文中夹评的方式进行批点。陈廷焯的《词则》24卷，选唐五代至清代词共2360首，均系小传，多有眉批和旁圈，评点简短。乾隆敕编的《唐宋诗醇》47卷，择李白、杜甫、白居易、韩愈、苏轼、陆游6家，诗后都有评点之语，有的引前贤之评，有的为时人所评，皆非常精练。

四、评兼考校类

这类书将评点、考证、校对三者结合起来。何焯《批河岳英灵集》《批才调集》《唐三体诗评》《唐律偶评》等，将评、校、注三者熔为一炉。纪昀《瀛奎律髓刊误》《玉溪生诗说》《删正二冯先生评阅才调集》《唐人试律说》也是如此。曾国藩的《十八家诗钞》共 28 卷，收唐宋诗人 18 家，诗作 6599 首，按五古、七古、五律、七律、七绝的次序进行排列，书中用双行小注列出异文，诠释出典，也有少量的评点。

第五节　集部研读

如何研读集部著作呢？

一、以总集求博览。若要做研究，就应该翻一翻总集，了解一个时代或一种文体的大概。如阅读《昭明文选》便可以了解汉魏六朝文学的概貌，翻阅《全汉文》《全后汉文》《全唐诗》《全宋词》之类的著作，便能意识到古代的创作并不都是好文章、好诗词，更能得出一个总体的印象。这样的话，对于把握一个时代的文学，会很有帮助的。

二、读一家求玩味。一般要找一个人的集子好好读一读，才能体会作者的才性情怀。古典文学中的诗词多为一种消遣之学，多是茶余饭后的情绪体验，即使有些唱和宴饮之作，也多是刹那间的情感。想深入了解某类文体的特征或某一作家的心思，必须选一家的集子认真阅读，深入体会其情感、想象、笔法、理路等要素的组织。在博览的基础之上加以深入，才能开始真正意义上的文学研究。

三、以纵观审通变。读集部作品，要有文学发展的线索意识，如先秦的二言诗、三言诗是怎么经过了四言、五言而变成七言诗；先秦的寓言故事怎么经过情节衍化、人物立体化进入到小说体系中，形成了后来的演义小说；先秦的歌舞表演如何经过丰富和发展，如何经过不断的修订形成元杂剧？元杂剧又是怎么经过元代和明代的变化之后成为当代戏曲的前身？只有把握了一条系统的演进线索，才能看清某一环节、某位作家、某部作品在其中的作用。

四、以横观较长短。我们还要取一个横断面，来分析作家、作品的时代性，只有用同时代的作品进行比较，才能发现它的优点和缺点，才能明白某一环节的独特性。如王维和孟浩然的诗歌都有清新自然的特点，王维诗歌的闲淡是超越了富贵繁华之上的宁静，更多是一种悠闲；孟浩然一生布衣，他的闲淡是在农村或者是在幕僚之间的无所事事，更多是一种清闲。前者的自然是心中的自然,后者的自然是眼中的自然。

五、以文体明法式。阅读集部文献,要重视文体的变化。如先秦散文是怎么逐步变成了赋,又如何变成了骈文,唐代骈文和散文之间的消长关系如何？辞赋又如何吸收了散文笔法变成了文赋,吸收了诗歌手法变成了律赋,这些都是文学史演进的线索。我们既可以通过作家、风格来思考文学的演进,更要注意文体之间的互渗、互通对于文学发展的推动。"一代有一代之文学",要通过文体来思考文学演进的线索,并在比较各文体之间的体式变化中了解文学变化的轨迹,这也是读集部时所应留意的。

六、以篇章赏意趣。如果实在没有时间读集子,也不从事文学研究,那就不妨偶尔翻翻作品选,选取一些好的作品在空闲的时候阅读一下。好的诗歌是充满诗情画意的,好的散文可以训练我们的逻辑感,好的小说又充满了深沉的人生感悟。抛开烦躁而忙碌的日常生活,不妨进入到一个没有功利目的的文学阅读的境界之中,让自己的身心放松下来。我们可以欣赏文学中具有历史穿透力的情感和智慧,也可以体会充满勃勃生机的人生趣味。

第九章　古典文学通论

词和曲是诗的变种,为了更好地说明词曲的演进线索,我们还要把诗歌纳入进来进行描述,以期有个整体的印象。我们先谈谈中国文学的特质,再具体谈谈诗词曲的形成与鉴赏。

第一节　中国文学的特质

中国文学有着与西方文学不同的特质,就文体来说,体现在如下几个方面：

一、诗歌重抒情而轻叙事

西方文学有着发达的史诗系统,如《荷马史诗》等。中国古代却没有,蒙古族和藏族的史诗也是后来才整理出来的。中国诗歌重视感情的表达,而相对忽略对事件的叙述,这是一个基本倾向。

之所以会出现这种情况,就是因为在《诗经》形成之初,其所奠定的赋、比、兴的表达基础,决定了中国诗歌的艺术追求和整体特点。比是比喻,兴是感兴、起兴。比兴主要表达的是景与物的内在牵连,这种牵连是来无影去无踪的,不是靠情节,也不是靠逻辑去感动人,而是靠一种点到为止的人生体验。赋的铺陈,在汉赋里经过全面发展,不是叙事的手段,而是体物、状物的手段。比兴本身所重视的情感表达,又不足以产生叙述性文体。即使赋在诗歌里担负着叙事的功能,但这种叙事也并非侧重于事件的表达。如柳永的《雨霖铃》也有叙事的片断：

"寒蝉凄切。对长亭晚,骤雨初歇。都门帐饮无绪,留恋处、兰舟催发,执手相看泪眼",这里有一个隐含的叙事,从表面上看是铺陈景物,实际上也在叙述一个相别的过程。在过程中不侧重写事,而注重写送别时人的感受,这就是中国诗词常用的手法:关注叙事流程中人的感觉,而不是事件本身。这样,中国诗歌就把赋比兴中叙事的成分剔除或者弱化了。

赋、比、兴是中国诗歌的表达基础,它弱化了中国古代诗歌叙事的技巧。当然在早期的时候,中国诗歌也有叙事的传统,《诗经》里有周民族史诗,也有《载驰》《氓》这样带有叙事性的篇章,《九章》中多数篇章是屈原流放过程的见闻和感想。这种叙事在汉代继续发展,出现了著名的《孔雀东南飞》《陌上桑》等作品。汉代也曾有过"诗缘事"的主张,但叙事性在魏晋时期很快又衰弱了。原因是这个时候叙事理论尚未自觉,小说开始形成,诗歌文体中的叙事成分被移植到小说之中,从而形成了诗歌的抒情传统。

陆机《文赋》中总结说"诗缘情",把言情作为中国诗歌的一个追求,发展了上古时期《尚书·舜典》里的"诗言志"说。言志和言情,一个是表达自己的志向,一个是表达自己的情感,成为中国诗歌表达的重要内容。当诗缘事的传统被削弱后,诗人们常将情、事、理三者混融来作为诗歌表达的手段。很多诗歌都有这样的特点:将情感抒发、事件片断、人生哲理融会在一起,如《春江花月夜》通过月起月落的时间流程,表达了人生的彻悟与思考:"人生代代无穷已,江月年年只相似。"其不是依靠逻辑的力量,而是依靠情感的力量,去表达人生无常的感慨。《古诗十九首·迢迢牵牛星》的"盈盈一水间,脉脉不得语",说的是两个人离得很近却要面对隔阂的遗憾。秦观《鹊桥仙》中的"两情若是久长时,又岂在朝朝暮暮",写的是分别时的旷达和安慰。元稹《离思》其四的"曾经沧海难为水,除却巫山不是云",更是一种刻骨铭心的体验。大家都会说的"天涯何处无芳草",出自苏轼《蝶恋花》,它与"枝上柳绵吹又少"相连,既有情感的体验,也有一定的哲思。

情、事、理的融合,形成了中国诗歌一种特有的美感。一些著名的长篇诗歌,如高适的《燕歌行》、杜甫的《北征》《自京赴奉先县咏怀五百字》、白居易的《琵琶行》《长恨歌》、吴伟业的《圆圆曲》等,都是情、事、理融为一体的佳作。

二、小说重情节而轻人物

中国传统小说重视情节的叙述,相对忽略对人物性格的刻画。中国小说的高峰在明清时期,大多数作品出于说书人之口。说书的客观环境要求说书人重视故事性,在对人物性格的处理上,要么类型化,要么脸谱化。

中国具有发达的史传系统,侧重刻写历史人物,小说有一部分是从史传系统中分化出来的,在形式上多采用纪传体,不可避免地更注重对故事情节的刻画。先秦诸子散文和历史散文中,有很多小寓言、小故事,如自相矛盾、买椟还珠、南辕北辙、杞人忧天等,并不追求人物具体性格的塑造,而是强调故事本身所蕴含的哲理。在唐传奇中,虽然开头要叙述主人公的来龙去脉,但这并不是服务于人物性格的刻画,只能被看作借鉴了传记体的手法。因为此后的故事中,那些主人公虽然有一定的不同,但在这些故事的叙述中,对人物本身的关注是远远逊色于对事件流程的关注的。

到了元明时期,如《三国演义》一类的小说中的人物,还是采用类型化、脸谱化处理,人物自生下来到去世,性格基本没有变化,如诸葛亮从小就聪明,曹操从小就奸诈,刘备一直仁厚。在人物形象上,《三国演义》《水浒传》《杨家将》《岳家将》等作品中,习惯出现一个聪明睿智的军师,也有一个暴躁粗鲁的武将,这样的模式使中国古典小说缺乏一种更深刻的心理描写和性格关注,呈现出明显模式化的倾向。直到《金瓶梅》《红楼梦》等世情小说的出现,这一状况才有所改变,这些小说的出现,恰恰是对传统写法的打破。

三、戏曲重写意而轻情节

中国古典戏曲与西方戏剧之间存在着很大差异:中国戏曲追求的是一种写意性,西方戏剧追求的是写实性。西方的戏剧重视三一律,即要求时间、地点和人物要有一致性。中国戏剧的写意性表现在:

一是程式化。古典戏曲在表达人物的愤怒、高兴、欢乐、悲哀或者无奈等情感时,总有一些规定的套路。如表示上楼时,一抬腿就意味着到了楼上;手拿马鞭子在舞台上转一圈,就表示走过万水千山;几个士兵拿着旗在舞台上走几圈,就意味着日行千里;用一面大旗在舞台上晃来晃去,就表示飞沙走石、天昏地暗;生气的时候一捋胡子;悲伤的时候一甩长袖:这些都是中国戏曲特有的程序,是带有舞蹈意味的表达。在中国戏曲里,什么样的动作表达什么样的情感,是有一个内在的约束的。优美的、感伤的、欣喜的、激烈的种种情感,都有其对应的套路,这就造成了动作的程式化。

二是抒情性。戏曲本是典型的叙事文学,是通过讲故事来征服观众的。中国戏曲在表演的过程中,并不特别注重对故事流程的真实性进行刻画,侧重于故事流程之中人的内心活动的表达。在戏中常会看到这样一个场面:两个人在对白后,突然一个人转过身来就开始唱,多为对方的这一席话说得他内心感动,泪水涟涟之类。这稍微地一转身,就把自己的感情直接表达出来了。这段唱词只是他的内心活动,不是与另一个角色的对话;而另一个角色便在那里等着对方的内心斗争完,再继续交流。这种独立于故事流程之外的人物独白或者独唱,实际上是脱离了故事时间性和情节性而进行的抒情。我们看西方戏曲有尖锐的矛盾冲突,中国戏曲也有矛盾冲突,中国更多是感情的冲突而不是情节的冲突。中国戏曲有几大模式:忘恩负义、嫌贫爱富、因果报应、报仇雪恨等,都充满了教化力量和道德宣传。从故事性上看,确实存在很多的不足,但无论是古代的还是现代的,观众都喜欢一部戏翻来覆去地看,一遍一遍地听,百听不厌。其原因正在于中国戏曲的写意性,重视内心情感的表达。

三是虚拟性。西方戏曲在表达的时候重视真实,演员是按照生活的真实来塑造人物形象的。中国戏曲是按照道德和理念来叙述故事的,如善有善报,恶有恶报等。这就导致了中国戏曲不像西方有那么多的悲剧,而是按照观众的心态和道德的逻辑来建构故事。这使得中国戏曲较多地脱离了现实生活,具有较强的虚拟性。特别是脸谱化地处理人物性格,最能说明这一点。脸谱完全不按照现实生活的逻辑来画,而是有意识地用类型化的手法来处理人物。比如说红脸表示侠肝义胆,黑脸表示刚直不阿,花脸表示狡诈多断,清脸表示神情俊朗,还有鼻眼间画一点的丑角,人物脸谱就代表着人物的性格,与现实生活是截然不同的。还有场景的虚拟性,前面所提到的很多虚拟性的舞蹈用来标示生活场景,便是如此。

四是综合性。西方话剧是一种表演的艺术,中国戏曲也是一种表演的艺术,但中国的戏曲要比单纯的话剧、歌剧更具有综合性。西方话剧、歌剧、舞剧分类分明,中国戏曲是歌、舞结合在一起的,如《牡丹亭》《桃花扇》《长生殿》等,不仅唱词如诗,而且舞蹈优美,其中的对白、道白也非常经典。中国戏曲吸收了中国小说的情节故事、中国说唱文学的语言对白、舞蹈表演、音乐技法以及绘画的脸谱之美,成为古代最具有综合之美的文学形态。

四、文论重参悟而轻分析

西方文论靠的是逻辑的力量和推理的过程,文论重思辨。中国文论则重参悟而轻分析,常常点到辄止。金圣叹评《水浒传》、脂砚斋评《红楼梦》,在其写得精彩处用"妙""神笔"等几个字就概括了,不像西方文论那样要分析出为什么这么神、这么妙。中国古人不追求以逻辑服人,重视心有灵犀者之间的点通,并且在审美上,常常追求"知其妙而不知其所以妙,曰自然高妙"的效果①,即知道它好,但不知道它为什么好,这才是真好。这就把论辩过程给省去了,带有感悟的色彩。

中国艺术讲究感悟。感悟完全是一种心领神会的沟通,不追求说服对方,不依靠严密的论证,重知音,重意会,重神通。知音就是中国人特有的一种交流方式,彼此用不着整天在一块倾心而谈,关键的时候只可意会不可言传,有一种自然的默契。中国文论使用简单几句富有哲思的品评,就能总结出作者所表达的意思,如司空图的《二十四诗品》,

---

① 姜夔《白石道人诗说》:"诗有四种高妙,一曰理高妙,二曰意高妙,三曰想高妙,四曰自然高妙。碍而实通,曰理高妙;出自意外,曰意高妙;写出幽微,如清潭见底,曰想高妙;非奇非怪,剥落文采,知其妙而不知其所以妙,曰自然高妙。"《历代诗话》,中华书局1981年版,第682页。

他把中国诗歌分为24种风貌,如高古、雄浑、冲淡等,其概括并不重理论的分析,而是使用很形象的语言来描述。通过审美来审美,用形象来概括形象,这是中国诗歌在交流和鉴赏方面所追求的极致。这种参悟靠的是境界相近之人的相互共鸣。

受这种方法的影响,中国古典文论中有很多术语,如妙赏、风骨、神韵、肌理等,都是带有形象感的总结,其追求的是一种参悟式的理解。只有在阅读了很多作品之后,我们才能感到这些总结的精辟,用刘勰的话来说就是"操千曲而后晓声,观千剑而后识器"①。所以,要想学好古代文论,必须先读好古代作品,否则是难以体会到那些独到的体验和概括的。因为那些概括是不同时期作者参悟作品的总结,而不必然是理论的推导,只就文论谈文论,对西方的文学理论还可以,但对中国文论来说,只能是隔靴搔痒,触不到痛处。

第二节　从歌谣到文人诗

一、歌谣的整理

中国文学,包括世界其他地区的文学,在形成初期,主要是从民间口头相传的一些歌谣发展而来。这些歌谣最初可能是两个字连用的,如《吴越春秋·勾践阴谋外传》篇所记载的"断竹,续竹,飞土,逐宍";或三个字连用的,如《诗经·国风·江有汜》:"江有汜,之子归,不我以!不我以,其后也悔。"三言加上语气词的句子更是不胜枚举,如《王风·采葛》《齐风·猗嗟》《陈风·月出》《小雅·鱼丽》《鲁颂·有駜》等。《九歌·山鬼》说:"若有人兮山之阿,被薜荔兮带女萝,既含睇兮又宜笑,子慕予兮善窈窕。"实际上是在中间用"兮"字把两个三字句联结起来。汉代歌谣和文人诗中还有大量的三言句式存在。这都说明,二言、三言诗曾在一段时间内是歌谣的主要句式。

四言诗的出现,使中国诗歌形式得到了文学史意义上的确认。

---

① 范文澜:《文心雕龙注·知音》,人民文学出版社1958年版,第714页。

《诗经》所收集和整理的民歌、文人诗,标志着中国早期歌谣发展到一个相当成熟的阶段。在《诗经》的整理过程中,句式整齐化是一个自觉的追求。我们可以看到大量的三言句式被加上了语气词,也能看到很多本无实意的词头被反复使用,保证了诗句在整体上趋向四言。当然,《诗经》里也有五言句、六言句、七言句,但以四言句为主流,采用重章叠句的结构,使篇章固定化、句式整齐化,使得歌谣脱离了原始形态,而成为一种可以在宗庙、宴会、阡陌之间传播的文学样式。

在这个过程中,王室的乐师们也对音乐进行了整齐化的处理。《诗经》有十五《国风》,这十五《国风》来自周王室所统治的大部分地区,他们之间的语言差异比我们现在各地的方言差异可能还要大。但《诗经》里的押韵基本上是准确的,我们把它归结为十部也好,三十部也好,足以说明王室的乐师对《诗经》的音韵进行了处理,使演唱的形式和文本得以统一。

受民歌的影响,这一时期的文士开始借鉴和采用歌谣的形态进行诗歌创作。《诗经》的《大雅》《小雅》,包括《国风》和三《颂》中,也有一些诗作明显是出自士阶层之手。因此《诗经》中的作品,并不都是原生态的歌曲,《国风》中有的作品完全是出于文士的创作。在这种创作之中,歌谣逐渐成为文士表情达意的手段。这时的文人诗歌还不能被称作典型意义上的文人诗,因为它的创作是仿照歌谣的,在表现形式上,还是合着歌舞一块表演的艺术形态。

幸运的是,乐工们的这种整理,并没有削弱不同诗歌之间的风格和个性。这就使这些诗歌在整理以后,依然呈现出各种各样的风格,既有热烈的爱情追求,也有浪漫的爱情想象,还有失恋的痛苦、被弃的悲哀;既有宗庙祭祀的庄严肃穆,也有从军出征的悲壮慷慨,还有旅行途中的感伤思念。《诗经》作品风格向着多元的方向发展,为中国诗歌奠定了一个非常良好的基础。其在形式上趋同,在内容、风格、手法上却是多元化的,使得中国诗歌在发轫之初,就为未来的发展作了积极的铺垫。

二、祭歌的升华

除了民间歌谣之外,先秦诗歌还有更重要的一部分歌谣是用来祭祀的,那就是祭歌。以古希腊、古罗马文学为代表的西方早期文学,也是肇端于祭祀活动之中的,他们的喜剧、悲剧都与祭祀和神话有着密切的关系。中国早期文学也不例外,如《诗经》的三《颂》,便是宗庙的舞曲和祭歌。《大雅》中也有不少叙述先祖创业经历的诗篇,含有一定的祭祀和纪念意味,如《文王》《既醉》《棫朴》等。不同的是,中国古人在祭祀中,不是把艺术的天才发挥在长篇叙事中,而是倾注在抒情表达上。在祭祀活动中,人与神鬼的交流,只有两种方式:一是祈祷,靠的是内心的虔敬和赤诚。这种情绪性体验的充分表露,要以情感表达为主旨,这是抒情诗的一个源头。二是诉说,通过陈述自己在现世中的遭遇和期待,来获得神鬼的援助。这种诉说往往带有一定的故事流程,更偏重寻求事件客观性的陈述,这就使得事件或者故事成为表达的主旨,这是早期史诗的开端。有时甚至为了更加形象地表达故事流程,不惜采用代拟的表演形态来重现故事的经过,这就促使了戏剧的形成。最终选择哪种方式作为文学传统,取决于不同地区民众的习惯、宗教力量的大小以及社会文化的特征。

中国在西周中期便进入到了人文的、理性的阶段,把祭祀先祖作为统治权、管理权的来源,不再如商代那样,处处寻求天帝的支持和帮助,这就使得人与神的对话,退居到次要的位置。在国家祭祀中,巫也退居到次要的地位,神成为一种至上、遥远、隐约的存在,而不再是唯一的决定性力量。这使得北方地区的祭歌系统不再发达,原始的祭歌也逐渐失传。而在楚地,则更多地保留了原始的祭祀风俗,为祭祀而存在的歌谣形态,成为中国诗歌的另一个源头。

南方祭歌以楚辞为代表,这种祭歌打开了中国诗歌的想象大门。在这样的境界中,诗人不仅可以把自己想象成为一个遨游天地之间,能够与神灵相沟通的艺术形象;而且还可以按照想象的逻辑引入各种景物,塑造各种形象,并依照个人的情感来组织场景,使人的情感不再借助外物来抒情,而是按照情感来组织外物。这就把《诗经》中的比兴手法拓展为因情造景,使中国文学的想象性迅速铺开,开阔了中国文学的艺术境界。楚辞浓郁的抒情倾向,也使表达自我郁积、书写内心痛苦,成为中国诗歌的一个重要内容。这样,《诗经》追求现实性的倾向和

《楚辞》追求浪漫性的倾向，共同推动了中国诗歌在形成之初便能稳健而良性地发展。

三、多元的演进

在《诗经》《楚辞》两大传统之中，还孕育着很多其他的文学因素。除《诗经》的四言诗、楚辞的骚体句式之外，还有杂言的存在。《诗经》在四言之外，还孕育了五言、六言乃至九言等形式。这种杂言句式的保留，既符合中国诗歌的早期形态，也为其未来发展提供了各种可能性。如五言句式，有的说它来自于民间，有的说来自于骚体，有的说是四言诗的变异，不管怎么说，五言诗最根本的源头还是在民间。汉乐府基本上采用了五言句，五言诗在杂言、四言、骚体并存的情况下孕育出来，不是偶然的。作为一种诗歌句式，它在先秦诗歌中就已经存在，只不过没有被放大，是在不断积累着的。

五言诗的出现，促成中国文人诗的形成。五言诗最初以乐府的形式出现。乐府实际是一种杂言诗，以五言为主，以杂言的形式出现。乐府诗之所以能够流传开来，在于在乐府之前，中国古代的诗歌都是合乐而成的。《诗经》的音乐，到汉代已经失传了，楚辞的音乐也多数失传了。由于汉代音乐人才比较匮乏，又不能给每首诗配上乐，汉人在传播《诗经》《楚辞》时，不得已只能采取朗诵的方式，而不能采用早期歌唱的手法。这时采用诵读进行传播的弊端就显现出来了。如《诗经》的篇章比较短小，唱的时候可能唱很长时间，比如说《关雎》《鹿鸣》《文王》《清庙》等，一曲就可能唱二三十分钟。如果朗诵的话，很快就读完了。这种非常短小的形式不能满足大家文艺上的需要，这就需要把原先作品的篇幅加长。应运而出的一种新文体——赋，就是以诵读作为基本传播手段的。赋形成之后，一下子就被汉人所喜欢。

另一个方面，中国传统的音乐又处在发展之中。到汉代时，宫、商、角、徵、羽五音之外，又出现了半徵、半商，成为七音。传统的雅乐以五音为主，节奏缓慢。春秋时期，在郑卫这些商业发达的地区，就出现了节奏相对加快、组织更为灵活的新曲目，洋洋洒洒，悦耳动听。《礼记·乐记》记载魏文侯对子夏说："吾端冕而听古乐，则唯恐卧；听郑卫之音,则不知倦。"说明当时的新音乐已经发展起来。汉魏时期,清商乐摒弃了早期雅乐的古板和凝重,相对轻灵活泼。这种音乐形式与四言诗的形式是不相符的。从合乐的要求来说,就必然会促进诗歌的新变。但这一过程是漫长的,经过了汉魏六朝的演化,促成了五言诗和七言诗。到了隋唐,随着燕乐的形成,又形成了曲子词的形态。

音乐对文学的推动过程是缓慢的。最初的时候,文人以拟乐府的形式来写,如曹操作诗大量采用拟汉乐府的形式。曹操精通音乐,不仅可以写乐府诗,还可以改造旧的乐府诗。曹丕、曹植兄弟的母亲,曾是著名的歌伎,曹丕从他母亲那里继承了一些流行音乐,作了一些诗歌,如《燕歌行》便是现存最早的完整的七言诗。按照西晋挚虞的说法,七言来自倡乐。曹丕除了新题乐府之外,还有一些不追求合乐的文人诗。曹植则彻底摆脱了乐府形式,大量创作文人诗。曹植抛弃乐府而采用文人诗,加之骨气奇高、词采华茂,很快就使文人诗彻底独立于乐府,成为一种新的文学样式。尔后经过阮籍、陆机、陆云、潘岳、左思等人的实践和发展,中国文人诗不再依靠音乐而以诵读的手段进行传播,开始进入到独立发展的阶段。

四、文人诗的形成

文人诗的真正形成,形式上的解放还只是开始,技法的成熟才是标志。

在技法上,魏晋诗歌逐渐减少赋法而增强感兴。在《诗经》里,赋法用得最多,谢榛说赋法有 720 处。汉代文人诗最初也学着铺陈,班固的《咏史》,是用诗的形式来写故事,里边并没有自己的感情,只有叙事。诗歌是由两个翅膀组成的,一是情感,二是想象,两者缺一不可。光有想象没有情感的诗歌是华而不实的,光有情感没有想象的诗歌是不能动人的。汉魏的诗歌,朝着这两个方向发展:一是用赋法来写诗,曹植、刘桢等人的诗作,很重视铺陈。二是用感兴来写诗,王粲、阮籍,很重视情感的抒发。特别是阮籍,开始追求诗歌语言的丰富性和寄托性。阮籍的内心是苦闷的,他的诗歌意象基本是苦闷的象征,《咏怀》82 首中很多的意象,正是作者心灵和外物交融的产物,如"孤鸿号外野,翔鸟鸣北林"①,有着强烈的情感寄托和人生感悟。到了陶渊明,更注重诗歌语言的凝练和含蓄,如"采菊东篱下,悠然见南山"这样的句子②,就把自身的感悟和自然的存在凝聚起来了。

在语言上,魏晋南北朝诗歌更趋凝练。曹植的《赠白马王彪》,虽然写得非常忧愤,但反复抒写,铺陈太过,读起来感觉有些迂回往复。他的《七步诗》:"煮豆持作羹,漉豉以为汁。萁在釜下燃,豆在釜中泣。本自同根生,相煎何太急?"我们现在多将其改编为"煮豆燃豆萁,豆在釜中泣。本自同根生,相煎何太急",是替曹植作了简练,中间除去的那两句话,正是不必要的铺陈。这个问题在南北朝诗人那里是普遍存在的,谢灵运爱写自然山水,多是环视四周加以记录,铺陈的语言也太多。从时代背景来看,魏晋南北朝的文人诗刚从辞赋里脱胎而来,与赋的关系比较密切;大部分诗人还是辞赋作家,不可避免地会借用赋法来作诗。但总体来看,南北朝诗人能够逐渐把赋的铺陈脱离掉,让诗歌的意象与意象之间不要接得那么紧密,让它显得疏朗。这是这一时期诗歌演进的一条线索。

在意象和意境上,魏晋南北朝诗人表现出了自觉的追求。前面提到的阮籍的"孤鸿号外野,翔鸟鸣北林",我们能明显体会到一种凄清的、幽深的、冷寂的美感。这种凝练的句式,不仅使意境更加优美,也使得诗人逐渐意识到诗歌不仅通过语言的繁盛取胜,也通过语言的优美见长。诗歌不再追求外在的铺陈,而是重视意蕴的丰富。南北朝的诗歌正是沿着这样的路子发展,句数逐渐减少,对偶精美的句子不仅增多,而且日趋精美。如谢灵运有"池塘生春草,园柳变鸣禽"③,谢朓有"余霞散成绮,澄江静如练"④,句中流动着气韵,颇多味外之味。

在声律上,南北朝诗歌日趋重视平仄的搭配,并初步出现了暗合后世格律的律诗。诗歌声律的自觉运用,依赖于四声的发现。在《诗经》时代,乐工们已经注意到双声、叠韵等字的使用,能够给诗歌增加和谐

---

① 阮籍:《咏怀》其一,《文选》卷二三,中华书局1977年版,第322页。
② 《饮酒》其五,见袁行霈《陶渊明集笺注》,中华书局2003年版,第247页。
③ 谢灵运:《登池上楼》,《文选》卷二二,第313页。
④ 谢朓:《晚登三山还望京邑》,《文选》卷二七,第385页。

之感。隔句押韵所产生的呼应之美，句句押韵所形成的流滑之感，都在先秦汉魏时的各种诗体中得到了实践。司马相如曾说自己作赋讲究"一宫一商"，有意识地运用字的平声和仄声。这种创作理论的总结，到南朝齐永明年间四声发现后才正式开始。随着佛经的翻译，大家发现了汉字还存在四声现象，并把四声和双声、叠韵等结合起来，提出了"四声""八病"等作诗方法，有意识地讲究诗歌声音的和谐，使得对偶成为流行的习惯，重视平仄成为追求的风气。梁陈的很多诗人由于见识和视野的限制，无法扩大诗歌的内容，只能在宫廷内外寻求风花雪月，标榜诗才。他们把全部的才情倾注到对诗歌形式的雕琢之上，这无意中促成了诗歌声律、对偶等形式要素的全面发展。

随着隋唐的统一，南朝诗歌的华艳柔靡和北朝诗歌的质朴刚健，得到了全面的融合。魏徵说："江左宫商发越，贵于清绮；河朔词义贞刚，重乎气质。气质则理胜其词，清绮则文过其意。理深者便于时用，文华者宜于咏歌。此其南北词人得失之大较也。"①南北文学融合后，经过陈子昂的提倡、初唐四杰的实践和沈佺期、宋之问的"回忌声病，约句准篇"②，中国诗歌所蕴含的全部的内在活力和外在美感，在盛唐时期被全部释放出来，从而造就了一个诗的王国。

第三节　唐诗的风神

唐代分为初、盛、中、晚四个时期，唐诗也是如此。初唐诗歌像初春一样，含苞欲放；盛唐诗歌如百花齐放，姹紫嫣红；中唐诗歌如秋色无边，落木千山；晚唐诗歌则如深秋初冬，寒意彻骨，孕育着新变。我们常拿盛唐诗歌作为唐诗的代表，流传最广的唐诗也多数出自李白、杜甫、王维、孟浩然、王昌龄等盛唐诗人之手。可以说，盛唐诗歌代表了唐诗的全部风采和神韵。③ 那么，我们该如何欣赏唐诗之美呢？

---

① 《隋书·文学传序》，第1730页。
② 《新唐书·宋之问传》，第5751页。
③ 参见袁行霈《唐诗风神及其他》，香港城市大学出版社2005年版。

一、阔大意境

好的诗歌能够含蕴整个宇宙,把自我和宇宙交融起来,把宇宙的山川、日月、草木、气候的变化与自己的内心紧密地融合在一起。这样的诗歌,读起来似乎是一种简单的语言,表达的却是一种优雅和开阔的情怀。李白的《月下独酌》:"花间一壶酒,独酌无相亲。举杯邀明月,对影成三人。月既不解饮,影徒随我身。暂伴月将影,行乐须及春。我歌月徘徊,我舞影零乱。醒时同交欢,醉后各分散。永结无情游,相期邈云汉。"所表达的是一种孤独之感。李白是一个潇洒而浪漫的人,在花间斟上一壶酒,邀请明月陪他一块来喝。这既是无奈,也是一种境界。在诗歌中,这样的意境描述就建立了一个无比开阔的意境,把自己的孤独挥洒在天地之间,一下子就把自我和宇宙融通了。从宇宙人生的角度来说,他不是孤独的,有影子陪着,也有月光陪着,同时表达了对自我的一种认同。我们看一个人的心境不是看他忙碌的时候,不是看他非常得意的时候,而是看他孤独的时候,看他在无奈的时候,是如何排遣生命的忧虑和人生的失意的。这最能看出我们所说的境界的高下、心胸的阔狭。

王维的《终南山》也是格局阔大:"太乙近天都,连山接海隅。白云回望合,青霭入看无。分野中峰变,阴晴众壑殊。欲投人处宿,隔水问樵夫。"第一句写山之高,近于天都,高接到天上。第二句写山之长,高山绵延不绝,延伸到海边。这两句都是想象之语。第三句是回望,第四句是环视,写山之秀。"分野中峰变,阴晴众壑殊",分别是俯视和远眺,回看自己走过的山水,确实是峰峦叠翠,阴晴有别,这是写山之奇。最后两句写山之深。想找个地方休息,却找不到人,只能隔着宽宽的沟壑问对岸的樵夫。这些看似处处无意的落笔,每句的视角不同,我们也能感到作者是在游历之中,终南山全部的美感完全被概括了。尤其是最后一句"隔水问樵夫",是神来之笔。前面写的都是静景,最后一句是动景,即用动态写出山之深,给人一种空谷余音的感觉。如果把最后一句话改成"道边问樵夫",就大煞风景了,平庸而无力。好的诗歌看似无意,却处处流出匠心。

我们再来看边塞诗的境界。在盛唐时期,血雨腥风的战场在诗人们看来,也是充满诗情画意的。之所以能够如此,是因为他们有乐观积极的心境,即使面对死亡,也会无所畏惧。很多边塞诗表达的是征战过程中的阔大境界和饱满意绪。中唐李益的《夜上受降城闻笛》:"回乐峰前沙似雪,受降城外月如霜。不知何处吹芦管,一夜征人尽望乡。"夜间闻笛,多增孤独之感。回乐峰前的沙似雪一样白,在皎洁的月光之下,城外月色像霜一样地凄冷,雪、霜、沙、月,渲染出一种非常清冷的意境。李白写的月光照在花上,给人一种温馨或宁静之美;李益写的月光照在沙上,则给人一种非常幽冷的感觉。在开阔的意境之中,忽然传来一曲笛声,打破了夜的寂静,也打破了诗歌的幽冷,使将士心中有了一丝思乡的感觉,给人一种冷清中的温暖,我们读这首诗,也能体会到涵泳太虚的博大境界,远非元明诗作的窘迫所能比肩。

这里所举的三首诗都是孤独的体验,李白是一个人对月饮酒,王维是一个人去旅行,李益也是独自在外乡的。他们在孤独的时候,内心却是如此开阔;他们眼前的世界和想象的世界,是如此的博大、和谐、安静和优雅。我们说唐诗,一千多年来一直深受读者的喜欢,是因为这些诗作总能把我们带入到一个开阔的境界之中。诗人们在孤独、无奈、伤感、失落、失望的时候,不是把自己封闭起来,而是把自己的内心打开,与知己对话,与山水交流,与宇宙冥契,使人生不再局促于无尽的蝇营狗苟之中,而是能够体验到超出本体的大我境界,把天地的开阔和人生的博大融为一体。这是盛唐诗歌的一个重要特征。

二、少年精神

如果说诗歌就像一个人,那么他光有华丽的衣服,或者说光有非常大的轮廓还不行,还需要有一股饱满的精神贯穿其中。这是林庚总结出来的唐诗所独有的少年精神。[①] 所谓少年精神,就是唐诗中总有一种豪情、追求、理想、渴望孕育其中,给人刚健之美、力量之感。杜甫一生困顿,在年轻时也曾充满进取精神,他的《望岳》:"岱宗夫如何,齐鲁

---

① 参见林庚《唐诗综论》,清华大学出版社 2006 年版。

青未了。造化钟神秀,阴阳割昏晓。荡胸生层云,决眦入归鸟。会当凌绝顶,一览众山小。"人到泰山后,会感觉自己很渺小,真正有志向的人不会因为山的伟大而自卑,也不会因为山的高耸而萎缩。孔子"登东山而小鲁,登太山而小天下"[①],登到泰山之顶的时候,就能看到天下之小。杜甫所说的"会当凌绝顶,一览众山小",体现的是他的少年意气,也正是盛唐诗歌所具有的进取精神。如果一个人在二十多岁时没有理想,步履沉重,整天唉声叹气,那么这个人的一生也就快完了。我们赞叹年轻人要有"会当凌绝顶"的勇敢,也要有"一览众山小"的气概。

王维的诗中也经常流露出少年精神。如《少年行》:"新丰美酒斗十千,咸阳游侠多少年。相逢意气为君饮,系马高楼垂柳边。"洋溢着一种豪情、一种乐观而无拘无束的气度。稍微比较一下中唐张籍的《秋思》:"洛阳城里见秋风,欲做家书意万重。复恐匆匆说不尽,行人临发又开封。"情感同样深挚,但中唐诗人就写得深沉凝重,远不如盛唐诗人那样洒脱自如。

三、刚健气息

盛唐诗歌中,总有一种峥峥傲骨在。陈子昂的《登幽州台歌》:"前不见古人,后不见来者。念天地之悠悠,独怆然而涕下。"即使怀有这样苍凉的伤感,他的心中仍充满着渴望和追求。杨炯少年时,投笔从戎,留下了一句话:"宁为百夫长,胜做一书生。"王昌龄被称为"七绝圣手",他的七绝堪与李白媲美,他的边塞诗写得也非常好。其《出塞》诗:"秦时明月汉时关,万里长征人未还。但使龙城飞将在,不教胡马度阴山。"前两句写得非常伤感,后两句写战争虽然悲壮、残酷,但诗人心中仍然洋溢着必胜的豪情,渗透着一种不屈不挠的战斗精神。

王瀚的《凉州词》也是如此:"葡萄美酒夜光杯,欲饮琵琶马上催。醉卧沙场君莫笑,古来征战几人回。"表面并没有丝毫的感伤,却有奋勇杀敌、视死如归的刚健在里面。为什么如此刚健呢?原因在于这些诗人已经抛弃了个人的生死、自己的小家,把自己整个的青春、所有的

---

① 《孟子·尽心上》,第2768页。

人生感悟与广袤的边地、整个家国结合起来,有乐观、积极的东西在里头。晚唐边塞诗有时候有一些伤感,但唐朝人所具有的开阔胸怀和刚健气息一直在延续。中晚唐之际的李贺,不到27岁就去世了,他的诗歌里常充满了幽怨、伤感、无奈和痛苦。但他的《雁门太守行》却依然保持着盛唐所特有的刚健气息:"黑云压城城欲摧,甲光向日金鳞开。角声满天秋色里,塞上燕脂凝夜紫。半卷红旗临易水,霜重鼓寒声不起。报君黄金台上意,提携玉龙为君死。"写的是作战场面,李贺特有的风格就是用非常凝重的色彩,像油画一般把诗歌描绘得斑斓多姿。最后两句话最能体现刚健气息:黄金台是燕王为招纳天下贤才所筑的,诗人用它表达了只要有人愿意用自己、欣赏自己,便可赴汤蹈火的志气。玉龙是三尺宝剑,"提携玉龙为君死",这是报知遇之恩。读这首诗,我们很惊讶李贺那样心思细腻、心中伤感的人,居然也有一种不屈的豪情存在。

四、优美情调

唐诗所具有的情调是非常优雅美丽的。王维的《山居秋暝》:"空山新雨后,天气晚来秋。明月松间照,清泉石上流。竹喧归浣女,莲动下渔舟。随意春芳歇,王孙自可留。"这首诗的意境无疑是优美的,其所表现的景致是清新的。我之所以把它作为优美情调的代表,原因是中间两句诗的声情独特。"明月松间照","照"字是一个开口呼。读这句诗的时候,能感觉到仿佛月光在松林之间突然打开一样,在松林之间照射出非常开阔、光明的景象。"清泉石上"这四个字,都是齿音,读起来有淙淙作响的感觉,而"流"字是边音,连起来读,仿佛水在山中淙淙流淌,到一个旋涡的地方有了回旋,给人以声情之美。

我们可以看出,诗歌的声情曲调之美,并非单纯的遣词造句,还包括了丰富的声情和韵致。李商隐的《暮秋独游曲江》:"荷叶生时春恨生,荷叶枯时秋恨成。深知身在情长在,怅望江头江水声。"这首诗表达的是伤感、痛苦的感觉。李商隐一生不遇,既为情所困,也为事业所困,全诗28个字,多数用的是齿音,读起来给人一种撕心裂肺的痛楚,把秋天荷花凋零、人生如逝的伤感,传达得淋漓尽致。

第四节　宋词的情致

一、诗词之别

词和诗最大的不同在于以下几点：

第一，依曲调为词牌，题目可有可无。词有词牌名，如《沁园春》《浣溪沙》《满江红》等，都是用曲调作为词调的。有的在词调之外还有题目，有的则没有，这与诗有所不同，原因在于词最初都是合乐而唱的。

第二，依乐段分片，片有定式。律诗是八句，绝句是四句，歌行可长可短。但词的整个体式是固定的，即每个固定的词调都有固定的结构。音乐演奏了一遍之后叫作一片，一片自成一段，回过头来再唱第二片，现在的歌曲依然如此。词一般分为单片、两片、三片或者四片，每一片的字数、句式固定。

第三，依词腔押韵，韵位疏密无定。诗多偶句用韵，押平声韵；词是按照唱腔来押韵的，可以押平、押仄、平仄互押、三声通押、入声独押以及中间转韵，韵位疏密无定，急曲一句一韵，慢曲有的六句一韵。

第四，依曲拍为句，句式长短不齐。因为词是可以歌唱的，拍子的多少决定了句式的长短。拍子快慢不同，词的句式长短不齐，有四字句、五字句，有一字句，也有八字句、九字句。

第五，依唱腔用字，讲究四声。词用的是燕乐系统，需要声乐相和而歌，所以平上去入，各随音声而曲折，以至"三仄更须分上去，两平还要辨阴阳"，讲究字调和音情相搭配，四声与声腔相应和。①

那么，诗和词在风格上有哪些区别呢？

习惯的说法是"诗庄词媚"，诗是非常庄重的，词是非常柔媚的。王国维说："词之为体，要眇宜修，能言诗之所不能言，而不能尽言诗之所能言。诗之境阔，词之言长。"②要眇宜修，"修"就是"长"的意思，

---

① 吴熊和：《唐宋词通论》，商务印书馆 2003 年版，第 50—65 页。
② 王国维著，徐调孚校注：《校注人间词话》，中华书局 1955 年版，第 48 页。

"眇"就是要写得非常含蓄,给人以一种朦胧之美。词境不必像诗那么精深,让人一看就知道是什么意思,更追求含蓄优雅。"能言诗之所不能言",诗侧重言"志",词里更多表达的是"情",是更为私密一些的情感;"而不能尽言诗之所能言",诗的境界追求一种开阔之美,词追求一种余味悠长之美。

陆游的《临安春雨初霁》描写春天雨后:"世味年来薄似纱,谁令骑马客京华。小楼一夜听春雨,深巷明朝卖杏花。矮纸斜行闲作草,晴窗细乳戏分茶。素衣莫起风尘叹,犹及清明可到家。"最美的两句是"小楼一夜听春雨,深巷明朝卖杏花",写得非常开阔,今天晚上听着雨,想着明天早上的花开满园。与岑参的"忽如一夜春风来,千树万树梨花开"有异曲同工之妙,把诗歌开阔的境界表达得淋漓尽致。

那么词里边怎么写下雨呢?怎么写杏花呢?陈与义有首词叫《临江仙》,感慨岁月流逝,充满了无边的伤感:"忆昔午桥桥上饮,坐中多是豪英。长沟流月去无声。杏花疏影里,吹笛到天明。 二十余年如一梦,此身虽在堪惊。闲登小阁看新晴。古今多少事,渔唱起三更。"中间两句"杏花疏影里,吹笛到天明",更多是一种尖新之美,一个人在杏花疏影中,吹笛一直吹到天亮。这些诗句,总有刻骨铭心的伤痛之感,作者把自己的伤感、痛苦和无奈,细腻地传达了出来。

同样写下雨,词境比诗境幽深、缠绵。温庭筠的《更漏子》:"玉炉香,红蜡泪,偏照画堂秋思。眉翠薄,鬓云残,夜长衾枕寒。 梧桐树,三更雨,不道离情正苦。一叶叶,一声声,空阶滴到明。"夜、雨写得幽深绵长,一叶叶、一声声,仿佛能感觉到作者在听着雨的垂落、守着夜色的逝去,"空阶滴到明"则是刻骨铭心的无奈。陶渊明《杂诗》说:"气变悟时易,不眠知夕永。"说的是气候变化时,我们最能感觉到时间流逝;晚上睡不着觉时,最能体味到夜的漫长。一叶叶、一声声的铺陈,流露出来的不仅是一种缠绵之美,也是一种无边的萧瑟和孤单。诗词之风格差异,于此可见一斑。

二、词的特质

第一,细腻体察。词总有细腻的体察在里头。北宋人写诗,多是直接唱和、规劝和自勉,诗仿佛写出来是给大家看的,用来言志,其中的正统思想比较浓厚。词写自己的内心,写完以后给自己的家里人看,给家里的歌妓去唱。在词里边,自我不妨露一些,感受不妨深一些,情绪不妨浓一些。欧阳修是宋初诗文革新运动的领袖,他在词里却是一个非常自我的人。《蝶恋花》对女子命运有细腻的观照:"庭院深深深几许,杨柳堆烟,帘幕无重数。玉勒雕鞍游冶处,楼高不见章台路。　雨横风狂三月暮,门掩黄昏,无计留春住。泪眼问花花不语,乱红飞过秋千去。"写一个女子在家里守着幽深的庭院,看到春天悄然流逝,想到自己远行的心上人,无边的高楼割断了自己对心上人的想念。尤其到暮春时节,是最容易伤感的时候,女子看到落花飘零,常有"年岁不吾与"之感。雨不仅打湿了花朵,也摧落了春花。在这样的背景下,女子说晚上把门关上,希望把春留住。但是春天依然溜走,无奈之中,只好含着眼泪问花,花也不回答自己的困惑,悄悄飘零,似乎也与女子一样眷恋春光。这种情感的描写是非常幽雅的,体察是非常细腻的。

　　如果说欧阳修的《蝶恋花》是拟女子的口吻来写,还有几分想象,张先的《天仙子·时为嘉禾小倅,以病眠不赴府会》则直写男子的细腻:"水调数声持酒听。午醉醒来愁未醒。送春春去几时回,临晚镜。伤流景。往事后期空记省。　沙上并禽池上暝。云破月来花弄影。重重帘幕密遮灯,风不定。人初静。明日落红应满径。"他写自己午睡起来以后,无事可做,顿时生发闲愁,"闲愁"就是我们现在所说的"惆怅",无缘无故的惆怅。第一句说自己午睡醒了,但若有若无的愁却没有醒,愁什么呢?春天走了,又老一岁了。顿时想起了以前的旧事情,但又说不上什么事情,一直懒洋洋地想到晚上。"重重帘幕密遮灯,风不定。人初静。"已经很晚了,还是睡吧。这时候却又想到"明日落红应满径",明天又有花飘零在我家的小院里了。这就是典型的闲愁,很类似现在的意识流,仿佛他什么都想,也仿佛什么都没想,说来说去,只是一种意绪,这正是词的细腻之处。

　　第二,意境幽深。苏轼《卜算子·黄州定惠院寓居作》是在黄州任团练副使时所作,写的也是自己孤独的际遇:"缺月挂疏桐,漏断人初静。时见幽人独往来,缥缈孤鸿影。　惊起却回头,有恨无人省。拣尽寒枝不肯栖,寂寞沙洲冷。"幽深的夜色里,苏轼独处。缺月,就是残缺的月亮,孤零零地垂落在树梢中,因为夜深人静,显得月色清冷。这时一个人在院子里散步,突然听到远处一声哀鸣,他想到了缥缈的孤鸿。诗歌中有时所写的意象并不是作者当时所见,而是因情造景而成的,即为了实现某种情感的表达,需要借助很多意象,这些意象多是想象所得。看到风景而生情叫触景生情,用感情组织景物则叫因情造景。刘禹锡的《秋词》说:"自古逢秋悲寂寥,我言秋日胜春朝。晴空一鹤排云上,便引诗情到碧霄。"刘禹锡被称为"诗豪",他的诗歌中总有一种豪情在里头,为了表达自己的秋日豪情,他说自己到秋天的时候也很高兴,想一想一排仙鹤往天上飞,一下子把他的思绪带到了九天之外。这排仙鹤是为了表达自己的感情而引用的意象。苏轼当时是不是看到了孤鸿很难说,我们要意识到这是中国诗歌的一种艺术手法。"惊起却回头,有恨无人省",孤鸿想落下来,但是又被惊走了,它有很多遗憾,但是没有人理解。"恨",在古代常作"遗憾"讲,不是我们现在所说的咬牙切齿的那种恨。"拣尽寒枝不肯栖,寂寞沙洲冷",挑来挑去看到可栖息的树枝都那么寒冷,不愿意落下去,最后只好孤独、无奈地落到一片沙地上。孤鸿本来是遨游于九天之上的,但它却无路可走,没有栖息之地,最后无奈地落在沙地上。苏轼这首诗的意境是非常幽深的,不仅景色幽暗,情绪伤感,而且余味悠长,含义丰富。

第三,结构曲折。曲折结构是词作者习惯翻来覆去地把内心的感受写出来,欧阳修、苏轼、张先的词,都把情感抒发到无以复加的地步。南宋的词人更擅长使用这些手法,辛弃疾最习惯用曲折的结构来表达自己的郁闷之情,我们称之为"顿挫"。在诗歌里面最会用曲折结构表达内心苦痛的是杜甫,杜诗内容沉郁,我们称之为"沉郁顿挫"。辛弃疾词的顿挫主要是指步步转折形成的跌宕错落之感。

李清照的《声声慢》也具有代表性:"寻寻觅觅,冷冷清清,凄凄惨惨戚戚。乍暖还寒时候,最难将息。三杯两盏淡酒,怎敌他、晚来风急。雁过也,正伤心,却是旧时相识。　　满地黄花堆积。憔悴损、如今有谁堪摘。守着窗儿,独自怎生得黑?梧桐更兼细雨,到黄昏、点点滴滴。这次第,怎一个愁字了得。"前面描写的是孤独的生命体验,"寻寻觅觅",是在寻找;寻找的结果是什么呢?"冷冷清清",什么都没有找到;于是内心非常伤感,"凄凄惨惨戚戚"。时间是"乍暖还寒时候",有人说写的是初春,有人说写的是暮秋,我们看还是初春,这时候最难以排遣愁思,只能借酒浇愁。但是三杯两盏淡酒,怎能抵挡无边的寒意?这寒意不仅来自天气,也来自心灵。正在伤感时,却又看到了天上的大雁北飞,勾起了她的思乡之情,伤感之中,不禁想用良辰美景来安慰自己,但一低头,"满地黄花堆积",花都谢了,"憔悴损、如今有谁堪摘",花和自己一样憔悴伤感。本来孤独无偶,却又到了晚上,孤独的人就怕夜的黑,何况窗外还下着雨,更平添了说不尽的惆怅。我们看这首诗,层层递进,层层加深,反复倾诉自己的遭遇,给人一种如泣如诉的动人力量,这就是宋词曲折构境的妙处。

第四,婉雅声情。唐诗追求的是优美的情调,词追求的则是婉雅的声情,婉就是婉约,雅就是雅致。李煜的《乌夜啼》:"无言独上西楼。月如钩。寂寞梧桐深院锁清秋。剪不断,理还乱,是离愁。别是一般滋味在心头。"李煜早期的词,多写男女私情,但把这种感情提升到一个非常典雅的境地,我们读的时候会被他的缠绵感觉和儿女柔情所打动。这首诗描写的是剪不断、理还乱的离愁。我们注意其中长短句子的搭配,形成了一种变化之美,这种句式的变化自然形成了错落而优雅的声情之美。

秦观与李清照是婉约词派的代表,李清照体现的是女性的婉约,秦观体现的是男性的婉约。他的《踏莎行》:"雾失楼台,月迷津渡。桃源望断无寻处。可堪孤馆闭春寒,杜鹃声里斜阳暮。　驿寄梅花,鱼传尺素。砌成此恨无重数。郴江幸自绕郴山,为谁流下潇湘去。"在苍茫的雾色中,在朦胧的月色下,寻找自己心中的桃花源,这大约是约会去了,却找不到理想的所在,只好孤零零地等到了天亮。第二天就写信,"驿寄梅花,鱼传尺素"。这两句来自两个典故。陆凯《赠范晔》诗说:"折梅逢驿使,寄与陇头人。江南无所有,聊赠一枝春。"古乐府《饮马长城窟行》:"客从远方来,遗我双鲤鱼。呼儿烹鲤鱼,中有尺素书。"用典故寄托深情,显得很精致。这些信寄出去以后,没有回信,这种遗憾仿佛是砌成的砖一样堆在自己的心头。

中国古代诗歌里边的恨和愁都是有形象的,不像我们现在直白的表露:"我恨你",这不是文学。文学是什么?要有形象感。李煜在《虞美人》中说"问君能有几多愁,恰似一江春水向东流",这是愁之长。李清照在《武陵春》中说"只恐双溪舴艋舟,载不动,许多愁",这是愁之重。秦观写愁可以砌起来,是愁之凝重,"砌成此恨无重数",联想到李商隐《暮秋独游曲江》的"深知身在情长在",我们就能再一次体会到舌尖音所表达的刻骨铭心的声情:"郴江幸自绕郴山,为谁流下潇湘去。"郴江本来绕着郴山走,这句无理之问,恰恰表明深沉的感慨:郴江为什么要绕着郴山?又为谁流下潇湘去?如果换句白话说,郴江你为什么要如此痴情缠绕着它?潇湘是一个伤感的意象,郴江绕来绕去,一片痴情,最后还是要无奈地离开郴山,流到无边的潇湘之中,多么惆怅,多么伤感。

第五节　元曲的畅达

这里所说的元曲主要是散曲。我们来总结一下它的特点。

第一,语言通俗。散曲的语言远比诗词通俗,我们随便找一首曲子,就可以看出它仿佛是老百姓在说话。无名氏的《雁儿落带过得胜令·失题》:"一年老一年,一日没一日,一秋又一秋,一辈催一辈,一聚一离别,一喜一伤悲。一榻一身卧,一生一梦里。寻一伙相识,他一会咱一会,都一般相知,吹一回,唱一回。"《失题》是失去题目,李商隐的《无题》,是没有题目。这首诗的句子很通俗,一看便知晓其意思。张养浩的《普天乐·大明湖泛舟》:"画船开,红尘外,人从天上,载得春来。烟水间,乾坤大,四面云山无遮碍。影摇动城郭楼台,杯斟的金波滟滟,诗吟的青霄惨惨,人惊的白鸟皑皑。"这支曲的最后三句是排比,能感觉到仿佛是一个渔翁在歌唱。他的《山坡羊·潼关怀古》结尾的"兴,百姓苦,亡,百姓苦",直白而深刻,不妨看成是对元曲的本色追求。

第二,气质俚俗。散曲非常俚俗,似乎传达的不是文人雅士之间的感悟,而是下层老百姓之间的情怀。宋朝是中国历史上最适合士人居住的一个时代:皇帝从来不杀士大夫,扩招的进士虽然多,但都给他们安排工作,知识分子的收入也不错,还可以养歌妓,生活比较舒心。元朝时,蒙古人入主中原,对知识分子不甚重视,当时流传的谚语是"八娼九儒十丐",知识分子所有的尊严和传统的优越感都没有了,很多士人就选择了隐居山野,这就形成了元曲的平淡之美和隐逸之趣。散曲中的俚俗气质便是学着农夫气息而讴歌出来的。《普天乐·失题》:"他生得脸儿净,庞儿正。诸余里耍俏,所事里聪明。忒可憎,没薄幸。行里坐里茶里饭里相随定,恰便似纸幡儿引了人魂灵。想那些个滋滋味味,风风韵韵,老老成成。"写男女相恋,与《诗经》的优雅、宋词的含蓄相比,完全是白话式的表白。又如《塞鸿秋·山行警》:"东边路、西边路、南边路。五里铺、七里铺、十里铺。行一步、盼一步、懒一步。霎时间天也暮、日也暮、云也暮,斜阳满地铺,回首生烟雾。兀的不山无数、水无数、情无数。"用排比来铺陈,用通俗来抒情,便是散曲的特质。

第三,情怀质朴。散曲有意颠覆宋词的含蓄,而追求一眼望穿的自在、一气呵成的畅快和无拘无束的表达。关汉卿《四块玉·别情》:"自送别,心难舍,一点相思几时绝?凭阑袖拂杨花雪。溪又斜,山又遮,人去也。"不用典故,直接把自己的感情完全地表露出来,一览无余,脱口而出。乔吉《殿前欢·登江山第一楼》:"拍阑干,雾花吹鬓海风寒。浩歌惊得浮云散,细数青山,指蓬莱一望间。纱巾岸,鹤背骑来惯,举头长啸,直上天坛。"直抒超脱世外之感,质朴自然,真率感人。

第四,形式自由。散曲的句子不像词那样,即每一个句子有几个字,每一个地方该押什么韵都是固定的,曲在句子的长短上是不固定的,完全可以自由来写,押韵也是自由的。如无名氏的《正宫·塞鸿秋》:"一对紫燕儿雕梁上肩相并,一对粉蝶儿花丛上偏相趁,一对鸳鸯儿水面上相交颈,一对虎猫儿绣凳上相偎定。觑了动人情,不由人心儿硬,冷清清偏俺合孤另。"描写了一个人看到燕子、蝴蝶、鸳鸯、虎猫双双嬉戏,反衬自己的孤独冷清。前面这几句完全都是不合格律的,没有固定的格式,写两句、三句、四句都行,形式自由。张可久《中吕·满庭芳·野梅》:"风姿澹然,琼酥点点,翠羽翩翩。罗浮旧日春风面,邂逅神仙。花自老青山路边,梦不到白玉堂前。空嗟羡,伤心故园,何日是归年?"虽然说写得相对文雅,仍能感觉到形式的自由。在元曲中同一个曲牌,其句式都有可能不一样,这是因为散曲的伴奏引入了板拍,板拍的灵活组织,使得语词与乐声之间的对应关系变得相对自由。

第五,曲境浅俗。任半塘在《词曲通义·性质》中说:"词静而曲动;词敛而曲放;词纵而曲横;词深而曲广;词内旋而曲外旋;词阴柔而曲阳刚;词以婉约为主,别体则为豪放;曲以豪放为主,别体则为婉约;词尚意内言外;曲竟为言外而意亦外——此词曲精神之所异,亦即其性质之所异也。"说的正是词与曲的区别。我们可以稍作概括:在风格上,词风高雅,曲风通俗;词宜雅不宜俗,曲则雅俗兼备。在手法上,词笔尚曲,曲笔直露。在笔法上,词法工巧,曲法朴拙。词所追求的是精致之美,每一个意象之间妙合无垠;散曲追求的是一种朴拙的感觉,讲求质朴自然的酣畅之美。在技法上,词重比兴,曲重铺陈。在意境上,词境绰约,曲境直率。

第十章　佛学通论

从旁观者的视角来观察佛教,可将佛学作为一种思想的存在,把佛教作为社会的存在,不以佛教徒的眼光来看佛教,我们在学理上的讨论会更加客观。

第一节　佛学的形成

一、佛教的形成

佛教是起源于古印度的一种宗教,创始人是释迦牟尼。释迦牟尼生活的时代,正是世界文明的形成期,每一个地区古文明的形成期所产生一些思想体系,形成的基本经典,都会成为这个地区文化谱系的基础。上古时期不同地区所产生的这些思想,是基于当时当地人们对社会和人生的理解,既有宗教的、思想的背景,也与生产条件、自然气候等因素有关。印度佛教的产生,反映了公元前6世纪印度半岛的人民对社会人生的理解,不妨把它看成当时社会生活、思想观念的总结。

释迦牟尼本名乔达摩·悉达多,大致与孔子同时。佛经中关于他青年时的记载不可避免地被神圣化了。他在青少年时,就感受到人生的变化无常,开始思考人生的痛苦,29岁时开始出家修行。经过在菩提树下的苦苦冥想,终于洞悉了人生苦难的根源和解脱的办法。从35岁开始,他就在恒河流域宣讲他所悟到的哲理。信众越来越多,后来就形成了教团。他在80岁时,在拘尸那迦逝世。

他逝世后,他的弟子都践行他的教义。由于释迦牟尼在35岁便开始传教,他的思想也在不断发展变化,他前面所讲的和后面所讲的自然会出现矛盾的地方,这就像我们读《论语》时,常会感觉孔子说话前后有一些不太一致的地方,孔子在不同的场合对同一个问题的解释是不一样的。释迦牟尼也是如此,在不同的场合对不同的人的说法不同,或者将同一个道理用不同的方式来阐说。这样的话,有的弟子先跟他学,有的后跟他学,有的非常聪明,有的悟性不够,生前有老师在,不同的情况可以由释迦牟尼通融解释;释迦牟尼去世以后,大家根据记忆对他生前所传播的思想和观点进行整理,就有了不同的记录,这导致了佛教教义的分化。

二、佛教结集

释迦牟尼去世不久,很多弟子就试图对佛教进行结集。从历史上来看,佛教在不同的历史时期有三四次重要的结集。佛教在传播过程中形成了南传佛教和北传佛教,不同的宗派对结集的次数记载是不一样的。我们介绍其中重要的四次。

第一次结集是佛陀逝世后,弟子们在王舍城外进行的。这一次有500人,习惯称之为"王舍城结集",或称"五百阿罗汉结集"。由释迦牟尼著名的弟子阿傩诵经,优波离诵律,富楼那就诵论,以迦叶为上首,他们被称为窟内上座部;经大家讨论确定,编纂成书,这次结集的成果多为小乘佛经。

第二次结集,是以耶舍为首的700多僧人结集。结集的缘由是由于一些下层的僧人开始违反上座部制定的戒律,如原先的戒律规定僧人吃饭,吃完就走,但有的僧人吃完回来,又吃第二次;还有僧人去乞讨,这也违反教义。上座部对此作出规定,提出"十非法事",严禁一些僧人的活动。但下层的僧侣不服,他们就召集了一个万人大会,认为这些事情是合法的。这一次参加的多是下层僧侣,也对教义和戒律做了结集,被称为"大众部结集"。这是佛教内部分裂的开始。大众部以婆师婆为上首,称窟外大众部;他们诵出五种法藏:经藏、律藏、论藏、杂藏、禁咒藏,多为大乘佛经。

上座部和大众部的认识是有差异的,主要集中在三点:一是对法的认识。法在佛教教义里主要指事物、存在。上座部认为法是有的,法体是永恒存在的。过去、现在和将来都是实有的,即"三世实有""法体恒有"。大众部则认为"过去未来,非实有体""现有体用,可名实有"。什么意思呢?即人的过去、现在和未来都是空的,所有事物虽然可以看到,但所有事物都不是真的,虽然称为实有,但是是暂时的存在。二是对佛陀的认识。上座部认为释迦牟尼就是一个传播教义的僧侣,他所传播的经和教只是一种理论;大众部把佛陀当成了经和教的化身,佛是永远不会消失的。上座部认为佛陀涅槃以后,佛和现实生活中的人是没有太大区别的。大众部认为佛是永恒存在、不生不灭的,把佛看成经教的象征。三是对声闻和缘觉的认识不同。声闻是指亲耳听到释迦牟尼所讲的教义,缘觉是指没有听过释迦牟尼讲,但是学了佛法以后自己体悟出来的。上座部的僧侣代代相传,类似我们现在所说的嫡传弟子,认为声闻和缘觉是没有差别的,重视教义的传承。大众部则轻声闻而重缘觉,有轻教义而重实践的倾向。

第三次结集是阿育王时期(前3世纪),相当于战国晚期。原因在于佛教教义说法的不同,常引起僧侣们的争端。以目犍连子帝须为首的许多僧众,在华氏城重新整理佛教经典,编辑《论事》。这次整理有点类似《白虎通》的编纂,因为经典之间有差异,各有所据,不同说法之间相互辩难,最后只能把它们都记录下来。《论事》把不同派别的论点整理出来,正反面各500条,合计1000条。现仅存116条,都是目犍连子帝须所反对的论点。这次谈论的焦点是补特伽罗的有无问题,补特伽罗有众生、生命主体、我或灵魂等含义。犊子部主张有,化地部主张无。不过,北传佛教不承认这次结集。

第四次结集是贵霜王朝的迦腻色迦王时期,大约在中国的东汉,以胁尊者为首的500人在迦湿弥罗对经、律、论作注释。前两种注释已经失传,后一种注释保存了下来,称为《大毗婆沙论》。这是北传佛教的说法,南传佛教并没有提及这次结集。

这四次结集,第一次和第二次结集分出了上座部和大众部,并由此衍生出小乘佛法和大乘佛法。后来两次结集分别是在北传和南传过程中发生的,南传佛教侧重诠释教义,北传佛教侧重注释经典。

三、佛教分派

大约在五百年后,形成了大乘最初的教团:菩萨众。这一派据《大般若经》《维摩经》《妙法莲华经》等阐述大乘思想的经籍,进行修持和传教。佛教在传播的过程中,大众部的教义和信众逐渐发展起来,毕竟佛教是依靠民众的经济资助的,必须依赖很多生产者的经济支持才能得以传播,下层民众的支持代表着佛法传播的方向,也决定着佛法传播的规模和速度。菩萨众是度人、化他的,帮助民众解决思想上的疑虑、困惑,与下层民众之间的关系比较密切,因而迅速扩展。小乘佛法主要是度己,入世不足,影响相对小一些。

大乘佛法主要分成中观派(空宗)和瑜伽行派(有宗)两大系统,他们将早期佛教贬称为小乘。

中观派的创始人是龙树,重在阐发"空""中道""二谛"等思想。他的弟子提婆继承他的学说,又进行了多角度阐述。他们认为万物皆空,有为假有,在空和有之间,既要看到空的一面,又要看到有的一面,在空和有之中进行观察思考,这就是中道说。这种思想后来又分成了自续派和应成派。自续派认为任何事物都是自相存在的,万物是自生自灭的。应成派认为外物不自生,不他生,不共生,不无因生。前者看到物之本原,后者看到物的客观环境。

瑜伽行派的奠基人是无著和世亲。这两人本为说一切有部僧人,因对其教理感到不足,转而阐发大乘教义。世亲从无著改宗大乘,被尊称"千部论师",他所弘扬"万法唯识""三界唯心"的唯识论,主要探讨认识和事物、内心和万物的关系。瑜伽行派的教义认为,外界所有的事物、所有的存在都源自主观认识的转变,是自我主观的反映,要想对外部的这些存在或者外部的这些假象进行摒弃的话,必须回到自身来。中观派侧重讨论外物的发生、发展,瑜伽行派侧重讨论我与外物之间的关系。

瑜伽行派和中观派把早期的佛教称为小乘佛教,把自己标称为大乘佛教,我们来看一下小乘佛教和大乘佛教的区别。

小乘佛教讲求通过自身的修炼来使个人成佛,让自己达到智慧和觉悟的境界。他们认为世间是无常的,人生都是痛苦的,只有离开世间,抛弃人生出家去修行,抛弃现实的世俗生活,才能实现觉悟以达成智慧。他们认为人可以死,但人所存在的世间力量是不灭的,可以再生,这就形成了生死轮回说。在轮回中,善有善报,恶有恶报,生活在世间,要行善,要积德,要顺从,不要过分地贪欲、苦恼。

大乘佛教把一切现象都看成虚幻的、空的、非真实的存在,通晓这一点,人就可以求得精神上的解脱。一切名和利都不是真实存在的,都是这些虚幻的暂时存在。真正的精神解脱靠的就是抛弃那些由欲望而导致的烦恼和痛苦。其方法有两个:一是般若,般若即智慧。用无上的智慧想明白这些东西是空,这非常人所能体认。二是涅槃,既然人生是痛苦的,人生是烦恼的,怎么才能够超脱烦恼呢?那就是要涅槃。

涅槃有两种:一是死亡涅槃。如郭沫若的《凤凰涅槃》中的凤凰自焚而更生,这是肉体的涅槃。二是心灵涅槃。心灵涅槃就是通过自己内心的思考、内心的彻悟,在心灵上摆脱现实的烦恼,进入到一种空明寂静的境界。这只有高僧才能做到,只有现实生活中那种彻悟的人才能达到。由此,大乘佛教形成了般若派和涅槃派,般若派主要是通过诵读《般若经》,讨论一切现象都是虚幻的,引导人们不执着于空有之事,现实生活中没有得到的,就不要去想,要不然会很痛苦。人的欲望是无穷的,这些欲望追求的恰恰在佛教看来是虚幻的东西。涅槃派重视的是《涅槃经》,认为人人都有佛性,人人都可以成佛,可以达到涅槃的境界。

由此可见,大乘佛教与小乘佛教的不同,在于小乘佛教讲的是自我修养,大乘佛教讲的是在佛法的传播和对佛法的体认中,在自己修炼的同时度化别人成佛。我们习惯说,小乘佛教讲的是自修、苦修,大乘佛教讲的是度人。

7世纪以后,印度的密教开始流行。8世纪,佛教与印度教逐渐接近。9世纪,密教更盛,相继形成金刚乘、俱生乘和时轮乘。11世纪,伊斯兰教的势力逐渐进入东印度各地。13世纪初,由于佛教寺院被毁,僧徒星散,佛教在南亚次大陆消失,相反在中国以及东亚、南亚等国家却继续繁荣。

第二节　佛学学理

为了简明阐述佛教所体现的哲学思想,我们需要疏通佛教很多的经典,直取其中相通的理论部分加以讨论。我们只就佛教的基本思想加以研讨,对个别的差异和细部的纷争,不作深究。

一、佛学的认识论

1.佛的本义。既然名为佛教,那么什么是佛呢?按照佛教的理解,佛是智者和觉者的合称。智就是智慧,觉就是觉悟。从本体上来讲,佛就是智慧和觉悟者,按照大乘教义,若修养成智慧和觉悟,便可成佛。

智慧在佛教教义里面包括三个方面:一切智、道种智和一切种智。一切智就是知道法的总相。法是事物及其存在的规律,具有一切智的人能洞悉天地运行的总体状态,也知道事物的总规律,能体认法的总相:万法皆空。例如宇宙的存在,不在于其中有星体,而在于星体之际的空间。拘泥于一点,就不能见其博大;执着于一隅,就不能见其深远。道种智即是能知道种种道理,我们日常所看到的那一点,只是假象、假有,是暂时存在、现在存在,而不是永远存在。道种智在于使人知道种种道理,这种种道理,与万法皆空相比,都是假象和假有。用现在的话来说,就是任何规律、任何结论只可能无穷尽地接近于它的本质,但不可能把本质全面地描绘出来。佛教认为本质就是万法皆空,道种智只能够局部地,或者在特定条件下把本质的内容表达出来,但都是暂时的一种描述,也是假有的。

一切种智是把道种智和一切智合起来,既要明白天地运行的大规律,懂得万法皆空的道理,又要能够看清事物的假象、假有。这怎么理解呢?比如说某位同学是学化学的或学物理的,他对其中所描述的种种道理非常清楚,但同时他又超越了物理、化学,体认出更高意义上的思想或者规律,达到理性哲学的高度,这就是一切种智。佛教认为一切种智才是大智慧,既明白根本的道理,又明白相对的道理;既能洞悉天地万物运行的大道理,又能明白现实生活中的具体事理;既能想清楚万法皆空的总相,又能明白假象、假有的暂时性。这样去观察万物,才是最为巧妙智慧的角度,这叫中道总相。能够把宏观上的万法皆空,微观上的假象、假有结合起来,能够真正了解天地万物之真相、天地万物之存在。

一切智讲万法皆空,道种智讲万法皆假有,用万法皆空和万法皆假有的眼光去看待事物,便是一切种智所体现的"中"。空、假、中三者合成的"三谛",是佛教认识论的核心。《始终心要》言:"三谛者,天然之性德也。中谛者,统一切法。真谛者,泯一切法。俗谛者,立一切法。"如果用中观的方法来看,三谛是同时存在的。《中论·观四谛品》说:"众因缘生法,我说即是空。亦为是假名,亦是中道义。"天下万物所生的规律,既是空,又是假,因此需用中道来看,方能洞悉。真正有智慧的人在思考问题的时候,常把这三个层面同时结合起来。用一而想到其他两个方面,彼此圆融无碍,一即是三,三即是一。如观空时,无假无中无不空;观假时,无空无中无不假;观中道时,无空无假无不中,这种方法被称为圆融三谛。天台宗所讲的"一心三观",说的就是用自己的心,可以同时看到外物的假、空、中。

觉悟可以救治烦恼。佛教认为烦恼是一种障,常常会影响人的觉悟能力和觉察能力。烦恼,一来自贪欲,人之所以有烦恼就是因为欲望太多,欲望越多失望越多,没有所谓的欲望就没有所谓的失望,没有行动也就谈不上失败;二来自于环境,有了想法,却由于客观环境的限制而不能实现,也必然会产生痛苦。例如相思的人恨不得天天守在一起,因现实又必须分开,便会产生烦恼。很多人之所以会产生种种烦恼、痛苦,就是没有觉察到这些烦恼来自贪欲太多、奢望太多。

觉悟主要是治所知障。什么叫知障呢?就是认识能力不够,没有认识到痛苦的根源在于欲望太多。宇宙万象和人情事理,无论怎么认识都是认识不清的。古代人认识不到太阳系,我们现在认识到太阳系以后,发现还有更多的宇宙未解之谜,每一个科学的探索都是向未解之谜发起的。人生在世应该能悟到自身的时代局限性,我们可以超越前人,但无论如何也超越不了来者,认识到这一点,我们就会知道世界上存在着许多应知、未知之理。我们意识到很多烦恼产生于自己的昏昧无知,却意识不到自己受时代的局限,或者受自身的局限。而佛或者成佛的人,有这样的智慧,又有这样的觉悟,能够觉察人生的痛苦,能够明白人生的道理,最后放弃这些烦恼,远离这些烦恼,也就达到觉者的境界。

成佛以后或者拥有了智慧和觉悟之后,有三种去向:一是自行。为了达到觉悟和智慧,或者说实现觉悟和智慧,自我修行,证成罗汉果,这是小乘佛教追求的境界。二是化他,修成罗汉之后,如果还可以度化他人,帮助他人摆脱痛苦、摆脱烦恼,就能达到菩萨的境界。三是行满。就是既有智慧又有觉悟的佛的境界,不光能自化,而且还能够化他,在自化和化他的过程之中成佛。

2. 诸法三分。中国佛经的翻译多在魏晋南北朝时期,现在读起来感觉有隔,主要是语言上的隔膜,其实道理与我们现在的认识是相通的,只要用心体悟便会明白。

佛学所谓的"法",是对事物、存在的概括,是宇宙、人生及其规律的合称。诸法三分,主要是讲法由三个方面组成:一是体,描述的是事物的性质、本质,其特点是空而无质,析之本无。如木是对事物性质的一个概括。二是相,是事物的形态。说到木,有的同学想到的是树木、树叶,有的同学想到的是木讷,有的同学想到的是木头。这些都是局部的相,这些局部的东西只是暂时幻有、此处幻有的,并不是对木的全部概括。三是用,多指功用和用途。事物具有功用,主要是根据事物的本质进行的具体加工,表面的形态根植于物的特质。如木头,正因为有木的性质,我们才可以把它做成桌子、凳子,才具有"坐"的用途。所以认识事物的时候,要借相明体,即靠现象、形态来认识事物的本质。

3. 因缘学说。因就是事物与事物的关系,缘就是认识与事物的关系。事物与事物之间关系的差异,主要在于常暂的不同。这就像人与人之间的聚散,有的擦肩而过,有的一生相伴。这些关系生生不息,不断衍生,如温度合适、空气湿润、土壤适宜,种子才能发芽,种子长成以后又被埋下了,再发芽再结果,生生不息,互为因果。种子既是前因之果,又是后果之因,因果彼此转化而成万物。佛教认为天下万物,彼此皆可为因果,有什么样的因,就结什么样的果,因果是互相报应的。

缘是认识与事物的关系,人对外物的认识程度主要在于强弱的不同,这就形成了见识的高低。缘有三个层面:一是所缘缘,就是"看山是山,看水是水",主要指对事物的表层印象,"关关雎鸠,在河之洲",只看到黄河边有一对雎鸠。二是无间缘,就是"看山不是山,看水不是水",主要是由眼前景色所引起的瞬间之念,"窈窕淑女,君子好逑",看到成对的鸟,想到了自己的孤独,想到应该有个女子相伴。三是增上缘,就是"看山还是山,看水还是水",是在无间缘上引起的功能之思,就是有意识地去想。晚上回家就想一定要把这个女子娶到家:"窈窕淑女,寤寐求之。求之不得,寤寐思服。"天天晚上想,最终把女子娶到了家。他所思所想是由"关关雎鸠"起兴的,最后也到了与关雎一样幸福和鸣的境界。我们所说的比翼双飞也好,花开并蒂也好,都是讲人与物情理相通。

万物因缘而成果。"果"这个概念主要是讨论行为与结果的关系,区别在于迟早的不同。任何一个结果都是由原因和缘分结成的,结果又成为别的事物的原因。任何一个事物,既是结果,又是原因;既为结成,又为起相,周而复始地运行,有时因同而果异,有时果同而因异。佛教认为,人生在世,有三世因果,三世是前世、现世和来世,三世轮回相生。《三世因果经》中有句偈语:"欲知前世因,今生受者是。欲知后世果,今生作者是。"若想知道前世的因,就想一想你现在是干什么的;要想知道下辈子做什么,就看看现在你在做什么。《增广贤文》说:"但行好事,莫问前程。"便是这种因果相生观的流露。

二、佛学的人生观

1. 四念处观。早期的小乘佛教以"四念处观"来思考人生,就是用四个念想来观察自身:一是身念处,观身不净。即认为人来到世界上充满了污垢和罪恶,这和《圣经》有一点相似。它把人类看成是罪恶的结果,任何人来到世界上都充满了污垢。这个污垢不光包括身体上的污垢,还有精神上的污垢。我们知道人是分自然属性和社会属性的,任何人都有自然属性,自然属性是人的生理需求,这些需求会导致人做出不符合社会属性的举动,如贪婪、占有、好色等,所以观身不净,需要澡雪精神。二是受念处,观受是苦。人在自己的哭声中来到这个世界,在别人的哭声中离开这个世界。人生下来就要受苦,不会走路时,挪动一点就是痛苦;会走路了,却没有汽车可以乘坐;坐上公交车,又觉得如此拥挤;买了自己的汽车,发现远行开车还是太累。人生有限,痛苦无边。三是心念处,观心无常。内心缺少恒定的想法,年轻时有很多理想,却不能坚持;为自己设了不少规矩,却被自己屡次破坏;刚说的话,转身就忘了,这都是因为没有恒心。四是法念处,观法无我。我们看见天高地迥时,才会发现自己多么渺小,甚至融不到万物之中,融不到人流之中。万物不属于自己,社会名流不属于自己,所有的客观存在似乎与自己都无关,幸福仿佛都是别人的,而不幸却总是降临在自己身上,这样推论的结果自然是觉得人生苦海无边。

2. 三苦。佛经里写了天地之间有八万四千苦,总结起来,不出三苦:一是苦苦,苦苦就是人生之苦。饿了想吃,渴了想喝,冷了想暖,困了想睡,这种苦是与生俱来的。二是幻苦,幻苦也叫坏苦,源于万法无常。任何事物、任何存在都不是永远的,而是暂时存在,是假有,只是一种"色"。李白《登金陵凤凰台》说:"吴宫花草埋幽径,晋代衣冠成古丘。"刘禹锡的《乌衣巷》:"旧时王谢堂前燕,飞入寻常百姓家。"《桃花扇》结尾也说:"眼看他起朱楼,眼看他宴宾客,眼看他楼塌了。"《红楼梦》里描写的富贵、权势,以及花一样美丽的女子和真诚缠绵的爱情,都随着那大厦呼啦啦全倾倒了,机关算尽,最后把自己算进去了。所拥有的财富、名誉、美貌这些形形色色的东西,都是暂时存在,不会永久。人生也有涯而欲也无涯,以有涯求无涯,自然有无边的苦恼。三是行苦,意思是诸行无常。这更多地是一种人生感悟,我们周围很多事情都是川流不息的。今天你是主角,也许明天你就是观众;今天是趾高气扬的领导,明天却是俯首帖耳的手下。人生任何事情都是刹那间的生灭,都是无常无色的,不能长久存在的。人生是无常的,无法驾驭,也无法恒常,所以哪有幸福可言?这种认识常是佛教徒离世出家的思想动因。

3. 八苦。佛教用"苦苦"来概括人生之苦。为了分析人生之苦,求得解脱,佛需要历经苦苦所蕴含的八种主要痛苦,合称八苦。八苦是什么呢？生、老、病、死、爱离别、怨憎会、求不得,再加上五蕴之苦。任何人来到这个世界上都摆脱不了生、老、病、死的困扰,这是肉体所带来的自然之苦。除此之外,作为一个生命个体,还有精神之苦。如爱离别,不得不离开、分别;怨憎会,要碰上憎恶和怨恨;求不得,欲望太多却无法实现。有的佛教经典称之为七苦。有的经典把这七苦加上五蕴之苦,便是八苦。

五蕴是什么呢？也称五众、五阴,不同的经典翻译不同。五蕴,实际是五种色的结合体,这五种色是内色和外色,内色指眼、耳、鼻、舌、身,为人的器官。器官的功能为外色,眼睛能看到颜色,耳朵能听到声音,鼻子能闻到香味,舌头能尝到滋味,身体能产生触觉。五蕴就是内色和外色的结合体。内色一般称之为五根,六根是五内色加上意,意就是意识。六根清净就是眼、耳、鼻、舌、身、意保持清静,不要有非分之想,不要有贪欲之思,更不要产生各种各样的幻想。六根之外的东西被称之为六尘、六妄、六贼。如果不能守住六根的话,过分追求色、声、香、味、触、意淫,就会令人玩物丧志,意乱神迷。

4.受想行识。四念处观是苦的根源,行苦、受苦、苦苦是苦的种类,这四者既是苦的原因,也是苦的结果。人生在世,身体不可避免地要受到苦、乐和舍的煎熬。苦和乐必须有所舍弃,不可能同时获得,能舍方能得。这是身受,还有心受,就是人生在世,不可避免要受到忧喜的困扰:告诉你一个好消息,你买的彩票中奖了;告诉你一个坏消息,刚才我说的是假话。这类喜忧无常的事情,伴人一生。想也是苦,因心境的不同,因心中摄取的形象不同,便有各种不同的认识,便有不同的感受。认识不明,感受切肤,便成为各种苦因。如有的同学入学之后便总想将来如何就业,越想越痛苦。与其空想一年以后的事情,不如现在好好努力,这才是当下应做的。行就是心造诸业,就是人的行为、想法必然导致他做出各式各样的行为,这些行为有善,有恶,有无记,无记就是不善不恶。识,包括心、意、识。心是内心,意是意识,识是见识。世上本无事,庸人自扰之,想多了又想不通。处处用心思,为心苦;自然会生出那些苦思冥想,制造流言蜚语,为意苦;执拗于井底之见,不知天地开阔,执拗于戚戚之思,不知坦荡之道,见识受阻,自然苦闷不已,为识苦。

五蕴的真相是万事无常,好景不常在,好花不常开,处处体现的是苦,所有的天地万物都是一样的痛苦,只要来到世界上就是痛苦。目前所得和看到的东西都是假的,真正的归宿和总相是空。获得自在的方法就是放弃自己,把自己融化到天地万物的运行之中,抛弃自己的小我,然后心中有宇宙,心中有山水,心中有众生,通过体认一切种智,明晰人生的真实。

根据上述前提,佛教自然推论出"人生皆苦"的结论。从空间上来说,三界统苦,一切都是痛苦的,不管你生活在哪一个世界。从时间上来说,这些苦是无穷之苦,无论何时何地都在痛苦之中。很多人想解决痛苦,但不得法,结果是舍本求末,解苦复造苦因,缘木求鱼,增苦无有止时。因为没有悟到万法皆空,没有悟到万法因缘生。只要领悟痛苦来自因缘,只要体认"空"的本相,自然能斩断因缘;斩断因缘,自然能消除痛苦。

三、佛学的时空观

1. 三际十二因缘。佛学认为人世间是由过去、现在、未来三际组成的,这三际又是由十二个因缘所体现的,合称三际十二因缘。这十二个因缘可按照过去、现在、未来三类来划分。

过去因缘是由无明和行组成。无明是痴,是自己不明不白的一种状态,仿佛一个小孩一样,因为不明事理而生出的诸多想法和行为,让过来人觉得很可笑。行是善恶之业,即行善或者作恶,有时善心却做了恶事,有时恶心却带来了善果,这是行为造成的因缘。

无明和行是对过去因缘的描述,可以理解为如同孩子在孕育过程之中或初生时的状态,蒙昧而幼弱,这些过去的原因却产生了现在的苦果。这些苦果包括识、名色、六入、触、受等。其中,识是根本识,仿佛小孩出生后增加了认识,有了自己的思维和意识,后逐渐分辨名色。名色,按照佛教的解释,胚胎为色,心法为名,是说人由肉体所产生的认识、意识。在此基础上形成由六根为基础的六入,即耳、鼻、口、舌、身、意所形成各种各样的感觉。六根是内色,外部感觉进入六根,就会产生苦受、乐受和舍受。这些都是现在的苦果,源于过去因缘所生。

现在的结果中蕴含了过去的因缘,现在的因缘也会产生未来的结果。现在的因缘是爱、取、有。爱是爱欲,前面所说的任何东西,如识、名、色、六入、触和受都会产生爱,包括男女之爱,也包括对事物的爱好、兴趣,爱会产生执着之心。人一旦产生了执着之心,必然带来痛苦。取就是追求,执着是一种精神,追求更多是一种行为。有是追求的结果,可以分为真有和假有。

现在的因缘会产生未来的结果,未来的结果很简单,就是生和死。作为个体来讲,最终结果要么是生,要么是死,而对人类整体而言,生和死是随时随地的结果。人的过去、现在和未来,正处在这十二种因果关系中且循环不断。对于这其中任何一个环节来讲,都是双重因缘,既是前面原因的结果,又是未来结果的原因。佛教认为,人生之苦,在于因缘存在。这些因缘完全不是我们自己能决定的,因缘不消除,痛苦就不会结束。儒家教我们怎么利用这些因缘,道家讲怎么顺应这些因缘,佛家讲怎么斩断这些因缘。把这些因缘全抛弃了,如果心中没有这些复杂的东西,就得到了般若,得到了涅槃。

2.宇宙观。宇宙,包括空间和时间。佛学认为时间分为过去、现在和未来,三际之间互为因缘,相互促进,无穷无尽。佛学同时认为,空间有十方,任何一个方都生了另一个方,一方与另一方之间互为因缘。这个空间外还有一个空间,那个空间外还存有另一个空间,无穷往外延伸,推之无尽。

佛学经典描绘了环周万千世界,这个空间建构的中心是一个小世界,以须弥山为中心;1000个小世界形成了小千世界;1000个小千世界形成了中千世界;1000个中千世界形成了大千世界。这一世界是无穷和向外延伸的,这在佛教形成的时代,不过是一种思想推论的结果,从现在的天文学的研究来看,却不无道理。我们所了解的地球、太阳系不过是一个小千世界,之外还有更大的世界,宇宙是没有穷尽的。

在高度上,佛学认为天有28层,分为三界。最下层是欲界六层天,主要是饮食、男女、睡眠三类六大欲望所形成并决定的。其上是色界十八层天,在色界里没有欲望,只有形状和身体。在这里边已经摆脱了身体自身的欲望,不再强调自然属性,追求人的社会属性。包括初禅天三层,二禅天三层,三禅天三层,四禅天九层,合称四禅天。在色界十八层天以上,还有四层天,叫无色界。无色界彻底摆脱了欲望和形体,在色界里人还有形体,但到了无色界,人只剩下纯粹的精神,基本达到了佛的境界,进入大明空境。无色界包括空无边处天、识无边处天、无所有处天、非想非非想处天等。

3.六道轮回。人生有过去、现在和未来三际十二因缘,为了描述人生的归宿,为了解决过去、现在、未来三际之间的因缘转化和因果报应,佛教又提出了"六道轮回"说。其具体意思是:人生有限,宇宙无限,六道轮回,生生不息。

六道为天道、修罗道、人道、畜生道、饿鬼道、地狱道。上三道是善道,是说做事行善的道理。一是天道,天道由欲界天、色界天及无色界天组成。欲界五衰,包括衣垢、花萎、身臭、腋汗、厌座等,用这些比喻来说明人的身体会自然衰老。色界三灾,主要是描述在初禅天要面临火灾,二禅天要面临水灾,三禅天要面临风灾,有此三物,可以养本,无此三物,身体日衰。欲界有痛苦,色界有痛苦,无色界有没有痛苦呢?无色界面临死堕,就是要精神超脱,抛弃肉体,唯独如此,才能达到涅槃。因此,这三界都是有痛苦的,不经历痛苦的磨难就不能到达极乐世界,因为极乐世界是不轮回的。

如果不能到达极乐世界,那就要轮回。欲界、色界、空界是超脱肉体而上升到天道的,这三界已经是到罗汉果以上。如果不能上升,那就要堕入人道。人道是正常生活中的人,要受三苦和八苦。与人道并列或稍上的还有修罗道,小乘教义里没有修罗道,它把修罗道放在其他的五道之中,大乘佛教认为有修罗道。所以,小乘佛教实际是上二道,大乘佛教是上三道。修罗道是处于人与天之间的一个道,人之上三道是以成佛为追求的,带有超脱的意味,人之下是以堕落为结果的,是恶道。

下三道就是畜生道、饿鬼道、地狱道。畜生道把各种动物分为胎生、卵生、湿生、化生等,以血途结束。恶鬼道包括多财鬼、少财鬼、无财鬼,多财鬼是贪婪而死,少财鬼是缺财而死,无财鬼是穷困而死,以刀途结束。地狱道就是所有那些比畜生、比恶鬼还坏的人、事物死了以后在这个道里轮回,称为火途,它们是要受很多磨难的。如杀母亲、杀父亲、破坏佛法、杀了贤能的人,死后就要受到火坑、坚冰、刀山、剑树、碾硙、汤镬、沸屎、合山等刑罚的折磨。按照六道轮回说,人若积德行善、修行佛法,就能上天道;如果是一个不好不坏的人,下辈子就还要回到人道。如果做了坏事,下一辈子要么变成畜生、饿鬼,要么下地狱,在地狱道中要受审判,永远不得转世超生。

第三节　佛教教义

前面所言佛学的基本思想,是我们从思想的角度对佛教进行了分析。作为一种宗教,佛教中还包括了诸多教义和基本佛法。下面我们对此作简要的概括。

一、三法印

佛教认为,法是天地万物的客观存在,也是事物之间的规律。印是对这些规律的基本描述和概括。三法印是佛教教义的基础:

诸行无常,是说天地万物都不是以常态形式存在的。在佛教看来,事物、规律、关系的存在完全凭借一时的缘分,只是此时此地一种偶然的组合。正因为如此,诸法因缘生,各种各样的因果是世间的一种暂时、此处存在,只是在一个特定的环境下生成了事物、关系和规律。既然诸法是依靠缘分而生的,那么任何事物的消亡和灭去,也是因为缘分的散尽。佛教认为万物的生和灭都是在一瞬之间或一念之间。

诸法无我。因为任何因果都是瞬间存在的,人作为一个个体在天地万物之中微不足道,也是一个短暂的存在。佛教产生于人类社会的早期,它是把灵魂和肉体分开来看的。我们暂时所拥有的肉体也不是自己真实的,只是灵魂的暂时寄居。当你生命消亡的时候,肉体消亡了,但是灵魂不灭。佛教主张身非吾身、心非吾心。心非吾心,有两个含义:一是因为肉体的暂时存在,因而心也是暂时存在的。二是心绪和心境都是凭借因缘、因果而生。人生中的悲喜苦乐,心也不是由你自己控制的,心因万物的变化而变化。人有无恒定的心境,常由外在决定。

涅槃寂静。既然天地万物都没有规律可言,或者说没有常态可言,身体和心灵又不是由自我所拥有的,那么最后归宿到哪儿呢?到涅槃寂静。涅槃和寂静是两个层面:涅槃是通过锤炼心性,让自己的心灵彻底地不再因为万物短暂的因缘关系而波动,永远保持一种大明的境界,让心性不生不灭。从宗教上说,不生不灭已成佛,即达到佛的境界就可以不生不灭。在佛理上,主要是指内心能够完全涵养万物,可以与天地万物同体,达到不生不灭。涅槃在宗教上讲肉体成佛之理,寂静是归于沉寂,是心灵成佛之道。佛教认为宇宙万物的本原是寂静的,运动是暂时的。宇宙人生的最终归宿是寂灭,寂就是安静下来,灭就是灭掉因缘而生出的心绪、心情,既包括物质层面的灭,也包括精神层面的灭。

二、四谛

谛是真实的意思。三法印是用三句话把天地万物的真理概括出来。四谛,就是说这四个东西是最真实可靠的,是获知和领会人生的真谛。

一是苦谛。苦的意思是人生真苦。任何一种宗教都是要解决人生的痛苦,都期望建构一个精神的世界,让形外的痛苦得以消灭,让内心的痛苦得以消除。佛教首先体认人生真苦。宗教的发展期或者升华期恰恰都是在社会最动荡、人们生活最艰辛的时候,为了在心灵上给下层民众提供一种解脱之道,人只有在痛苦、无奈、没有依靠时才会去寻求心灵上的寄托。佛教直接说人生真苦,并认为这些苦是世间结成的果,是我们各种烦恼累积的,救苦便有社会价值。

二是集谛。苦是哪里来的呢?它是各种各样的因缘集中在一块而来的。俗话说:"福无双至,祸不单行。"无数烦恼的积聚造成了人生的痛苦,这是苦的根源。如何解决人生痛苦呢?应该断,断就是了断,了断各种烦恼。苦的根源在于我们的追求太多,贪欲太多,才集成了这种结果。

三是灭谛。为了断开尘俗中的各种烦恼,就应该想办法来消除自己积下的业。"业",有时写作"孽",是自己曾经做过的罪恶的事情,自己曾经有过的罪恶的想法,或者是自己将来有可能产生罪恶的根源。

要想消除烦恼,就要摆脱各种尘俗中的因缘,这样才能够到达更高的境界。

四是道谛。如果能够摆脱各种因缘,并按照佛教所描写的境界来修行,通过修行以达到罗汉的境界,就进入了不生不灭的大明境界。罗汉就是世间的佛,罗汉以上是菩萨,菩萨以上为佛。

苦、集、灭、道四谛回答了人生的诸多问题:人生真苦,苦是什么原因造成的呢?就是因为烦恼太多。怎么来消除苦呢?就要灭掉它,断除各种烦恼,进入到修行涅槃的境界。这是佛教提供的一个人从内心解脱自己痛苦的历程。三法印从理论上阐述了人生不是永恒的存在,与其用自己短暂的存在去面对没有穷尽的痛苦,何不追求涅槃呢,何不追求寂静呢?在这样一个理论前提下,佛教推出了四种实践步骤来告诉人如何消灭痛苦,斩断烦恼,消除集孽,最后达到涅槃寂静的过程。

三、三界迷谛

在佛教看来,人世间之所以会出现这么多痛苦的人,是因为这三界都处在迷谛之中。迷谛就是沉迷的现实,包括贪、嗔、痴、慢、疑、身、边见、邪见、见取、戒取这十使。十使在人的内心是埋藏很深的,让你不由自主地干坏事。贪是贪婪、不知足;嗔,就是嗔怒;痴,接近于玩物丧志;慢是怠慢;疑是怀疑;身是不能超脱自己的身心所处的环境;边见就是偏见成见;邪见就是邪念;见取是取于非理之见;戒取是取于非戒之事。这十使是导致内心痛苦、迷茫的根源。

佛教还将起见惑细分为八十八使,起思惑细分为八十一品,并提出声闻断事和缘觉断习。声闻断事,是说最初跟着佛陀来学习的时候,有一些疑问就可以问,你问这个事情怎么办,佛陀就给你讲一讲,按照导师说的做,用他的经验指导自己做事。佛陀圆寂之后,那些佛经里没有说的大义只能靠自己去悟,也就是通过佛经、教义来改变自己的言行,这就是缘觉断习。

四、六度万行

度就是渡到彼岸的意思。大乘佛教讲的是不光自己修行,还通过佛法让所有的人，或者信佛的人一起达到圆满的彼岸。什么叫六度呢？即六条通往涅槃彼岸的路。

一是布施。大乘佛教讲不一定要像苦行僧似的去修行，只要心里有佛就可以。布施就是布施财物，这是最基本的做法、最原初的含义。现在有些佛教信众去放生，放生也是布施的一种方法。更重要的是布施出家人，布施饥饿、困苦和需要帮助的人。除此之外，还要布施诸法，有钱的人布施财物，懂佛理的人要给别人讲佛理，让别人去觉悟一些东西，或者明白一些东西。布施要有牺牲自我的精神，佛教里有舍身饲虎的记录，说明布施是无所不施的。最初是布施财物，而后布施佛法，再后舍身布施。

二是持戒，就是通过律仪、善法来修行。律仪是佛教的戒规，有很多要求。虽然很多修行者说不能像苦行僧那样完全遵守，但是佛教的基本规则还是要遵守的，如不吃荤、不杀生、不妄语、不奸邪，这些都是一些基本的律仪。在这个过程中，内心对佛、佛法的敬重是最为重要的。通过谨遵佛法，做对大众有益的事情，才能达到修行的境界。

三是忍辱，就是要忍辱负重，这是一种舍弃精神。按照佛教的思想，他人的诽谤、诬蔑是不用去辩驳的，因为那些东西只是暂时的存在，不用去在意。只要能够忍辱负重，抵御各种各样的诱惑，经受很多磨难，才能够去修行佛法。

四是精进。如果说布施只是一种外在的舍弃，忍辱是在精神层面的主动追求，那么真正能够抛弃自己的荣辱富贵，在佛学上有所精进，才是修行的关键阶段。佛经里做了很多形象的比喻。如披甲，是描述修行佛法以后，自己仿佛披上一层铠甲一样，百毒不入，邪气不侵；如摄善，是能够把天地间善良的东西吸纳到自己的内心之中，能够体认人世间和万物之间的善果；如利乐，就是利众乐群，达到一种忘我无我的境界。

五是禅定。禅定分为三种：世间禅、出世间禅、上上禅。世间禅就是身在世间心在世间，却能有智有觉。出世间禅，表面是说躲到一个清静的地方去修禅，有脱世的超越；深层的意思是说要以出世之心做事。上上禅，就是说能够忘却出世入世之辨，色空三观，中道而行。

六是般若。禅定以后,就进入到了般若的境界,即进入一个完全超越了天地、万物,能够涵纳宇宙山川的境界。这是让智慧之光照耀心灵,既能看到实相,也能看到假象。般若指智慧,很多人在生活中之所以烦恼就是因为其看到的、追求的都是假象、假有。明白了实相,自然会用这种大智慧去观照万物,用佛的眼光来看万物,洞悉人世间所有的尘缘、痛苦。无论在何时何地,都能让自己沉浸在宁静大明的境界里。

万行是什么呢?就是六度的展开,是无量无边的修行方法,是说通过六度修炼以后,不仅自我超脱,也能够像菩萨一样去超度万物。由于成佛方法太多,无法一一列举,故以"万行"形容,用"四弘誓愿"概括。《六祖坛经》有四弘誓愿:"众生无边誓愿度,烦恼无尽誓愿断,法门无量誓愿学,无上佛道誓愿成。"是说众生都在痛苦之中,我们要去度化他们。

五、五乘佛法

佛教把达到一定的果位叫"乘"。五乘佛法是根据修行的五大类根性建立的五层台级,标示着修行所能达到的五种果位。其中,乘"五戒"法,生于人间的叫"人乘";乘"十善"法,生于天上的叫"天乘";乘"四谛"法而证"阿罗汉"果的,叫"声闻乘";乘"十二因缘"法而证"辟支佛"果的,叫"缘觉乘";乘"六度、四摄"法而达到成佛之果的,叫"菩萨乘"。根据修行者所处境界的不同,可分为世间法和出世法。

人乘。主要修习三皈依和五戒十善,心思昏昧的人就让他学人乘。人乘要受五戒,即不杀生命、不偷盗、不淫邪、不饮酒茹荤、不妄言造语,这是修行者的基本要求,也是一个君子的起码修养。通过防邪存善能感悟人道的真谛,修成可以到达欲界六天的善果。

天乘。能够达到少欲知足的境界,在充满诱惑的人世间保持淡定从容。这适合心思敏捷的人来修行,要行十善,即离杀生、离偷盗、离邪淫、离妄言、离两舌、离恶口、离绮语、离贪欲、离嗔恚、离邪见。如果说人乘还具有被动的"戒"的意味,"天乘"则更多是主动的追求。在天乘中,修行者能感知生色界四禅天和无色界四天。人乘与天乘均属于世间法,主要是说在日常生活中修行。世间法追求现世的福报,偷安小果。修行者仍为凡夫,不能超脱生死轮回。

声闻乘。遵循佛陀声闻之教。声闻部主要遵循佛教经典,据经断见思惑,可以修行到罗汉果。也就是通过自修,明白苦、集、灭、道,斩断烦恼,修三十七道品,证四果罗汉,自身脱离生死。这一层全靠苦修、勤修而得。

缘觉乘。在声闻乘的基础上,自己悟道,通过断见思习来提高自己的认识,证到辟支佛。证辟支佛即独觉。众生听佛陀说十二因缘之理,能够觉悟者,叫缘觉;能读佛经而觉悟者,叫独觉。在佛陀圆寂之后,仍能根据佛教教义中的十二因缘,推导诸法生灭,悟出世间无常之相,豁然开朗者,都叫独觉。这一层全靠悟性而得。声闻乘和缘觉乘均属于小乘,修行者可以证得圣果,永脱生死轮回,不过最终的结果只在自我解脱,尚不足以普度众生。

菩萨乘。就是可以自行化他,证成佛果,能够推行六度万行,普度大乘。这一层通过修四摄六度,给众生提供方便之门,修得无量的积德,拥有菩提心和大悲心,把自利利他、普度众生作为追求,带领大家一块学习佛法、修行佛法,可以成就最高佛果。

声闻乘、缘觉乘、菩萨乘是出世法,是放弃了世间所有因缘而追求超脱生死境界之法。它表明了佛教通过自修而修他,通过自度而度他,通过自利而利他的追求。

六、三无漏学

佛教以戒、定、慧为纲领,以慈、悲、平等为精神,以诸恶莫作、众善奉行、自净其意为行持。

佛教的精神是追求大慈大悲,慈就是要有爱心,大家相互关心;悲就是要有悲天悯人之心,看到别人痛苦自己也会痛苦,看到别人高兴自己也很高兴。平等是众生在佛面前一律平等。佛教形成之初,之所以有那么多信众,就是因为在佛教的教义中,无论是国王还是乞丐都是平等的。释迦牟尼所在的时代,贫富差距特别大,阶层之间是非常严格的,对平等的体认能够吸引很多下层民众,这是释迦牟尼的超越之处,也是其智慧之所在。释迦牟尼通过宣扬众生平等,打破了社会的界限。

魏晋南北朝时期,中国佛教得到广泛的传播,众生平等的观念是吸引信众的重要原因。

行持对佛教徒来说,是修养行为的标准。诸恶莫作就是说所有的恶行都是要避免的,这是一种最低层面的戒律。众善奉行,是说能做善事尽量做善事,这是在更高层面上的主动追求。自净其意,是说这些行为不是来自于外部的监督,完全在于自我的体认、自我信奉和自我坚持。做好事、行善事的目的不是为了给别人看,而是根植于内心的善性。

按照佛教的描述,佛陀在世时,随缘开示,应机教化,所言佛法很多,后世形成了大量的佛经。这些经说归纳起来,不出戒、定、慧三项。戒就是戒律,定就是禅定,慧就是般若。《楞严经》说:"所谓摄心为戒,因戒生定,因定发慧,是则名为三无漏学。"

戒的文字表述是戒律,但戒作为一种修为,通过摄心为戒,辅以外在的戒律,可以坚守修持之道。暮鼓晨钟的作息、五戒都是外在的戒律。佛教崇尚的还是内心的自觉。内心不静,外界的东西加在皮肉之上也不会静。只有心中有佛,才能体会并谨修五乘佛法。所以,摄心为戒,意在防非止恶。

定的文字表述是经,但定也是一种境界。因戒生定,是说有了外在的戒律之后自己可以定下来。通过读经来体认佛教教义,让自己息虑静缘,泯灭过多的思虑,消除未了的尘缘,这样就可以达到禅定的境界。

慧的文字表述是论,论是对经的体认、注释、理解和阐发。通过禅定,获得对经的体认,激发出智慧,去感证理,证明教义,发展教义。因定生慧的另一层意思是能够禅定,自然能够明白佛经、教义所阐释之理,能够根据自己的理解弘扬教义。一旦达到慧的境界,就可以从容应对现实生活中各种各样的迷惑,并用各种各样的方法加以阐释。

七、解门和行门

僧侣来修行佛经的时候,一般有两种倾向:一是据守经典加以注释、论说。二是根据教义,加以阐释发展。前者以解释经典为主,可称解门;后者以践行教义为主,可称行门。

解门主要是通过阅藏对经典进行研究,使自己博学多问,研经的目的就是让自己的学问深入。如三论宗依龙树的《中论》《十二门论》和提婆的《百论》等三论立宗,说通过智慧显真如本体,与禅宗初级行法差别不大。天台宗以《妙法莲华经》为宗旨,《大智度论》为指南,《大般涅槃经》为扶疏,《大般若经》为观法,以实相阐明理论,用止观指导实修。华严宗信奉《华严经》,以文殊、普贤等上位菩萨的宣说为内证法门,以五教十宗来判教,提倡以法界缘起者立论,立四法界、十玄门、六相圆融等法门,追求圆融无碍的说法境界。唯识宗以玄奘所译的《成唯识论》为基础,论证"我""法"均非真实存在,只有破除"我执""法执",才能达到"成佛"的境界。这些宗派都是把对经典进行阐释作为修持的根本。

行门也有四派:

一是律宗,因注重研习及传持戒律而得名,其依据五部律中的《四分律》建宗,也称四分律宗。其教理分戒法、戒体、戒行、戒相四科。戒法是佛所判定的戒律,戒体是依照戒律所形成的防范意识,戒行是戒律的实践,戒相是戒的表现或规定,如五戒、十戒、二百五十戒等。律宗所要求的戒律以三业清净,即以口业、身业、意业的清静为追求。

二是净土宗,因专修往生阿弥陀佛净土法门得名。慧远建立莲社,提倡往生净土,又称莲宗。善导为创立者,倡导净土法门,依《观无量寿佛经》专心念佛,修"十六妙观"。这一宗以《无量寿经》《观无量寿经》《阿弥陀经》和世亲的《往生论》即"三经一论"为基础,讲求以修行者的念佛行业为内因,以佛陀的愿力为外缘,内外相应,念佛往生,带业进入极乐世界。

三是密宗,以大乘中观派和瑜伽行派的思想为其理论,以高度组织化了的咒术、礼仪、本尊信仰崇拜等为组织。它主要以《金刚顶经》为经藏,《苏婆呼经》为律藏,《释摩诃衍论》为论藏,并统称密教之经典为密经,讲心里观想,口里念咒,手要结印。

四是禅宗,这一派不重文字、不依固定经典、不重传统,以禅定作为佛教全部修习而得名。以菩提达摩为始祖,故又称达摩宗;也因自称得佛心印,又称为佛心宗。用参究方法彻见本有佛性为宗旨。以神秀为代表的北禅重渐悟。《六祖坛经》记载他的偈语："身是菩提树,心如明镜台。时时勤拂拭,勿使惹尘埃。"追求笃实践履,修习禅法。以慧能为首的南禅重顿悟。同书也载其偈语："菩提本非树,明镜亦非台。本来无一物,何处惹尘埃。"认为一切众生,皆有佛性,只要顿悟,皆可成佛。禅宗后来分化为五家七派,成为唐以后对中国影响最大的佛教宗派。

第四节 佛教东传

一、佛教的东传

佛教自东汉进入中国,先后经过了佛经翻译、宗派分化,最后形成了适合中国士大夫口味的禅宗,并积累了大量的典籍。

根据《魏略·西戎传》的记载,公元前2年,西汉使者景卢出访大月氏,宾主落座后,当地国王先向他口授了一篇《浮屠经》。东汉明帝时,随着西域的开通,佛教逐渐东传。先是汉军从打败的国家带回金人,这些金人是西域诸国供奉的佛像。后来汉明帝做了个梦,梦见西天有尊大神,脚踏金座,头顶光环。第二天,他就询问大臣,有人说那是佛陀。这说明东汉初期,佛教已经初传于东土。后来两个著名僧人迦叶摩腾、竺法兰来到洛阳,开始翻译佛经,他们主要译了《四十二章经》。这四十二章就相当于佛经的选译,是中国最早以汉语翻译出来的佛教教义。《四十二章经》大意是说出家、在家应精进离欲,由修布施、持戒、禅定而生智慧。

魏晋时期是佛经的翻译期。更多的西域僧人来到中国,如安息的安世高、安玄,月氏的支娄迦谶、支曜,天竺的竺佛朔,康居的康孟详等,都从事佛经的翻译工作。安世高译《安般守意经》《阴持入经》《大十二门经》《小十二门经》和《百六十品经》等。这些经典侧重于小乘教义,以传布数息、止观等禅法为主。支娄迦谶译《般若道行经》《般舟三昧经》《首楞严三昧经》,其更多接近于大乘教义,促进了般若学、净土宗的发展。此外,昙柯迦罗、昙谛、康僧铠等在洛阳,翻译了大量佛经,如

《昙无德羯磨》。此外，康僧铠还译出《郁伽长者所问经》和《无量寿经》等，尤其是译出《僧祇戒心》，主张僧众应遵佛制，秉受归戒，开始推行受戒之事。支谦、康僧会等前往建业，他们所译佛经涉及大小乘经律，支谦译出 88 部 118 卷；康僧会译出《六度集经》等。晋武帝时，敦煌人竺法护随师至西域，归来后译经 145 部，译出了《光赞般若经》《正法华经》等大乘经典。至此，大小乘佛教的基本经典已经传入。

  六朝时期是佛教整合期。一是佛教与玄学结合起来。由于佛经在翻译时要使用汉语，汉语中有些词是中国早期道家所有的，不可避免要借用，这就使二者的表述有所相近。我们可以注意到，道家和玄学家讲玄意，通过体认玄意玄理来审视外物、大道，如"坐忘""心斋"，靠的是内心的想象和意识的活动。佛教讲灭掉各种意识，不要去想象，告诉人们世界上所有的东西都是假的，要归于寂灭。二者在理论上可以互补，在方法上确实是可以互通的。支遁好谈玄理，与谢安、王羲之等交游，曾作《圣不辩之论》《道行旨归》《学道戒》以沟通佛玄。在《即色游玄论》中，他宣扬"色即是空"，发挥了般若学"性空"的思想。道安主张"本无"，本无宗也叫性空宗，道安的本无思想和印度的《般若经》所宣扬的性空有所不同，他在《光赞经》中所说的"以一切法悉无有本，以是之故，求其本末了不可得"，显然是用玄学贵无思想改造过的般若思想。

  二是规定戒规，形成禅法。两晋之际，佛教僧侣和信徒越来越多，如道安先后有弟子僧众数千人，慧远、慧永、慧持、法遇、昙翼、道立、昙戒、道愿、僧富等名僧多出其门下。《高僧传·释道安传》说道安认为"教化之体，宜令广布"，为组织教团，他决定沙门以释为姓，并制定僧尼赴请、礼忏等行仪规范，规定行香定座上经上讲之法、常日六时行道饮食唱时法、布萨差使悔过等法，使佛教僧尼活动进一步规范化。他的弟子慧远，精通般若性空之学，认为儒、佛、玄三家立场基本一致，主张内佛而外儒、玄，三者是可以合用的。晋安帝太元年间，慧远入庐山，与刘遗民、周续之、宗炳、雷次宗等名士友善，倡导弥陀净土法门。他的《沙门不敬王者论》讨论了宗教和世俗政权之间的关系，局部维持了宗教的独立性和超脱性。

  这一时期，也有很多高僧继续翻译佛经，如鸠摩罗什，初学小乘，后遍习大乘，尤善般若，译出《摩诃般若波罗蜜经》《妙法莲华经》《维摩诘所说经》《阿弥陀经》《金刚般若波罗蜜经》等，以及《中论》《百论》《十二门论》《大智度论》等，共74部384卷，介绍中观学说，后来天台宗均本其所译经论而创立。道生，主张佛性人人"本有"，认为法显所译《泥洹经》的经义不够圆满，提出"一阐提也可成佛"，初传顿悟成佛之说。智𫖮，人称"天台大师"，他口述《法华玄义》《法华文句》《摩诃止观》等，由弟子灌顶集录成书，融合强调"止""观"并重，提出"一念三千"和"三谛圆融"等观点。

隋唐是中国佛教的自化期。这一时期的佛教大致分为空宗和有宗两大派别。空宗以三论宗、天台宗、禅宗为主，侧重讨论诸法皆空，讨论万物皆空的本质，以性空之理破斥妄相。有宗以唯实宗、华严宗、净土宗为主，主要讨论万物假象的形成，以我、法实有而论性空。有宗和空宗只是相对而言，并非截然对立，只是各有侧重。上述六宗加上密宗和律宗，合称大乘八宗。

早期的净土宗，弘扬阿弥陀佛，并不追求立文字。武则天时，禅宗逐渐盛行，中唐时密宗讲究禅定，也不以经典的注释和固守为主，更多发挥教义，便于一般信众和士人们接受。佛教最初传入中国，完全依靠上层贵族和皇朝的支持。十六国、南北朝到隋唐，很多皇帝迷信佛教，前秦的符坚、石虎，南朝的梁武帝、陈武帝，北魏的孝文帝，以及隋文帝、武则天、唐肃宗等，都是虔诚的佛教徒。由于王权的庇护、皇室贵族的馈赠，佛寺占用大量的土地，还拥有不纳税等特权，这就使很多人假托僧侣，隐匿人口、税赋，加剧了财政的负担。中唐时，财税改革不是很顺利，有些士人、官僚便开始排佛。唐武宗会昌四年（844）颁布诏令，将大的寺庙保留，小的寺庙全部拆除，把寺庙里的佛像拉去铸炼农具，把寺庙拆了另建馆舍、房子，遣散大量僧侣到民间。此前王权和贵族对寺院的支持迅速削弱，使得原本单纯靠翻译佛经、传播佛经的宗派失去了经济保障，开始渐渐消亡。禅宗不讲经典只讲教义，说只要心中有佛就可以了，老百姓很容易接受，由此逐渐普及开来，成为中国影响最大的宗派。禅宗还建立了禅林制度，僧侣一边劳作一边修行，通过经济上的自给自足，来保持寺庙的延续。到了宋朝以后，禅宗一面士大夫化，重视三教合一;另一面则世俗化,适应不同阶层民众的需要,又形成了多种多样的宗派。

二、佛典编纂

佛经在翻译的同时,开始逐渐结集,编纂成目,便有了佛典。西晋荀勖的《晋中经簿》始收录佛经。东晋时,支愍度撰《经论都录》《经论别录》,通录古今,对佛经分类。东晋时,释道安撰《综理众经目录》,"铨品译才,标列岁月",按翻译者年代、书的性质、经注等次序,逐家立目。南朝僧祐所撰的《出三藏记集》说:"一撰缘记,二铨名录,三总经序,四述列传。缘记撰则原始之本克昭;名录铨则年代之目不坠;经序总则胜集之时足征;列传述则伊人之风可见。"分类别目,初步形成了佛典。僧睿的《二秦众经录目》续补道安的目录,收录苻秦、姚秦和北凉新译的佛经。竺道祖撰《众经录》也分魏、吴、晋、河西四地收录。

南朝宋王俭《七志》把佛经单列一录,附于《七志》之后。南齐时,有释王宗的《众经目录》,通录古今,并分"大乘""小乘"收录经典。梁阮孝绪作《七录》,以《佛法录》为外篇第一,内分"戒律""禅定""智慧""疑似""论记"5类。释宝唱的《梁世众经录》,把佛经单列。隋开皇间释法经重编《众经目录》,又把"经""律""论"分开,"大乘""小乘"各列一录;经、律、论三藏以外的书分为抄录、传记、著述三集编目。

唐高宗麟德元年(664)释道宣撰《大唐内典录》10卷,按代记人,并分出大小乘,立"有目阙录",专门收录散佚的佛经,在同一佛经中,选择翻译最好的录入。唐玄宗开元十八年(730),释智升撰《开元释教录》20卷,分"总录""别录"两部分。正录总括群经,别录分有译有本录、有译无本录、支派别行录、删略繁重录、补阙拾遗录、疑惑再详录、伪妄乱真录七种,对佛经进行文献意义上的梳理。

《开元释教录》用南朝梁周兴嗣撰的《千字文》编号,自"天"字至"英"字,共480字,每字1帙,合480函,每帙收佛经10卷左右,著录佛经5048卷。这是后世《大藏经》的蓝本。《大藏经》汇集了佛教的一切经典,主要由经、律、论三部组成,又称"三藏经"。经藏著录佛陀指导弟子修行所说的理论,律藏记录佛教信徒制定的日常生活所应遵守的规则,论藏著录佛家弟子们为阐明经的理论的著述。

唐以后,各地僧俗多次收集佛经,如宋真宗大中祥符四年(1011),赵安仁、杨亿始撰《大中祥符法宝录》;宋仁宗景祐四年(1037),吕夷简、宋绶撰《景祐法宝录》;元世祖至元二十二年(1285),庆吉祥撰《弘法入藏录》及拾遗、《至元法宝勘同总录》;顺治八年(1651),释智旭撰《阅藏知津》。这些目录中所收典籍,有的被补充入历代刊刻的《大藏经》中。现在我们要了解佛经大概,可以参考三部佛经解题书录:《阅藏知津》《大藏经纲目指要录》《大藏圣教法宝标目》。

第十一章　道教通论

　　道教是带有中国传统和中国思想意识的一个本土化的宗教形态,与中国文化的演进息息相关,在历史发展过程中不断吸纳中华文化,其中的许多理念、思想和观点已经深深植入中国人的日常生活之中。

第一节　道教的形成

　　道教是中国本土的宗教,它把中国传统文化中相当多的营养吸纳进去,体系驳杂,随着中国思想文化和民俗的发展不断演变。道教是先有宗教形态而后逐步完善思想体系的,我们有必要把道教的形成和发展史放在思想体系前面加以阐释。

一、前道教时期

　　东汉中叶之前,是道教萌芽和积累的时期,上古形成的很多民俗,成为道教形成的基础。
　　一是鬼神崇拜。商周时期主要是天地崇拜,并没有形成一种宗教化的神。商王祭祀天帝只是出于一种朦胧的对天的敬畏,希望通过天对其的眷顾来获得统治权,或者说保持统治的安稳。以农业立国的西周,最初将天与地同时礼拜,后又把天逐渐理解为道德意义上的存在,他们对天地宗教意义上的膜拜已经不再像商朝那么迫切,更愿意把夺得天下看成是先王的功劳。《诗经》里周民族的史诗,《尚书》《国语》中关于周民族事迹的追述,总让人感觉到周民族对先帝的敬畏、崇拜超过了对上天的崇拜。鬼是人死后对其灵魂的想象，崇神是把灵魂作为一种神灵进行崇拜。周朝在分封诸侯时，通过分配礼器象征授予统治权，通过立庙祭祀先祖象征获得合法性。随着宗法制度的完善，鬼神崇拜通过祭祀制度得到加强。在天地崇拜中增加了宗族意识，这就在民俗层次上形成天神、地祇和人鬼系统，奠定了古代中国礼制和民俗形态的祭天、祀地、享祖三大祭祀系统，这些祭祀礼仪和观念成为后世道教的科仪规范。

二是祭祀之法。所谓的祭祀之法，包括祭天、祀地和享祖等仪式，也包括具体的祭法，即用哪些仪式、采用哪些音乐、用什么样的人和物品。《山海经》中记载了很多详细的祭祀方法，如利用祭坛，以带血、带毛的动物埋于地下，或燃火冒烟来祭天，或把祭品沉入河里以祭山川。在祭祀时配合音乐和舞蹈，包括之前遴选参与者，都有一个严整的规范。这也对后世的道教有所启发。

三是神仙之说。对生死问题的讨论是世界各民族在童年时期所关注的主题。除了各种各样的养生延寿之说外，中国更重视神仙之说具有的超脱性。其认为有一些人或者一些物能够超脱生死，能够在生死之间进行跨越。《庄子》里已有真人、至人、神人等说法。战国后期开始出现了仙人之说。《远游》里的仙人，《九歌》中的神仙，《离骚》里的神女，都有跨越现世和来世的能力。仙人观念与神人观念合流，形成了汉代的神仙之说。在神仙之说中，不光有先天存在的仙人，如西王母、云中君等，还存在一些在民间经过修炼后升天的人，如赤松子、王子乔等。这些成仙的传说越积越多，最终汇成了道教的神仙谱系。

四是方术方士。方术是早期人类对未知领域的一种探索。在当时，方术被看成是高深的学问，是探寻天地运行之理、人类生存方式的学问。围绕方术产生了一大批方士，最初是以巫、祝、史、卜等形式出现的，试图弥补人自身的局限性，追求人类命运的超越。如利用占卜、遁甲来洞悉吉凶祸福，讲究服食丹药来延长寿命，这其中既有合理的成分，也有虚妄的附会。他们对身体经络的思考、对疾病的治疗等，成为后世医术的基础。中国的医学与道教关系密切，如《黄帝内经》的阴阳之说、《金匮要略》的五脏辨症施治、《神农本草经》的药学观念，都与道教有着密切关系。再加上《伤寒杂病论》的寒热之说,就形成了中医阴阳学说、脏腑学说、寒热学说、药物学说的基础。

五是黄老思想。黄帝的帝道思想和老子的道德思想形成了黄老学说,这在西汉时期是作为一种政治思想存在的。《汉书·艺文志》所记载的"神仙"类中,有黄帝,而没有老子。到了东汉以后,黄帝和老子开始分列,黄帝被古史化,成为人文始祖;老子则被宗教化,成为被祭祀的对象。东汉明、章帝时期,益州太守王阜作《老子圣母碑》称:"老子者,道也。乃生于无形之先,起于太初之前,行于太素之元,浮游六虚,出入幽冥,观混合之未别,窥清浊之未分。"①把老子当作道的化身。汉桓帝时襄楷上疏说:"又闻宫中立黄老、浮屠之祠。此道清虚,贵尚无为,好生恶杀,省欲去奢。今陛下嗜欲不去,杀罚过理,既乖其道,岂获其祚哉!或言老子入夷狄为浮屠。"②说黄帝、老子已经被人祭祀,这显然带有一种宗教的情结。

六是谶纬学说。谶纬,最初是汉代的今文经学家为了神化儒家的经典和学说,编造出来的一些纬书和图谶。纬书是仿照经书假造的书,图谶是具有预言性质的图画和谶言。谶纬学说虽把儒学引到了一个虚妄的境地,同时也开启了汉人的想象世界,这是知识分子利用自己的理想来建造的一种想象图景。在谶纬学说中,孔子不再是对前代经典进行整理的历史人物,而是生而知之的带有神学意味的儒学教主。虽然谶纬学说被禁掉,孔子升为教主的倾向被削弱,但这种神化的方式却启发了道教。

二、道教的出现

汉晋时期是中国道教的形成期。汉顺帝以后,宦官和外戚轮流专权,士阶层形成清流,非议朝政。下层百姓却因为官吏腐败而走投无路,加之频发的地震、洪水、瘟疫等,无以为生,痛苦不堪。按照汉代流行的谶纬学说,若圣王出现,就海晏河清;天下多灾疫,那自然是帝王昏

---

① 王阜:《老子圣母碑》,《太平御览》卷一,中华书局1960年版,第2页。
② 《后汉书·襄楷传》,第1082页。

昧，或者天命已尽，于是人心思变。有些有政治野心的人，就宣称自己受命于天，如张角兄弟奉《太平清领书》而建太平道，设三十六方，大方万余人，小方六七千人，各立渠师，以黄老之术，持九节杖为符祝，驰敕诸方，衣着黄巾，自称天公将军、地公将军、人公将军，掀起了"黄巾大起义"。

野心不大的人，就通过救治百姓、引导信众，建立起一种社会救助团体，如张道陵。张道陵早年学习黄老之道，弃官隐居在北邙山，后入江西云锦山，炼九天神丹，入蜀后居鹤鸣山修道。《三国志·魏书·张鲁传》记载他"以鬼道教民"。他言自己感应太上，被授正一盟威之道，教化百姓。他分所传道的地区为二十四治，让祭酒分领。他用符水为百姓治病，很灵验，百姓尊他为天师。因入道需交五斗米，故称"五斗米道"。太平道与五斗米道皆出自黄老道，以神仙崇拜及方术救治为教团特征。

张道陵的孙子张鲁，占领了汉中，建立了一个政教合一的政权。他继承其祖的教法，教民诚信不欺诈，让病人自首其过；对违反教义者宽宥三次，如果再犯，才加以惩处。如果百姓有小的过失，就修道路一百步来赎罪。他还依照《月令》行事，创立义舍，置米肉于内，免费供行路人量腹取食。这在天下大乱、百姓饥寒的时候，能够得到大量信众的拥护。

张鲁以《道德经》为经典，并作《老子想尔注》，提出道"一散形为气，聚形为太上老君，常治昆仑"的说法，把太上老君奉为教主，把《道德经》作为教义，并把"行诫守道"作为教规。五斗米道已经具有了宗教的形态，因为它不仅具有教团的组织，也在逐步进行宗教的理论建设。从张角兄弟、张道陵、张鲁等的活动来看，他们在建立宗教之初，并没有严格意义上的思想体系，只是靠着天下太平的想象、治病救人的实践来吸引信众。张鲁建立政教合一的政权后，才重组思想资源来进行理论建设。他延续了两汉的传统，继续将老子神圣化，不仅使老子成为神仙和教主，使《道德经》成为宗教的思想来源和文献资源。具有了教主、教义、教团和信众，这使五斗米道逐步成为一个影响甚大的宗教派别。

三、道教的形成

东汉中期,魏伯阳作《周易参同契》,把《周易》《老子》《庄子》融合到一块,谈神仙方术的不易之法,尤其重视炼丹、养生之说。这本书在思想上可以看成是魏晋玄学的先导;在宗教上,却是丹道学说的基础,被视为千古丹经的鼻祖,魏伯阳因此也被尊称为"火龙真人"。

东晋葛洪把丹道学说加以完善。葛洪儒、道、释兼通,他早年曾一度做官,后隐居于广东一带炼丹,期望服药成仙。他主张"栖神存想",认为原神是构成身体的基础,也是支配行为和保持生命的基础,守住原神后就守住了自己,栖神就是把原神守住。存想就是不要有那么多的杂念,要忘却尘俗,用内心来体察万物。这就把炼丹之法和修养之法结合起来,被后世方士尊奉为修炼正统。葛洪精通医学,主张道士要修医学。他在炼丹之余行医,认为只要把疾病排除掉,人就可以长生,这与服食丹药异曲同工。葛洪总结中国医术,对中医的发展贡献很大。如《肘后备急方》《金匮药方》《玉函方》,言外科、药食、画符等治病之法。他的丹药理论,使道教的学说基础更加深厚,而他亲自治病救人,也便于道教吸引信众。

南朝梁陶弘景进一步丰富了道教的思想体系。陶弘景服膺葛洪的神仙之说,他本人又精通佛教、儒学、历算、地理、医药、方术等。例如,他整理的《神农本草经》共收载药物365种,对每味药的产地、性质、采集和主治的病症,都作了详细的记载,成《本草经集注》7卷,为中古时期著名的药学著作。他的《辅行诀脏腑用药法要》是《汤液经法》的前身,对中医汤药服食法进行了总结。他的著作有两百多卷,不仅有儒家经典的注疏,还有方术之法的总结。特别是《真诰》,载传道之事、修道养生之术;《养性延命录》言存思五神法、存思日月法、存气法、服食之术以及除却百灾、百毒、百疫之法;而《集金丹黄白方》演修炼丹药之术;《登真隐诀》描述神仙地狱的境界,介绍修仙的秘诀;《真灵位业图》介绍了上青派和灵宝派。这些著述深化了道教的理论体系。

与此同时,北朝寇谦之通过完善组织,使道教神仙谱系系统化。寇谦之创立的天师道,奉太上老君为教主,并以役使鬼神、符咒法术等来沟通人、鬼、天、神,建立起一套想象之中的神仙谱系。北魏太武帝封寇谦之为国师,他便吸取传统的礼制和佛教的规戒,建立了一套完善的斋戒仪式,改革道官职位的世袭制度,按德才选拔任命,规范了道教组织的管理活动。

南朝宋陆修静改革了教团结构。在此之前,教团的管理,采用祭酒制,分区设主管,祭酒负责区里教徒的管理和教义的传播。在祭酒之下再设道官,层层设立。陆修静禁止道官自行任职,实行按级晋升制。民众要有功德,才能受箓为道民。道民受箓之后,有功者才能升迁。他把原先的受十将军箓,依次升至受五十将军箓,并把箓吏依次晋升,分为散气道士、别治道官、下治道官、配治道官,以及下八治、中八治、上八治等道官。这就使宗教组织充分系统化。陆修静还制定了九斋十二法的斋醮体系,使宗教活动规范化;又刊正《灵宝经》,撰《灵宝经目》,对此前的道教经典进行整理,创造了三洞四辅十二类的道教典籍分类法。

在南北朝时期,道教组织日趋完善,教义日渐丰富,炼丹学说成型,规范了祭祀方式,建立了神仙谱系,道教所应具备的形态、仪式、组织、经典和教义,得到了全面的发展,道教作为一种成熟的宗教形态,得以确立。

第二节　道教的发展与总结

一、内丹说的兴盛

唐朝道教与皇权结合更加紧密。唐皇姓李,与太上老君李聃同姓,唐高祖李渊诏立老子庙祭祀,唐太宗正式册封老子为道教教主。唐玄宗时列《老子》为《道德经》、《列子》为《清虚经》、《庄子》为《南华经》,并把道教提升为国教,道教得以迅速发展。其中开元间编纂的《开元道藏》,不仅汇总了大量传世的道教经典,也有助于融通教义。中唐武宗时期,道教参与到排佛的斗争中并取胜,使道教的政治影响继续扩大。

佛教自传入东土,就与儒学、道教有着非常复杂的关系。一方面三者之间相互吸收、彼此借鉴,另一方面也存在矛盾斗争。从东汉襄楷所言"老子入夷狄为浮屠",到西晋出现的《老子化胡经》,可以看出道教对佛教的长期围攻。入唐以后,有些儒生把先秦诸子所强调的"华夷之辨"拿来,说佛教由外面进来,会毁灭中国的道统和文化,会毁掉中国人的精神世界,便试图排佛,如傅奕《高识传》、李仲卿《十异九迷论》等。唐武宗非常相信道教,赵归真、邓元起、刘玄靖等道士借助儒生排佛的声势,也掀起了一波排佛的浪潮。会昌排佛之后,佛教发生了重大转型。道教似乎也意识到要发展就必须依靠政权的力量,宋元时期,道教与政权的结合便更加紧密。

唐代道教学说最重要的理论贡献在于内丹学说的形成。内丹学说由隋代道士苏玄朗提出,在唐代得到全面发展。苏玄朗生平不详,据《罗浮山志》记载,他觉得《古文龙虎经》《周易参同契》《金碧潜通秘诀》三书文繁义隐,纂为《龙虎金液还丹通元论》,言内丹之说。

在此之前,道教流行外丹学说。外丹的"丹"是指药食,通过炼药服用来求得长生不老。内丹学说认为身体就是丹炉,可采天地之元气,通过上丹田、中丹田、下丹田之间的呼应,以身体为炉火,把气、精、神结合起来,可以在身体里面形成一个内丹,同样可以长生不老。受他的影响,唐代内丹学说迅速兴盛,如崔希范的《入药镜》、张元德的《丹论诀旨心鉴》、陶植的《陶真人内丹赋》、羊参微的《元阳子金液集》、刘知古的《日月玄枢篇》、还阳子的《大还丹金虎白龙论》、吴筠的《南统大君内丹九章经》、林太古的《龙虎还丹诀颂》、董师元的《龙虎元旨》等,皆言内丹学说。至唐末五代之际的钟离权和吕洞宾,丰富和发展了内丹学说,形成了内丹修炼术,又称丹道教。他们把自身当作丹炉,调动人体内的精、气、神,用神去烧炼,通过胎息、导引、行气、存想等方法,使精、气、神凝结为"圣胎"。而"圣胎"离开躯体以后成为身外之身,永世长存。这种"圣胎"就叫神丹,也叫内丹。

与此同时,道教的理论建构也日趋完善。一是用神仙思想来阐发老庄,以王玄览的《玄珠录》为代表。从思想史的角度来说,我们认为老庄的思想里有神仙意识,唐代道士则从宗教的角度,认为老庄就是神仙,并把对老子、庄子的阐释往神仙学说发展。二是推行心性修炼,以司马承祯的《坐忘论》《天隐子》为代表。他们把《庄子》"坐忘""心斋"理论引申出来，提出要想真正修道，就要能够主静、坐忘。主静就是说让内心归于寂静，坐忘就是忘却世俗、烦恼。这为道教"性命双修"说作了理论铺垫。三是以道为本，纳儒入道，以吴筠、杜光庭为代表。吴筠《玄纲论》、杜光庭《道德真经广圣义》把道教和儒学结合起来讨论。一个学说体系的发展从来都不是封闭的，如果封闭，实际上就阻止了继续发展的道路，必须吸纳相邻的学说，甚至吸纳反对它的学说，才能得以发展。道教也是如此，当它与儒学抗衡的时候，也发现儒学和佛教里边有很多东西是合理的，就把它吸纳进来，丰富自己的学说体系。四是斋醮仪式规范化，以杜光庭的《道门科范大全集》为代表。他把道教所有的仪式收集整理起来并加以规范，使这些仪式能够与时俱进，更容易与政治行为、社会活动相融通，促进了道教的世俗化。

宋元时期，道教理论继续完善，其中张君房、陈抟和张紫阳的贡献最大。

张君房为宋真宗景德年间进士。宋真宗崇尚道教，张君房在戚纶、陈尧臣等推荐下，编纂《大宋天宫宝藏》4565卷，辑录大量道书。后又抄撮其精要共万余条，编成《云笈七签》122卷，全书以"道"为首，以"验"为足，以"法"为主干，记录了大量神仙故事，还讲了很多法术，把此前的道教典籍源流，条分缕析，叙说清楚，现在仍有很重要的参考价值。

陈抟创立了太极图和先天方圆图，对张载的易学理论、二程的心性之说有很大的影响。他著《易龙图序》，研讨河洛数理；注释《正易心法》，倡先天易学，把儒、道、释三家之学合一，融会贯通，建立了完整的哲学体系。他的《指玄篇》《观空篇》《胎息诀》和《阴真君还丹歌注》等，主张内丹修炼，达到"成尘得变"，提倡"修心养肾"，控制人的欲望。他提出的以睡养生，也是在内丹修炼状态下的修养。

张紫阳是宋元时期著名的道士。他认为儒、释、道"教虽分三，道乃归一"，把内丹作为修仙的主要途径，提倡性命双修。性功就是通过心性的修炼促成内丹早日铸成，命功就是通过外部的修炼来实现丹药的形成，主张先修命、后修性，两者结合，达到明性的境界。他把内丹分成四个阶段：筑基、炼精化气、炼气化神、炼神还虚。以内丹为修仙途径,以性命双修为其内炼大旨。除了《悟真篇》外,他还撰有《金丹四百字》,概括内丹法要;撰《禅宗诗偈》32首,研究佛禅哲理。他和陈抟的理论概括,标志着三教合一已经成为道教思想发展的主导倾向。

二、道教宗派

宋元时期,三教合一的倾向越来越明显,道教吸收了儒家的心性之说和佛教的内观之法,内丹学说日趋完善,开始形成诸多宗派。宋代除正一派、上清派、灵宝派外,还有太一教、真大道、全真道、金丹道、净明忠孝道、清徽派、神霄派、东华派、天心派等教派。南宋末,江南诸道派归正一派统领。元代时,正一派、全真派成为两大道教派别。我们对其略作概括介绍。

1. 神霄派。创始人为北宋末道士王文卿。"神霄"的名称来源于《灵宝无量度人上品妙经》,该经认为天有"九重",最高一重为"神霄"。神霄派以传习五雷法为长,认为运用五雷法可以役使鬼神,招致雷雨,除害免灾。其学说以天人感应说为基础,主张炼本性元神,内炼外用,以守原神为主,在修为上,注重宗教伦理的实现,讲究禁欲。这一派认为天与我同体,人与天时、阴阳五行一脉相通,彼此感应。感应的力量来自于内丹的修炼,只有内丹功力深厚,才能招致风云雷雨。

2. 太一教。宋金之际形成,元代并入正一道。创始人是金初的萧抱珍,称名"太一",即取"元气浑沦,太极剖判,至理纯一之义"①,以哲学上的太一之说,融合方术上的太一三元法箓之术,以老子之学修身,以巫祝之术御世,重视符咒秘箓,祈禳呵禁,以去厄求福吸收大量信众。

3. 真大道教。创始人是金初的刘德仁,其擅长医术,在传教时以召神劾鬼之术为人治病,信者甚众,自称大道教。传五世而分裂,其中元宪宗支持郦希诚一派,改名为真大道教。这一派宣扬清静无为,真常慈俭。立戒条九则,要求信徒禁止色欲、杀生和饮酒,具有仁爱之心,拯救他人摆脱痛苦;提倡不争执,去掉私心和邪念,守本分,不靠他人施舍,以自力耕作、种桑养蚕来满足自己的衣食。神霄派更多是脱离世俗的

---

① 《重修太一广福万寿宫碑》,《道家金石略》,文物出版社1988年版,第846页。

修炼,太一教更多侧重拯救世俗的修炼,真大道教则更多立足世俗的修炼,它们分别适应不同阶层的需求。

4. 全真教。全真教在元明影响非常大,以《道德经》《般若波罗蜜多心经》《孝经》为基本经典,主张三教合一。全真教偏颇性减少,包容性增加,思想体系更为完善。这一派认为清静无为乃修道之本,内心清静才能够除情去欲,才能达到"返璞归真"的境界。全真教提出了"识心见性""修炼性命"之说,追求通过自己的守正静修来发明本心,存扬本性。由此制定了严格的清规戒律,规定道士必须出家,住观修行,不娶妻,不茹荤,不饮酒,以清静无为内修,以传道济世外修,以为功行两全,证圣成真,故名"全真"。《金莲正宗记》概括全真教的教义为:"以柔弱谦下为表,以清静虚无为内,以九还七返为实,以千变万化为权。"全真教仿效佛教禅宗,不立文字,注重内丹修炼,反对符箓与黄白之术。虽然在元初王重阳、邱处机时期得以全盛,在元世祖时期因与佛教辩论失败,受到打击,入明后逐渐衰落。

5. 正一派。源自于五斗米道、天师道,又称正一盟威之道。元成宗在大德八年(1304)封三十八代天师张与材为"正一教主,主领三山符箓"①,符箓各派统一于正一派名下。主张道士居家修行,可娶妻成家立业,可茹荤饮酒;多通过符箓斋醮、祈福禳灾、降邪驱鬼、超度亡灵,为民众服务。明太祖朱元璋又赐四十二代天师张正常"永掌天下道教事",道士宋宗真、赵允中编成《大明玄教立成斋醮仪》,对授箓传度的斋仪章法作了系统规范,从此天下符箓,出此一家。

三、道教的衰微

明清是道教的总结期和衰微期。尽管明朝不少帝王如明太祖、明成祖、明世宗宠信道士,但道教在理论上缺少创新,也不如宋元时期那样拥有大量信众。明代道教依然沿着三教合一的道路发展,如张三丰的武当道不仅重视修炼内丹,还练习内家拳法,通过练习武术来强身健体,较有特色。其余多是在派别上有所分化,而理论上并无建树。这一

---

① 《元史·释老传》,中华书局1976年版,第4526—4527页。

时期,唯独道教文献的整理最有成就。

明成祖即位,曾令张宇初重编《道藏》。永乐八年(1410),又令张宇清继续主持编藏。到明英宗正统九年(1444)始行刊版,又令道士邵以正督校,增所未备,在正统十年校定付印,名《正统道藏》,共5305卷,480函,按三洞、四辅、十二类分类,采用《千字文》为函目,自"天"字至"英"字,每函各为若干卷。颁行天下,藏于各名山道观。到明神宗万历三十五年(1607),命第五十代天师张国祥续补《道藏》,仍以《千字文》为函次,自"杜"字号至"缨"字号,凡32函,180卷,名《万历续道藏》。明版《正统道藏》,是我国现存的唯一官修道藏。上海商务印书馆以北京白云观所藏明刊《正统道藏》,以涵芬楼名义影印,缩改为6开小本,凡1476种,1120册。

明末清初,全真教龙门支派律宗第七代律师王常月曾三次公开传戒,发展了大批教徒,使全真教一度呈复兴之象。他融通佛道,提出入道学仙要按皈依三宝、忏悔罪业、断除障碍、舍绝爱缘、戒形精严、忍辱降心、清净身心、求师问道等次序依次修行,严格执行初真、中级、天仙三级道戒,确定戒、定、慧为渐进之基。在肯定全真"先性后命"的修炼传统时,又破除炼化精气的金丹命术,反对炼化精气以求长生的积习,承认肉体的死灭,而不死的是真性法身。

王常月发展了道教学说中的元气说,认为人之所以长生不死,在于元气不散。按照道教的说法,元气弥散在天地之间,聚于体内便可成内丹。任何一个人都是元气的产物,必须以元气来修炼。真正的元气是长生不老的,真正的长生不老是把自己的精神和元气弥散在天地之中。他在《龙门心法》中说:"彭祖至今何在,颜回万劫还存。不死者,我之法身,长生者,吾之元气。"认为与其追求肉体的长生不老,远不如追求精神的长生不老。这解构了道教的神仙学说,此前道教修炼内丹、外丹,企慕神仙,目的都是为了长生不老。道教自创立以来,一直宣扬神仙可期,但现实生活中,有谁能够见到神仙呢?帝王尚不能用丹药长生,何况百姓?反倒不如佛教,承认人的死亡,并用轮回解释令人信服。道教理论的偏颇是天生的,王常月元气说的解释,仍无法弥补道教学说的理论缺失。

雍正、乾隆时期的正一派道士娄近垣,是清代唯一以符箓名世的道士,深受雍正宠信,他认为佛、仙、圣一心,把"无心""无住"作为修道之要旨,以禅语解道,主张从性功入手,炼化精气,性命双修。他最大的贡献是整编《黄箓科仪》十二卷,规定道教发奏、建坛、宿启、拜表、早朝、午朝、解坛、设醮各项仪式,是对道教斋醮科仪的最后总结。

乾隆立黄教为国教,道教为汉人宗教,逐渐被排斥。道光之后,西方学术进入,道教特权被取消。民国以后,道教活动在民间逐渐衰微。

第三节　道教思想体系

一、玄道思想

在道教学说中,玄道是宇宙万物的本根、本原、总体。玄是万物本原的状态,是难以描述、混沌一体的,道体现了玄的规律性。按照《道德经》的说法:"道生一,一生二,二生三,三生万物。"道的特性是"清静无为",人类通过"根深蒂固""长生久视"可以体认道。这些观点成为道教学说的基础。葛玄《太上老君说常清静经》说:"大道无形,生育天地;大道无情,运行日月;大道无名,长养万物。"对"道生万物"的概念作了阐述。在道教理论体系中,道是生化宇宙万物的原动力,是造化之根。天地万物之所以运行,靠的是道的驱动;天地万物之所以存在,靠的是道的衍生。道是生命之本,以虚无为体、清静为宗、柔弱为用,无为不争。其特点是真常永恒、无生无灭、无时不在、无处不有、长存于天地间。道又是天地正义和公理的象征,是天地运行的根本法则。道教之所以以"道"名教,正在于他们对玄道的推崇和对道的敬仰。

道造化万物,德蓄养万物。德是道的体现、衍化和规范。《道教义枢》说:"道德一体,而具二义,一而不二,二而不一。"道和德是密不可分的,道是天地万物的本原、天地万物运行的规律,德是这种规律的外化,道和德是一体的。

道教理论在表述德的本意时,除了认为道德一体外,还说"德"就是"得"。《自然经》说:"德言得者,谓得于道果。"道士修道,必须以

"德"为根基,来证道成道。怎样能够让自己的行为、结果合于道? 就是要讲德。怎样讲德呢? 就是要效法天道,去除私欲、摒除杂念,顺其自然地修炼自己,淡泊宁静,滋养生息,始为成德。

二、仙道学说

仙道学说主要描述人如何得道成仙。早期的道家学说将神仙视为超越世俗的精神动力,《庄子·逍遥游》说:"藐姑射之山,有神人居焉。"神人可以不食五谷,只吸风饮露;可以乘云御龙,行游四海之外。《老子想尔注》又说"道意贱死贵仙"。《抱朴子内篇·黄白》也说:"我命在我不在天。"修行的目的就是要抛弃死亡,修成神仙。

要想长生怎么办? 只有认真保养自己的性命,《西升经》说:"我命在我,不属天地。"天、地、人三者并立,天可以长生不老,地可以厚德载物,我既然与天地并立,要想长生,就要好好修炼自己、保养自己,也就是说成仙的主动权掌握在自己的手里。周秦汉时期的成仙说,主要是强调对道的体认,这在理论上可以说得通,在实践中却无法操作。魏晋南北朝开始形成外丹服食之说、符箓去邪之术、医术疗病之法,三者结合,可以把自己保养起来。早期经典中神仙实有,现在变成了神仙可学,关键是要抛弃现实的诱惑,服食丹药,存真保养,先让精神脱俗,再让身体飞升,最终逍遥无碍、羽化成仙。

在这样的理论认知中,仙人是道的体现者和现实的超越者,人如果通过自我修行而体认道,也可达到长生久视的神仙境界。道教一方面贵生、重生、乐生,以生道合一为得道方式。《度人经》说:"仙道贵生,无量度人。"贵生就是要重视生命,早期道教从来不讲佛教里的舍我为天下,而讲自我,珍视自己的生命,只有这样,才能保持肉体的永久。另一方面讲要想实现长生久视,关键要合于清静自然之道,亲近自然所体现的"道",让内心与天地结合起来,让行为和宇宙之道结合起来,用道来保养肉体,以达到长生的目的。

道教的"性命双修"理论,正是仙与道思想的体现。性就是心性、品德,要清静寡欲,柔弱不争,淡泊名利,利物济人,积功累德,追求顺其自然的状态,不让自己有各种贪欲之想,用自己的身心涵养万物。命功就追求身体、生命的长久,这更多靠外在的力量,如调息、吐纳、养气等,通过锻炼,让自己的身体非常强健,辅以适当的饮食、导引,让自己存想守一、坐忘胎息,静功动功结合,让精气化炼。静功就是静止坐息,动功就是行动操练。无论静止还是运动,时刻让形和神合同,把自己内在的元气和天地的元气融通起来,随天地运行规律作息,以通于神明,就能够体认天地之大道,就能够修炼自我,达到长生目的。

三、丹道学说

丹道学说由外丹学说和内丹学说组成。外丹是矿物质的炼制而制成药物,用于服食。葛洪《抱朴子内篇·金丹》认为,金丹是延年益寿、羽化登仙最上乘的药物,黄金入火,百炼不消;埋在地下,长久不坏。服用金丹可以化炼人的身体,令人不老不死。

按照道教经典的描述,丹药的冶炼要经过先期准备和炼丹两个阶段。先期准备包括取土、造炭、造坛、祭炉、约斋、盟誓、合香、醮太一、开炉等工作,保证地有灵机,坛炉合气。炼丹就是综合使用飞、升、抽、伏、点、关、养、煮、炼、锻、研、封等方法使物质发生物理化学变化。飞就是固体药物直接转为蒸气。升是加热固体药物使其升华。抽是让原料沸腾,部分气化,经冷却凝聚为液体,加以收集。伏是对性质上比较活泼的、不稳定的物质加工处理,使之稳定。点是加入少量的物质使其性质发生变化。关是原料密封于容器内、埋于地表下,使其缓慢发生化学反应。养是长时间加热,使其变化。煮是以水溶液加热。炼是对干燥的物质加热。锻是经过一定时间的加热,除去水分、挥发性物质。研是研碎为粉末。封是将反应物长期静置于容器中或埋入地下。这样炼出的丹药虽不一定有用,但道教总结出了很多化学和物理学的方法,是中国科技史上重要的资料。

内丹学说是最富有哲学意味的学说。《楚辞·远游》的"见王子而宿之兮,审壹气之和德",《庄子》的"坐忘""心斋",都是通过调养气息、涵育元气来修炼自我。魏伯阳在《周易参同契》中用易理框架阐述养生修仙之道:"大易性情,各如其度。黄老用究,较为可御。炉火之事,真有所据。三道由一,惧出径路。"已经注意内丹的修炼。经过魏华存的《黄庭经》、陶弘景的《服气导引法》、司马承祯的《坐忘论》《天隐子》《服气精义论》等阐述,形成了以黄老思想为主体,融会佛教止观禅定学说,注重静坐修炼的内丹功法。

内丹学说以精、气、神为三宝,认为人是由精、气、神组成的。先天的叫元精,至清至精,为赤子之精;后天是浊精,由欲念而产生的,欲念动乎心,会毁伤元精。要想真正摒弃后天欲念导致的浊精,就要"虚之极,静之笃",用上德无为的境界修炼,通过炼精,补亏损,恢复先天元精无形无象的状态。

气也分先天之气和后天之气。道教认为先天之气不用肺呼吸,后天之气用肺呼吸。道教经典有时用"炁"字表示先天之气,意为浑然一体。先天之气和元精是相互对应的。张紫阳《悟真篇》所说的"恍惚之中寻有象,杳冥之内觅真精,有无自此互相入,未见如何想得成",便是比喻先天精气始发的境象。

神,也分先天元神和后天神明。神藏于心,气藏于肺,精藏于丹田。元神主要指先天智慧,先天元神喜欢静,丹法里称之为"金乌"。后天只要把神明修炼成元神,就可以恢复先天智慧。通过炼精入丹田,炼气成元气,把耳目之欲卸掉,让自己超脱尘俗,能够如赤子那样洞识天地万物之玄理,便达到最高神明的境界,可以一纪飞升,成为神仙中人。

内丹修炼的具体步骤包括筑基守中、炼精化气、炼气化神、练神还虚、练虚合道等过程。

筑基守中,要先排除杂念,把眼睛、耳朵、口、鼻这四门闭住,眼观鼻,鼻观口,口观心,心观万物。完全靠心灵来观察万物,而不是靠感觉,这就可以止住恶念和喜怒哀乐的欲念。然后调息凝神,意存丹田,即把天地万物的元气,都凝聚在丹田里。筑基以静坐为主,使用集神法修炼,为了让自己注意力集中,开始叩牙齿,叩七到十四次,边叩边守,叩齿要做到不荡不滞。静坐要做到勿忘勿助,勿忘就是不要走神,勿助就是依靠自我守静。这是第一个阶段,也是第一层境界。

炼精化气,是调整精、气、神。静坐之后,体内的精、气、神聚集起来,打通人体的小周天,即环绕躯干的穴位:下丹田、尾闾、命门、夹脊、玉枕、百会、上丹田、中丹田、下丹田这样一个循环,让气流顺次循环,这就是气功所谓的"小周天"。按照道教理论,子时,元气上升的时候开始采药归炉,遥想天地万物之灵气、精华通过全身穴位汇聚,通过小周天诸穴运行,汇入下丹田。初汇集时仿佛一团大气,经旋动凝成一个丹,这是炼精化气的阶段。在这个过程中,要意识到水源至清,心意至纯,气通用文火,静坐调息。期间可能会出现回光内视或内观,即仿佛感觉自己能够透视自己的五脏六腑,或者眼前仿佛阳光三现。这只是丹田的暂时凝结,是虚幻假象,要注意力高度集中,以防走火入魔。这是第二个阶段。

炼气化神,是把炼气、化气过程所得的气变为先天之气,让体内有丹生成,并把丹发散到四肢和其他部位,让全身四肢元神全归于一处,以达成神气合一。道教把这个境界描述成"有得大药境象,身体震动,耳闻风,天花飞,白雪飘",认为这是化到元神的特点。据说,在这境界里有六通之验:天眼通、天耳通、宿命通、无漏通、他境通、他心通。与天地神明一起,无所不晓,无所不明,功夫至此,便达到了无人无我、如存真灵、合微契虚的最高境界。

这三个过程说起来简单,但非一日一时之功。按照道经的描述,炼精化气,要百日筑基,先静坐一百天,方成小周天;炼气化神,要十月养胎,坚持十个月,炼成大周天,才能够使功力达于四肢。练神还虚,要三年哺乳,这里所说的哺乳是用修炼成的内丹回头来再去滋养身体。此后,再坚持九年面壁,练虚合道,最终回到清虚的境界。

四、三洞四辅

三洞理论是道教建立宇宙模式的基础。《道德经》:"道生一,一生二,二生三,三生万物。"道的本体为一,一生阴阳二气,阴阳和合而生成天、地、人,"三元"合一而为道,这是宇宙的混沌之始。《云笈七签·道教三洞宗元》里说:"从乎妙一,分为三元。又从三元变成三气,又从三气变生三才,三才既滋,万物斯备。"宇宙混沌是道最初的形态,道分化为三元,三元又渐次演化为三气、三才。

将哲学观念形象化是人类早期理论建构的方式之一,也是宗教形成的一个模式。道教认为老子是道德的化身,将之升格为太上老君,这是道教学说的形象化。

上古时期,太一不仅是一个神灵,《楚辞》里有"东皇太一";也是星象之名,如汉武帝时期的"太一三星";还是哲学概念,《荀子·礼论》说:"贵本之谓文,亲用之谓理,两者合而成文,以归大一。"《淮南子·诠言训》:"洞同天地,浑沌为朴,未造而成物,谓之太一。"这说明在早期中国的思想阐释中,哲学和宗教之间、哲学和神话之间不是截然分离的,而是相互借鉴、相互促生的。道教形成过程中,常以一个哲学思想或逻辑意识作为理论基础。在三洞理论中,"道"先衍化为"三元":混洞太无元、赤混太无元、冥寂玄通元。"三元"又分别化成了"三气":始气、元气、玄气。这三气被三个具有形象感的神灵(天宝君、灵宝君、神宝君)人格化。

三宝君分别治理三清境,又称三清:天宝君治玉清境,玉清境在清微天,气是始青。灵宝君治上清境,禹余天,气是元黄。神宝君治太清境,大赤天,气是玄白。三元都是同一道气的衍生,代表了同一个"道"的三种状态。可以说,三元本同道气,三宝君名号虽殊,本同于一;三宝君是对神仙的称呼,三清是对他们势力范围的称呼。这三神还有全称:统治玉清境的元始天尊,统治上清境的灵宝天尊和统治太清境的道德天尊。三尊是道的根本体现,是产生天地万物的基础,被视作道教的教主,传下三洞三十六部真经。

修道的人学习神仙之术,初登无累境,教以洞神神宝经,智渐精胜;既进中境,教以洞玄灵宝经;最后登上境,智用无滞,教以洞真天宝经。"三洞"实际是三种经典的代名词。洞真是上清经,洞玄是灵宝经,洞神为召劾鬼神之书。据《道教三洞宗元》,天宝君说十二部经,为洞真教主;灵宝君说十二部经,为洞玄教主;神宝君说十二部经,为洞神教主。三洞合成三十六部尊经。

道教仿照佛教的三界,建立了道教的空间世界。在纵向上,三界有三十二天,之上有四梵天,再上有圣境四天。在横向上,有五方六国:东弗于岱、南阎浮利、西俱业尼、北郁单;上方为空洞之铭元精青沌自然之国,下为太和宝真无量之国。周围有九地三十六音,有三十六土皇,应三十六天。海外有十洲三岛:瀛洲、玄洲、长洲、流洲、元洲、生洲、祖洲、炎洲、凤麟洲、聚窟洲;蓬莱、方丈、瀛洲。道教建构空间用的是盖天说。盖天说认为天像穹庐,天极最高处为北极星,地极最高处为昆仑山。

除此之外,道教经典还描述了十大洞天,《天地宫府图》:"太上曰:十大洞天者,处大地名山之间,是上天遣群仙统治之所。"如九嶷山、罗浮山等。还有三十六小洞天,《茅山志·括神区》:"大天之内,有地中之洞天三十六所。"还有七十二福地,是大地名山之间,真人修炼得道之所。

五、神仙谱系

在《太平经》里,神和仙分成六等:神人、真人、仙人、道人、圣人、贤人。这反映的是汉魏时期的神仙观念。在北朝寇谦之的《录图真经》中,"又言二仪之间有三十六天,中有三十六宫,宫有一主。最高者无极至尊,次曰大至真尊,次天覆地载阴阳真尊"①,他借助二仪生四象,四象合九宫的学说,建构出三十六宫的尊卑层次,虽还没有形成形象化的神仙谱系,但元始天尊、太上大道君、太上玉晨大道君、太上灵宝天尊等概念已经形成。北周时的《无上秘要》卷八十三至八十四,分列鬼官78,地仙139,地真22,九宫真仙41,太清自然神99,太清真仙85,太极真仙93,共557名神仙,说明道教的神仙开始形象化。

陶弘景的《真灵位业图》把神仙谱系初步勾勒出来:设玉清元始天尊、玉晨玄皇大道君、太极金阙帝君、太清太上老君、九宫尚书张奉、右禁郎定录真君中茅君、酆都北阴大帝等主神。每一主神之下,分设左位、右位、女真位、散位、地仙散位等佐神,管理所属天神、地祇、仙真、人鬼,形成了完善驳杂的神仙谱系。

此后经过道士们的多次完善,道教形成了烦琐的神仙谱系:以三清(元始天尊、灵宝天尊、道德天尊)为首,由中央玉皇大帝、北方北极中天紫微大帝、南方南极长生大帝、东方东极青华大帝、西方太极天皇大帝、王母等六御为统治;以五方五老、中央天宫仙、三官大帝、四大天王、

---

① 《魏书·释老志》,中华书局1974年版,第3052页。

四值功曹、四方神、四渎龙神、四大元帅、五气真君、五岳神君、五斗星君、二十八星宿、三十六天将等为辅佐的神仙统治体系。此外还有蓬莱三仙、五大龙王、九司三省、北极四圣、南斗六星君、北斗七星君、六丁六甲，以及阴曹地府、五方鬼帝等神仙。《西游记》中玉皇大帝统辖的那些形形色色的神仙，基本来自道教系统。

六、斋醮科仪

斋醮科仪是指醮神活动中的坛场仪式，是道士沟通神人的活动程序。

"斋"是斋戒、洁净，言在祭祀前，须沐浴更衣，不食荤、不饮酒，不居内寝，以表示庄严和虔诚。这种斋戒小可以"积德解愆"，大可以"和神保寿"，体现祭祀者"专道、乐道、合道"的努力。按照《洞神经》的描述，内斋以极道为宗旨，意在内修，包括心斋、坐忘、存思等方式。外斋以济度为宗旨，意在济民传道。按照《洞玄灵宝玄门大义》的描述，外斋有三箓七品之分，三箓指金箓斋、玉箓斋、黄箓斋；七品指三皇斋、自然斋、上清斋、指教斋、涂炭斋、明真斋、三元斋。根据道教的教义，各种斋法有着不同的意义：如金箓斋"上消天灾，保镇帝王"，玉箓斋"救度人民，请福谢过"，黄箓斋"下拔地狱九幽之苦"等。

醮为祭仪，分为阳事清醮、阴事幽醮。清醮属于太平醮之类的法事，主要用于祈福，具体有祈福谢恩、去病延寿、祝国迎祥、祈晴祷雨、解厄禳灾、祝寿庆贺等。幽醮主要用于济幽度亡，让人不要到阴间受那么多的煎熬，具体有摄招亡魂、沐浴度桥、破狱破湖、炼度施食之类的法事。

斋醮科仪过程复杂，按照《道藏·洞玄部》所录的科仪，不同的活动程序也不同。如金箓十回度人早朝开收仪，用于镇安国祚、保固天根、请福致祥、延生保命，其仪式分三个早上完成，每次行仪节次相同，有宿命赞、开经文、敷座吟、诵经、解座吟、回向、智慧颂、高功恭文、宣表关焚化等程序。玉箓资度宿启仪，旨在为皇帝、太子、诸藩王公侯以及天下人民忏悔罪责，启告三清、玉皇等神灵，有荐度亡灵之意。其行仪节次由宣五方神咒、礼方忏悔、三启三礼、告符简等组成。

七、方术技巧

葛洪在《抱朴子内篇·勤求》里说:"天地之大德曰生,生,好物者也。是以道家之所至秘而重者,莫过乎长生之方也。"认为道教的精华在于以长生为目的的修炼之术。内丹学说和外丹学说,都是以养生追求为宗旨的。其中通过行气调养气息,通过导引协调五脏六腑,通过房中讲述阴阳交合之道,通过服食讨论食物养生,通过辟谷闭关感悟生命极限,通过睡功重视休息,通过内视来闭目养神等,都是不同侧面的养生之道。除此之外,道教还有武术、按摩、针灸、食疗、美容等技法,至今仍在民间流传。其中对中国传统文化影响比较大,具体可分为山、医、命、相、卜五类。

山术包括食饵、筑基、玄典、拳法、符咒等法。现在的药膳、食补之类的方法便是食饵的一部分,道教的食饵还包括吸风饮露之类的法术。筑基是内丹修炼之法,现在的气功便是其中的一种。玄典主要指道教经典,拳法是道教武术,符咒则是道教巫术。

医术是道教里最有价值的部分。中国古代很多的医书是依赖《道藏》得以保存的。方剂学说、针灸学说是道教医学中最有特色的部分。灵治之法,便是用画符来治病,其效果主要在于心理疗法。

命术是推理命运的方法。包括紫微斗数、子平推命和星平会海,它们通过生辰八字来推断吉凶祸福,其演说不免玄虚。

相术包括看面相、名相、人相、家相、墓相等。面相就是看人的相貌而定吉凶,名相是根据名字占卜吉凶。人相是看骨相,家相是看家宅,墓相就是看坟墓的风水,都是通过观相预测吉凶祸福的。

卜术包括占卜、选吉和测局。占卜主要以《周易》来占,选吉用奇门遁甲之法。测局是以太乙神数、九宫格等方法推算国家的命运、社会的运行,多虚妄荒诞之说。

由此可见,道教学说是中国传统文化的一个大汇集,精华凝聚在其中,糟粕也停留在其里。我们要了解中国传统文化、思想和学术,绕不过道教,如何采用扬弃的态度,去伪存真地阅读和利用道教的经典资源,不仅考验着我们的见识,也影响着我们的研究。

第十二章　古典艺术学

艺术是中国传统文化的重要组成部分,其中学理性的内容,便是书论、画论和乐论,我们可以对学理进行一些概括。

第一节　书论

书法之得名,在于其书写有一些基本的笔法、墨法、字法和章法。笔法是指用笔的方法,由于古代书法常用毛笔书写,便有方笔、圆笔之分,中锋、侧锋之别,藏锋、露锋之异。用笔不同,便呈现出不同的线条,这就有了虚实之美。用笔快慢的差异,便出现各种疾徐的差异,这就有了顿挫之感。墨法是用墨的方法,墨有浓有淡,有湿有燥,有轻有重,相互搭配,便呈现深浅变化。我们习惯说的"墨分五彩",是指中国书画对墨的浓、淡、干、湿、焦五种功能的巧妙运用。字法是指笔画之间的组合,包括部首之间的安排。欧阳询的《三十六法》专门讲字体之间的穿插、向背、避就、相让、覆冒、回抱、意连之法。章法是指字与字之间的排列、布局,从而形成的疏密匀称、黑白相生、大小错落、长短参差、粗细呼应等整体美感。我们简要对古代书学理论进行概括。

一、以形措法

以形措法,是指在书法体系中,任何一个笔画、一个字体是作为具体可感的形象存在的,都具有独特的审美意味。这是学习和欣赏书法首先要了解的。

第一，中国文字象形的特点，决定了字体具有鲜明的形象感，书法理论还把字体的点画视为具体可感的形象。三国魏钟繇《笔法》描述隶书的笔画时说："点如山颓，滴如雨骤，纤如丝毫，轻如云雾；去若鸣凤之游云汉，来若游女之入花林，灿灿分明，遥遥远映者矣。"是说隶书的大点要像山峦崩颓，小点要如雨点疾驰；纤细处，笔画如丝如毫，轻盈处，仿佛云雾飘逸。晋卫夫人在《笔阵图》里具体描绘了楷书的笔画特征，如"一"如"千里阵云，隐隐然其实有形"，"、"如"高峰坠石，磕磕然实如崩也"。在书法家看来，这些点画不仅是字体的部件，更是对大自然生态和韵律的模仿，是自然之美和艺术之美的高度融合。如果说中国书法是绚丽的乐章，那么这些点画正如一个个音符，成为最基础的组成要素。中国书法的学习，都是从点画的临摹开始，只有掌握了这些基本的笔法，明白了"一画之间，变起伏于峰杪；一点之内，殊衄挫于豪芒"①，才能结构字体。

第二，中国书法理论常常用肉、筋、骨、脉、皮等术语来概括线条给人的美感，也是从形象感着眼的。《笔阵图》就说："善笔力者多骨，不善笔力者多肉；多骨微肉者谓之筋书，多肉微骨者谓之墨猪；多力丰筋者圣，无力无筋者病。"如何理解这些术语呢？

"肉"，主要指笔画丰润，然丰润太过，则黏滞无力，被称为墨猪。因笔画丰润有别，后来又有了肥、瘦之分：点画肥厚，多出自圆笔，线条较粗，丰腴饱满，给人以藏筋抱骨之态，呈稳重之相。点画瘦硬，多出自方笔，线条较细，刚健犀利，给人以骨气洞达之感，呈轻盈之态。项穆《书法雅言·形质》以人相为例，阐述了肥瘦各有巧妙不同："肥则体态常妍而骨气每弱，犹人之论相者，瘦而露骨，肥而露肉，不以为佳。瘦不露骨，肥不露肉，乃为尚也。使骨气瘦峭，加之以沉密雅润，端庄婉畅，虽瘦而实腴也。体态肥纤，加之以便捷遒劲，流丽峻洁，虽肥而实秀也。瘦而腴者谓之清妙，不清则不妙也。肥而秀者谓之丰艳，不丰则不艳也。"肥瘦要对立统一，用在字的结构搭配中，形成变化之法。如颜体笔画，竖肥横瘦，结体丰茂，显出筋脉之理，给人以庄重奇伟之感。

---

① 朱建新：《孙过庭书谱笺证》，中华书局1963年版，第16页。

"筋""骨"是字体法度的基础。徐浩《论书》说:"初学之际,宜先筋骨,筋骨不立,肉何所附?"唐人习惯以筋骨论书,唐太宗《指意》说:"太缓者滞而无筋,太急者病而无骨。"筋体现的是线条连绵不断的内在美感,是蕴含在肥、瘦形态中柔而劲道的力量感。骨则更侧重强调笔画的劲健有力,是一种阳刚而遒劲的美感。历代书法家虽体有差异,然皆以骨健筋丰者为上品。只要比较一下颜真卿和柳公权的字,便能体会到颜筋柳骨的妙处。"脉"是指笔法丰润活脱,"皮"是指线条轮廓,光滑亮丽,二者是对墨的运用,它们与肉、筋、骨一起合称"线条五体",是从笔画和线条之中呈现出来的美感。

第三,中国书法讲求通过"以筋骨立形,以神情润色"①,所形成的每一个字皆可成为真实可感的艺术形象。蔡邕《九势》说:"书肇于自然。"中国艺术重视对自然的模仿,并将书法视为自然生机和生命韵律的流露。李阳冰《上李大夫论古篆书》说:"于天地山川得玄圆流峙之形,于日月星辰得经纬昭回之度,于云霞草木得霏布滋漫之容,于衣冠文物得揖让周旋之体,于须眉口鼻得喜怒惨舒之分,于虫鱼禽兽得屈伸飞动之理,于骨角齿牙得摆抵咀嚼之势,随手变化,任心所成,可谓通三才之品汇,备万物之性状者矣。"虽然说的是篆字,但意通所有书法。历代书法家常从书法之外获得灵感,如蔡邕从扫地痕迹中悟出飞白用笔,王羲之观鹅掌拨水,明字体呼应之道;张旭观公孙大娘舞剑器,而得飞动之势;怀素观摩湖光山色,构章风云际会;黄庭坚观樵夫荡桨,而通顿挫之感。因此,要讲究"囊括万殊,裁成一相"②,便是取象万方,融会性情,以求字画形神兼备。

二、以意立体

以意立体,包含"意在笔先"和"意法相成"两层意思。

意在笔先是说在下笔之前,必须做到凝神静气,预想各个字的间架结构、章法布局,做到心中有数。王羲之《题卫夫人笔阵图后》说:"夫

---

① 张怀瓘:《文字论》,《法书要录》卷四,上海书画出版社1986年,第129页。
② 张怀瓘:《书议》,同上书,第124页。

欲书者，先干研墨，凝神静思，预想字形大小、偃仰、平直、振动，令筋脉相连，意在笔前，然后作字。"在这样的构思之中，书法家很容易将个人的艺术功力、精神气质和人文修养凝聚在字体之内，使之一气贯通，灵动而有气韵。

中国艺术理论把创作形态分为两种。一是达成虚静，如刘勰《文心雕龙·神思》所言："陶钧文思，贵在虚静；疏瀹五藏，澡雪精神。"《笔髓论》所说的也是这种状态："欲书之时，当收视反听，绝虑凝神。心正气和，则契于妙。心神不正，书则欹斜。志气不和，字则颠仆。"唐太宗《指意》说："字以神为精魄，神若不和，则字无态度也……夫心合于气，气合于心；神，心之用也；心，必静而已矣。"都是讲通过凝神静气、摒弃杂念，进入创作状态。二是能够纵意。郝经《移诸生论书法书》所写："澹然无欲，翛然无为，心手相忘，纵意所如。"是说书法家完全忘却世俗，抛弃各种杂念思虑，进入到近乎癫狂的创作状态，常常能够毫不掩饰地表达个人的真性情。《新唐书·文艺传》言张旭常常醉酒以后，呼叫狂走，下笔成书，有时甚至用头发濡墨而书。怀素也在《自序帖》中说："粉壁长廊数十间，兴来小豁胸中气。忽然叫绝三五声，满壁纵横千万字。"如果仔细分析，这两种创作方式不同，但旨趣却是一致的，都是书法家摆脱现实的各种干扰，进入到心手合一的状态，意到笔到。如蔡邕《笔论》说的那样："欲书，先散怀抱，任情恣性，然后书之。"但要达到这样的状态，必要的功力积累和艺术修养是必不可少的。

意法相成，是指在笔法的基础上，融入自己的意趣和胸襟，使书法呈现出鲜明的个性特征。刘熙载《艺概·书概》说："他书，法多于意；草书，意多于法。故不善言草者，意法相害，善言草者，意法相成。"他认为草书更多是写意的，其他书体更多按照法度来书写。传世的书法，从没有重复出现的艺术风格。因为任何书法家都是在吸收前代书法家的艺术成就之后，融合自己的艺术感悟，加以重新创作而成的，都有己意在里头。孙过庭《书谱》云："若运用尽于精熟，规矩暗于胸襟，自然容与徘徊，意先笔后，潇洒流落，翰逸神飞。"说的正是意法相成，达到高超的艺术境界。

中国书法的"意"，更多是书法家心性、个性的自然流露。王羲之

《自论书》言:"点画之间皆有雅意,自有言所不尽。得其妙者,事事皆然。"正因为如此,王羲之的书法,具象之处,字字形态可掬;兴会之间,字字意态如生。他的《兰亭序》,通篇 324 字,28 行,重复之字,必若重构,绝不雷同,作品中 7 个"不"字,20 个"之"字,形态各异,这正体现了作者独具匠心的艺术创造,体现了他所说的"若作一纸之书,须字字意别,勿使相同"艺术追求①。从这个意义上说,"意"体现的是作者的个性特征和艺术创新,"法"则更多倾向于书法的基本结构和方法。

三、以势布局

中国书法的布局,从字体角度来说,是靠字之间的偃仰、起伏、呼应、变化来形成的。从章法来讲,是通过笔法、线条、墨色、布局来组合的,以空灵广视野,以错落显起伏,以浓淡出润燥,以墨活隐稳重,以沙笔见精神,以虚实成变化。在这其中,笔势的使用和字势的安排最为重要。

对势的强调,是中国书法布局的核心要素。康有为在《广艺舟双楫》中说:"古人论书以势为先。中郎曰'九势',卫恒曰'书势',羲之曰'笔势'。盖书,形学也,有形则有势。"翻看中国书法理论,就会发现历代有连绵不断的书势之论。项穆《书法雅言》说:"随情而绰其态,审势而扬其威。"是说要根据形体、笔势的变化来充分展示出字的意态。卫恒《四体法势》讨论草书字体之间的走势,他说:"观其法象,俯仰有仪;方不中矩,圆不中规。抑左扬右,望之若崎。竦企鸟跱,志在飞移;狡兔暴骇,将奔未驰。"认为那些俯仰自如的字体,如鸟飞,如兽奔,形态生动,气势连绵。卫恒《字势》还记他欣赏汉代的简牍,说其"用心精专,势和体均,发止无间。守正循检,矩折规旋;或方圆靡则,因事制权"。我们从现在出土的汉简中,也可以看出简牍字体的大致特征,如《甘谷汉简》字体潇洒飘逸,《战国纵横家书》字体凝重古劲。卫恒所说的"势",正是体现在字的变化和字的搭配之间。

书势主要是书法家在书写时因笔势运动而产生的力度之美、速度之美和趋度之美。王羲之在《题卫夫人笔阵图后》说草书书写,"须缓

---

① 《王羲之笔阵图》,《书苑菁华校注》卷一,上海辞书出版社 2013 年版,第 7 页。

前急后,字体形势,状如龙蛇,相钩连不断,仍须棱侧起伏,用笔亦不得使齐平大小一等。每作一字须有点处,且作余字总竟,然后安点,其点须空中遥掷笔作之",点明了笔势游走的诀窍。这种连绵不断的用力,正是形成各字之间呼应关系的前提。

这种笔势流动,体现着中国艺术所追求和崇尚的气韵。唐张怀瓘《文字论》说:"气势生乎流便,精魄出于锋芒。"书法的最高境界,正是作者融化了基本艺术技法,将自己对于宇宙万物的理解和观察以及情感体验、人生感悟融入其中,让自己的喜怒哀乐随着流动的线条游走。在这样的艺术状态下,书法不再是一个字一个字的堆积,而是情感和情绪的自然流动。如王羲之《兰亭集序》的飘逸,正是玄远自然的魏晋风度的流动。而颜真卿《祭侄文稿》,恰恰是家国之痛与忠义之气的真切流淌。张怀瓘说:"深识书者,惟观神彩,不见字形。"[1]正道出了以笔势布局的奥妙。

中国艺术对于心性的重视,同样体现在书法艺术中。欧阳询《用笔论》说用笔之妙,在于综合各种笔法,形成"行行眩目,字字惊心,若上苑之春花,无处不发,抑亦可观"的章法。这种妙处的产生,在于作者内心对书法艺术至境的感悟和体认。虞世南《笔髓论·契妙》说:"字有态度,心之畅也;心悟非心,合于妙也……必在澄心运思至微至妙之间,神应思彻。又如鼓瑟轮指,妙响随意而生;握管使锋,逸态逐毫而应。"进入到艺术创作境界中的书法家,不仅能够按照自己的喜怒哀乐,更能够契合艺术规律进行富于个性的创造,形成超越自我和超越前人的作品。

四、冲和之美

晋人尚韵,唐人尚法,宋人尚意,元明尚态,说的是不同时代的艺术追求。那么中国书法有没有相对一以贯之的内在追求呢?

唐太宗《笔法诀》认为书道同鲁庙之器,"虚则欹,满则覆,中则正。正者,冲和之谓也。然则字虽有质,迹本无为,禀阴阳而动静,体万物以

---

[1] 张怀瓘:《法书要录》卷四,第128页。

成形，达性通变，其常不主。故知书道玄妙，必资神遇，不可以力求也；机巧必须心悟，不可以目取也"。他用"冲和"来概括书法之美，认为只有"心正气和"，才能写出达到艺术至境的作品来。"冲和"一词，源于《老子》的"万物负阴而抱阳，冲气以为和"。在后世文献中，常用来指代真气和元气。李世民用"冲和"来形容书道，点明了中国书法美学的至上追求，我们不妨借用来说明书法的旨趣。

第一，中国艺术审美所追求的至上境界，大致朝两个方向发展：一是儒家学说所崇尚的中和之美，以《礼记·乐记》的"大乐与天地同和，大礼与天地同节"为代表，讲求天人合一、物我和谐，适度而合理地处理艺术家的情感和客观物象、物境之间的关系。在情感的表达上，追求"怨而不怒，哀而不伤"的温柔敦厚。二是道家所崇尚的自然之美，以《老子》"天地有大美而不言"为代表。天地的大美是什么呢？是自然之美。《庄子·大宗师》里进行了全面的阐述，认为人类只有宗法自然这一伟大的宗师，才能真正体悟宇宙之美。这种自然之美的认识经过了魏晋玄学的过滤，到了南北朝时期，逐渐形成了崇尚冲淡清虚的艺术追求。贞观年间，一方面自上而下尊崇老子和道教，另一方面又编纂五经，儒道思想得以充分结合。唐太宗正是综合了儒道学说，认为中正平和的字体，既符合儒家学说所弘扬的阳刚之道，也能够体现道家学说所推崇的天地大美，是与天地、人文之理相契合的艺术形态。

第二，冲和之美概括了中国书法的来源和追求。前面已经提及，中国书法的笔画取法物象，立意契合人性，布局讲求气势，都是对自然之道充分的模仿、提炼和概括。冲和之美不仅概括了阳刚和阴柔两个侧面，而且要求书法家能够体认自然生机和人生意趣。这一概念之中，包含了气韵、意趣、法度等不同侧面，是对自然之美的最高概括。

如果我们欣赏古代书法，就会发现张旭的草书，气势连绵；怀素的草书，绝尘脱俗。而苏东坡、黄庭坚、米芾、蔡襄这宋朝四大家，同样以自然之法为法，如苏轼提倡"书初无意于佳乃佳"[①]，把自然淳朴、超凡

---

① 《论书六·宋苏轼自论书》，《佩文斋书画谱》卷六，上海古籍出版社1991年版，第211页。

脱俗作为自己的艺术追求,体现了宋代书画因山水意趣而成自然妙境的艺术自觉。元至明中叶的书法,直接追步魏晋书风,崇尚自然法度,尤其追求在字体和笔势上呈现出的各种意态、情趣。明中叶以后,徐渭、八大山人的书法,则以写真个性、真性情的态度,注重将书法家的内在气质充分展现出来。到了清朝中叶,粗犷而朴拙的魏碑开始成为书法家推崇的对象,他们在大气、宽博中融入了当时特有的跌宕情怀、凝重情思。可以说,魏晋书法因放旷而任自然,唐代书法因法度而成自然,宋元书法因意趣而出自然,明清书法因意气而求自然。

第三,中国书法创作讲求心神合一,体认大道,是冲和之美形成的主观因素。《笔髓论·奥妙》说:"字虽有质,迹本无为……达性通变,其常不主。故知书道玄妙,必资神遇,不可以力求也。"书法对于道的体认,在于心性。王僧虔《笔意赞》说,只有让自己的心性通于大道,才能身心两忘:"必使心忘于笔,手忘于书,心手达情,书不忘想,要在求之不得,考之即彰。"这种超越自我的艺术境界,要求作者完全把自己和自然之美、自然之理合二为一,进入到物我双观的状态。孙过庭《书谱》言:"神怡务闲,一合也;感惠徇知,二合也;时和气润,三合也;纸墨相发,四合也;偶然欲书,五合也。"这样的状态,既是书法创作的虚静,又仿佛是庄子"坐忘""心斋"和佛教"禅修"的境界。佛、道皆主张通过心性的修炼来体认天地玄理、人生妙境。心性的修炼,正是吸收了哲学思维、融合着行为方式,使艺术表达能够内外合一。

这种冲淡平和心态中的创作,是以中和为外在依据的。项穆《书法雅言·中和》言:"圆而且方,方而复圆,正能含奇,奇不失正,会于中和,斯为美善。中也者,无过不及是也;和也者,无乖无戾是也。然中固不可废和,和亦不可离中,如礼节乐和,本然之体也。"中国书法强调"四面停匀,八边具备,短长合度,粗细折中,以眼准程,疏密欹正"的书写法度,"上称下载,东映西带,气宇融和,精神洒落"的章法布局,以及"澄神静虑,端己正容。秉笔思生,临池志逸"的创作心态[①],充分融合

---

① 《唐欧阳询八法》,《书苑菁华校注》卷二,上海辞书出版社2013年版,第33—34页。

了道家的自然之道和儒家的中和之法。

第二节 画论

中国绘画是中国艺术的集大成者,充分利用了书法的笔墨技巧、诗歌的意境建构,以及其他艺术的造型规则,形成了具有独到艺术特色的理论体系。

一、以象写意

意象是中国艺术理论中最基础的概念之一。所谓的"象",即外在物象,无论用墨彩渲染还是用线条勾勒,"象"的本原都是真实可感的视觉形象。所谓的"意",更多指向于人的情绪或意向,主要用来阐释艺术家在塑造形象时自觉或不自觉倾注进去的主观情绪。古典画论在讨论艺术品的形成时,既要求能在物象之中充分寄托个人的情感,又要求能在物象之外形成富于想象的情致。

谢赫的《古画品录》最早提出了"象外"这个概念:"若取之象外,方厌膏腴,可谓微妙也。"认为如果绘画单纯拘泥于形体,就不能表现其艺术的精粹。若能够在外物的表象之外,寄寓某些更深广的内容,作品就会呈现出一种"微妙"的形态,这才是艺术作品的最高境界。谢赫的说法与其时玄、佛理论中所谓"象外"的说法有相通之处。当时的玄、佛理论都试图讨论超脱于平凡物象之外而带有普遍性规律的内容,常用"象外"来概括蕴含在"象"内的普遍哲理。谢赫这里强调的"象外",也是肯定绘画要在具体可感的物象之中蕴含感发力量,使作品具有超越表象的深层韵味。

唐人符载描绘张璪进入创作状态时,"遗去机巧,意冥玄化;而物在灵府,不在耳目"[①],意识到艺术家在构思时需要借用具体的物象来完成形象思维。到了艺术表达时,作家就要超越具体的物象,按照自己

[①] 符载:《江陵陆侍御宅谦集观张员外画松石序》,《全唐文》卷六百九十,中华书局1983年版,第7066页。

的思考,在独特的情感体验的驱使下,将自己的心性充分表现出来。

意象说和象外论的形成,与"心源"理论密不可分。陈姚最《续画品录》中虽提及"心师造化",只是赞美萧绎能道法自然。张璪明确提出了"外师造化,中得心源"的命题,用以概括审美意象的创造过程。张璪是有绘画体验的,他说的"外师造化"包括艺术积累和艺术构思,是画家对自然万物的观察和对画面形象进行布局的过程,把这些外在物象纳入个人的艺术体验中进行滤汰、组合的过程,是一个"中得心源"的过程,也是艺术表现的过程。在画家的努力下,外在的物与内在的情充分结合,心和手高度统一,就能够完成既有形象感又能传情达意的艺术作品。这一命题的提出,标志着中国艺术在物与我、意与象关系的问题上已经形成了系统的理论体系。

白居易在《记画》中也说"学在骨髓者,自心术得,工侔造化者,由天和来"①,他说的"自心术得"与张璪的"中得心源"是一个道理,也是强调"心"在艺术创作中的作用。在这种观念中,"心源"成为与外物对应的一个艺术范畴,被广泛认同。苏轼在《文与可画筼筜谷偃竹记》中提出"画竹必先得成竹于胸",晁补之《跋董元画》中说"师心而不蹈迹",南宋陈郁《藏一话腴》讲"写其形,必传其神,传其神,必写其心"等,都是强调在艺术创作时,只有实现精神的超脱和心灵的解放,才能进入完全自由的创作状态。画家自身的审美情趣与艺术表现的高低是紧密联系的,有审美的心胸,才能对山水之美进行深入的理解,才能实现意与象的整体浑融,才能准确地画出景外之意、象外之妙。

二、骨法用笔

如果中国书画是一个有血有肉的整体,那么笔法构成了它的骨干,墨法形成了它的肌理,色彩则是它的皮肤。

笔法就是用笔方法。中国书画使用毛笔作为造型工具,非常讲究用笔的粗细、疾徐、顿挫、转折、方圆等变化,并要求通过线条的变化来表现物体的质感。谢赫《古画品录》提到的"骨法用笔",证明中国绘画

---

① 《白居易集》卷四十三,第938页。

在形成之初便意识到了笔法的基础作用。这里的"骨法",主要是指绘画时用笔要有力度,能够充分利用毛笔提、按、顺、逆、正、侧、藏、露、快、慢等技巧,塑成宛如天成的艺术形象。

笔法运用恰当,能形成富于立体感的"面"。在山水画中,中锋用笔,线条多挺劲爽利,可用于勾勒物体的轮廓。侧锋运笔,线条粗壮毛辣,可用于山石的皴擦。藏锋用笔,线条沉着含蓄,既可以画屋宇、舟、桥,也可以勾勒山石、树干、人像。露锋用笔,挺秀劲健,能画竹叶、柳条、兰草。逆锋用笔,笔锋易散,飞白兼生,苍劲古朴,可绘树干、山岩、水瀑。顺锋用笔,线条轻快流畅,灵秀活泼,可以勾勒浮云、流水、雾气。由不同的用笔而形成的粗、细、曲、直、刚、柔、轻、重、疾、徐等变化和对比,相互搭配,彼此协调,枯润相生,刚柔相济,质韵结合,能够形成丰富的表现力。

线条是中国书画构造艺术形象最基础的技法。原始岩画采用直线、横线和圆线来表现,呆板、僵硬而缺少动感。经过了青铜时代的积累、汉代画像石的锤炼和六朝画家们的不断改进,唐宋以后,波状的、粗细不匀的、富有张力的笔触逐渐丰富起来。如在山水画里,先用轮廓线界定山、河的空间位置与整体走势,对山的其他部分,则通过各种线条、皴法和点染加以表现,显示出明暗、向背和山石的纹理走向。远景多用较短、较小、较淡的皴线与点,近景则用较长、较浓的皴点。山阴常用浓墨点染,山头多用重笔,以表现出山体的纵深感。宋元以后,笔法的抒情意味和装饰色彩日趋加浓,画家们常把虚实、曲直、浓淡、轻重、粗细、断续、行留等技巧组合起来,使线条曲折生动,顿挫有姿,情致盎然。如果说笔法在于经营位置,形成书画的骨干,那么用墨技巧,则主要是通过墨的干、湿、浓、淡、枯、润等特点,使画面形成虚实、浓淡、远近等关系。

中国绘画的用墨之妙,在于浓淡相生。浓中有淡,则气韵间出,灵动飞扬;淡中有浓,则沉着爽快,形神兼备。绘画中的"墨分五彩",是把墨的焦、浓、重、淡、清五种表现效果,作为五种颜色来看待,使之相互搭配,以体现不同的审美情趣。中国绘画中的形象轮廓多用线条勾勒而成,这些线条无论用彩用墨,均可视为画面的骨架。如果直接在这些线条中敷彩,则线条与颜色之间往往存在色差,缺乏必要的过渡。借用与线条色调接近的墨色,加以适当渲染,就很容易使画面过渡自然,浑然一体。唐以前,画家多采用墨线勾勒、填以彩绘,线与色对比鲜明,缺少必要的过渡。五代时逐渐将用墨与用笔结合起来,如后蜀黄筌将水墨技法和勾勒技巧融合,以墨染竹,不用彩绘,追求洒脱的趣味。南唐徐熙用烘晕皴擦等法,描绘竹石覆雪,竹节用墨皴擦,竹叶用细笔勾描,地面秀石晕染而成,水墨浑融。此后,文同、苏轼、赵孟頫、张中、王渊、林良等,都能运用水墨相间来描绘花鸟,使线条与色彩浑然一体,了无痕迹。又经陈淳、徐渭、吴昌硕、齐白石等发展,墨法成为大写意画追求酣畅淋漓效果的决定性要素。由此可见,用墨的成败,决定着绘画技巧的高低。

三、气韵生动

中国绘画将"气韵"作为最高的审美追求。谢赫在《古画品录》里,将"气韵生动"列为首要标准,用于画家品评,逐渐成为衡量后代艺术品位的首要标准。张彦远《历代名画记·论画六法》中说:"若气韵不周,空陈形似,笔力未遒,空善赋彩,谓非妙也。"如果只有形似,而缺乏气韵,这种绘画不能称得上巧妙。荆浩《笔法记》:"气者,心随笔运,取象不惑;韵者,隐迹立形,备仪不俗。"这里所谓的"气",主要指人的精神气质;"韵"则指精神气质中体现出的一种协调、优雅的感染力量,能达到让人赏心悦目的审美效果。

宗白华说:"气韵,就是宇宙中鼓动万物的'气'的节奏、和谐。"[①]所谓气韵生动,就是画家通过形体表现出蕴藏在天地万物中的生机和动感,这种生机既体现在单一形象的刻画中,也隐藏于全部物象的组合里。其中所孕育的动感,既包括运动形象中存在的内在张力,也包括静止形象中蕴含的生命活力。在艺术作品中,个体形象与整体布局的统一、静止与运动的协调,以及画面中体现出来的呼应、衬托、对比等关系,都能表现出无穷的生机和动感。形成这种生机和动感的最终根源,

---

[①] 宗白华:《美学散步》,上海人民出版社1981年版,第51页。

正是艺术形象的精神气质和思想情感。可以这样说：要达到气韵生动，就要求艺术家把握住所描绘对象的精神气质，掌握其内在韵律，表现出形象蕴含的生机和活力。

生机是浸润在天地万物中的勃勃生命力。郑板桥特别注意画竹子的生命力。他在《题画》中记述自己画竹的体会："江馆清秋，晨起看竹，烟光、日影、露气，皆浮动于疏枝密叶之间。胸中勃勃遂有画意，其实胸中之竹，并不是眼中之竹也。因而磨墨展纸，落笔倏作变相，手中之竹又不是胸中之竹也。"郑板桥看到晨雾尚未消退中的竹子，在一缕阳光的照耀下，自然矗立，充满着无限的生机，顿时胸中涌起难抑的激情，产生了艺术冲动。但成于作品中的竹子，却并非是画家早上看到的，而是浸透着画家全部生命体验的被主观化了的艺术形象。其中除了画家的艺术提炼和艺术构思外，还有激起创作灵感、促成画面形象不同于现实形象的另一种重要力量，那就是画家对竹子生命力的感知和对自然勃勃生机的把握。

气韵成为中国绘画追求的最高境界，有着深厚的哲学基础。在中国哲学中，常常将宇宙的本质规律归结为最高层次的"道"，认为天地万物既是道的派生物，也分别从不同侧面体现道的本质规律。正是这种独特的思维模式形成了中国艺术的整体性追求，即要求在画面的统一中表现出宇宙运行的本质规律。同样，中国哲学家认为"道"的运行是由阴阳两种力量的相互作用来实现的，万物都处于变动之中，在不同的层面体现着宇宙运行的本质规律，艺术品正是要反映出天地之间流动不息、变化不居的气。这就要求画家必须体察到这种变动的力量，把握住其中饱满的、充盈的、流动的力量，将自我的内心直觉和外在的天地万物融合起来，把自己的生命与自然的运行冥契起来，既可以充满激情淋漓尽致地泼墨写意，又能用空灵的心境去寂照自然、洞察万物。这样，那些渗透了画家全部生命体验的物象，经过由外向内、由表及里、由现象到本质、由宏观到微观的艺术加工，从而形成被高度艺术化、情感化了的形象，手眼合一，内外合一，自然具有无穷的艺术表现力和感染力。

四、德艺并重

中国艺术理论认为艺术赖于人品,书画是用修养学问浸润出来的。艺术家必须强化自己的艺术修养,才能达到艺术的最高境界。唐岱在《绘事发微·读书》中明确提出:"胸中具上下千古之思,腕下具纵横万里之势,立身画外,存心画中,泼墨挥毫,皆成天趣。读书之功,焉可少哉!"说的正是这一道理。

观察著名画家的成长经历,就会发现有一个共同的特点:都以深厚的笔墨功夫和广博的学养作为根基。笔墨技法是塑造形象、表情达意的基础,只有能够熟练驾驭笔法、用墨、敷彩等技巧,才能得心应手地绘制出栩栩如生的艺术形象。但只有具备了广博的人文知识和深厚的艺术修养,才能触类旁通,左右逢源,成为一代名家。晁补之在《跋翰林东坡公画》中说苏轼绘画、诗歌、散文的成就在于"治气养心",黄庭坚在《题子瞻〈枯木〉》中说"折冲儒墨阵堂堂,书入颜杨鸿雁行。胸中元自有丘壑,故作老木蟠风霜",认为苏轼之所以有多方面的艺术成就,在于他既能融会百家思想,又精通诸家技法,具有全面的艺术修养和深厚的人文情怀。

古人论画常将作品分为神品、妙品、逸品、能品四种,黄休复《益州名画录》中将逸品置于神、妙、能三品之上,视为绘画的最高境界。郭若虚《图画见闻志》曾引用僧仁显《广画新集》和辛显《益州画录》二书对当时画家进行评价,也是采用逸、神、妙、能四品。这四品看似差异不大,却是艺术家艺术修养的全面展现。

郑午昌曾说:"综观中西绘画,而寻其演进之次序,可分为四程,第一程漫涂,第二程形似,第三程工巧,第四程神化。"[①]他说的四个过程,是不同绘画阶段所能达到的四个层面,它们分别代表了艺术技巧、艺术形象、艺术蕴含和艺术神韵四个层面的实现程度。第一个层面为漫涂,侧重于强调画家要能充分掌握绘画的艺术技能,能够利用线条、笔墨、色彩、构图等手段,把外物的形状描摹下来。这个层次所能达到的高

---

① 郑午昌:《中国画之认识》,《东方杂志》第 28 卷第 1 号,1931 年 1 月 10 日。

度,便是对绘画手段所知甚广,对名家笔法烂熟于心,用笔、用墨自如,在形式的表现上了无障碍,可与画品的"能"相对应。第二个层面是形似,指画家能够从现实生活中提炼出独到的艺术形象,能够形成直观、生动、具体的艺术境界。这就对画家的艺术眼光提出了要求,要求艺术形象既要有典型性和概括性,又要有情感性和思想性。它们必须融入画家的情感体验和审美情趣,是画家鲜明创作个性的体现。这一层次所能达到的高度,是作品能够惟妙惟肖地传达出作家的情思和理想,这可对应于"妙品"。第三个层次即工巧,要求作品有深广的艺术蕴含,有深厚的人生哲理、诗情画意或精神内涵,浸润着艺术家对人生、社会深刻的领悟,作品具有洞悉自然、人生的穿透力,能够打动观者的心灵肺腑,极富神韵,可称之为"神品"。所谓的神化,为第四个层次,指能够超脱现实社会而达到清雅、恬淡、安逸的境界,是中国文人画所能达到的极致,是将哲理、诗情、画意和生命理想高度融合在一起,呈现出只可意会不可言传,知其妙不知其所以妙的美轮美奂的艺术境界,其最高境界便是所谓的"逸品"了。

由此可见,中国绘画的最高境界,是画家全部人文底蕴和生命感悟的写照,是艺术家高超的艺术技能和深厚的艺术修养的全部外化。只有彻底摆脱了现实名利追求,才能够洞彻天地万物之运行,超越尘俗凡夫之琐屑,凝造化于笔端,随性游走,宛然天成,创作出可遇而不可求的艺术神品。

第三节　乐论

我们对中国古代的音乐理论和音乐术语进行解释,来总结一下乐论的基本内容。

一、"五音""七音"与"八音"

从考古资料来看,在新石器时期,已经形成了五声音阶,出现了骨笛、埙等乐器。而真正进入到自觉形态的音乐,还是在商周时期。

商代乐器主要是钟和磬。青铜钟横截面一般采用合瓦形,在同一个钟靠近钟口部的正中和左右处敲击,可以发出两个不同音高的音,两音之间以大两度关系居多。商后期的钟则以小三度关系居多。这样的钟大小不一,大多三个一组,一组之间可以形成多种形式的不同音阶,包括宫、商、角、徵、羽,相当于简谱的1、2、3、5、6。这种音阶关系,是周朝雅乐音阶的基础。

西周编钟继承商的形制,但将商编钟的木柄朝上置放改为钟口朝下悬吊。采用三枚一组,并将音阶固定为羽—宫—角—徵。后来编钟增加到八枚一组,仍采用四声音阶,这与《周礼》所表述的雅乐音阶一致。由于周代实行严格的礼乐制度,乐舞名称、乐器品种和数量、乐工人数都有严格的规定,编钟和磬只有天子、诸侯才能使用,大夫和士只能用鼓,因而雅乐音阶一直被固守。

平王东迁之后,诸侯不再严格遵守礼乐制度,用孔子的话来说是"礼崩乐坏"。春秋时期的编钟,便不再固守雅乐"宫—角—徵—羽"的音阶规律,普遍采用五声音阶,又在五声之外增加了变徵和变宫两个变声,构成七声音阶。新郑出土的郑国编钟,既可以形成三种调高的五声音阶,还能构成升四级七声音阶,也能构成自然七声音阶,演奏出清新活泼、风格多样的新乐,这就是"郑卫之音"。晋国侯马编钟的音阶只有六声,缺角音,与现在流传的部分民歌音阶相同。这说明,在春秋战国时期,七声音阶得到了广泛使用,音域在不断拓展,如湖北随县城郊擂鼓墩曾侯乙墓出土的一套六十四件的编钟,一钟双音,总音域达到五个八度,其基调也与钢琴的调高(C大调)相同,比现代钢琴只少一个八度。中间两个八度中,具有全部十二个半音,通过旋宫转调可以演奏七声音阶的乐曲。特别是在它的铭文上,记载了当时楚、齐、晋、周、申与曾国使用的各种律名、阶名、变化音名的对照表,使我们了解到当时乐律的具体情况。

从战国开始,中国音乐便以七声音阶为主。在长期的流传中,形成了三种主要的七声音阶形式:一是正统的正声音阶,也叫雅乐音阶。二是下徵调音阶,也叫清乐音阶。三是燕乐音阶,也叫清商音阶。三种七声音阶是构成中国古典音乐的基础(如下表),它们的差异,在于两个半音的位置不同,从而形成了不同的音乐风格。

古乐音阶表

简谱音阶\音阶	1	2	3	4	5	6	7	1
雅乐音阶	宫	商	角	变徵(#4)	徵	羽	变宫	宫
清乐音阶	宫	商	角	清角(4)	徵	羽	变宫	宫
燕乐音阶	宫	商	角	清角(4)	徵	羽	闰(b7)	宫

后来,还有一种"八音"说法,是指八声音阶。隋唐乐工认为其位置在宫、商二音级之间,名之为应声。应声在隋唐被看作常规音级,可以用应声作为调式主音,建立"应调",唐宋时期的角调便使用这种"八音之乐"。现代音乐理论一般认为七声以外的音级,是临时变化音,不是音阶的常规音级。

二、雅乐与俗乐

商人尊事鬼神,重视祭祀。祭祀之礼,多伴以乐舞,以达到人神交流的目的。当时流行的《桑林》和《濩》之乐,以及《诗经·商颂》所载的篇章,便是商朝祭祀乐舞的遗留。周灭商之后,把商的中心地区封为卫、宋、郑等国,商的音乐仍在这一地区流传。周民族以农业立国,文化、技术不及商代,他们把自己先祖居住地岐周的本土音乐作为祭祀先祖、举行大型礼仪活动的音乐。这种音乐以四声音阶为主,声音滞缓而悠扬。周王室的音乐被称为"雅乐",这与周地语言称"雅言",周王室诗歌称"雅诗"是一致的。

由于周朝以礼乐制度来作为宗法制度的保证,形成了非常严格的用乐制度。钟、鼓、磬的合奏,只有天子、诸侯可用。钟声洪大,磬音清亮,鼓声鲜明,三者结合,洪亮悠扬的音色与庄严而鲜明的节奏感,可以形成威严的乐感。从《诗经》中的《周颂》《大雅》《小雅》相关篇章的描写中,可以感觉到这些乐舞的庄严和整齐。从这个意义上说,"雅乐"代表了周朝的正规音乐和礼仪用乐,一是等级森严,不同的曲目有不同的用途,只应用于特定的场合;二是曲目固定,曲目与礼仪制度是相伴而生的,不容许随意增加;三是音阶组织相对稳固,这既保证了礼仪制度的稳固，又导致了音乐的凝滞和僵化。

郑、卫等地的音乐更多继承了商的音乐传统。从出土的商代编钟来看，商代已经自由使用了五音音阶，当商代音乐不再作为商王室祭乐使用而流行于郑、卫之地时，民间对于音乐自由的改造和加工，会促使这种音乐形成新的音阶和组织。在《诗经》中，《郑风》《卫风》共31篇，约占十五国风的五分之一，可以看出商人后裔制曲之多和音乐之发达。其中有很多分节而歌的章节，能够感受到其演奏方式的多样和音乐结构的变化。从新郑出土的编钟可以看出，这些诗篇当是用七声音阶伴奏的。这与雅乐的古朴凝重形成鲜明对比，在当时非常流行，虽然《论语·阳货》记载孔子"恶郑声之乱雅乐"，《礼记·乐记》也说"郑卫之音，乱世之音也"，但这种新的音乐，代表了音阶发展的潮流，深受民众的喜爱。

战国时期，以周乐为代表的雅乐和以郑、卫民歌为代表的俗乐，便成为两大音乐系统。秦朝把雅乐和俗乐分开管理，奉常主管由雅乐发展而来、供祭祀和礼仪使用的"太乐"，乐府则管理由各地收集上来的民歌和俗乐。汉代继承了这一传统，汉武帝时期收集了赵、代、秦、楚等地的很多歌曲。这些曲子大致有两种情形：一是没有乐器伴奏的徒歌，也叫但歌，就由乐工如李延年协律，配以丝竹等。二是只有旋律而没有歌词的曲子，由文人如司马相如等配上歌词。经过他们长时间地整理，形成了往往一人唱、几人和、丝竹交替相和的演唱形态，被称为"相和歌"。相和歌的演奏形式多样，有的是一曲到底的，有的是分段演奏的，有的大曲前有称作"艳"的引子，后有称作"趋"或"乱"的尾声。

秦汉的雅乐衰微，直接导致了两个结果：一是祭祀乐舞逐渐简化，用于宴饮场合的舞蹈却不断丰富。魏晋时期出现的《盘舞》《鞞舞》《铎舞》《拂舞》《白纻舞》等杂舞，便是服务于这种飨宴场合，必然导致音乐形式变得轻松活泼。二是器乐中，钟、磬的地位越来越低，到了汉末，铸钟的技艺基本失传，乐工几乎造不出合乎音律的编钟，筝、瑟则取而代之，成为主要乐器，适合于表现复杂音阶和组织形式，东汉、魏晋史料上出现的大量琴曲、鼓员、笙竽乐工等，便是明证。三是汉代还形成了新的音乐形式，如以鼓和吹奏乐器为主演奏的"鼓吹乐"，专门用来演奏皇帝飨宴群臣的食举乐和朝会导路等的仪仗乐等。

在音乐发展中,新旧是一个不断变化的概念。在春秋时期,相对于雅乐,郑、卫之音是新声。在汉魏时期,相对于相和歌,横吹曲和鼓吹乐便成了新声。这跟现在的流行歌曲很相似,流传之初,便是新声;流传既久,再有新声出现之后,便成了旧曲老歌。

三、清商乐

汉魏时期,随着俗乐的加工和相和歌的整理,乐工们发现了不同的音阶组织可以形成不同的调高,这就形成了五个基本调名:平调、清调、瑟调、楚调、侧调。其中平调、清调、瑟调三调为清商乐专用,又称"清商三调"。

清商三调的含义,说法不同,按照《魏书·乐志》所载陈仲儒奏议所言:"其瑟调以宫为主,清调以商为主,平调以角为主。五调各以一声为主,然后错采众声以文饰之,方如锦绣。"清商乐宫调的命名体系应当与琴瑟等弦乐有关,瑟调以一弦为宫,清调以二弦为宫,平调以三弦为宫。①

曹魏音乐直承汉代的"清商三调",将管理俗乐的机构设为"清商署"。西晋依然如此,当时荀勖掌音乐,还作了清商三调歌诗。晋室南渡后,清商乐传到南方,与南音融合,吸收了南方土乐,导致清商乐发生变化。如地处长江下游的吴地歌曲,长江中游在楚声基础上发展而来的西曲,是战国以来南方音乐的新发展。吴声、西曲与相和歌合流,就形成了新的"清商乐",简称"清乐"。

北魏时南方清商乐传到北方,改变了北地少数民族的音乐传统。《魏书·乐志》说:"高祖讨淮、汉,世宗定寿春,收其声伎。江左所传中原旧曲,《明君》《圣主》《公莫》《白鸠》之属,及江南吴歌、荆楚四声,总谓《清商》。"这样,清商乐不仅承接汉唐音乐,而且融合南北音乐。隋灭陈统一中国后,仍设清商署管理六朝以来以汉魏旧曲为代表的清商乐。隋朝把清乐视为"华夏正声",隋炀帝曾令乐工白明达等人复制新

---

① 童忠良:《中国传统乐学》,福建教育出版社2004年版,第198—199页。

词。经过隋末战乱,清乐大多散佚。唐初清乐只剩下 63 曲,列在十部乐的第二部。开元前后,清乐能演奏的越来越少,逐渐被当时"杂用胡夷里巷之曲"的新声所替代。

四、燕乐

"燕乐"也叫作"宴乐",狭义的燕乐在周代已产生,是用于宴飨的音乐,属于雅乐的一部分。广义的燕乐,是沈括在《梦溪笔谈》中所说的汉族俗乐与外来(外国或外族)音乐的总称:"先王之乐为雅乐,前世新声为清乐,合胡部为燕乐。"是唐宋时期最流行的音乐形式。

经过了南北朝数百年各民族音乐的交流,隋唐时期,少数民族音乐经过融合、消化和吸收,成为中国音乐的组成部分。隋唐音乐分部,其中外国和少数民族音乐占了大多数。初立七部乐,《隋书·音乐志》载:"始,开皇初定令,置七部乐:一曰国伎,二曰清商伎,三曰高丽伎,四曰天竺伎,五曰安国伎,六曰龟兹伎,七曰文康伎。"后又加康国、疏勒两乐部,增为九部乐。唐先立九部乐,贞观间,增为十部乐。唐十部乐中,只有清乐是由汉魏延续而来的前代音乐,宴乐是用于宴会祝颂的音乐。其余各部多来自周边少数民族,大多以筚篥、横笛、琵琶、铜钹等少数民族乐器演奏。

少数民族音乐的进入和清商乐的发展,形成了唐宋的燕乐系统。燕乐接受了外族音乐的用调习惯和演奏方式,汉魏以来的"清商三调"已不能概括,这就形成了新的音乐系统。燕乐主要乐器有琵琶、箜篌、筚篥、笛等,演奏时分坐部和立部两大类,形成了器乐、声乐、舞乐和百戏等样式。

燕乐的演奏,有如下几个特点:一是习惯在曲尾用一段"解""破"结束全曲,解曲快速热闹,是乐曲的高潮。二是燕乐形成了"俗乐二十八调"的宫调体系,民间遗存的《忆江南》《万年欢》《望江南》《婆罗门引》等乐曲,与宋元之际的音乐存在某些深层的联系。三是出现了更为复杂的"大曲",集器乐、歌、舞于一体,结构庞大,有二三十段甚至更多,由"散序""中序""破"三部分组成。"散序"多采用节奏自由的散板,用纯器乐表演,并可以独奏、轮奏或合奏。"中序"多用慢板,节奏固定,有拍序节之,以歌唱为主,有时伴舞,也称为"歌头"。结尾的"破",以舞蹈为主,有时伴歌,所以也称"舞遍",节奏逐渐加快,至高潮结束。著名的《霓裳羽衣曲》《凉州》《伊州》《秦王破阵乐》等,都是大曲。

五、南北曲

宋元之际,随着北方少数民族音乐的进入,唐宋时期的伴奏乐器也发生了变化:唐以琵琶为主,宋以筚篥为主,元代开始以笛、唢呐等鼓吹乐器为主,杂剧用笛、板、鼓等伴奏。唐宋曲子词的宫调系统被打破了,为适应金元曲单独演唱的特点,传统曲谱的固定性和严谨性也需要改变。

金元杂剧,主要是受北曲影响而产生的艺术形态,结构上一般为"四折一楔子",后来也有所突破。四折始终由一个男主角正末或女主角正旦演唱,其他角色可以说话但不能唱,即便唱,也只唱与主角所唱套曲无关的短小曲调。这说明元曲还带有从说唱文学过渡而来的痕迹。同时,在南方温州、永嘉等地,还存有一些相似的艺术形态,被称为南戏。南戏以出为单位,每戏有二三十出甚至更多。南戏各角色都能唱,也没有宫调限制。塑造人物、结构情节都比北曲方便一些。但南北曲风的区别却是分明的:北曲雄健刚劲,南曲平和柔美。不过,元朝建立之后,南北音乐有所合流,南戏采用北曲常用的套曲,使音乐兼具南北之长。一南曲一北曲依次连接,称"南北合套";而一段为北曲,一段为南曲,造成整体对比,则称为"南北联套"。

南北曲乃至后世戏曲的声腔系统,都遵循两个基本的音乐结构:

一是曲牌联套,就是以"曲牌"为基本结构单位而加以连接的唱腔体制。"曲牌"是经过多代艺人千锤百炼后形成的相对成型的曲子,后人不断将新的唱词"填"入其中,成为一段新的唱腔。所有的曲牌都有固定的"牌名",如《念奴娇》《点绛唇》《夜行船》等。各曲牌相对独立,在戏曲使用时,可将几支不同的曲牌连接起来,形成富于变化的套曲。能够联套的各曲牌,一般属于同一宫调,即使换宫,也常在相近的宫调之内。每套要有引子、过曲、尾声三部分:引子、尾声通常用散板,散起散终;过曲习惯按先慢后快的次序排列,使整个套曲形成"散—慢—中—快—散"的节奏。

二是板式变化,就是通过节奏的变化来推动故事冲突,并使唱腔富于变化,以增加音乐的多样性。板式是连接"上、下乐句"的重要方式,如四二拍的原板可以因速度放慢、旋律加繁扩展成四四拍的慢板,或紧缩为四一拍的流水板,也可以散化成不同形式的散板。这样每对上、下句就可以有四种板式的变化,把唱腔变得更加丰富。如果把这些板式再细分,会形成"慢三眼""快三眼"、快板、流水板、导板、摇板等众多节奏,使戏曲演唱更富于表现力。

明清时期,除了戏曲之外,南方说唱以弹词为主,弹词以琵琶、三弦伴奏;北方说唱以鼓词为主,鼓词以鼓、板、三弦伴奏,它们都吸收了曾经流行于南北的牌子曲。

六、十二律

商周时期,人们已经注意到音阶之间的差异,并意识到不同音阶之间的搭配。春秋时期这一认识更加深入。《左传·昭公二十年》载当时用"大"或"浊"描述低音,用"细"或"清"描述高音,用"迟"或"速"描述发声体的振动衰减的快慢。《国语·周语》则用"比"表示两个乐音的音高相同,以"平调"或"和调"同高度乐音搭配,以"应"来描述共振现象等。

《诗经》记载的各类管、弦等乐器有 29 种,在演奏中,不同乐器要组合使用,需要对乐器的音阶进行固定和校订。这就需要形成标准的音阶。考古发现西周中晚期的编钟已刻有一些律名的铭文,这是早期标定音高的实践。在此基础上形成的十二律,是用 12 个名称来描述 12 个乐音的关系。这 12 个名称依次是:黄钟、大吕、太簇、夹钟、姑洗、仲吕、蕤宾、林钟、夷则、南吕、无射和应钟。律分阴阳,十二律中,处在单数位的为律,偶数位的为吕。这组乐音具有了稳定的命名,依次各按半音关系顺序排列,并以黄钟律为标准音高之首,这就是十二律。第一律黄钟相当于音名的任何音,只要记住这十二律的顺序,依次类推,便可推出其余十一律对应的音名。假设黄钟是现在钢琴上的 e^1 音,其余各律依次上升半音,具体名称如下表。

十二律名表

律名	黄钟	大吕	太簇	夹钟	姑洗	仲吕	蕤宾	林钟	夷则	南吕	无射	应钟	清黄	清大	清太	清夹
音高	e^1	f^1	$^\#f^1$	g^1	$^\#g^1$	a^1	$^\#a^1$	b^1	c^2	$^\#c^2$	d^2	$^\#d^2$	e^2	f^2	$^\#f^2$	g^2

那么如何获得标准的十二律呢?春秋中期形成的三分损益律,是按振动物体长度来进行计算的弦上求律法。《管子·地员篇》只算到五律,《吕氏春秋·季夏纪·音律》继续推算,即生出十二律:"黄钟生林钟,林钟生太簇,太簇生南吕,南吕生姑洗,姑洗生应钟,应钟生蕤宾,蕤宾生大吕,大吕生夷则,夷则生夹钟,夹钟生无射,无射生仲吕。三分所生,益之一分以上升,三分所生,去其一分以下生。""三分损益"虽然可以推演出十二律,但计算到最后一律时却不能循环复生,因为各律之间含有大、小半音之别。所以,三分损益法向下相生到第十二律仲吕时,就出现了"仲吕极不生",黄钟不能还原的现象,暴露出十二律不能回归本律和无法"周而复始"地旋宫转调的问题。

从汉代开始,很多学者开始探寻新律。西汉京房继续用五度相生法连续推算,一直推算到六十律。此后,南朝宋钱乐之推至更为周密的三百六十律,隋代刘焯推算出"十二长度等差律"。按照设想,十二律次相生后,应正好回归黄钟律。可惜他们不是按频率比计算,而是依弦长计算,这就难免陷入困境。南宋律学家蔡元定在《律吕新书》中提出了十八律理论。十八律是按三分损益法生成十二正律后,继续往下生六律而构成的一种律制。蔡元定将这六个律称为变律,即变黄钟、变林钟、变太簇、变南吕、变姑洗、变应钟,与原有的十二律合得十八律。通过调整音程关系,试图解决"黄钟还原"问题,仍没有完全实现。

直到明朝中叶,朱载堉《乐律全书》以珠算开方的办法,求得律制上的等比数列,不仅获得了十二平均律,而且使十二律内可以自由旋宫转调,彻底解决了长期困扰律学史上的黄钟还原的问题。他的突破,在于珠算开方所求的弦长,接近于频率倍数。由于朱载堉的十二平均律使各相邻律之间的频率比相均等,又称十二等程律或新法密律。[①]

八、旋宫转调

十二律的获得是律学的理论基础,旋宫转调就是律学在音乐上的实际应用。宫是指调高,调是指调式。调是一组乐音按一定的排列方式形成的音阶关系,排列方式不同,就构成了不同的调式。调高是调式主音的高低。如商调式是以"商"为主音音高,五音排列的依次顺序是商、角、徵、羽、宫。

在古代音乐理论中,以七音宫、商、角、变徵、徵、羽、变宫配十二律,每律都可作为宫音,"宫"单独做调高时,叫作"均"。如以黄钟宫为宫的音阶就叫黄钟均,以林钟宫为宫的音阶就叫林钟均等。这样,宫音的位置就有 12 种,确定了宫音的律位,一定调式结构的各音也相应排列了出来,商、角等音也随之有相应的位置变化,这就叫"旋相为宫法",简称为"旋宫"。把十二律和七音都按相生关系来排列:十二律隔八相生、七音隔五相生,每均有 7 调,12 均共有 84 个调。所以,旋宫就是旋宫转调,在十二律和七音位置相应移动中,曲调的主音由不同阶名的音来担任,形成调式转换,这就是《礼记·礼运》所谓的"五声六律十二管还相为宫也"。旋宫转调在平均律中很容易获得,但在三分损益律中,由于 12 个音阶呈现出 12 种不同的音程关系,很难自由转调,这便是为何历代律学家要努力解决此问题的原因。

旋宫转调在不同的历史时期,内容不尽相同。按照《礼记·礼运》的描述,"还相为宫"只是调高的转换,五声十二管只能产生 60 个不同的宫调。到了隋代,由于琵琶的传入,七声得到了广泛的使用,郑译从理论上推演出了 84 调理论。唐宋时期,实际使用的并没有这么多,而是进行了大量的简并。如唐俗乐 28 调,《新唐书·礼乐志》记载:"正宫、高宫、中吕宫、道调宫、南吕宫、仙吕宫、黄钟宫为七宫;越调、大食调、高大食调、双调、小食调、歇指调、林钟商为七商;大食角、高大食角、双角、小食角、歇指角、林钟角、越角为七角;中吕调、正平调、高平调、仙

---

① 缪天瑞:《律学》,人民音乐出版社 1983 年版,第 145—146 页。

吕调、黄钟羽、般涉调、高般涉为七羽。"常用的只有7宫4调,4调为宫调式、商调式、羽调式和角调式。

金元戏曲只用6宫11调。到了元末,变为9宫13调,常用的宫调主要是5宫4调:正宫、中吕宫、南吕宫、仙品宫、黄钟宫;大石调、般涉调、商调、越调。明清戏曲常用的只有8调,即仙吕调、双调、双角调、越调、黄钟羽、道宫、小石调、正平调。可以看出,宋元之后的宫调,都源自于俗乐28调,而且不断简化,不断完善。

第十三章　文献学通论

古典文献学主要由版本、目录和校勘三门组成，还包括辨伪、辑佚、考据等专门的学问。

第一节　版本学

一、"版""本"本义

版本学一词中的"版"，或写作"板"，或写作"方"。最早的书是由简策和木牍组成，竹简叫作"策"，木牍有时称作"方"。鲁哀公曾向孔子询问怎样管理好国家，孔子说："文武之政，布于方策。"①方，是木板。策，指竹片编连的简册。《仪礼·聘礼》说："百名以上书于策，不及百名书于方。"字多时就写在简上，字少时就写在木板上。雕版印刷术出现以后，"版"和"板"就演化成供雕刻用的版本。王应麟考证说："唐末益州始有墨板，多术数、字学小书。"②认为唐代已用雕版印刷术数、历谱和小学课本。进入宋代，雕版印刷流行开来，王应麟又记载了当时政府命令："又经书未有版者，悉令刊刻。"③这样，"版"就成为印刷术语了。

---

① 《礼记·中庸》，第1629页。
② 王应麟：《困学纪闻·经说》，上海古籍出版社2008年版，第1086页。
③ 《玉海》卷五十二《艺文》，广陵书社2003年版，第996页。

"本"原指树根,古书常用卷轴装裱,书轴露在外头,被称为"书根",借用为"本"。西汉刘向校书,每一书校完,要写一个表,他常在表中说用了很多不同的本子,如"太史公""太常博士书""中外书"等,把若干本相比较来定稿。采用雕版印刷、活字印刷之后,"本"仍作为计数的量词,指不同的抄本、版本。唐朝的书以抄本居多,常以卷子本的形式出现。也有少数的版印佛经,如在敦煌石窟发现的咸通九年(868)印刷的《金刚经》,便用雕版印刷而成。雕版印刷的书多是销量最好的书,如识字课本、术数、经书、历谱之类。叶德辉在《书林清话·板本之名称》中说:"雕板谓之板,藏本谓之本。藏本者,官私所藏,未雕之善本也。自雕板盛行,于是板本二字合为一名。"

版本是指同一部书在编辑、传抄、刻版、排版、装订以及流通过程中所产生的各种形态的本子。为什么研究版本学呢?这是因为书在刊刻、流传的过程中,出现了版本的差异,这些差异会造成很多阅读和理解的问题。余嘉锡的《目录学发微·板》中对古书的版本作了一些总结,说古代的书籍先是刻在竹简上,然后写在木牍上,后写到帛书上,再后用纸来写。由简策的卷,到木牍的片,到帛的卷,到纸的册,装订随着用料而发生了改变。因印刷方式的不同形成了手抄本、刻本、活字本等。一本书流传到现在,不知经过了多少人的抄、刻、校、补,这其中有不少是大学者,也有普通士人,还有匠工,因此错误难免。有的书只有半部流传下来,有的书出现缺页、缺行、缺字,"有断烂而部不完,有删削而篇不完,有节抄而文不完,有脱误而字不同,有增补而书不同,有校勘而本不同"[①]。所以,我们读书的时候需要讲究版本,不能拿着错误百出的书加以阅读。

二、版本的分类

版本究竟如何分类呢?依照的标准不同,分法也不同。

第一,按雕刻的性质来分。

一是官刻本。它是由官府主导而刻成的书,如宋朝的秘书监、元朝

---

① 余嘉锡:《目录学发微》,上海古籍出版社2013年版,第64页。

的国子监、明朝的南北国子监,以及各州、郡、司、县等,都刻了很多书。这些书流传较广,如"四书""十三经"、史书都有监本系统。明代司礼监还建有专门刻印书的经厂,印行"四书""五经"、《性理大全》等常用典籍。康熙时设武英殿修书处,不仅校书,也刊印书籍,其中刻印的"十三经""二十二史"、《明史》《大清一统志》、"三通"等书,选本精良、纸张精美、印刷精致,是较好的善本。此外,还有内府本,是明清皇帝审定或者命人刊印的书,如《渊鉴类函》便以内务府本为优。还有一种局本,是各地官府设立的书局,如宋朝的道、盐监、转运使督刻的经书。清朝很多省也设立书局刻书,如浙江书局、金陵官书局等。

二是私刻本。它是由私人刊刻的。其中有家刻本,就是刻印先祖或者自己的书,如陆游之子陆子遹刻《渭南文集》、林则徐家刻本《林文忠公政书》、刘沅家刻本《易知录》、刘咸炘《续校雠通义》。也有一些著名的刻书家,刊印书籍销售,如闵齐伋、凌濛初、毛晋。毛晋的汲古阁刻本,有"十三经""十九史"、《文选李善注》《六十种曲》等,校勘精审,刻印精工。

三是坊刻本。坊刻本多是书铺刻本。这些书铺刊刻畅销书,以盈利为目的,以销量大为追求。其雕版不如官刻本精致,校勘也不如家刻本精审。官方有财力,刻书为了文化传承和政治意图;书商则为盈利,要尽可能压缩成本,雕版都不太精致,缺少校勘,讹误较多。不过这些书因人因地而有所不同,有些能讲究一点,如南宋临安的陈氏书棚本就校印得好一些。

此外,还有外国刻本,是指流传到国外的再经刊刻一些书,如高丽刻本、日本刻本等。

第二,按照雕版的情形分。

一是椠本。"椠"是"版牍"的意思,椠本最早是对雕版印刷的称呼,专指通过雕刻而形成的版本。黄伯思在《东观余论》中说他所看到的杜甫的诗与当时所流传的椠本是不同的。

二是原刻本。原刻本是最初的原本,很类似于我们现在的初版。后来在此基础上又重新刊印,就叫作重印本。如果照着原先的版本重刻印刷,就叫翻刻本或翻印本。翻刻多了,讹误也增加,古书一般以原刻本为重。

三是旧刻本。年代不详的刻本，一般统称为旧刻本。旧刻本和旧刊本只是相对原刻本或新刻本而言的，如顾炎武生在明朝万历年间，在清朝康熙二十一年（1682）去世，一般称他为清人，他的《音学五书》是在崇祯末年刻的，清朝人常称之为旧刊本。上海涵芬楼影印的《嵩山文集》20卷、中华书局断句排印的《唐诗三百首》，都是据旧刊本印行的。

四是精刊本。它专指那些字体工整、校勘精审的刻本。宋元刻书，不光讲究刻工、书铺，且多邀名家书写，讲究校勘。这样的书一般称为精刊本，如民国玉海堂影宋精刊本《巨鹿东观集》10卷、诵芬室仿明精刊本《盛明杂剧》30种等。

五是写刊本。写刊本的字迹多出自名家之手，如苏轼写刻过陶诗、郑板桥也写刻过《板桥集》，写刻本不仅具有文献价值，还具有书法价值，非常珍贵。商务印书馆就根据上海涵芬楼藏林佶写刊本影印了《尧峰文钞》40卷、《渔洋山人精华录》10卷、《三山郑菊山先生清隽集》1卷、《所南翁一百二十图诗集》1卷、《锦钱余笑二十四首》1卷、《郑所南先生文集》1卷。

六是翻刻本，也叫覆刻本，指原先的版本被毁掉或损坏，就照着原版再刻刊行。一般除了字体可以改变外，行款字数、版框大小、边栏界行、版口鱼尾等都不作改动。翻刻法有补刻和影印两种：补刻是把内容刻上就行；影印是照字摹写一遍，然后刻印。影印技术出现以后，就基本保持原样了。

七是通行本，多指流传较广的本子。现在读《史记》，有多种多样的本子，如武英殿聚珍本、百衲本，但大家用得最多的还是中华书局的点校本，习惯称为通行本。

八是修补本。有的旧版在长时间使用之后，出现部分毁坏、损伤，重新修整、补配之后印行的书，叫作修补本，也叫重修本。有些书版保存时间较长，历经多次修补，称递修本。例如福州涌泉寺保留了很多佛经雕版，有的已经有几百年历史。这些版屡次印刷，有些字已经很不清楚了，有些版继续用，有的要经过修补才能使用，这就是修补版。由于时代不同、工匠不同、技术不同,本子在字体上就会出现不少差异。南宋刻七史的版,元朝继续使用并且增加它后来的内容,明朝洪武年间把这些版移到了国子监,国子监修补后继续使用,到清朝还在用。

九是配本。配本是指一部书印版不全,把很多不同的书版配在一块,印成或形成的一套书。如商务印书馆印行的二十四史、《资治通鉴》,便是用很多不同的版组合起来刊印的,被称为"百衲本","百衲"是僧人所穿的带补丁的衣服,用来形容版子的补补订订。

第三,按其他方法分。

一是按墨色分。根据墨色的不同可分为朱印本、蓝印本、墨色本和套印本。

二是按时间分。根据印刷时间的不同,可分为初印本、后印本。初印本也叫作蓝本、祖本、原本,是最初的本子。定本,是指在初印本之后,经过了增订修改所形成的本子。副本,是指书在印的时候,或者藏的时候的备本。别本是在流传过程中出现的另外的本子,如《四库全书》收录的《晋书别本》,浙江古籍出版社出版的《别本二刻拍案惊奇》,都与通行本有不小的差异。

三是按字形分。按照字体和字形的大小,分为大字本和小字本。宋代刻书多用大字,板框、纸幅都非常高,每行大概有十七八个字,藏书家一般把这样的版本称为大字本。宋元也有小字本,每行二十三四个字,有时候是二十六七个字,叫小字本。明清刻书,并无明显的大小字本的差异。不过宋元刻书,字体多由书法家书写,书法精美。明清刻书,多是工匠书写,字虽然写得非常工整,但没有飘逸流动之美。明清工匠有意仿宋体来写,从而形成了仿宋体,如武英殿的刻本。后来的匠人看武英殿的刻本精工,就再仿武英殿刻,但字体每况愈下。

四是按装订分,可分为合订本、单行本、抽印本。合订本是把好多单行的书放在一块装订,如我们现在的期刊,年终合订成合订本。单行本就是单独发行的书,抽印本是从书中抽出一部分内容单独印行。

五是按内容分,可分为校本、注本、批点本、节本、增订本等。校本是经过校订的本子,如中华书局点校的二十五史。注本是对书的内容进行注释的本子,如阮元刊刻的《十三经注疏》本,把注和疏放在一块。

批点本的正文中带有评点,如《红楼梦》脂砚斋评本。节本对原书进行了删节,如金圣叹的《水浒传》70回删节本。增订本,是在原书的基础上进行补充、增加和订正的本子,如中华书局出版的杨树达《积微居金文说》,便有增订本。

六是按流传分,可分为善本、孤本和残本等。善本,是指精加校勘、讹误较少的本子,朱弁《曲洧旧闻》说:"宋次道龙图云:校书如扫尘,随扫随有。其家藏书,皆校三五遍者,世之畜书,以宋为善本。"善本的概念在不断变化,明朝认为宋元的版本叫善本,清朝把明朝的书也叫善本,我们现在则把清朝以前的本子都叫善本。张之洞《𬨎轩语·语学篇》就说:"善本非纸白板新之谓,谓其为前辈通人用古刻数本,精校细勘付刊,不讹不缺之本也。"又说:"善本之义有三:一、足本(无阙卷,未删削);二、精本(精校、精注);三、旧本(旧刻、旧抄)。"现在来说,珍贵难得的旧刻本、精抄本、精校本、手稿本和旧拓碑帖本等古书,都可叫作善本。孤本是仅留存一份的本子,非常珍贵,一旦消失,就不可能再生。孤本不仅包括某一书仅存的本子,还包括未刻的手稿、碑帖的旧拓本等。残本,是残缺不全的书。如《永乐大典》原书22877卷,11095册,现在的副本残册只剩400册左右,这些残本的价值极高。明清的藏书家十分重视残卷的收集,如毛晋曾以页计价收购宋版残本,黄丕烈所藏的百部宋版书中,残本超过半数,陆心源所收宋版书200部,足本的也不到三分之一。

三、版本款识

版式。古书的版式分半页版和通页版。半页版如《说文解字》,武英殿聚珍本"二十四史"的每页分上下两个半截,《四部丛刊》《四库全书》等则以通页排版。小说戏曲多用横线把版面分成两截或三截,叫"两截版"或"三截版",下截占的空间较大,刻正文;上截、中截刻评语、插图。

行格是对古书行的描述。有的书,正文是大字,注释为两行小字,这叫夹双行小注。我们一般把它写成这样:多少行,大字多少字,小字多少字。夹单行小注,一般不写行,多计作多少字。描述时多记作:多少行,行多少字,如"十三行,行二十四字"。

版面,包括天头、地脚、两边。天头指上面多宽,地脚指下面多宽,两边指两边多宽。高广是指版框的尺寸来说的,书的版框是指书版上边和下边的尺寸,古书记寸,即多少寸。现在多以厘米来计算,一般说:竖多少,横多少,如"竖27厘米,横14厘米"。

边栏是指书版四边的界栏。书的边栏条数不一,只画一条线的,称为单边;画一条粗线、一条细线的,称为双边;左右都有细线的,称为左右双边。边框是一版的板框,如果边栏是一条线的话,叫单边栏;有的是两条线,一条粗的、一条细的,叫双边栏。

版心一般有两种:黑口和白口。如果中间这个地方没有字的话,称之为白口。如果中间有一条墨线连起来,则称之为黑口。象鼻是黑口本版心上下两端的界格,像大象的鼻子一样,它的中间是空的。大的称之为大黑口,小的称之为小黑口。黑口如果中间有文字的话,称之为花口。

版心距上边约四分之一处,一般用鱼尾隔成三段,作为折叠书页的标记。鱼尾根据数目可分单鱼尾、双鱼尾,花式有黑鱼尾、白鱼尾、花鱼尾。

书耳是版框的边角上镌刻的一个空格,刻有篇题,也叫耳题、耳记。

除了上述在页面上的一些标志之外,可以被视作款识并用于版本鉴定的,还有字体、口题、书牌、特殊标志等。

字体。唐雕版、宋刊本、元刻本多用楷书、行书、宋体,如敦煌卷子、松雪斋藏《汉书》等。明代多由书匠模仿宋体,其字体呆滞,多被称为匠体。字体是鉴定版本的一项内容。

口题,是在古书的版口刻上书名和卷次。翻开古书,常在边上会发现书名、卷次,且每页都有,有的还标明多少章。此外还有一种叫栏外题,就是在边栏外头附一些字。

书牌也叫木记,是刻书时在书的最末尾或者扉页上加一个牌记,类似现在的版权页。牌记里的文字,有长有短。有的只写出版者,有的还注明刻者的名号。

特殊标志。在古书上有一些特殊的标志,值得注意。一是圈发,是古人在写书的时候,用于标明字音的符号。有时在字角上刻一个小圆圈,来表示这个字应该怎么发音,如平上去入,在宋朝就开始使用。二是句读,在文中要停顿的地方画一个圈,或者画一个勾,表明这个地方是一句到头了。三是篇章号,即某一章结束的标志。或者画一个圈,表示新起的一段;或者用提行,即段落开头。四是墨围,把在书中的某几个字或某个字,用墨线围起来,表示注疏或小标题。如《十三经注疏》正文后常有一个小墨团,而后开始是注。墨团有时用阴文,阴文是墨团中特刻的白文,用以表示增补的文字,如《神农本草经》便使用这种方式。五是阙文,即阙文的记号,常有空白和墨钉两种。空白是画方格来表示缺字,如《穆天子传》中常出现方格表示这个字脱落,而墨钉是用一个黑团表示缺字。

二是装订。结简为册是竹简所用的装订方法。帛书有两种装订方法,一是卷轴,二是折叠。卷轴就是用轴把帛卷起来,像我们现在的画卷一样。但有的帛书太大,卷起来看很不方便,如果想看最后一段,就得全摊开,便采用对卷的方法。从两边对着卷,卷到中间,看的时候,往两边打开。但还有更长的书,就叠起来,像我们现在叠报纸似的,看的时候展开就可以了。

还有两种装订方法,适用于帛书和纸书。一是经折装。经折装在唐末出现,是把一幅长长的卷子向左右反复折叠成长方形的一叠,再在其前后各加上一硬纸作为封面,可以从头至尾翻阅。二是旋风装。它是在卷轴式的底纸上,将书叶鳞装;收卷时,书叶鳞次朝一个方向旋转,宛如旋风,所以被称为旋风装,或旋风卷子。欧阳修《归田录》记:"唐人藏书,皆作卷轴,其后有叶子,其制似今策子。凡文字有备检用者,卷轴难数卷舒,故以叶子写之。"最初可能是在卷轴的文字上进行修订,用叶子粘上,粘上以后就可以卷起来,看的时候就翻着一页一页看。

纸书的装订还有下面几种方法:一是蝴蝶装。蝴蝶装是把每张印好的书页,以有字的一面为准,面对面地折齐,集数页为一叠。然后在无字的书页背面版心的地方用糨糊逐页粘连,再用一张硬厚整纸对折粘于书脊作为前后封面,再把上下左三边余幅裁齐,就完成了整个装帧过程。展书阅读时,中间是版心,两边是文字,犹如蝴蝶展翅,便叫蝴蝶装。二是包背装。包背装与蝴蝶装正好相反,它是让有字的一面朝外,让无字的一面朝里,是装订页边,然后用线钻孔装订。我们现在看到的古书,多是采用这样的方法装订。三是金镶玉,主要是因为有些书,时间太长了,页面发黄,书纸脆弱,稍微动一动就散掉。为了不让这个书一翻就碎,就把书的装订拆开,在中间加上一层衬纸。新的衬纸是白色的,旧书是黄的,黄白相间,由此叫金镶玉,有时也叫袍套装。

三是古书装饰。古书还有很多附属品,我们加以说明。

卷轴是卷书的轴,轴一般露在两端。两端要加上一个套。套的材质不同,有的是用象牙做的,有的是用牛角做的,有的是用漆油上的,还有的是用紫檀木做的;它的颜色也不一样,有红色、白色、黑色等。正卷之外有褾,褾是正文周围的装裱材质,一般用花纹纸,有时候也用绢,它专门被用来保护卷子。卷轴上有一个带,卷起来的时候就用带子把它缠上,有的带子上还带一个签,卷到一块的时候再把签插上。

册页上有哪些装饰品呢?一是书衣,是用来保护书的,类似现在所说的书皮,如《四库全书》用青、红、蓝、灰四种颜色来装饰书皮,象征着一年四季。二是封面,书外面专门用来写书名的一页叫封面。三是书签,是封面上贴的标签,写着书的名称。四是副页,是在书衣里的空白纸,相当于我们现在的扉页。有的后面还有一个衬纸,衬纸是在旧书重新装订的时候加的,有的新书里也留有衬纸。五是包角,比较珍贵的书,在镶衬之后用细绢把两角包上。六是订线,是在书的后脑上打几个孔,加几个线捻把它捆上。普通的是四个针孔,如果书大,还有六孔和八孔的。

除此之外,册页上还有一些外附的附属品,如帙。帙最初是卷轴的外衣,卷一个轴,然后把轴装到一个套里,这个套子就叫作帙。册页流行后,把若干本合成的一函书叫作一帙。帙之外还有书套,书套是在帙的外面加一个硬壳。有的是木匣,有的是用夹板合在一起。

四、版本的鉴别

如何判定一本古书的大致年代呢?

一看牌记、封面、序文。古人刻书时常在正文前面的序文末,或卷尾书末刊刻牌记，如国家图书馆藏南宋廖莹中世彩堂刻本《昌黎先生集》，每卷末有"世彩廖氏/刻梓家塾"双行篆文牌记。有的还在书首加上一个封面，写出刻印者和刻印的时间，类似于现在一本书的版权页上说这书是谁刊刻、谁印刷的，由此可以定出古书的版本。如某本书上注明是雍正、康熙、乾隆多少年印的，我们据此就能判断出这本书的准确时代。也有一些翻印、影印的书，一般也会在其中标出某年根据某书印，如《四部丛刊》本、民国石印本，便是如此。有时候可以根据序文来断定它的时代，有的古书只有序文，看序文的作者和序文的缘由，就大致可以看出这本书的情况。有的书有三四个序，看最近的序文，有助于我们判定它的时代。

二看题跋、识语和名家藏章。古人刻书、读书、藏书，有时喜欢作题跋，根据题跋大致也能看出这本书是什么时候印的。现在有的人购书或藏书时喜欢在书中写一句话，即某年某月购于什么地方，我们据此就可以判断这本书最初的流通时间。有的人藏书还习惯在书中盖章，我们可以根据藏书章来看这本书是否流传有序。大家可能看过《兰亭集序》的图像，上面密密麻麻地钤有很多印章，根据印章就可以判断谁藏过这个卷子，这样流传有序的书本便非常可靠。假如说现在突然出现一本书，盖了顾炎武的章，而后来没有任何章，我们就很难判断它是顾炎武的书。一本书如果没有流传记录，没有目录记载，就要慎重对待。

三看书名虚衔。有些书名上写了一些虚衔，也可以作为判断的依据，如《皇明英烈传》，是明朝人所刻的；而清朝编的集子则很喜欢用《国朝诗选》《国朝史略》《国朝文钞》之类的名字。

四看避讳。按照《左传》的说法，周朝人就开始讲究避讳了，但是周朝的传世典籍很少。秦朝刻石上也有避讳，秦始皇名政，所以秦书凡是遇到"政"都写成"端"，如"端平法度""端治"等等。汉代的避讳，汉高祖刘邦的"邦"改为国，《诗经》的"邦风"也就改为"国风"，汉明帝刘庄的"庄"统一写作"严"，西汉有个叫庄助的文人，只好改叫"严助"了。唐高宗时，有的避讳写作阙文，宋以后运用最广。

五看刻工姓名。根据刻工姓名也可以看出书的时代，如某本书的版心有张三李四刻等字样，另一本书也如此记载，且这两本书的纸张、墨色、字体大致类同，我们大致就可以判定两书的时代相当。如宋朝流传下来的《广韵》，里边记载了十几个刻工，若另一本书还是由这些刻工来刻，我们便大概知道这本书可能和《广韵》同属一个时代。如《乐府诗集》，参与的刻工有四十多人，这本书虽然没有序、跋、牌记、年月，但其刻工的名字如徐杲、徐升、陈锡等，与《广韵》的刻工多数相同，我们就能判断这本书大概与《广韵》同时，都是在南宋刻的。有本书叫《经典释文》，最初根据卷后有宋太祖开宝二年（969）校勘官衔名曾被定为北宋刻本，后来学者在其中发现了刻工的名字，与上述两本书的刻工名字差不多，说明了这本书不是北宋刻成的，而是南宋重刻的。

六看各家的著录。一些著名的刻本，很多家都刻过，但是刻工不一样，刻本也是不同的。现在有一些刻本的时代就弄不明白了。不过历代总有一些著录，可以去查，也有专门把所能见到的本子收集起来，编成了表，成为判别版本的依据。清朝江标的《宋元本行格表》，就把他所能见到的宋代、元代、明代刻本的行格，全部标出来，可以根据他的记载来对照，作为判断的依据。

七看版刻的特点。同一种书在历代的各家刻本中，在字体、字章和行款、版式上也有差异，这些差异经常是有时代特点的，例如宋浙本、蜀本多白口、单鱼尾、左右双边，宋建本后期多黑口、四周双边、双黑鱼尾。元浙本开始有细黑口，而建本则全是黑口。版刻时代特点分明，我们据此可以判断该书的流传。

八看字体的差异。不同时期的字体有些差异，北宋早期的书，基本上是用欧体字，欧体字比较素净，字形略长，转折处有角。北宋中期基本上用颜体字。到南宋时，多用柳体字来刻。而元代用赵孟頫的字。参照字体的特点也可以大致作出判断。

九看名家的室号、别号和印章。现存的古书多数经过藏家之手，我们可以根据藏家的名号、谥号来判断。如钱谦益藏书多标"绛云楼"，一般多用纸印的墨格或律格来抄，版心写有"绛云楼"三字。朱彝尊室号叫潜采堂，抄书基本用毛太纸，纸面空白，不用格。惠栋室号"红豆斋"，他的书在栏外常刻上"红豆斋藏书抄本"。厉鹗的书斋叫"樊榭山房"，用纸印的墨格来抄，半页八行。这些藏家所抄藏的书，特征十分明显。还有一些印章有助于判定书的大致收藏情况,如希古楼、嘉业堂、汲古阁以及一些著名的藏书家如祁承㸁、吴骞、马太龙都有专门的藏书章,可以据此判断。

第二节　目录学

一、目录的产生

目指书目,录指记录。目录学是在图书的分类、编目、收藏过程中所产生的学问,目录常按照一定的次序编排,记录图书的书名、作者、出版、内容与收藏等。

班固《汉书·叙传下》最早提出"目录"的概念:"刘向司籍,九流以别,爰著目录,略序洪烈。"他说的"爰著目录,略序洪烈",是说做了一个目录,把那些皇皇巨著都记录下来。自此,目录学承担着对书籍内容提纲挈领的任务。章学诚《校雠通义·序》里说到目录学的价值:"辨章学术,考镜源流。非深明于道术精微、群言得失之故者,不足语此。"如果没有大量阅读典籍,没有很深的学问,是不能从事目录的编纂的。通过目录,后人可以推阐大义,条别学术异同,使人由流溯源,洞悉学术沿革,所以熟悉古书目录,是了解古代学术的第一步。

王鸣盛在《十七史商榷》中说:"目录之学,学中第一紧要事,必从此问途,方能得其门而入。"一个人要从事学术研究,如果对目录学不熟悉,那就没法入门,读书最切要的就是目录之学。按照他的说法:"目录明方可读书。不明,终是乱读!"整个学术的源流,从先秦学说萌芽到现在,产生了多少书?这些书如何流传到现在?书籍之间的关系怎样?重要的典籍如何聚散?必须对整个学术轮廓熟悉以后,才能去读书,才能从中挑出一些关键的著作去读,而不是乱读。比如要想知道先秦学术的大致状况,不能绕过《汉书·艺文志》;想知道唐以前学术的情形,必须依赖《隋书·经籍志》。此后的《旧唐书·经籍志》《新唐书·艺文志》《宋史·艺文志》《明史·艺文志》和《清史稿·艺文志》等,著录了各代重要的典籍,可以帮助我们了解这些典籍的流传情况。

熟悉了这些目录，然后再读书，就很容易知道读的书在整个中国学术体系中所占的位置。对于太偏、太怪的书可以翻翻，在熟读基本典籍之前，用不着去精读它，否则很容易形成偏颇。真正的学术应该从简易、平常处入手，通过基本典籍的阅读而来，而不是找一本稀奇古怪的、大家都不注意的书来读，把大家都没有注意的东西当学问。如果这样，即使有些新见，也不是建立在坚实的根基之上，不一定能经得起历史的考验。

目录学的基础性主要体现在：

一是即类明学，由流溯源，通于大道。古书按类而编，经、史、子、集四大部中又分了很多小类，按类讨论学问，各类目录实际把学术的源流、差异作了分流，可以从后面的记录往前追溯，对一本书的起源、形成、存佚以及流传等细节加以了解，并明晰别人对它的注释、整理、评价、讨论，一本本典籍的积累，能使我们知道某一种学问整体的概貌。

二是分目著录，变迁有序，明其沿革。目录著述常按目细分，如《汉书·艺文志·诸子略》，下面又分儒、墨、道、法等九流十家，每家又按作者时代顺序著录。这种著录能够使我们了解很多细节，如著录的顺序，能使我们知道该书作者所处的大致时代；把前后《经籍志》或《艺文志》对照，又能看出某书卷数、书名的沿革和注疏的增减等。

三是著者大要，卷帙篇章，晓其损益。如《孙子兵法》在《汉书·艺文志》中著录为《吴孙子兵法》82篇，图9卷；《隋书·经籍志》著录为《孙子兵法》2卷，吴将孙武撰，魏武帝注。并列出魏武、王凌集解《孙子兵法》1卷，还有张之尚注《孙武兵法》2卷，魏太尉贾诩《钞孙子兵法》1卷，等等。由此可以看出《孙子兵法》在三国时期得到了广泛的注释，并已经削减为13篇的规模。

四是提要钩玄，存佚散残，录其大概。西汉刘向、刘歆校书时写有提要，后来散佚了。后世有些目录学著作会列出提要，如陈振孙的《直斋书录解题》、马端临的《文献通考》、永瑢等人的《四库全书总目提要》，对收录的书作了一个概括，有助于我们了解书的内容。有的目录会对作者、书的性质、存佚作出简要记录，如《汉书·艺文志》中班固的简要注释,《隋书·经籍志》附录梁存而隋亡的典籍,有助于我们知道这一时期典籍的聚散和沿革情况。

二、古书的分类

目录学的建立,是以书的分类为基础的。早在商周时期,人们就有了分类的意识。如现在出土的商代甲骨文,有些记录祭祀内容的甲骨,是在一个坑中一起出土的,这说明商朝已经把甲骨分类储存。根据《周礼》的设计,上古已有不同的职官管理不同的典籍,如太史掌握国家的法典、法则,小史掌握各国的宗谱,内史掌握国王、君主治国的典籍,外史掌握关于少数民族、附属国的政令和四方之志,御史执掌治民的政令。显然是把典籍按照性质和功用进行了分类,这种分类出于政治或实用的目的,还不算是严格意义上的目录学分类。

春秋时期,孔子已经尝试对古书进行分类,他教给弟子"六艺":礼、乐、射、御、书、数。按照《礼记》《周礼》以及先秦其他典籍的记载,这"六艺"只是总的分类,下面还可细分。如五礼:吉礼、嘉礼、军礼、宾礼和凶礼。六乐:《云门》《咸池》《大韶》《大夏》《大濩》《大武》。五射:白矢、参连、剡注、襄尺、井仪等。御就是驾车的技巧,也分为5种:鸣合鸾、逐水曲、舞交衢、过君表、逐禽左。六书包括象形、会意、假借、转注、处事、谐声。数有方田、粟米、差分、少广、商功、均输、方程、赢不足、旁要9种具体计量方法。六经为《诗》《书》《礼》《易》《乐》《春秋》。《诗经》分《风》《雅》《颂》,是按照内容分类的。《尚书》又分虞、夏、商、周四书,是按照时代细分的。由此可见,在春秋时期,分类意识已经形成,而且类的概念已广泛得到运用。

战国时期,分类意识已经成熟。前面已经提及,庄子按道术的不同把天下学者分为6派:墨翟、禽滑釐;宋钘、尹文;彭蒙、田骈、慎到;关尹、老聃;庄周;惠施。荀子也把天下学者分为6派:它嚣、魏牟;陈仲、史鰌;墨翟、宋钘;慎到、田骈;惠施、邓析;子思、孟轲。这些派别初步具有了学术分类的意义。受此影响,《淮南子·要略训》把道术分成3种:一是思想类著述,如太公之谋、儒生之业、墨子之说、晏子之谏,略同于现在的人文学科。二是管理类著述,如纵横修短、刑名之书、商鞅之法,类似现在的社会学科,是建功立业、关注现实的学问。三是刘氏之书,即当时皇室秘藏的一些典籍,也包括皇室发布的诏令等文件,类似现在的文件档案。

真正具有目录意义的分类,还是司马谈的《论六家要指》。他把先秦诸子分为6家:阴阳家、儒家、墨家、法家、名家和道德家。汉武帝时期,目录分类已经开始实用。汉武帝广开献书之路,置太史公,收集天下藏书。书收上来之后,先上太史,再上丞相。朝廷另置写书之官,外有太常、太史、博士之藏,内有延阁、广内、秘室之府。在这一过程中,有些流传于民间的书被整理了出来,或在当时流传,或被放到密室里保存,如古文《尚书》、《周官》等。到汉成帝时,秘藏的书散佚了不少,汉成帝就让陈农继续求遗书于天下;同时,命光禄大夫刘向校经传、诸子、诗赋一类的书籍,让步兵校尉任宏校理兵书,让太史令尹咸校数术之书,让太医监李柱国校方技等书,每一书校理完成后,由刘向撰出目录、提要。刘向去世后,他的儿子刘歆继续校书,这次校书持续到哀帝末。

这次校书的结果是刘向、刘歆编纂出《七略》,名虽为七,实际仅分六部,即六艺略,包括《易》《书》《诗》《礼》《乐》《春秋》《论语》《孝经》、小学9种;诸子略,包括儒、道、阴阳、法、名、墨、纵横、杂、农、小说10种;诗赋略,包括屈原赋之属、陆贾赋之属、孙卿赋之属、杂赋、歌诗5种;兵书略,包括兵权谋、兵形势、兵阴阳、兵技巧4种;数术略,包括天文、历谱、五行、蓍龟、杂占、形法6种;方技略,包括医经、经方、房中、神仙4种。另有《辑略》置于前,是全书的总论和序言。后班固的《汉书·艺文志》保存了《七略》的要目。这种分类按书分类,标明卷数、著者等基本情况,非常系统。

南朝宋元徽元年(473),王俭所编的《目录》用四部分法,共收书15704卷。他在此基础上又编了一个《七志》,继承《七略》的传统。其中《经典志》记六艺、小学、史记、杂传;《诸子志》记今古诸子;《文翰志》记诗赋;《军书志》记兵书;《阴阳志》记阴阳图纬;《术艺志》记方技;《图谱志》记地域及图书,附录道、佛之书。

南朝梁普通年间,阮孝绪博采宋、齐以来王公之家的藏书,参校官藏书目,撰成《七录》:《经典录》录六艺之书,《记传录》录史传,《子兵录》录子书、兵书,《文集录》录诗赋,《技术录》录数术。另有《佛录》《道录》,分别录佛教、道教典籍。这就把王俭名为"七志"、实为"九目"的分类,合成了"七部目录",尤其把方技合到数术中,独立佛、道,适应了六朝佛经、道经急剧增加的情况,使分目更加完善。隋许善心所撰的《七林》,沿袭了这一分法。

魏晋南北朝时,四部分类法也开始形成。西晋郑默的《中经》已经失传,但西晋荀勖的《新簿》延续了《中经》的分类,把书目分成了甲乙丙丁四类:甲部主要是六艺和小学之作,六艺是六经,小学是注释六经之书,这是经部的前身。乙部把当时的诸子、兵书、术数收入进去,类似于后来的子部。丙部收录的是史记、旧事、皇览簿、杂事等书,接近于后世的史部。丁部收集诗歌、图赞和汲冢出土的先秦典籍,近于集部。四部共收书29945卷。东晋李充在校四部目录时,以经为甲、史为乙、子为丙、集为丁,这样四部就变成了经、史、子、集四大类。

南朝目录,常以四部为法,如谢灵运的《四部目录》,王亮、谢朏的《秘阁四部目录》,任昉、殷钧的《四部目录》等。其中任昉、殷钧在《文德殿目录》里,把术数单列为一部,请祖暅撰其名,这"五部目录"没有被大家所认同。此后,陈寿安殿《四部目录》、陈德教殿《四部目录》,以及隋朝开皇四年(584)牛弘编的《四部目录》、开皇八年整理的《四部目录》,都采用四部目录法。

这样,我国的书目便形成了四部目录法和七部目录法两大系统。这两大系统各有优劣:七部的优点是内容、性质兼顾,四部注重名目卷数;七部重书质,四部重书体。但唐朝以后,两种体例并行,一般藏书多用四部分类法,而编目习惯用七部分类法。

三、书目的类型

目录比较常见的分类方式有两大类:从藏书的形式分,可分为官簿、政书、史志、私录;从分类的体制看,又可分为综合性目录、专门性目录和特种目录等。

综合目录的性质,分为如下几种:

一是史志目录。史志目录是主要记录在正史之中的书目,即史书中的《艺文志》或《经籍志》。二十五史中的文献目录包括《汉书·艺文志》《隋书·经籍志》《旧唐书·经籍志》《新唐书·艺文志》《宋史·艺文志》《明史·艺文志》《清史稿·艺文志》,这些目录著录了历代重要的文献。除此之外,有些史书中缺少《艺文志》或《经籍志》,后世对其进行了补编,如《后汉书》《三国志》《晋书》、南北朝诸史、《五代史》,辽、金、元诸史均缺《艺文志》,清人及近人有所补。如补《后汉书艺文志》6种,补《三国志艺文志》3种,补《晋书艺文志》2种,补南北朝诸史《艺文志》12种,补《五代史艺文志》3种,补辽、西夏、金、元《艺文志》《经籍志》14种。

二是政书目录。政书是按照史料、文献编纂的书籍,政书目录是专门收集在政书之中的目录。政书最重要的是"十通",其中都附有文献目录,包括《通志·艺文略》《文献通考·经籍考》《续通志·艺文略》《清朝通志·艺文略》《续文献通考·经籍考》《清朝文献通考·经籍考》《清朝续文献通考·经籍考》等。郑樵的《通志·艺文略》"包括古今,备录无遗",列出了南宋所能见到的重要书目,可与《宋史·艺文志》相补充。马端临的《文献通考·经籍志》每书名下都有解题,这些解题不是他自己写的,而是他从别的书里汇集出来的,如抄晁公武的《郡斋读书志》,抄陈振孙的《直斋书录解题》。这些解题把书的作者、卷数、内容,包括优缺点,都简明扼要地写下来,其中有些书已经亡佚了,因此这些解题显得非常珍贵,我们称之为辑录体解题。

三是官藏目录。从汉朝开始,历代皇室和政府都有藏书机构,这些藏书机构都编纂有书目,如汉代的《七略》、魏晋的《皇览》《中经新簿》以及南北朝的《四部目录》等。到了唐朝,这些书目越来越丰富,如唐有《群书目录》200卷,北宋有《崇文总目》66卷,南宋有《中兴馆阁书目》30卷,明有《文渊阁书目》20卷、《内阁藏书目录》8卷,清有《天禄琳琅书目》10卷、《天禄琳琅书目后编》20卷。

官藏书目的代表作是《四库全书总目》及其提要200卷,这是迄今为止最完备的图书目录,它对作者、书名、版本、全书主旨及著作源流、篇帙分合都有扼要的介绍。由于卷帙浩大,不便阅读,永瑢等将提要压缩改写,撰写了一个更为简明扼要的提要,并删去存目部分,编成《四库全书简明目录》20 卷。当代最重要的古典文献目录是 1975—1985 年间编成并陆续出版的《中国古籍善本书目》,所录包括全国各地图书馆、研究所等学术文化机构所藏的善本古籍,分经、史、子、集、丛 5 类。各书收藏地点、卷数、编著者、版本、题跋,叙述都很详尽。各卷条目下有编号,卷后附有藏书单位代号表和藏书单位检索表。

四是私藏目录。私藏目录是私人藏书家根据自己收集或见到的书籍而编订的目录。北宋晁公武的《郡斋读书志》是我国现存最早的一部有提要的私家目录。该书共 20 卷,收入《续古逸丛书》和《四部丛刊》三编,特点是提要偏于考证,具有重要的学术价值。南宋尤袤的《遂初堂书目》共收图书 3000 多种,分 44 类,仅著录书名,经史部简记版本。陈振孙的《直斋书录解题》,不设类序,所著录各书均有解题,解题精详,往往能阐发独到见解,具有独特的学术价值。

五是专门目录,就是针对某些领域而专门设立的目录。如朱彝尊的《经义考》300 卷,对当时流传下来的所能见到的各种经书做了考证,每书注出存、佚、缺或未见。录原书序跋,以及有关各书的评述,并附按语加以介绍。张溥的《汉魏六朝百三名家集》180 卷,把当时所能见到的汉魏六朝 103 名作家的集子收到一块,每集前面写有题辞,评述作者的生平和创作,相当于集的提要。梁僧祐缩编的《出三藏记集》15 卷是记录梁前佛经的专门目录,体例是先撰缘记,把佛经及译经的起源写出来,再解释名录,然后写经序,最后述列传,把每一本佛经的来龙去脉说得很清楚。

四、目录的编写

如何编写一个目录呢?

第一,类序。类序一般交代书目分类的标准。类序又分为全目之序、大类之序、小类之序。全目之序是介绍整个目录的说明性文字。类序的作用在于考证书籍的存佚、真伪、沿革情况,可以作为辨别学术源流的第一手材料。通常类序有两种情况:一是有序无解题,如《汉书·艺文志》《隋书·经籍志》,每类有一小序,言儒家者流如何,道家者流如何,只有类序,但书却没有解题。二是有类序有解题,即前有序言介绍类的概况,后有每本书的解题,如《四库全书总目提要》,有总序,有类序,有小序,且每本书都有解题。这些解题又分为一一详解和择取精华解题两种情况。如《四库全书总目提要》便详尽介绍目、类、书,而《四库全书简明目录》则把不重要的书删掉,并浓缩提要。

第二,书名。先秦书籍多单篇独行,汉以后书籍多标明流传,逐渐有了专名。书的命名大致有这么几类:一是以首章标名,即编辑时取一卷或一章、一篇的首句标目,如《诗经》《论语》等。二是专名,即某书专用某名,如《尚书》《仪礼》等。三是以撰者标名,以作者名号标出书名,如《墨子》《老子》《庄子》等。有时也按照作者的职务、籍贯标名,如《杜工部集》《柳河东集》等。四是按朝代标名,如《清朝文献通考》《清朝续文献通考》《全唐文》《全唐诗》等。五是按地名标名,如《河南通志》《江西通志》等。六是按时间标名,即按书里所涉及的皇帝庙号或年号来命名,如《顺宗实录》《雍正实录》等。七是以书的性质标名,如《经义考》《文献通考》《校雠通义》等。

第三,卷数和篇数。完善的目录要注明书有多少卷、多少篇,卷数不详时往往还要标明未详。

第四,作者。要对作者进行考证,确定是什么时代的人或大致是什么时代的人,有无其他的合著者。

第五,标明书的存佚。如果存世,其版本、存处如何;如果残缺,其现存多少、缺哪些;如果亡佚,何时亡佚,其他类书对其有无保存,都需要标明。

第六,版本如何。现存的版本是什么,此版本源自哪本书,这本书还有哪些版本,版本之间的差异如何?如果大家要对某本书进行了解和研究,这些问题要先考证清楚。

第七,撰写提要。上述六个问题弄清楚了,便可以撰写提要,写出书的分类、书名、卷数、作者、存佚、版本,并对书的内容进行概括,言明优劣。这就是一个相对完善的目录了。

第三节　校勘学

一、校勘释义

版本是看一本书如何流传的,目录是看一本书如何归类的,校勘主要是讲如何订正书中的讹误。"校"的本义是"考核",《汉书·食货志上》说:"京师之钱累百巨万,贯朽而不可校。""勘"的本义是"复核审订",沈约在《沈休文集》里说:"宜选史传学士谙究流品者,为左民郎、左民尚书,专共校勘。"就是选那些比较有学问的人,对流品比较明白的人来校书。"校勘"的意思是考核、审订书,有时又称为校雠或雠校,《正字通》说:"言相雠对也。"《韵会》也说:"雠犹校也。谓两本相覆校,如仇雠也。"雠的本义是以言对答,在这里引申为校核文字。

校勘对阅读古书来说非常重要。古代典籍最初是口耳相传的,容易因同音而讹误。先秦两汉典籍大量出现的通假字,就是同音借用,还有很多同音而讹误的字。魏晋南北朝以后,书以传抄为主,一些形近的字也容易出现讹误。校勘的根本作用就是订正这些音形的讹误。例如《吕氏春秋·慎行论·察传》里记载,子夏到晋国去,路过卫国,遇到一个读史记的人。这史记是当时卫国的史录,而不是司马迁所著的《史记》,这个人说:"晋师三豕涉河。"子夏一听,就知道他读错了,于是告诉这个人并不是这样的,应该是"己亥":"夫'己'与'三'相近,'豕'与'亥'相似。"至于晋而问之,确实是晋师己亥涉河。"三""豕"和"己""亥"的篆文相似,那读史人或抄书人因形而讹误了。

同样,现存宋玉的《高唐赋》里有这样一句话:"有方之士,羡门高溪。"高溪是什么意思呢？不好明白。李善注《昭明文选》时引了他所见到的《史记》:"秦始皇使燕人卢生求羡门高誓。""高溪"原来是"高誓",高誓是秦汉时期著名的神仙。为什么会变为"高溪"呢？原来古无舌上音,上古的时候,"溪"和"誓"是同音字,音近而讹。这种讹误我们现在也常遇到,如果用拼音输入法打字,容易出现同音词的讹误;如果用五笔输入法,则容易出现形近而讹。

北齐颜之推在《颜氏家训·勉学》中说:"校定书籍,亦何容易……观天下书未遍,不得妄下雌黄。或彼以为非,此以为是;或本同末异;或两文皆欠,不可偏信一隅也。"清叶德辉在《藏书十约》里专门指出:"书不校勘,不如不读。"一本书的讹误太多,会影响内容的表达,还不如不读。张舜徽在《中国古代史籍校读法》中,将百衲本和殿本"二十四史"对校,就查出复页、脱页、缺行、文字前后错乱、篇章前后错乱、小注误作正文、注文缺脱、校语缺脱、任意改易原文、任意篡补原书等十几项谬误。如果要从事学术研究,不仅要了解一些校勘的知识,还要学会校勘和整理古籍。

二、校勘方法

陈垣校补《元典章》,并著《元典章校补释例》6卷,其中《校法四例》提出校勘的方法有:

对校法。对校法就是拿着同一本书的祖本和别本进行对读,遇到不同的地方就把它注标出来,这种方法是校异同而不是校是非。就是说,两本书对读的时候只看它的不同,而不管为什么会出现不同。中华书局标点本的二十五史,每卷后边都附有校记,指出某字,某书作某,他书作某。这种校勘方法的短处是不论优缺,优点是客观可靠,只指出它的不一样,而不作判断,不参己见。如果拿到这样的校本,很容易知道祖本与别本的本来面目。校一本书,一般要用对校法,就是先拿同一书的若干不同版本来校,标出不同版本之间的差异。这些差异虽然不表明优劣,但很多差异放在一起,很容易看出各版本的高下。

本校法。本校法就是拿着一本书前后互证,选摘异同处进行比较,判定其中的谬误。这种方法适宜于那些找不到祖本或者别本的书籍,只好用前后文对照来比较。

他校法。他校法是用他书校本书,不是选取一部书的若干版本,而是选用本书所采前人的版本,即用前人之书来校定;如果本书曾为后人所引用,就可用后人之书来校定;其中有些内容如同时被两本或两本以上的书所载,就用这些书一起参校。比如说有一个版本的《昭明文选》,再用另一个版本的《昭明文选》放到一块比较,这叫对校法。有了

《昭明文选》，再用《汉书》《后汉书》《艺文类聚》《太平御览》等书，对其中的某些篇章进行校对，这叫他校法。司马相如的《子虚赋》《上林赋》，《文选》收录的就与《史记》不同，与《汉书》《古文苑》也有差异，这些赋作的个别句子，在《艺文类聚》《太平御览》中也有收录，可以参照。我们可以对照不同典籍中的字句，进行注释、分析和比较。这种方法非常费力，但最容易解决问题，也最常被使用。

理校法。就是根据这本书的体制、作者遣词造句的习惯以及时代环境等综合因素考虑，来对字句加以校勘。理校法是校勘中最高妙的方法，也是最危险的方法。理校最能看出校书人的学识、功力、眼光、见识，但一不小心就容易误入歧途。杜牧有诗《寄扬州韩绰判官》："青山隐隐水迢迢，秋尽江南草未凋。二十四桥明月夜，玉人何处教吹箫。"有的版本上写的是"秋尽江南草木凋"，如果是"草木凋"，那么这首诗的意境就会大打折扣，不可能成为名句流传，而只有"草未凋"，才符合前面的"青山隐隐"，才有意境。理校法在分析考古资料时最常用。考古出土的文献，大部分可以与传世文献印证，但如果传世文献中没有记载的孤见资料，就没法对校，而只能用理校法。释读的正误，全凭释读者手眼的高低、基本功的深浅、知识面的宽窄。

三、校勘术语

版本间出现的差异，一般用如下术语表示：

一是误。就是在抄、刻的过程中会形成一些失误，包括形近而误和音近而误两种情况。《吕氏春秋·似顺论·别类》里有一句话："小方，大方之类也；小马，大马之类也；小智，非大智之类也。"大方、小方是什么呢？"方"应该是"犬"，篆书的"犬"字和"方"字相近，导致了形近而讹。在《老子》里边有这样的一句话："知和曰常，知常曰明，益生曰详，心使气曰强。""曰"，今本《老子》有的抄作"日"字，翻译成"越来越怎么样"，而不是"叫作什么"。先秦的书，最初多是口耳相传的，后来再记录整理，有时就用了音同或音近的字。《淮南子·道应训》："将军与军吏谋曰：'今日不去，楚君恐取吾头。'"这里边很明显，"君"当作"军"，因为不可能是楚国的国君来取他的头。胡三省注《资治通鉴》引《梦溪笔谈·杂志一》中的一句话:"北岳常岑,谓之大茂山者是也。"北岳常岑,没有这种说法。怎么误了呢?因为古书是竖着抄写的:"北岳常山,今谓之大茂山者是也",是誊写者把"山"和"今"合到一块的结果。

有时候会出现因臆改而形成的讹误。《礼记·大学》里有句话:"见贤而不能举,举而不能先,命也;见不善而不能退,退而不能远,过也。""先"不可能与"远"对举,而且也解释不清。这是因为篆文的"先"与篆文的"近"形近,抄写的人直接就抄成"先"了。《管子·霸言》:"故贵为天子,富有天下,而伐不谓贪者,其大计存也。""伐"很令人困惑,原来是"代"字的讹误,本来这个字是"世",为避李世民的讳,而改成"代",后被人不小心抄成了"伐",一直传到现在。

二是脱,指在抄的时候个别字有脱落。《黄帝内经·素问·阴阳离合论》:"阳明根起于厉兑。"上下文的《灵枢·根结》《太素·阴阳合》中均作"阳明根起于厉兑,结于颡大",可知此处当脱落四个字。《淮南子·道应训》中说:"敖幼而好游,至长不渝。"这句话我们现在看是没有错误的,是说敖从小的时候就喜好游玩,长大的时候也不更改。但《太平御览》却作"至长不渝解",《太玄》注:"渝,解也。""渝"和"解"意同,《淮南子》后来的抄者就干脆把"解"字省掉了。

三是衍,指在正文中多出来文字。有时候抄刻,常会衍入一些字,如《淮南子·地形训》:"地形之所载,六合之间,四极之内。"这句话抄自《山海经·海外南经》:"地之所载,六合之间,四极之内。"在被抄入《淮南子·地形训》篇,衍入了"形"字。《史记·孟尝君列传》里说:"人或毁孟尝君于齐闵王曰:'孟尝君将为乱。'及田甲劫闵王,闵王意疑孟尝君,孟尝君乃奔。"在先秦时期,"意"本身就有"怀疑"的意思,《文选·长杨赋》注引《广雅》:"意,疑也。"但抄书人可能觉得不明,就加了一个"疑"字。《战国策·赵策》里也有一句话:"与秦城何如?不与何如?"《太平御览》作"与秦城,何如不与?"可能抄书人不能断明"与秦城何如不与",便又在"不与"后加了一个"何如",意思便有了很大的不同。

四是倒错。倒是颠倒,错是错乱。古书的倒错现象非常严重,有一个字的倒错、几个字的倒错,有一句话甚至一段话的倒错。如《礼记·

月令》中的"制有小大,度有长短",这句话在《吕氏春秋·仲春纪》里也有,而写作"制有小大,度有短长"。前后正好相对,这是行文的倒错。还有抄刻过程中所形成的串行,这和我们现在电脑打印粘贴的失误一样,弄不好就是几个字、一段文字放错了地方。如《大戴礼记·小辨》里:"礼乐而力忠信,其君其习可乎?"这话明显不通,原来是抄书的不小心把句子抄错了,"君其习"三字原在句首,当作"君其习礼乐而力忠信,其可乎?"是说国君要学习礼乐,然后努力来实现忠信,可以吗?如果不作校勘的话,这句话按照书中的语序,无论如何牵强,也解释不通。①

四、校勘原则

那么如何校勘呢?

一要精选校勘对象。校勘要耗费大量的人力和物力,因此要选那些值得校勘的、有学术价值的书来做。有些书即使校了也没有价值,我们就没有必要去校它。民国陈乃乾在《与胡朴安书》中提道:"尝谓古书多一次翻刻,必多一误:出于无心者,'鲁'变为'鱼','亥'变为'豕',其误尚可寻绎;若出于通人臆改,则原本尽失。宋、元、明初诸刻,不能无误字,然藏书家争购之,非爱古董也,以其误字皆出于无心,或可寻绎而辨之,且为后世所刻之祖本也。校勘古书,当先求其真,不可专以通顺为贵。古人真本,我不得而见之矣,而求其近于真者,则旧刻尚矣。"

二要搜集各种版本。要把与之相关的各种版本都搜集到,做到竭泽而渔,存世的重要版本要全部能见到,否则做的校勘就没有说服力。除了同书的版本,还要搜集相关的本子,如校对李商隐的集子,就要把唐宋以来李商隐的所有诗集、文集版本找来对照,然后再找到唐宋人所选的各类集子、各种类书,把其中收录李商隐诗文的篇章拿来,进行比照。

三要理清版本源流。拿到不同的版本之后,要看各版本之间的关

---

① 部分引例参用管锡华《校勘学》,安徽教育出版社1991年版。

系。如《文选》里的《两都赋》是从哪儿来的,《后汉书》里的《两都赋》是从哪里来的,分清谁先谁后,何去何从。同样是《昭明文选》,宋版和明版、清版之间的关系如何?是怎样一个系统?要分析清楚,然后才能选取有价值的本子,进行校勘。

四要比较版本价值。版本有精刻本、坊刻本、官刻本、私刻本种种,需要了解版本的学术价值。现在读《论语》,有的同学拿的是《十三经注疏》本的《论语》,有的拿的是李学勤主编的校订标点本,也有的同学买的是地摊上的不知名的本子,没有校勘过的本子不仅讹误很多,有些章节居然没有,要选足本、精校本、精印本,尤其要重视版本的出处。

五要慎选工作版本。这么多版本放到一块,用哪个本子做底本,要认真思考。尽量选一个较早、较完善的本子做底本,而用其他本子来校。

六是搜集校勘资料。版本找到以后,要找很多的资料来校对它,前面所言《淮南子》中引用的《山海经》的话,这样就能很清楚地看出这句话的失误。校勘看似简单的对比,却体现出校勘者的学识。如果不知道某句话的出处,只是将几个本子进行简单的对照,有时也不能发现问题。

这就要求我们把资料收集得越全越好,把自己的知识储备得越充足越好。古代的校勘学家都是大学问家,我们现在虽然可以用电脑检索、比较,还是要尽可能丰富自己的知识。借用张孝祥《西江月·过洞庭》的话,校勘要"尽吸西江,细斟北斗,万象为宾客":"尽挹西江",是把版本一网打尽;"细斟北斗",就是来比较哪一个好、哪一个不好;"万象为宾客",就是详细参照其他资料,对自己工作的本子的每句话作出合理的判断。

第四节　辨伪、考据与辑佚

版本、目录、校勘是文献学的基础,与其相关的还有辨伪、考据和辑佚等学问。

一、辨伪学

传世文献中托名前人而实系后人撰成的书籍、文章,学界称之为伪书、伪文。辨伪就是辨别这些文献的真伪,对其予以剔除或限制使用。古书造伪的现象很多,《荀子·非十二子》批评子思、孟轲"案往旧造说,谓之五行……案饰其辞而只敬之曰:此真先君子之言也。"《韩非子·显学》批评儒墨说:"孔子、墨子俱道尧舜而取舍不同,皆自谓真尧舜。尧舜不复生,将谁与定儒墨之诚乎?"说明先秦诸子已经意识到时人有造伪现象。

司马迁《史记·五帝本纪》中曾说"百家言黄帝,其文不雅驯",指出很多书中所说的黄帝事迹,并不可靠。班固《汉书·艺文志》也指出《黄帝说》"迂诞依托",《伊尹说》"其语浅薄,似依托也",《太公》"或有近世又以为太公术者所增加也",可见秦汉时期,伪造前代典籍的现象更加普遍。

从唐代开始,学者们开始注意辨析前代典籍之伪。刘知幾《史通》有《疑古》《惑经》两篇,柳宗元也怀疑《文子》《鬼谷子》《晏子春秋》《亢仓子》《鹖冠子》等书。欧阳修《易童子问》言《易传》中《系辞》《文言》等为伪作。王安石怀疑《春秋》,司马光怀疑《孟子》,郑樵怀疑《诗序》,汪应辰怀疑《孝经》,叶适怀疑《管子》《晏子》《孙子》《司马法》《老子》等书,辨伪成为一时风气。朱熹所辨伪书达60种之多,甚至在《孝经刊误·附记》中说曾梦想作一部辨伪之书。明清时期,辨伪成就显著,宋濂《诸子辩》,辨析40部子书的真伪。胡应麟《四部正讹》,辨伪书70余种。万斯同著《群书疑辨》,辨疑《易传》《周礼》《仪礼》《左传》等书。姚际恒《古今伪书考》辨经史子3类书70种。此外,康有为《新学伪经考》、黄云眉《古今伪书考补证》、张心澂《伪书通考》以及邓瑞全、王冠英《中国伪书综考》等,对古今伪书也进行了详细的考证。

梁启超在《古书真伪及其年代》里列出了伪书的基本状况,大致有四种:

一是全部为伪的,主要是根据目录的著录而作伪。《淮南子·修务训》说:"世俗之人,多尊古而贱今,故为道者,必托之于神农、黄帝而后能入说。乱世暗主高远其所从来,因而贵之,为学者蔽于论而尊其所闻,相与危坐而称之,正领而诵之。此见是非之分不明。"如《汉书·艺文志》载《封胡》5篇、《风后》13篇、图2卷、《力牧》15篇、《鬼容区》3篇、图1卷,班固皆自注:"黄帝臣,依托也。"即是依据前人的传闻而作伪的。

二是部分为伪的,多出于残书的补正。《北史·刘炫传》记载:"时牛弘奏:购求天下遗逸之书。炫遂伪造书百余卷,题为《连山易》《鲁史记》等,录上送官,取赏而去。"拿来部分散佚之书,撰补而成。《隋书·经籍志》中的《太公阴符钤录》1卷、《孙子兵法杂占》4卷,便是附会先秦《孙子兵法》的个别章节字句而成。

三是本无其书而作伪,主要是无著录而进行附会、伪托。如《隋书·经籍志》中有《玄女战经》1卷,这本书前无所踪,后多追随之术而附益。再如"两唐志"有《黄帝问玄女兵法》3卷,题玄女撰,《宋史·艺文志》有《玄女厌阵法》1卷、《九天玄女孤虚法》1卷,显然是因玄女传说而伪造的。

四是曾有其书,因亡佚而作伪的,即这本书曾经流传而后来失传,后人便根据目录记录而作伪,或内容虽不尽伪,但书名、人名皆伪;或书名不伪,而内容为伪。如魏晋时期出现的《列子》《孔丛子》《孔子家语》等,多依据传闻而敷衍成书。

胡应麟在《四部正讹》中提到了辨伪之法:一是核之《七略》,以观其源;二是核之群志,以观其绪;三是核之并世之言,以观其称;四是核之异世之言,以观其述;五是核之文,以观其体;六是核之事,以观其时;七是核之撰者,以观其托;八是核之传者,以观其人。此外,梁启超在《中国历史研究法》中列出了12条辨伪的方法,可资参考:

1. 其书前代从未著录或绝无人征引而突然出现者,十有九伪。

2. 其书虽前代有著录,然久经散佚,乃忽有异本突出,篇数及内容本完全不同者十有九皆伪。

3. 其书不问有无旧本,但今本来历不明者,即不可轻信。

4. 其书流传之绪从他方面可以考见,而因以证明今本题某人旧撰为不确者。

5. 其书原本经前人称引,确有佐证,而今本与之歧异者,则今本必伪。

6. 其书题某撰,而书中所载事迹在本人后者,则其书或全伪或一部分伪。

7. 其书虽真,然一部分经后人窜乱之迹既确凿有据,则对于其书之全体须慎加选择。

8. 书中所言,确与事实相反者,则其书必伪。

9. 两书同载一事绝对矛盾者,则必有一伪或二俱伪。

10. 各时代之文体,盖有天然界画,多读者自能知之,故后人伪作之书有不必从字句求枝叶之反证,但一望文体即能断其伪者。

11. 各时代之社会状况,据各方面之资料可以推见崖略。若某书中所言其时代之状态与情理相去悬绝者,即可断为伪。

12. 各时代之思想,其进化阶段自有一定。若某书中所表现之思想与其时代不相衔接者,即可断为伪。①

辨伪是一个极其复杂的过程,也是需要慎重对待的专门学问。上述所列胡应麟和梁启超总结的辨伪方法,基本罗列了辨伪可切入的重要因素,但诸种方法要综合利用,单凭其中的任何一条都无法得出扎实的结论。

二、考据学

考据是针对资料之伪而形成的研究。在广泛搜集资料的基础上,证明各种史料中记载史事的真伪,辨明史实的是非,以求得历史事实之真。著名的考据学著作有三国谯周的《古史考》、司马光的《通鉴考异》、顾炎武的《日知录》、王鸣盛的《十七史商榷》、钱大昕的《廿二史考异》、赵翼的《廿二史札记》等。

考据形式主要有事证、物证和理证三类。事证是用历史事实做证据来判断史料的正误。物证是用实物材料作为证据,进行考订。理证是根据常识或逻辑推理,进行考证。这些考证又可根据所用资料的来

---

① 梁启超:《中国历史研究法》,上海古籍出版社1998年版,第91—94页。

源不同,分为本证和旁证。本证是从原书中搜寻材料进行考证,而旁证是从其他书籍文献中搜集资料作为证据。

考据的方法包括如下几种:

一是资料排列法。在考证事物制度的历史演变时,将历代有关此事的材料都找出来,予以排比分析,就可以排除误说,弄清事实。西汉长安未央宫、长乐宫、建章宫皆只立东阙和北阙,表明东门和北门为正门。根据西汉史料,汉初诸侯朝见常从东阙入,唐颜师古《汉书》注则言未央宫以北门为正门,我们可以排比西汉北阙的使用情况,发现汉武帝后朝臣上书,包括诸侯王、使者拜见及上书,皆由北门入。北阙被作为汉室威严之象征,北阙外则是功臣的宅邸,从而认定北阙实际是作为未央宫的正门使用的。

二是事实反证法。在判断某一史实正误时,若能找出与某一说法相反的确凿证据,就可以推翻错误的说法。曹丕《典论·论文》曾言班固和傅毅才学相当,"而固小之",有学者就据此认为班固《两都赋》是为与傅毅《洛都赋》一比高下而创作的。如果仔细推断,曹丕的原意是说班固与傅毅的文才,本在伯仲之间,班固以为傅毅作为兰台令史,有"下笔不能自休"的缺点,班固的言外之意是说傅毅的史才并不适合做兰台令史。据《后汉书·傅毅传》的载录,傅毅明显长于诗赋而短于史才。《后汉书·班固传》言班固"性宽和容众,不以才能高人,诸儒以此慕之",说明了他并非不能容人,也非恃才自傲。班固、傅毅在太学时期、事临邑侯刘复时期、校书东观时期、事窦宪时期,长期作为同僚,其关系应当是融洽的。班固给其弟家书中的一句话,并不能作为判断两人关系的唯一证据。更重要的是,班固给班超的家书全文,今已不存,此论所处的背景,也难以考证,更何况同题创作为汉魏辞赋创作之通例。曹丕批评班固"以其所长,相轻所短",意在说明班固以其史才之长而轻视傅毅的史才之短。假若以此来证明班固看不起傅毅的赋才,则其证据稍显单薄;若以此再延伸推断出《两都赋》为班固与傅毅《洛都赋》"一比高下"之作,则更为勉强。

三是时间推算法。在考证年月日记载差误时,可以通过时间的推算,得出正确的结论。如班固《两都赋》的创作时间,李善言《两都赋》

献于和帝,陆侃如《中古文学系年》认为其大致成于汉明帝永平九年(66),马积高《赋史》言其作于汉明帝永元中。① 永元为和帝年号,马说显然有误。根据史料,永平年间,班固忙于编纂《汉书》;章和后为窦宪中护军,亦无暇作《两都赋》;只有在元和二三年间,班固并未任职,赋闲在家。赋作结尾所附的《白雉诗》言白雉之瑞,只在汉明帝永平十年、汉章帝元和元年(84)分别出现,以赋论祥瑞,不可能言十余年前之事。这说明此赋成于元和元年稍后。经过如此的推算,我们就很容易判断《两都赋》的大致成稿时期。

四是数字计算法。对有疑问的资料数据,则需要追溯其本源或对其进行细致统计,以判断其正误。关于东汉洛阳和西汉长安的布局差异,傅毅《洛都赋》说:"分画经纬,开正涂轨,序立庙祧,面朝后市。"说东汉洛阳城则更多符合《考工记》的布局。张衡《西京赋》:"取殊裁于八都,岂启度于往旧?乃览秦制,跨周法。狭百堵之侧陋,增九筵之迫胁。"说西汉都城远远超过此前都城的规模。我们可以根据最新的勘测数据,发现汉长安城的东城墙为5916.95米,西城墙为4766.46米,南城墙为7453.03米,北城墙为6878.39米,周长为34,392,202米。其规模远超过此前的商、周、秦时期的都城,也超过此后的东汉洛阳城,东汉洛阳城西城墙残长约4200米,北城墙残长约3700米,东城墙残长约3895米,南北大致同于《考工记》的规定,东西不足,呈长方形。这说明汉赋的记载和描述是准确的。

五是引述究本法。史书中的许多说法,都有所本。遇到疑难问题,如果能找到此说法的原始根据,就可以弄清事实的真相。如《九歌》中湘君与湘夫人的原型,历来争论很大。《史记·秦始皇本纪》载秦始皇二十八年(前219)至湘山祠,问博士,博士们说湘君为"尧女,舜之妻";刘向《列女传》遂以舜之二妃为湘君;王逸《楚辞章句》又以湘夫人为舜之二妃,湘君为湘水神。唐代司马贞《史记索隐》推论说"夫人是尧女,则湘君当是舜"。然而韩愈在《黄陵庙碑》中怀疑湘君为舜的传说,提出湘君是娥皇,而湘夫人是女英,南宋洪兴祖的《楚辞补注》赞同这一

---

① 马积高:《赋史》,上海古籍出版社1987年版,第108页。

说法。清代王夫之《楚辞通释》以湘君为水神,湘夫人是水神妻,而认为舜与二女妃并没有关系。赵翼《陔余丛考》认为二湘是楚俗所祀的湘山神夫妻二人,犹如祭祀泰山府君、城隍神之类一样。对于这些说法,我们必须根据史料来考证舜与娥皇、女英神话的来源,由此来推断帝之二女如何演化成尧之二女,舜之二女如何演化成舜之二妻,进而再辨清其如何与湘水之神混淆。

六是歧说择优法。对于同一史事,如果有多种不同的说法,就可以通过分析各种说法的可靠程度,从中确定最为可信的说法,或者推断出新说。例如"校猎"一词的本义,如淳以为因校人的掌管而得名,李奇以为因所用之兵马而得名,颜师古以为因栏校围猎禽兽而得名,《辞源》也是如此解释。但根据扬雄《长杨赋》所言的校猎"振师五柞,习马长杨。简力狡兽,校武票禽",以及《庄子·说剑》《史记·田敬仲完世家》《汉书·贾谊传》等可知"校"有"较量"的意思。而《韩诗外传》《三辅黄图》就直接有"较猎"一词,《孟子·万章下》作"猎较",《秦律杂抄·公车司马猎律》描述了校猎的规则。这说明,校猎的本义是以猎相较,而非用木槛车围猎。

七是常识判断法。资料的说法,如果与常识相抵触,虽然缺乏直接证据,也可以凭常识作定夺。例如有学者不愿承认屈原具有巫师的身份,但如果根据《离骚》《九歌》《招魂》等作品进行通盘考虑,屈原的作品则与巫术有着密切的联系。我们知道,楚人信巫鬼,重淫祀,楚怀王本人也隆祭祀,事鬼神,期望得到神助。在《九歌》中,巫师通过披戴花草来降神,他们所描述的神灵居所,花团锦簇。《离骚》中屈原写自己种植花草,披戴花草,这与楚地礼神之法,降神之时巫师的装束极为类似。更何况屈原写自己可以驱动飞龙、乘着云气升天入地,这也正是巫师降神过程中的想象。如果屈原不是巫师,在一个巫术炽盛的国度,屈原所修改的祭祀神灵的《九歌》何以能被百姓接受而传唱,屈原何以创作出巫师招魂所用的巫歌?这些推论都可以证明屈原受楚地巫风的浸渍,以巫术化的想象、巫师陈辞的方式,创作出《离骚》等作品。

八是逻辑推理法。有的资料中,所述史事明显有误,却又没有证据可以直接否定它,这时可以通过一些间接材料,或不用证据,而据理推测其正误。依据《礼记·月令》、《吕氏春秋》十二纪、《淮南子·时则训》的通例,上古享祖,每月皆有荐新之礼,而独缺仲冬的记载。根据月令所记,仲冬虽"无所不禁""助天地之闭藏",然仍祭祀四海、大川、名原、渊泽、井泉,享祖礼不应当缺少,也应当有荐新之礼。我们查阅《二京赋》,发现在"岁惟仲冬,大阅西园"之后,就将所射的禽鸟献于宗庙,"升献六禽,时膳四膏"。根据《周礼·夏官司马·大司马》的说法:校猎之后,"致禽馌兽于郊,入,献禽以享烝",说明宗庙祭祀有以禽作为祭品的。月令所列的荐新之物每月各异,唯独没有以禽享于宗庙。献禽是古代重要的祭礼,《周礼·天官宰冢·庖人》说:"冬行鲜羽,膳膏膻。"仲冬宗庙荐新很有可能是"禽",三书所载的月令都缺少这一记载,说明三书同出一个系统。

  九是地理确定法。通过引证大量资料,考证某一地理的准确方位,来得出必要的结论。在《九歌》中,湘君是楚地地祇,我们可以根据《湘君》里的描写,来确定湘君的居住地。诗作写湘君从沅、湘源头出发,驾着飞龙,顺江而下,转过湘水进入到洞庭湖,看到了涔阳、澧浦。看到江上水流湍急,而且有冰雪,行舟困难,便盘桓于洞庭北边的小洲上。可以想到,在《离骚》中,屈原"济沅湘以南征兮,就重华而陈词",是溯沅、湘而南下,到达九嶷山的;在《湘君》中,湘君是乘船沿着湘水北上,抵达了洞庭湖。《山海经·海内东经》《水经注》"湘水"条的记载,沅水、湘水的源头正是九嶷山。这说明,湘君居住在九嶷山。《湘夫人》写湘夫人在消弭洪水之后,也回到九嶷山:"九嶷缤兮并迎,灵之来兮如云。"根据《离骚》中"百神翳其备降兮,九疑缤其并迎",《远游》中"指炎神而直驰兮,吾将往乎南疑",以及秦汉时期大量的九嶷神仙描写,说明九嶷山是当时著名的仙山,是楚地神灵上天入地的通道。

  十是考而不断法。有的说法分歧很大,或明显有误,但仅凭现有的材料又难以判定谁是谁非,也不足以建立新说,在这种情况下,不妨先不作结论,而留待以后解决。

  在具体考证时,还形成了一些具体的原则和方法:一要溯源以避误,即要查阅第一手资料,或者阅读原文,就可以避免因他人引证的错误而自己跟着错误的情况。二要用反证来断是非,就是在考据过程中,努力寻找反对自己的例子或者记录，看能否排除这些反证或者解释通这些反证，这就能使我们建立更加坚实的论证。三要旁证以求准确。所谓的旁证，是在直接证据之外，还能利用其他的资料作为依据，对某一论点加以他证或补证。四要注意孤证不立。我们在考证时，要注意孤立的、单独的证据是不能作为立论的依据的。即使是书中明确载明的结论，如果没有可靠的事实作为支撑，或者没有其他的观点作为推理的基础，还是不要匆忙下结论为好。

三、辑佚学

辑佚是辑补古书中缺佚、漏佚、脱佚的内容，是将散见于有关典籍中的某部失传书的篇章段落或零星短句搜集到一起，重新编排，尽量恢复原书面貌的工作。

辑佚学早在春秋时期就开始形成。孔子编定《尚书》《诗经》，可以看成是最早的辑佚。司马迁在《史记·太史公自序》中也说自己"网罗天下放失旧闻"，也是辑佚的行为。裴松之在《上〈三国志注〉表》中说自己"上搜旧闻，傍摭遗逸"，也是收集佚文的实践。到了宋代，辑佚行为开始自觉，王应麟从群书中辑出《郑氏周易》《郑氏尚书注》，又辑《三家诗考》等。郑樵《通志·校雠略》中关于亡书、失书的编次，是辑佚理论的初步总结。明代辑佚之书更多，如孙瑴的《古微书》、吴琯的《古今逸史》、屠乔孙的《十六国春秋》、范钦的《今本竹书纪年》等。到了清代，辑佚活动更加盛行。马国翰辑成经部书444种，史部书8种，子部书178种，共630种，印成《玉函山房辑佚书》。《四库全书》从《永乐大典》辑出佚书385种4926卷，其中经部66种，史部41种，子部103种，集部175种，连同存目共计512种。严可均《全上古三代秦汉三国六朝文》收录了3519名作者的文献746卷，分15集印行。黄奭辑成《经解》86种，《通纬》56种，《子史钩沉》74种，印成《汉学堂丛书》。徐松自《永乐大典》中辑出《宋会要》366卷，分17类，编纂宋朝典制，其中很多是《宋史》及其他宋代史书没有采录的史料。这些佚书的编辑和整理，恢复了古书的原貌，使很多失传的重要典籍得以再现，具有重要的文献价值。

一般的辑佚古书,资料来源于各种各样的类书,如《北堂书钞》《艺文类聚》《初学记》《太平御览》《太平广记》《册府元龟》《山堂考索》《玉海》等,可以根据前代典籍传注、金石文献、地理志、诗文总集进行辑佚。

如何判断辑佚之书的优劣呢?

一看佚文出自何书,是否注明;数书同引,是否举其最先者。如辑录司马相如的《子虚赋》《上林赋》,不引《史记》,而直接从《汉书》或《文选》引用,这说明作者并不明晓辑佚通例,因为司马迁与司马相如同时,《史记》中收录的赋作,最有可能接近于原作。

二看辑书是否全备。既然是辑佚,当然要越全越好,即使是残文,也要尽可能收入,因而所辑佚文以多者优,少者自然就差一些。如鲁迅所辑的《古小说钩沉》,广采类书、古注、笔记、杂录及前代稗史小说,并参用敦煌出土的唐写卷子,共复原古小说36种,超过前人所辑。

三看辑文是否求真。这主要是说,辑文要尽可能进行考证,虽然要求全,但并非不分优劣,全部收入,甚至误收、错收,要注意是否进行了必要的考证。明代屠乔孙所辑《十六国春秋》,多采用《晋书》传纪及十四国载记,并引《艺文类聚》《太平御览》所见佚文,不注明出处,又非尽为原作者北魏崔鸿原文,虽为辑佚,却被讥为伪书。

四看是否对收入的辑文进行系统的整理。既然收集了这么多的篇幅,是否根据作者的生平、书籍的流传以及其他文献的记录,对这些篇章进行了一定顺序的整理,或者恢复了原书的本来面目。如果能条理清楚,篇目次第准确,则可称为上乘的辑佚著作。

第十四章　小学通论

班固《汉书·艺文志》说："古者八岁入小学，故周官保氏掌养国子，教之六书。"六书主要是指汉字的写法和用法，在小学阶段学习文字的字形、读音和意义，这三门知识的深入，便成为文字、音韵、训诂三门学问，常用"小学"一词来概括。

第一节　文字学

从中国文字的字形来看，魏晋以后基本上没有太大的变化，我们所讲的文字学实际是古文字学，主要是魏晋以前的一些文字知识。

一、汉字的起源

汉字的起源主要有三种说法：

一是结绳说。这个说法来自《周易·系辞下》，是说上古时人们结绳而治，后世圣人把结绳换成书契，郑玄《周易》注："事大，大结其绳；事小，小结其绳。"许慎的《说文解字》也如此说。这用现代人的逻辑很难理解，结绳能表明什么事呢？绳到底是不是我们现在所说的"绳索"，还值得探究。

二是八卦说。八卦的出现，标志着符号系统得到了广泛使用。这种说法来自于郑樵《通志·六书略》："文字便从不便衡。坎、离、坤，衡卦也，以之为字则必从。故☵必从而后能成'水'，☲必从而后能成'火'，☷必从而后能成'川'。"说文字最初来自八卦的笔画。这一说法虽然牵强,但注意到了八卦用象征的手法,把当时人们认为重要的事物进行描述,已有了符号刻画的意味,比结绳离文字更近了一步。现在考古发现的史前陶器上,已经有了原始的符号刻画,这些刻画多在陶器的肩部,也存在着一些规律,说明在文字产生之前,确实要经过一些符号化的表意阶段,才能把图画抽象化,形成后世的文字。

三是仓颉造字说。这一说法认为文字在夏代已经被造出来。《韩非子·五蠹》说:"古者仓颉之作书也,自环者谓之厶,背厶谓之公,公厶之相背也,乃仓颉固以知之矣。"说仓颉根据社会情形来造字。《吕氏春秋·审分览·君守》进一步说:"奚仲作车,苍颉作书,后稷作稼,皋陶作刑,昆吾作陶,夏鲧作城,此六人者所作当矣,然而非主道者。"到了汉代,这一说法成为共识。文字绝非某一个人造出来的,文字在其形成之初,一定被系统地整理过。在上古传说中,这类系统整理常以一个人作为代表,即一个人代表一个时代或者一个集团,如黄帝造车、仓颉造字、后稷作稼、神农尝百草等。这些人物代表的是一个时代,仓颉只是代表了文字整理的过程和整理的时代。《荀子·解蔽》说:"好书者众矣,而仓颉独传者,壹也。"说的就是仓颉对文字的整理和规范。

文字的形成经历了三个阶段。一是图画阶段,这一阶段形成了象形意识。现在在贺兰山、连云港等地都发现有一些五六千年前的刻画,如贺兰山岩画有狩猎图,连云港岩画是各种各样的图案,这些图案总体上是按照自然形态的模样进行描绘的。二是指事和会意阶段,这些刻画是从现实生活的物象中抽取一些东西,用最具有概括性的线条进行描述,这就产生了一点会意的意味。图像的增多,自然就有了上下高低左右等空间感,也就有了指事的可能。三是形声阶段,当声音成为交际工具,并将其固定下来,就成为最初的话语。话语中的词汇,有的是图像化的结果,而更多是出于记声的需要,这就形成了形声字。

二、汉字的形态

汉字形成之后,经过了长时间的演化,才被固定、稳定下来,成为汉民族交际的符号,其中经过了多次形态的转变。

1.甲骨文。现在所能见到的最早的、系统的文字形态是甲骨文。

虽然在这之前出现了不少刻画,但所刻画的只是符号,只具有一些表意功能,到文字虽只有一步之遥,只是文字的前身,尚不能被看作文字。将来随着考古的发现,可能还会出现更多的陶文,它们有可能是夏代的文字,目前尚未得到确证。甲骨文也叫契文,"契"就是"刻"的意思。因为多数刻在龟甲上,也叫龟甲文字;内容以占卜为主,也叫甲骨卜辞;因出土地多在安阳殷墟,也叫殷墟文字。

甲骨文作为文字,特点很鲜明:一是注重表象,突出实体,用描画形象的手法把事物外部的轮廓勾勒出来,其大部分都来自现实生活中可感的形态。由于是刻在甲骨上,笔画的多少、正反和向背尚不能完全统一,还带有图像的意味。二是象形字、会意字居多。除了描摹事物形体之外,甲骨文字还通过人与物之间的关系来表意,如表示人站在树边的"休"字,意人被捆起来的"臣"字等。由于是通过形象来表意的,所以字的形状和意思尚不能完全稳定。甲骨文总共发现了四千五百多个,但被释读出来的只有两千多个。除了例子太少之外,它的形体不稳定、异体字较多也是一个原因。三是形体不一,繁简有别。因为刻画,同一个字,有时繁一些,有时就简一些,同样一个"马",这地方多画几道,那地方少画几道,所以其大小长短都不定。四是兽骨刀刻所带来的用笔特点:笔画较细,方笔居多。由于刀刻不便拐弯,因而方笔居多。不过甲骨文讲究用笔、结字整齐、章法统一,是具有实用价值和交际功能的成熟文字形态。

2. 金文。金文也叫"钟鼎文",载体为钟、鼎、盘等器物。内容多记商周时期国君、诸侯和大夫所发布的诏令、铭文、颂词和功劳。这些铭文长短不一,有的只有几个字,有的是几十个字,最长的是西周后期的毛公鼎,铭文32行有479个字。现在所发现的青铜器上共出现了四千多个字,被释读出来的也只有一千个。很多字读不出来的原因,是因为它出现的频率太低。

相对于甲骨文,金文明显趋向于成熟。在结构上,虽然与甲骨文的区别不大,但形声字的比例明显增多。形声字是汉字大量增加的一个重要手段,可以不断"增形孳乳",就是用部首和声旁无限地增加新字。如声旁固定,通过改变形旁制造更多的字;或者形旁固定,可以形成一类与之有关的字体。随着形声字的增加，异体字开始减少，用字开始规范起来。在字形上，甲骨文的字是刻上去的，笔画细直，多用方笔；金文是铸模浇灌而成的，笔画粗而肥胖，转折比较圆润。到了西周后期和春秋时期，随着铸模工艺的不断提高，金文的线条化倾向越来越明显。

3. 籀文。籀文也叫籀书或大篆，是因为这些字多记载于《史籀篇》而得名。籀文的载体是石头和青铜器。隋朝末年，在陕西凤翔县西南发现了十几块大石头，这些石头的形状像鼓一样，被称为石鼓，现存于北京故宫博物院。石鼓上有文字。石鼓文出现以后，当时文人非常感兴趣，张怀瓘的《书断》说："开阖古文，畅其戚锐，但折直劲迅，有如镂铁，而端委旁逸，又婉润焉。"韩愈还专门作了《石鼓歌》加以描述，说它"辞严义密读难晓，字体不类隶与蝌"。石鼓上的文字，隋朝以来有无数的人去拓，慢慢风化，以致现在很难辨认。这10个大石鼓上面刻了10首四言诗，现存的拓片里能认清的大概有三百多字，而多数字以难以辨认。近几十年来，考古学者又发现了一些与石鼓文字大致相似的文字，并认定这些文字是秦统一以前的大篆。因其字体跟《说文解字》中所列出的籀文十分相近，文字学家多把籀文与石鼓文看作是同一时代、同一地区的文字，比甲骨文和金文要繁难，也比小篆繁杂。石鼓文集大篆之大成，开小篆之先河，是大篆向小篆衍变而又尚未定型的过渡性字体。

陕西出土的《秦公簋》，上面刻有铭文十几行，盖上刻了10行，器体上又刻了5行，共121个字，是比石鼓文更好的大篆标本，是小篆之前文字的真实形态。其字形方正、大方，折笔的地方既有甲骨文的方正之美，又有金文的圆转之美，圆中寓方，转折处竖画内收，下行时逐步舒展，用笔起止均为藏锋，圆融浑劲，字体促长伸短，匀称适中。

4. 小篆。战国时期还出现了六国文字，六国文字主要是指与秦石鼓文、籀文大致同时的其他六国的文字。六国文字之间大同小异，秦统一六国，在大篆的基础上对文字进行了省改。省就是对文字的笔画进行省略，改就是用通用字替代各种各样的异体字。李斯在此基础上所编的《仓颉篇》，作为文字统一的标准，加以推广，就形成了小篆。小篆是汉字发展史上最早规范化、标准化的文字，它是大篆的简化，是隶书和楷书的来源。从小篆开始，文字就逐渐摒弃了早期的图像化，开始走向符号化和表意化。

许慎《说文解字·叙》说："秦始皇帝初兼天下……罢其不与秦文合者。斯作《仓颉篇》，中车府令赵高作《爰历篇》，太史令胡毋敬作《博学篇》，皆取史籀大篆，或颇省改，所谓小篆者也。"三部书共55章，3300字，都是教育学童的字书，汉初被合在一起，总称《仓颉篇》。小篆形体结构固定，取消了大量的异体字。它经过官方统一规定并通行全国，是一次自觉的文字整理结果。

要想了解中国古文字，必须得从认识小篆入手。《说文解字》以小篆为基准，兼收古文、籀文，共收9353字，重文1163字，是研究古文字学的入门著作。许慎将六书界定为指事、象形、形声、会意、转注、假借，并对每书都下了定义，举了例字，建立研究文字体系的方法。《说文解字》共14篇，分列偏旁540部，从"一"到"亥"，同一个偏旁的字都列在一起，同条共贯，杂而不乱。在每个字的解说中，许慎兼顾字形、字音、字义三个方面。书中保存了大量的古文字和古音古义，是认识商周文字的阶梯，又是研究隶书发展途径的主要参考资料。《说文解字》的出现，标志着中国文字学的建立。

5. 隶书。隶书也叫"佐书"或"八分"。隶书在秦朝就已经出现，因为小篆笔画繁多，勾勾画画，写起来很不方便，当时官吏在做记录时，就把一些圆形的笔画写成直的，这就是汉字的隶化过程。《说文解字》说："秦烧灭经书，涤荡旧典，大发吏卒，兴役戍，官狱职务繁，初为隶书，以趣约易。"这一简化过程经过了秦汉长时间的实践，才形成了规范的隶书。

隶书与篆书相比，文字发生了重要的变化：一是象形意味减弱，符号化的倾向越来越明显。二是偏旁的分化与合并较多，篆书中原本相同的偏旁到隶书里开始出现差异，比如说"火"字旁，在篆书里相同，到隶书里边就已经开始分化，如"灸""灾"等字，仍然保留了"火"字旁，但"烈""然""照"等字，却写为四点；还有一些字，如"尉"，写作"示"；如"僚"，写作"小"。而原本不同的形旁，在隶化时却变成了相同的偏旁，如"春""奉""秦""奏"等，在小篆的书写中，它们的上半部是不一样的。三是结构简化,笔画减少。隶化时把一部分笔画省去了,如"屈",小篆上部作"尾",简化以后把"尾"中的"毛"部去掉了;如"香",上部在小篆里作"黍",下部为"舌"。四是改曲笔为直笔,改圆笔为方笔,改连笔为断笔,把篆体带有绘画意味的部分去掉,用点横竖撇捺代表曲线,这就形成了汉字的笔画,便于书写。五是以"横画蚕头燕尾"为特征的八分体形成,《说文解字》说:"八,别也,象分别、相背之形。"张怀瓘《书断》说八分"若八字分散",所以"八分"又叫"分书"。隶书的出现,标志着古文字和今文字开始分界。甲骨文到小篆属于古文字范畴,从隶书到楷书则属于今文字范畴。

6. 楷书、行书、草书。《宣和书谱》说:"汉建初有王次仲者,始以隶字作楷法。"钟繇《宣示表》《荐季直表》、王羲之《乐毅论》《黄庭经》等,改变隶书比较富于欣赏性的波挑之势,代之以规范的点、横、撇、捺、勾等笔画,形成了形体方正、笔画平直的字体,被称为"正书""真书"或"今隶"。唐朝时,楷书成为常用的字体。

草书大致与隶书同时兴起,《说文解字·叙》说:"汉兴有草书。"庾肩吾《书品论》说:"草势起于汉时,解散隶法,用以赴急。"草书可分为章草、今草和狂草三种。章草是"章程书"的简称,保留了隶书的笔势和笔意,有明显的波势挑法,笔画相连。今草取消了章草所保留的隶书痕迹,即"波折之势",字间笔势多牵连相通。狂草是今草的简化,它的笔画增减随意,笔势连绵回绕,字形难认。狂草是书法,并不是一种独立的字体,写字目的不是为了交流,而是为了写意。

行书是介于楷书和草书之间的一种书写方式。行书的特点是笔画连绵,书写比较快速,保留了楷书的结构,是现在使用最广泛的一种字体。它与草书、隶书已不再是字体结构上的差异,而是书写方法上的差异。

三、汉字的结构

"六书"的说法最早见于《周礼·地官司徒·保氏》,说周代用来教育贵族子弟的有礼、乐、射、御、书、数六艺。其中,书有"六书",但并未列出"六书"的具体内容。东汉郑众注《周礼》说这六书是象形、会意、转注、处事、假借、谐声。班固《汉书·艺文志》则说是象形、象事、象意、象声、转注、假借,并认为六书是"造字之本"。许慎在《说文解字·叙》中概括为指事、象形、形声、会意、转注、假借,并进行了理论阐释。"六书"概括了汉字的建构和结构特征,我们按照班固所列的次序和许慎的解释进行讨论。

  1. 象形。象形字的特点是简约、形象。按照许慎的说法:"象形者,画成其物,随体诘诎。日月是也。"就是画成事物的形状。小孩刚入学时所学习的日、月、山、石、土、田、木、禾、米、舟等字,都是用画形状的方式表示的。《说文解字》解释这些字的术语是"象某之形",如:"马,怒也,武也。象马头、髦、尾、四足之形。"是说马的形状是发怒的样子,像马头、髦、尾、四足之形。再如:"母,牧也。从女,象怀子形。一曰象乳子也。"先用"牧"进行声训,又说"从女",即带有会意的成分,字形像母亲怀着孩子,也像哺乳孩子。或者直接注明"象形",如"宀"是"交覆深屋也。象形","犬,狗之有悬蹄者也。象形"。这些象形字非常好认,它们是独体字,多数是名词,除了本名之外不含别的义项。

  2. 指事。指事是在一个独体字的基础上,继续进行描摹。许慎说:"指事者,视而可识,察而见意。上下是也。"是说一看它就知道有指事的成分存在。《说文解字》常直接用"指事"来点明。如"上","高也……指事也";"下","底也。指事"。是说比横线高者为上,比横线低者为下。或者点明所象的抽象意,如"刃":"刀坚也,象刀有刃之形。"先画一个刀,在上面点一点,点明刀最锋利的地方为"刃"。

  有些指事字兼有会意的成分。如"寸,十分也。人手却一寸,动脉,谓之寸口"。一寸是十分,具有一定的会意意味。再如"本,木下曰本"。"本"为"根",木的最下边是"本"。又说"从木,一在其下"。在《说文解字》中,"从某"常表示会意字,表明指事中带有会意的意味。

  3. 会意。会意字主要是合体字。独体为文,合体为字。这是会意字区别于象形字和指事字的关键。《说文解字·叙》中说:"仓颉之初作书,盖依类象形,故谓之文。其后形声相益,即谓之字文者,象物之本也。字者,言孳乳而浸多也。"是说造字之初采用画画的方法,但后来有些东西就不一定能直接画出来,特别是表现人与人、人与物、物与物的关系时,必须要用两三个图像来表现,这就形成了会意字。许慎说:"会意者,比类合谊,以见指㧑。武信是也。"把两个图像放在一起,形成新的意义,如止戈为武,人言为信等。

《说文解字》中常用"从某从某"的术语来解释会意字,如"章":"乐竟为一章。从音从十。十,数之终也。"且不论许慎解释得是否准确,他已经意识到会意字应该怎么理解。在许慎看来,上面是音,下面是十,章就是听音乐的章节,因为古代音乐多讲八音、九歌,听到十的地方就到头了,这就是一章。再如"美,甘也。从羊从大。羊在六畜,主给膳也,美与善同意"。他认为羊大为美,古人把羊视为品质最优的肉食,象征着收成和财富,美与善同义。或者解释为"从二某""从三某",主要形容字的组成部分相同或相近。如"从,相听也。从二人",两个人并排站着。"晶,精光也。从三日",仿佛三个太阳放在一块,形容非常亮。

4. 形声。许慎说:"形声者,以事为名,取譬相成。江河是也。"郑樵在《通志·六书序》中也说:"六书也者,象形为本;形不可象,则属诸事;事不可指,则属诸意;意不可会,则属诸声,声则无不谐矣。"是说前三种造字方法局限于图画,只能表达最关键的、最基本的字义,随着交流的增多和深入,需要有更多的字和更深的意来对物类进行更为细致的区分,这就要增加很多的音和义。新增的音义如何用文字表达呢?以事为名。即先建一个形旁,然后结合声旁,就可以增加很多字。如"夋"旁具有"长"的义项,它所结构成的"峻""骏""俊""浚"等字分别可以形容山、马、人、水的高大或修长,这样通过增形孳乳,便能产生无数的字,来表达无数的义。

《说文解字》分析形声字的术语,一般是"从某,某声",前面"从某"是说它的形旁,即意符;而"某声"说的是它的声旁,即声符。如"妹,女弟也,从女,未声"。妹从女,跟女子有关,以"未"为声。再如:"袍,襺也。从衣,包声。"声旁的读音与字的读音与现在有差异,这是因为古今音不同的缘故。

形声字的组合主要有左形右声、左声右形、上形下声、上声下形、内形外声、内声外形等情况。需要注意的是"省形"和"省声"两种状况。

省形就是在组字时把一部分形旁省掉了,如"考","考,老也。从老省,丂声。"是以"老"为形旁,但把"老"字的下半部分省去。又说:"疫,民皆疾也。从疒,役省声。"省了声旁"役"的部分,这叫省声。同时,也要注意形旁和声旁的变形。心字旁就有几种写法:一是"忄"旁,表示与心有关的,如"情""怀""怕""惕"等字。二是仍保留原形,如"想""念""思"等,"心"字旁在下头。三是"小"字旁,如"慕""恭""忝"等字。还有一些形声字,只保留了声旁或形旁的一部分,如"在,存也,从土,才声",是说"土"为形旁,"才"为声旁,而"才"变形写作"ナ"。

有些字为会意兼形声,如"坪",指非常平整的一块地;如"驷",指四匹马,既是会意字也是形声字。《说文解字》里一般说这种类型为"从某,从某,某亦声",如"婢,女之卑者也。从女,从卑,卑亦声","娶,取妇也。从女,从取,取亦声","忘,不识也。从心,从亡,亡亦声"。

5.转注。许慎的解释是"建类一首,同意相受,考老是也"。"建类一首"就是建立形符或声符相类的部首,通过造义取向相同的字,递相传意,在部首相同的情况下继续增加字的义项。如:"奔,走也。从夭,贲省声。与走同意,俱从夭。""走,趋也。从夭、止。夭止者,屈也。凡走之属皆从走。"徐锴注:"走则足屈,故从夭。""奔"字是用了"贲"上面的半部,把声旁"贝"省掉了,再加上"夭",与"卉"组合,与"走"同意。而且,"夭"和"止"合起来就是一个"走",这样的形旁组合起来的字,都与"走"的动作有关。

转注是用字的方法,是在不增加字的前提下增加字义。我们这样理解,就可以减少它的难解性:如"夋""峻""骏""俊""浚"等字,虽然不在一类,但意思是相通的。而"考""老""耄""耋""耆"等字,因为形旁相同,所以也都有"年长"的含义。这类字当时是否真的是如此辗转造出来的,确实值得怀疑,但在后世的使用上,却符合用字的习惯。这便是增义而不增字所形成的用字法。我们对这类字,要在动态的使用中进行考察。

6.假借。许慎解释说:"本无其字,依声托事,令长是也。""本无其字",是说有些字本义不是如此,却被借来表示比较抽象的同音字,逐渐不再表示原义。如"舊",本指夕阳西下时的鸟在草中间,后被借指新旧的"旧"了,一借以后,它的原义就逐渐失去。如"汝",最初专指"汝河",后被借作第二人称代词。这类字除了读音相同之外,意思之间并没有任何的联系。这是"本无其字"的假借,可以看作永久的借用。有些字被借用以后,只好另造一个字来表示原来的意思,如"易",本指蜴,被借用表示"变易"的意思后,便又造了"蜴"字来表达原义。"衰"写作"蓑","求"写作"裘"等,都是这样的情形。

"本有其字"的假借,是我们常见的通假字。严格来说,通假字只是用字的方法,是暂时的借用。这次借用,并不妨碍这个字本身的意义。如《论语·学而》说:"学而时习之,不亦说乎?""说"是"悦"的假借,只是在这一地方使用,并不影响"说"和"悦"本身的含义。文字学意义上所说的假借,主要是指"本无其字"的假借。"本有其字"的假借,一般是作为"通假"来看待的。

六书之中,象形、指事、会意、形声是造字法,而转注和假借更接近于用字法。许慎提出之后,古代学者多宗而用之。现代学者开始注意辨正,唐兰在《古文字学导论》中把汉字结构分成象形、象意、形声三类。陈梦家在《殷墟卜辞综述》中提出"象形""假借""形声"三书说。裘锡圭在《文字学概要》里认为象形、指事、会意属一类,是用形体表意的,而"转注""假借"的概念不清。这些观点各有优缺,都是从六书中提炼出来的,是对六书的修正,还不足以完全替代六书而成为独立的理论体系。

想对文字学有深入了解,就需要从《说文解字》入手,结合段玉裁的《说文解字注》、朱骏声的《说文通训定声》、桂馥的《说文解字义证》、王筠的《说文句读》等来读,把《说文解字》中的字认识以后,再往上面追溯来认识大篆、金文、甲骨文,便可以逐渐熟悉古文字了。

第二节 音韵学

一、音韵学的形成

中国传统音韵学分为三个部分:中古音学、上古音学和等韵学。中古音学研究的是南北朝至唐宋时代汉语的声、韵、调,以陆法言《切韵》、陈彭年《广韵》为代表,也称今音学。中古音的研究有韵书可查,循着这些韵书就能明白中古音的大概。中古音后来演进成近古音,主要是元明清的官话系统,以《中原音韵》为代表,也称北音学。近古音又演进成现代音。近古音、中古音都有韵书记录。先秦两汉时期的上古音怎么办呢?要依据中古音进行总结,这就形成了上古音学。掌握了中古音,自然就能知道近古音发生了哪些变化,所以中古音是学习音韵学的基础,是音韵学入门的途径。

宋元时期,有些音韵学者以图表形式分析韵书的反切,概括汉语语音系统,如《韵镜》《七音略》等,被称为等韵学。而现在所说的等韵学是用"等"的概念分析汉语韵母及声韵配合规律的一门学问,它通过韵图的形式展示某一历史时期的声、韵、调系统。

音韵学主要是研究古书的读音,学了音韵学,不仅可以训诂,而且可以更加深刻地读懂古书。如《荀子·非十二子》:"欽然圣王之文章具焉,佛然平世之俗起焉。"这个"佛"显然不是佛教的"佛"义,因为佛教是汉魏时期才传进来的。原来这个"佛"读"勃然大怒"的"勃",因为上古时期没有轻唇音,所以"佛"与"勃"同音,如果知道一些音韵学常识,我们就很容易明白。

二、中古音

南北朝时,南北方言融合,语音逐渐趋同,大量周边少数民族语音也进入当时的官话系统中,导致声母、韵母迅速丰富起来。由于佛经的翻译,汉语平、上、去、入四声也被发现,促进了语言研究的深入。到了唐朝,随着国家的融合和统一,有些太难发的音和一些用得比较少的韵就逐渐消亡了,出于表达的需要,上古有的声音开始分化,这就形成了中古音。由于上古音是根据中古音推导、总结出来的,只能依据中古音有的声韵来看上古音的有无;上古有而中古消亡的一些声韵,尚总结得不够充分。

中古音主要以《切韵》音系为代表。《切韵》是隋代陆法言总结出来的音韵体系。唐宋又重新编制,增加了一些声母和韵母,分别称之为

《唐韵》《广韵》。《广韵》里共收集了 36 个声母,206 韵,26194 字,是我们了解中古音的基本资料。

1.声母:又称"声""纽""声纽""音纽""声类"等。古人翻译佛经需要学习梵文,唐人受梵文音节表的启发,参照藏文的字母体系,给汉语创制了字母。字母是代表声母的汉字。唐以前声母用反切上字表示,但同一声母用字常不同,如[t]音就可用"德、得、冬、端、丁、多"等字表示。随着韵书的编纂,这些代表声母的字就逐渐被固定下来,如"明",代表声母[m],被称为明母;"端",代表声母[t],被称为端母。中古音有 36 个声母,也叫"三十六字母"。

2.韵母。韵母是以声调为纲,以韵腹和韵尾为基础,对汉字读音进行的分类。唐代格律诗的四声不能通押。平、上、去、入四声各自为韵。如王维的《山居秋暝》:"空山新雨后,天气晚来秋。明月松间照,清泉石上流。竹喧归浣女,莲动下渔舟。随意春芳歇,王孙自可留。""秋""流""舟""留",《广韵》同属"尤韵"。古代韵书所分的韵类是带声调的韵母。把韵腹和韵尾相同的字归类,叫作韵部。韵书中每一韵部的代表字,叫作韵目,在韵书中一般写成同韵字中的领头字。《广韵》共有 206 个韵,其中上平 28 韵,下平 29 韵,上声 55 韵,去声 60 韵,入声 34 韵。

宋元时期,学者们把《广韵》韵部中韵腹相同或相近、韵尾相同的再归并,称为"韵摄",刘鉴的《经史正音切韵指南》也将 206 韵归纳为 16 摄。当时的等韵图还把韵母分为开口呼、合口呼;凡韵头是[u]或主要元音有[u]的是合口呼,反之则是开口呼。后来把韵头出现[i][u][y]的,分别称为齐齿呼、合口呼、撮口呼。又按韵尾发音方法进行分类,阴声韵是指没有韵尾或以元音为韵尾的韵;阳声韵是指具有鼻音韵尾[-n][-ŋ][-m]的韵;入声韵是指具有塞音韵尾[-p][-t][-k]的韵。

3.声调。声调是按照读音的高低对汉字读音进行的分类。中古的调类共有四个,即平、上、去、入。《广韵》和《韵镜》等韵书中都有记载。它们的调值很难考证了,只能根据古人的描述作些理解。释处忠在《元和韵谱》中说:"平声者哀而安,上声者厉而举,去声者清而远,入声者直而促。"释真空《玉钥匙歌诀》也说:"平声平道莫低昂,上声高呼猛烈强,去声分明哀道远,入声短促急收藏。"可以看出,古代平声的调子是平直的,上声是上扬的,去声是下滑的,入声是短促的。如果勉强作一个比较的话,平声相当于我们现在的阴平,上声相当于我们现在的三声,去声相当于我们现在的四声,入声是塞音韵尾字,读得短而促,现在普通话里没有入声字,但在有些方言如闽南话中还有。

与声调相对应的是"平仄"。旧体诗赋、骈文创作中把字音分为平声和仄声两大类,平即平声,仄即上去入声,讲究平声与仄声的相互调节,以使声调和谐悦耳。

三、上古音

因为上古没有留下韵书,我们只好根据先秦两汉的典籍来对上古音进行总结。具体的方法包括:

一是根据异文进行考订。上古典籍的传播多是靠口耳相传的,记录同样的音也会记成不同的字。这些字后来读音不同,但在当时应该因读音相同,才会通假,这就可以归纳为一部。如"伏羲",有时写作"庖羲",这就说明上古时"伏"和"庖"同音。

二是借助声训进行总结。上古时已经形成了声训的方法,声训多用同音字来训诂,因为同音字的声母和韵母是相同的。

三是依照注音进行归类。汉魏以后使用同音字注音或反切注音,反切上字注声母,下字注韵母和声调,所以反切的两个字与被切字必定是双声或是叠韵。

四是依托形声字进行分类。形声字的声旁在造字之初读音大致相同,至少是双声或叠韵的关系。读音后来发生了分化,我们可以循着这条线索向上推,来对上古音韵进行总结。《说文解字》中有80%以上的字都是形声字,这是非常丰富的资料库。形声字的声符又叫作主谐字,以主谐字作为声符的形声字叫作被谐字,被谐字还可以作为主谐字再构成新的形声字。这样以第一主谐字作为声根所形成的整个谐声谱系,就叫作谐声系统。如"童",可构成"僮""瞳""穜""曈""幢""撞""潼""憧"等字。再如"寺",可构成"峙""诗""侍"等字;"矣"可构成

"埃""挨""俟""浃""竢""逩"等字。从原理上讲,凡是声符相同的字,在造字时其读音必然是相同或相近的,否则不会采用同样的声符。那么这些字在后代的读音不同,便是上古音和中古音发生了变化。段玉裁根据谐声系统的特点提出了"同谐声者必同部"的论断,认为声符相同的字必然属于同一韵部。

最直接、最可靠的方法是把《诗经》《楚辞》和诸子书里的押韵字找出来进行归纳。如《诗经·邶风·绿衣》的第四章:"绵兮绤兮,凄其以风。我思古人,实获我心。""风"与"心"现在不押韵,但在《诗经》时代,在韵脚上如此使用,定是同一个韵部。《诗经·小雅·何人斯》:"彼何人斯?其为飘风。胡不自北,胡不自南?胡逝我梁?只搅我心。"韵脚是"风""南""心",这再次证明"风"和"心"同韵,也与"南"同韵。《诗经·邶风·燕燕》:"燕燕于飞,下上其音。之子于归,远送于南。瞻望弗及,实劳我心。""音""南""心"押韵,说明它们与"风"同韵。如此类推系联,把《诗经》《楚辞》《周易》等书中的先秦韵字和诸子书中的押韵部分进行比照,就可总结出韵部。

经过历代学者的总结,大致总结出了上古韵部的三大类:

甲类为○尾,[-k]尾,[-ŋ]尾。包括没有韵尾的(用○表示)六个韵部:之部、支部、鱼部、侯部、宵部、幽部;韵尾为[-k]的六个韵部:职部、锡部、铎部、屋部、沃部、觉部;韵尾为[-ŋ]的四个韵部:蒸部、耕部、阳部、东部。

乙类为[-i]尾,[-t]尾,[-n]尾。包括韵尾为[-i]的三个韵部:微部、脂部、歌部;韵尾为[-t]的三个韵部:物部、质部、月部;韵尾为[-n]的三个韵部:文部、真部、元部。

丙类为[-p]尾,[-m]尾。包括韵尾为[-p]的两个韵部:缉部、盍部;韵尾为[-m]的两个韵部:侵部、谈部。[①]

至于上古音的声调,目前争议较大。陈第认为上古没有声调,顾炎武和江永认为中古、上古的四声相同。段玉裁认为上古没有去声,只有平、上、入三声。王念孙和江有诰认为上古平、上、去、入四声都有,调值

---

① 王力:《同源字典》,商务印书馆1982年版,第78页。

与后代不同。王力将上古声调分为舒、促两类,舒声发得比较慢,促声发得比较快。周祖谟认为上古不但有平、入声,而且还有上、去声。因为既没有声音资料传世,也没有文献资料的记载,这些结论都是推测出来的,主要有古无轻唇音、古无舌上音、娘日二纽归泥、喻三归匣、喻四归定等说法。

上古声母、韵母和声调的研究,还在进行之中,上述的结论只是一部分,未来还会有更多的现象被发现。

四、近古音

近古音主要是指宋以后的汉字读音,以元代周德清的《中原音韵》为代表。宋以前的政治和文化中心在黄河流域,从元朝开始,政治中心就移到了北京地区,北方少数民族入主中原,带来了音韵的变化,使汉语的音韵系统发生了重大的变化。

近古音最大的变化是声调系统的变化:一是平分阴阳,即清母入声演变成了阴平,浊母入声演变成了阳平,就形成了现在普通话的阴平、阳平。二是浊上变去,清母和次浊上声保持不变,而全浊上声演变成了去声,这就增加了去声字。三是入派三声,大致来说,全浊入声归阳平,次浊入声归去声,清音归阴平,入声字则消亡了。

近古声母的变化很大程度上是以声调的变化为条件的:一是浊音清化,即声调变化导致平声全浊并入了次清,仄声全浊并入了全清,匣母与晓母、邪母与心母合并。二是声母合并,如轻唇音非、敷、奉合并读[f],知、庄、章三纽合流,泥、娘二纽合流。三是零声母增加,疑母大部,影、云、喻母全部,日母在止摄开口呼前皆读零声母。四是音变加强,如微母读[v],而疑母的一部分开始读[n]。

近古韵母系统最重要的变化,一是塞音韵尾消亡,即入声字消失。《广韵》中的34个入声韵分别派入了支思、奇微、鱼模、皆来、萧豪、歌戈、家麻、车遮、尤侯等9个阴声韵。二是支思韵、车遮韵的产生。三是介音增多,中古很多不带介音[i]的韵母,现在增加了介音,形成了很多尖音字。

五、音韵的学习

音韵学主要研究古代汉语声韵系统、分析其声韵调的特点、探求古音的发展规律以及对古音进行构拟,这就要求我们首先要具有现代语音学的基本知识,把现代语音学作为研究的基础和工具。同时,也需要我们先掌握并理解现代汉语的声母、韵母以及声母和韵母配合的规律,才能明白语音的基本结构。

其次,传统音韵学主要使用的是系联法、类推法、统计法和比较法,这就要有一定的古汉语文献的储备,对中国古典文学、历史、哲学、文献学等学科都有一定的了解,并掌握一定的训诂学、校勘学等知识。然后通过阅读专门的音韵学书籍,了解汉语各个历史阶段的声、韵系统及拟音的特征,了解汉语演变的一些基本规律。

再次,结合诗词阅读来记忆古音韵,唐诗宋词是按照平上去入四声分成平仄两类的,并规定了严格的格律,通过诗词的吟诵,既能了解古代汉语的声调,也能通过韵部的查阅,掌握古音韵。

然后,如果想深入研究的话,就需要阅读一些重要的韵书,如《玉篇》卷首所附的《五音声论》、题为司马光撰的《切韵指掌图》、元人黄公绍的《古今韵会》、刘鉴的《经史正音切韵指南》、清人江永的《音学辨微》等书,以及《广韵》《中原音韵》《韵镜》《七音略》等。

最后,可以根据自己家乡的方言来思考古音韵,通过弄清方音的来龙去脉,思考方言形成的历史背景。中国社科院语言研究所编的《方言调查字表》采用中古音系,便于古今对照,还注明了今音的历史根据和演变规律,如果参照这本书来看自己家乡的方言,印证出一两条古音韵的规律来,也是很有意思的入门途径。

第三节 训诂学

按照《说文解字》的理解,训是"说教",诂是"训故言",合起来就是对古字进行解释。孔颖达在《毛诗诂训传疏》中也说:"诂者,古也,古今异言,通之使人知也。训者,道也,道物之形貌以告人也。"训诂是对古今不同的字义进行解释,即用易懂的语言解释难懂的语言,用现代的语言解释古代的语言,用普通话解释方言。训诂的产生,主要在于从古到今,汉语的语音、词汇、字形和语法都发生了很大的变化,需要对它们进行分析解释。历代的解释之中所形成的一些方法和体例,是我们阅读和研究古籍不可或缺的常识。

一、训诂方法

一是形训法。形训是据形说义,就是按照字形来解释字的意思。如《左传·宣公十二年》:"夫文,止戈为武。"在篆文里,"武"字,写作"武",类似现在所说的用武力保卫和平。《韩非子·五蠹》里有句话:"古者仓颉之作书也,自环者谓之厶,背厶谓之公。"《说文解字》也常采用这种方法来解释,如:"盥,澡手也。从曰,水临皿。"简洁而形象,这种解释方法对于分析象形字、会意字、指事字很有效。但形训的缺点也很明显,容易使人望文生义,如《说文解字》解释"爲,母猴也。其为禽好爪,爪,母猴象也,下腹为母猴形",这一说法误传了一千多年,罗振玉经过详细的考释,才辨明"爲"的本义是"役象"。所以我们采用形训,一定要明白字的本义,清楚字形,在辨析字源的基础上,才能作出判断,而不要信口地将"儒"解释为"人人所需"。

二是声训法。声训是因音求义,即根据读音来解释字意。上古时期,这种解释方法很流行,常采用读音相同或相近的字对另一个字进行解释。如《周易》中有"乾,健也""坤,顺也"。"乾"释为"健",意指"天行健,君子以自强不息";"坤"释为"顺",意取"地势坤,君子以厚德载物"。

三是义训法。义训是用直陈语义的方式进行训诂,就是用通语、常言去解释不为大家所熟知的文言、古语、方言和俗语。《尔雅》大量使用义训法,如《释诂》:"肇,始也。""愧,惭也。"现在还有"肇始""惭愧"等义连用。再如《释言》:"干,求也。""干谒"就是拜见、求见别人。也有通过描绘形态的方式进行解释的,如《释宫》:"宫中之门谓之闱,其小者谓之闺,小闺谓之阁。"《释器》:"肉谓之败,鱼谓之馁。"《释亲》:"妇称夫之父曰舅,称夫之母曰姑。"《释水》:"水中可居者曰洲。"便是直接地对字义进行解释。

四是互训法。互训是两个字互相训释。如《说文解字》"追，逐也""逐，追也""奉，承也""承，奉也"等。这种训诂方法非常简便，一看便知字义，缺点也很明显，如果遇到两字之中有一个字不懂，解释就失去了作用。尤其是如果要区分两个字的细微差异，则无从下手。

五是反训法。反训是相反为训，是用反义词来解释词义。有些字在古代含有相反的两义，如乱有治理、紊乱两义，后世只通行紊乱一义。《尚书·皋陶谟》"乱而敬"，这里的"乱"是"治"的意思，以"治"训"乱"。现在东北方言说的"老儿子"，指的便是"小儿子"，"老""小"之间的反训，便是古义的遗留。

六是设立界说法。设立界说是标明义界，义就是词义，是用一句话解释一个词的意思，与我们现在下定义的方法相同。如《墨子·经说》："生，刑与知处也。""刑"同"形"，说生命是形体寄托的地方。设立界说与直训不同，直训是单词解释单词，义界则是用一段话来解释一个意思，类似现在的定义，既能表明词的概括意义，也可区分一个字与其邻近字的意义的微妙差别。

二、训诂体式

一是文中训诂。就是古人自己对自己的话进行解释，类似我们现在写文章作注。这种训诂方法在甲骨文里就出现了，有时会在字的旁边再刻上若干个小字对它进行解释。在《左传·昭公元年》言："于文，皿虫为蛊，谷之飞亦为蛊。"是对"蛊"的意思用形训的方法来解释。前面引到的《韩非子》对于"私"的解释等，都是文中训诂。

二是传注类。一般意义上所说的"传"，主要是指汉代人对先秦文献的注释。按照《说文解字》《尔雅》的解释，"传"是快速传播的意思，后引申为由此达彼，再引申为递达古今的言语，汉代人通常称解释先秦典籍的资料为"传"。如《春秋》有"三传"，《诗》有《毛诗诂训传》《韩诗内外传》等。注是注解，是对经义的意思进行全面的疏通。既可以注解字义，也可以注解词汇，还可以注解句子。郑玄的《周礼注》《仪礼注》《礼记注》，颜师古的《汉书注》等，便是这种体式。

三是笺释类。"笺"的本义是小竹片，是在读竹简时，用一个小竹片附在其上,对难懂的字进行解释,笺的注释便于使用,后来就演变成了一种新的注释方式。《说文解字》说:"笺,表识书也。"就是给书表明其意,记识其事。东汉郑玄注释群经,就开始使用这种体例,既解释经义又解释传义。释是注释、解释,包括解释古今异言、方俗殊语、事物名称等。《说文解字》说:"释,解也。"《尔雅》有《释诂》《释水》《释山》《释宫》等篇,都是解释各类名称。这类书很多,如李充的《论语注》、陆德明的《经典释文》等。

四是诠说类。诠主要是来诠释事理的,《说文解字》说:"诠,具也。"是对事理进行深入系统的阐释。《淮南子》有《诠言训》,用以解释语言。唐李翱有《易诠》,是对《周易》中的道理进行解释。杨树达的《词诠》,是对词法、词理进行诠释。"说"是"解说"的意思。《说文解字》:"说,释也。"引申为用以说解的词语。在先秦典籍中,有些解释词语的篇章叫作"说",如《墨子》有《经说上》《经说下》,对一些难懂或者歧义的字、词进行解说。有些带有说理和寓言意味的篇章也称为"说",如《韩非子》有《内储说》《外储说》等,用很多小故事来说明事理。

五是义疏类。《说文解字》:"疏,通也。"把注解叫作疏,主要兼取疏通与疏记之意。这种体式不仅对词义进行注释,还用于疏通文义,对古书、古注进行进一步的解释和发挥。如皇侃的《论语义疏》,便是对《论语》的大意进行疏解;郝懿行的《尔雅义疏》,是对《尔雅》进行疏通。

六是音义类。辨音的书叫音,释义的书叫义,既辨音又释义的书叫音义。音义以辨音、释义为本,如陆德明《经典释文》中包括《尚书音义》《周易音义》等。

七是章句类。章句是用辨章析句的方式来注释,主要是对一章、一句的主旨、意思进行解释。李贤注《后汉书·桓谭传》说:"章句谓离章辨句,委曲枝派也。"章句与传、解、诂、训、注等最大的区别,在于章句解释句子段落细致周详,其他则简约明畅。王逸的《楚辞章句》,赵岐的《孟子章句》,不仅解释字词,还对每章进行解释。

八是集解类。集解是汇集各家注解,并附以自己的见解而成,如何晏《论语集解》、王先谦《荀子集解》《庄子集解》等。不冠以"集解"之名,但属于集解类的著作如孙诒让的《墨子间诂》。虽以"集解"命名,但不能归入这一类的,如杜预的《春秋左传集解》。

三、训诂术语

训诂专用术语需要掌握,这是读懂训诂类书籍的钥匙。

1. "曰""为""谓之"。它们的意思是相同的,可以翻译成"叫""叫作""称作"等。如《论语·学而》:"有朋自远方来,不亦说乎?"郑玄注《周礼·大司徒》说:"同门曰朋,同志曰友。"同门叫作朋,志同道合叫作友。《尔雅·释天》说:"谷不熟为饥,蔬不熟为馑。"谷物不熟叫作饥,蔬菜不熟叫作馑。《尔雅·释宫》说:"一达谓之道路,二达谓之歧旁,三达谓之剧旁,四达谓之衢,五达谓之康,六达谓之庄,七达谓之剧骖,八达谓之崇期,九达谓之逵。"五条路交汇叫作康,六条路交汇叫作庄,现在所说的康庄大道,便取此义。

2. "谓"。"谓"和"谓之"正好相反,"谓之"是被解释的词在后边,"谓"是被解释的词在前面。"谓"相当于"是指"。《左传·僖公三十年》:"且君尝为晋君赐矣。"杜预注:"晋君,谓惠公也。"即晋君是指惠公。"谓"有时是用狭义来解释广义,用具体义来解释抽象义,用统称来解释别称。如《论语·阳货》:"君子学道则爱人。"孔安国注:"道,谓礼乐也。"把"道"限定为礼乐,君子学礼乐是为了懂得关怀别人。

3. "犹"。"犹"的用法比较广泛,可以解释同义词和近义词,相当于"就是"。如《史记·周本纪》:"于今六十年,麋鹿在牧。"张守节《史记正义》:"于今犹当今。"也可以将两个有差异的字进行疏通,一般翻译为"相当于",如《孟子·梁惠王上》:"老吾老,以及人之老;幼吾幼,以及人之幼。"赵岐注:"老犹敬也,幼犹爱也。"还可以用今言解释古语,相当于"如同"。还可以用本字来解释借字,一般译成"即"或者"好像"。如《诗经·魏风·葛屦》:"掺掺女手。"《毛传》:"掺掺,犹纤纤也。"

4. "貌""之貌"。一般翻译成"什么的样子",用于对事物的外貌进行勾勒。如《诗经·卫风·氓》:"桑之未落,其叶沃若。"朱熹注:"沃若,润泽貌。""沃若"是树叶绿油油的样子。《楚辞·离骚》:"老冉冉其将至兮。"王逸注:"冉冉,行貌。""冉冉"就是慢慢走的样子。

5. "之言"和"之为言"。一般翻译为"相当于"或者"等于"。这是用音同或音近的词来解释另一个词。第一,用同源词来解释词义,同源字是字出一源的,如"广"与"旷"、"空"与"孔"等类,它们语义相通或相同,声音相近或可通转。如《论语·为政》:"为政以德,譬如北辰,居其所,而众星共之。"朱熹注:"政之为言正也,所以正人之不正也。德之为言得也,得于心而不失也。""政"本身就要求正大光明,与"正"字同源。"德之为言得也",是说"德"与"得"同源,"德"在于"得"于心而不失也。第二,用音同或音近的字说明被释词的语源。如《史记·律书》:"壬之为言任也,言阳气任养万物于下也。癸之为言揆也,言万物可揆度,故曰癸。"牵强地解释"壬""癸"的本意和来源。第三,用本字解释借字。如《诗经·召南·甘棠》:"蔽芾甘棠,勿翦勿拜。"说的是召公当年种了一棵海棠树,我们不要剪除它,"拜"并不是"参拜"的意思,郑玄注:"拜之言拔也。"是"拔"的意思。

6. "读为"和"读曰"。主要是用来标明通假,一般翻译为"读作"。《史记·吴太伯世家》载吴使季札观礼,听《魏风》说:"美哉,沨沨乎,大而宽。"司马贞《史记索隐》:"宽字宜读为'婉'也。"即"宽"当作"婉"。《史记·五帝本纪》里说帝尧"彤车乘白马,能明驯德",司马贞《史记索隐》说:"《史记》'驯'字徐广皆读曰'训'。训,顺也。言圣德能顺人也。""读为""读曰"常用来表明通假字。前面是本字,后面是通假字。

7. "读若"和"读如"。用于拟声注音。段玉裁注《说文解字》"读"云:"拟其音曰读,凡言读如,读若皆是也。"是说古书标作"读若什么"或者"读如什么",主要是用来标明它的读音。如《礼记·儒行》:"虽危,起居竟信其志。"郑玄注:"信,读如屈伸之'伸',假借字也。""伸"和"信"古音相同,这句话是说虽身处险境,言行起居也要伸展自己的志向。

8. "如字"和"读破"。中古时期通过声调的变化,引起词性的变化来表达词义。如果字用本义,按本音读,叫"如字"。《大学》:"如恶恶臭,如好好色。"《经典释文》:"恶恶,上乌路反,下如字……好好,上呼报反,下如字。"是说后面的字应该读本字。如果字用转义,按转义读叫"破读"或"读破"。如《史记·项羽本纪》中项羽说："纵江东父兄怜而王我,我何面目见之?""王"本读平声,而在此做动词,读去声,意谓"使我为王"。

9."辞也""词也"。用来指明被释词是虚词。如《诗经·周南·汉广》："汉有游女,不可求思。"《毛传》："思,辞也。"是说"思"为语气词,本身没有意义。《左传·成公二年》："国将若之何,谁居?"杜预注:"居,辞也。"意思是"谁呀"。在《九歌·云中君》中："蹇谁留兮中洲。"王逸注:"蹇,词也。""蹇"是楚辞所常用的一个发语词,也没有实在意义。

10."浑言""析言"。"浑言"又称通言,也叫散言,类似于我们现在所说的"通名"。"析言"指细分析起来,多指"专名"。如饥和馑,米和黍,浑言之,它们是一类的。但要描述它们之间的区别,就是析言。浑言是浑说,不计较意思之间的细微差别。析言是专门计较意思之间的差别。一个言同,一个言异。如《说文解字》:"病,疾加也。""疾,病也。"段玉裁注:"析言之则病为疾加,浑言之则疾亦病也。"即小病为疾,大疾为病。析言有别,浑言相同。

四、训诂的学习

训诂学在先秦萌芽,在两汉逐步系统化,经过了魏晋南北朝的发展,到了唐宋,逐渐成熟,孔颖达的《五经正义》、裴骃的《史记集解》、司马贞的《史记索隐》、张守节的《史记正义》,朱熹的《四书章句集注》等,标志着训诂实践的深入。

明清是训诂学理论体系化时期,梅膺祚的《字汇》、张自烈的《正字通》、朱谋㙔的《骈雅》、方以智的《通雅》,是对字书的整理。戴震的《方言疏证》《孟子字义疏证》《尔雅文字考》、段玉裁的《说文解字注》和《六书音韵表》《汲古阁说文订》等,以及王念孙的《广雅疏证》、王引之的《经义述闻》和《经传释词》等,总结了很多训诂学的方法,解释了不少深层的规律。

章太炎著《小学答问》、黄侃作《训诂学讲词》,对训诂学进行了独立的概括和阐述,胡朴安的《中国训诂学史》以及此后诸多的训诂学教材,标志着现代训诂学体系的建立。

要学习训诂,可以阅读一些专门的书籍:一类是解释音义、探求字义的,如《尔雅》《小尔雅》《方言》《释名》《广雅》等书,可以使我们了解字的本义是什么。二是形训之书,如《说文解字》《字林》《玉篇》《字汇》《类篇》等形书,代表了汉、宋、明、清时期训诂学的成果。三是音书,如《广韵》《集韵》等,便于了解音训之法。四是专门的训诂书,如《经典释文》《经籍纂诂》和《经传释词》等,专门解释传疏中的词汇。

第十五章　天文地理学

天文地理学是中国传统文化的重要组成部分,掌握一些天文、历法、地理知识,有助于我们更好地阅读古书。

第一节　古天文学

为了系统说明中国古代历法的特点,我们先谈谈当时宇宙学说和星相学说,以便对古历法有更深的理解。

一、宇宙学说

宇宙是天地万物的总称。《尸子》:"四方上下曰宇,古往今来曰宙。"宇是空间的概念,宙是时间概念。中国关于宇宙的结构,主要有盖天说、浑天说和宣夜说三大主流学说,还有昕天论、穹天论、安天论等说法。

盖天说,用形象的语言描天地的结构是"天圆如张盖,地方如棋局"①。《隋书·天文上》云:"盖天之说……其言天似盖笠,地法覆盘,天地各中高外下。"《晋书》《宋书》等所言与之大体类似。西汉成书的《周髀算经》对这一学说进行过系统的阐述,其要点是:第一,天盖如圆盘,地方如覆斗,皆为拱形,天地相距八万里。第二,北极为天之中心,日月星辰均围绕其运行,北极之下为地之中心。第三,日月出没与观察者的距

---

① 《隋书·天文上》,第506页。

离有关:其距人远时,目不能见,为没;距人近时,可见,则为日出。第四,通过勾股定理等复杂运算,来确定二十四节气、星象、日月运行等。

盖天说是在秦、汉之际逐步得以完善的,其将北极作为天象运行的基准,认为北极星、北斗星所处的拱极一带是天球众星环绕的中心,认为天之中在北极,地之中在北极之下的昆仑山顶。《吕氏春秋·有始览》所说的"东西二万八千里,南北二万六千里",被《周髀算经》引用,作为计算日月运行的基本数据。《淮南子·地形训》说这些数据是大禹命人经过精确测量得出来的,将盖天说系统化,使之与神话传说、历史传闻结合起来。

盖天说在理论上的不足和在实践中的缺失,在西汉逐渐被天文学家、术士等意识到,落下闳、扬雄、桓谭等人分别对盖天说提出质疑,东汉张衡、蔡邕等进一步完善浑天说,逐步取代盖天说。

浑天说在春秋战国时期逐渐成形。《荀子·不苟》记载邓析言"天地比"、《庄子·天下》记载惠施言"天与地卑"、《管子·侈靡》也提到"天地不可留"等,都是浑天学说的早期思考。直到汉武帝时,落下闳等人据浑天说制定太初历并颁行,是浑天说确立为主流天文学说的标志。此后经过鲜于妄人、耿寿昌和扬雄等人的努力,以张衡的《浑天仪注》为标志,浑天学说得到了系统的概括。

浑天说的要点为:第一,天和地都是圆球形的,天在外,地在内,天比地大得多,天包裹着地,如蛋清包裹着蛋黄一般。第二,日月星辰附丽于天球之上,天球以南北极为轴,每天自东向西绕轴旋转一周,天可以绕到地下面去,北极出地平的高度为36度。第三,太阳沿黄道运行,黄道与天球赤道交成24度角。浑天说较完善地解释了日月星辰运行等天文现象,后代天文学家按照《浑天仪注》中所描述的宇宙模型,进行天文观测和历法推算,取得了日趋精确的数据。

与张衡同时的天文学家郗萌,提出了宣夜说,认为天是无限而空虚的,星辰就悬浮在空虚之中,自由自在地运行着。天是无形无体、无色无质、无边无际的广袤空间,人目所见的浑圆蓝天,仅仅是视觉上的错觉造成的,这与"旁望远道之黄山而皆青,俯察千仞之谷而窈黑"是一个道理,实际上"青非真色,而黑非有体也"。宣夜说还认为,日月五星的运动"迟疾任情",各有轨迹,"日月众星,自然浮生虚空之中,其行其止皆须气焉"①,天体在广阔无垠空间中的分布与运动是自然而然的,并不受想象中的天壳的约束,在气的作用下悬浮不动或运动不息。宣夜说既否定了天壳的存在,又描绘了一幅天体在无限空间自然分布与运动的图景,较盖天说和浑天说都更接近天文的本来面目。由于宣夜说只停留在思辨性论述上,并没有用于观测天文运行的规律,在实践上并没有太大的影响。

三国吴姚信的昕天论、东晋虞耸的穹天论、虞喜的安天论,也只是新的看法,并没有在天文历法方面得到全面的使用。

二、星象学说

春秋时期的石申、甘德根据观测,对天上的恒星进行区划和命名,他们分别测定了标准星的具体坐标值,完成一个相对成熟的星表。三国时吴国太史令陈卓在当时流行的甘氏、石氏和巫咸氏三家星图的基础上,整理出283星官、1464颗恒星的全天星官系统,绘成星图。唐代王希明著《步天歌》,把全部天空分作31个大区,形成了所谓"三垣二十八宿"分区法。

三垣是紫微垣、太微垣和天市垣。紫微垣是以北极星为中心的周围各星。太微垣是指在紫微垣以南、张翼轸等星以北的星区。天市垣是紫微垣以南、房心尾箕等星以北的星区。

二十八宿是沿天球黄、赤道带,将其临近天区划分成28个区域的恒星区划系统。东青龙:角、亢、氐、房、心、尾、箕;南朱雀:斗、牛、女、虚、危、室、壁;西白虎:奎、娄、胃、昴、毕、觜、参;北玄武:井、鬼、柳、星、张、翼、轸。

由于三垣和二十八星宿是恒星,以此作为坐标,可以清楚看出日、月和金、木、水、火、土五星的运行轨迹。其中北斗七星,由天枢、天璇、天玑、天权、玉衡、开阳、摇光组成,前四颗是斗身,后三颗是斗柄。天璇、天枢指向北极星,由于地球的自转,看起来仿佛围绕着北极星运行。斗柄在不同的季节和晚上不同的时间指向不同的位置。在黄河流域,

---

① 《晋书·天文上》,中华书局1974年版,第279页。

在不同的季节，初昏时斗柄所指的方向不同：春天斗柄指东，夏天斗柄指南，秋天斗柄指西，冬天斗柄指北。

三、星次分野

星次分野说形成很早，最早见于《左传》《国语》等书，多以十二星次为准。《周礼·春官宗伯》载保章氏"以星土辨九州之地，所封封域，皆有分星，以观妖祥"。贾公彦释曰："此经论北斗及二十八宿所主九州及诸国封域之妖祥所以之事。"说明先秦时期已经有明确的星次分野。这一观念在秦汉发展到顶峰。当时的占星术认为，地上天子、诸侯、大臣以及各州郡邦国与天上一定的区域相对应，在该天区发生的天象预兆着所对应地方的吉凶。《汉书·天文志》云："秦之疆，候太白，占狼、弧。吴、楚之疆，候荧惑，占鸟、衡。燕、齐之疆，候辰星，占虚、危。宋、郑之疆，候岁星，占房、心。晋之疆，亦候辰星，占参、罚。"星占学说以星次分野理论为基础。

古人认为岁星"十二日移一度，一岁移一宫，十二岁一周天"[①]。正因为其"十二岁一周天"同十二辰、十二地支、十二次野，其数相近，古今便有人将它们与"十二次"等同起来。两汉将十二星次与二十八宿相融合，进行分野。班固取《三统历》十二次配十二野。费直的《周易》、蔡邕的《月令章句》，都有不同的分野，陈卓甚至精确到郡国所入宿度。我们以《晋书·天文志》所载的十二星次、二十八宿与国、州分野，绘表如下：

星次分野表

星次	寿星	大火	析木	星纪	玄枵	娵訾	降娄	大梁	实沈	鹑首	鹑火	鹑尾
星宿	角亢氐	房心	尾箕	斗牛女	虚危	室壁	奎娄胃	昴毕	觜参	井鬼	柳星张	翼轸
国	郑	宋	燕	吴越	齐	卫	鲁	赵	魏	秦	周	楚
州	兖州	豫州	幽州	扬州	青州	并州	徐州	冀州	益州	雍州	三河	荆州

---

① 宫梦仁：《读书纪数略》卷二《象纬类》，上海古籍出版社1994年版，第28页。

李白《蜀道难》:"扪参历井仰胁息,以手抚膺坐长叹。"参宿是益州的分野,井宿是雍州的分野,蜀道跨益、雍二州,李白说"扪参历井",是说自己在四川、陕西之间的高山上,仿佛伸手可以摸到天上的星宿。由于分野理论是建立在占星的基础之上的,且出于人们的假设,野实次虚,所以各书记载并不完全相同。但古代地理堪舆、占卜数术非常重视分野理论,历代《五行志》《地理志》必言及,明洪武年间专门颁行《天文分野书》,明确疆域的分野。

第二节 古历法

历法是对天文、物候、地理等相互关系的系统观察而形成的计时系统。中国历史上历法的多次调整,反映着中国人民对自然规律的认知程度。

一、纪年法

纪年是对太阳运行周期的观察与计算,中国古代主要采用星岁纪年、干支纪年、年号纪年法。

1. 星岁纪年,根据木星的运行周期来纪年。古人把黄道附近一周天分为 12 等分,称为"十二次",分别命名为星纪、玄枵、诹訾、降娄、大梁、实沈、鹑首、鹑火、鹑尾、寿星、大火、析木,并认为木星每 12 年由西向东绕天一周,每年行经一个星次,于是就以木星每年所在星次纪年。如木星运行到星纪,就记为"岁在星纪",约 12 年(应为 11.8622 年)周而复始,因此木星也被称为岁星。《国语·周语下》:"武王伐殷,岁在鹑火。"《国语·晋语四》:"晋之始封也,岁在大火,阏伯之星也,实纪商人。"便是用岁星纪年。由于岁星运行周期并非准确的 12 年,所以每过 80 年岁星便发生一次超次现象,超次即纪年与实际天象不符。《左传·襄公二十八年》说:"岁在星纪,而淫于玄枵。"是说年在星纪,但岁星已经到了玄枵的位置。岁星纪年误差较大,只在春秋中期很短的时间里使用过,便不再使用。

为了修正岁星纪年法的误差,古人便虚拟了一个相对岁星做反向运动的太岁来纪年。假设太岁沿着"十二次"匀速运动,一年走一辰,以太岁每年所在辰位纪年,这就是太岁纪年法。太岁也叫太阴、岁阴。《淮南子·天文训》和《史记·天官书》中详细记述了太岁纪年法。太岁运行的"十二次",依次为困敦、赤奋若、摄提格、单阏、执徐、大荒落、敦牂、协洽、涒滩、作噩、阉茂、大渊献。这与十二地支是对应的。

2.干支纪年,是用十天干和十二地支按顺序搭配组合成干支来纪年、月、日。十天干依次是甲、乙、丙、丁、戊、己、庚、辛、壬、癸;十二地支依次是子、丑、寅、卯、辰、巳、午、未、申、酉、戌、亥。干支两两相配,如甲子、乙丑、丙寅……配一周正好60年,又回到甲子。这样周而复始地循环,用以纪年、月、日。

《尔雅·释天》和《史记》另外记有干支的异名,在《资治通鉴》等书中,便有"起阏逢摄提格,尽昭阳大渊献,凡十年"之类的记载,对照下表,很容易查出"阏逢摄提格"为"甲寅","昭阳大渊献"为"癸亥",再结合《历史年表》,便可确定甲寅为高后元年(前187),癸亥为文帝二年(前178)。由于地支正好与十二月相配,十一月为子月,十二月为丑月,正月为寅月,二月为卯月,依次类推,六十个月周而复始。我们可以通过一个歌诀来计算月的干支:"甲己之年丙寅起,乙庚还从戊寅寻,丙辛之年起庚寅,丁壬正月起壬寅,戊癸之年起甲寅。"逢甲、己年的正月是丙寅、二月是丁卯、三月是戊辰,依次类推。

干支异名表

	岁阳			岁阴	
天干	《尔雅》	《史记》	地支	《尔雅》	《史记》
甲	阏逢	焉逢	子	困敦	困敦
乙	旃蒙	端蒙	丑	赤奋若	赤奋若
丙	柔兆	游兆	寅	摄提格	摄提格
丁	强圉	强梧	卯	单阏	单阏
戊	箸雍	徒维	辰	执徐	执徐
己	屠维	祝犁	巳	大荒落	大荒落

续 表

岁阳			岁阴		
庚	上章	商横	午	敦牂	敦牂
辛	重光	昭阳	未	协洽	协洽
壬	玄黓	横艾	申	涒滩	涒滩
癸	昭阳	尚章	酉	作噩	作噩
			戌	阉茂	阉茂
			亥	大渊献	大渊献

3.年号纪年。是使用帝王年号进行纪年。汉代以前的年号纪年，多与帝号合称。如《春秋》以鲁国隐、桓、庄、闵、僖、文、宣、成、襄、昭、定、哀十二公为次，依次以元年、二年、三年等连续纪年，直到新君即位。汉文帝开始分为前后两段记载，前16年用年序纪年，称元年、二年、三年等；从第17年起，改称后元元年，直到后元七年。汉景帝在位16年，分前、中、后三段。改元的原因是由于笃信灾异祥瑞之说，通过改元以应天意。汉武帝在位第31年，为了封禅，下诏"以十月为元封元年"。由此追加即位以来的年号为建元、元光、元朔、元狩、元鼎等。《史记·孝武本纪》记载："其后三年，有司言元宜以天瑞命，不宜以一二数。一元曰建元，二元以长星见曰元光，三元以郊得一角兽曰元狩云。"把祥瑞作为建元取号的依据，从此便有了帝号纪年的传统。年号一般是两个字，如建初、元和、太康、永明等，也有四个字的，如武则天的年号有天册万岁、万岁登封、万岁通天，宋太宗赵光义年号有太平兴国等。汉武帝以后，新帝即位和改朝换代，年号也随之改变，叫作改元。

二、古历法

历法是根据天象变化的基本规律来计量时间间隔、判断气候变化、标示时间转化的法则。其中，根据月相圆缺变化的朔望周期而制定的历法叫阴历；以地球围绕太阳运转的回归年周期制定的历法，叫阳历。我国古代的历法，以回归年作为年的单位，以朔望月作为月的单位，是一种兼顾阳历和阴历的阴阳合历。结合朱文鑫《历法通志》等书，我们可以列出历代采用的历法,并择要加以解释。

1. 四分历。春秋时期,各诸侯国分别使用黄帝、颛顼、夏、殷、周、鲁等六种历法,合称古六历。这些历法大都采用"十九年七闰",只是起算年份、每年开始的月份和每日起始的时刻不同。秦统一中国后,统一采用颛顼历。根据山东临沂银雀山汉墓出土的元光元年(前134)历谱可知,西汉太初以前使用的主要是颛顼历。颛顼历以夜半为一日之始,平朔为一朔望月之始,冬至为一回归年之始,采取"十九年七闰"的闰周,以365.25日为一回归年的长度。颛顼历将正月朔旦作"历元",即推算、排比日历的起点,按六十干支的顺序排列年、月、日。

需要说明的是,夏历以正月为岁首,即"建寅孟春之月";商历以十二月为岁首,即"建丑季冬之月";周历以十一月为岁首,即所谓"建子仲冬之月";秦历以十月为岁首,即"建亥孟冬之月";汉初承秦历,汉武帝时改行太初历,以夏历正月为岁首。从此之后,阴历就以寅月为岁首,延续到现在。

2. 太初历。颛顼历计算朔望不太准确,使用一久,推算的朔望日期与实际产生较大偏差,就出现了朔晦时见新月的现象。汉武帝太初元年(前104)实行邓平、落下闳创制的《太初历》,它确认一月为29.53086日,一年设立二十四节气,每节气长15.21875日。"十九年七闰",改岁末置闰为无中气之月置闰,恢复了夏历以建寅之月为岁首,并以元封七年(前104)十一月甲子冬至为起点,改太初元年,由此推定朔、望、上弦、下弦等时刻,行用新历。

太初历比颛顼历更为准确,但缺点在于所推定的回归年的月、日、时数都比实际稍大,这样,一百年后,就能积累差不多一天的误差。东汉时常发生"后天"的现象,即历法预测的朔日落后于实际日月合朔,预推的冬至落后于实际的冬至。此后,这一历法经过刘歆的改造,被称作三统历。

东汉章帝元和二年(85)起,改用新四分历。新四分历是贾逵、卫承、李梵等人参考太初历施行以来近二百年的天象观测记录,以颛顼历为基础,吸收太初历的优点而制定出来的。它计算朔望月、回归年的长度,完全袭用了旧四分历,年月日的长度短于太初历,推定的朔闰、节气与太初历不完全相同,比太初历更接近实际。新四分历一直沿用到蜀汉灭亡。

3. 乾象历。东汉刘洪经过二十多年的观测,制定了乾象历。乾象历的新发展在于:一是定出了一年365.2468日的新值,更为准确。二是经过重新测算,确定了月亮两次通过近地点的时距为27.5534日,对月的运行计算更加精确。三是与蔡邕一起,共同完成了二十四节气太阳所在位置、黄道去极度、日影长度、昼夜时间长度的测量计算,日月安排更为得当。此后,经过虞喜、姜岌等计算,到北凉赵𢿨的元始历,改变了十九年七闰的闰周,提出了600年221闰的新闰周,置闰更为精确。

4. 大明历。南朝宋祖冲之撰成的《大明历》,首次把岁差现象引入历法。我国古代历法在计算日月五星的位置时,是以冬至太阳所在恒星间的位置作为基准点的。岁差概念和数值的引进,校正了这一基准点的位置,提高了日月五星位置推算的准确度。大明历选定了391年144闰的新闰周,一年定为365.2428日,误差仅46秒。他提出的月长度值为27.2122日,误差仅1秒左右。大明历直到梁武帝天监九年(510)被采用颁行。

5. 大衍历。唐代僧人一行制定的《大衍历》,包含了许多新的计算方法和数值,如计算节气、朔望等的步中朔、计算七十二候等的步发敛、计算太阳运动的步日躔、计算月亮运动的步月离、计算日影及昼夜漏刻长度的步轨漏、计算日月交食的步交会和计算五星运动的步五星等,结构严密、体系完整。《大衍历》纠正了此前历法中把全年平分为二十四节气的不足。

6. 授时历。元代郭守敬制定的《授时历》,确认南宋杨忠辅制定的《统天历》所用回归年长365.2425日是最为精密的。他废弃了沿用已久的上元积年法,并取消了用分数表示天文数据的千年旧习,将历中所有数据改为小数,并利用大量的观测数据,精确了恒星位置、冬至时刻、回归年长度、五星近日点黄经、月亮过近地点和降交点的时刻、平朔时刻、北京每日太阳出入时刻、冬至日躔以及五星平合时刻。其基本数据全凭实测,将历法的误差缩小到极低的限度。明代的大统历、清代的癸卯元历,都是在《授时历》的基础上加以完善的。①

7. 癸卯元历。明徐光启和外国传教士结合西方天文理论修订新历法,耗时十年而成的《时宪历》,为明朝所用。清朝建立后,由戴进贤等人着手修订新历,吸收了西方天文理论中开普勒行星运动的第一定律和第二定律,还引用了牛顿的月球运动理论,以33年为周期来设置闰年,即前28年每四年设一闰、第33年再设一闰,共设八闰,折合一回归年为365.2424日,比现行的格里高利历还精确。乾隆七年(1742)颁行,以雍正元年癸卯(1723)为元,史称"癸卯元历"。1911年,中国官方开始使用公历,民间使用传统的阴阳合历(农历),仍依据癸卯元历。

第三节 古地理学

一、地理学的形成

地理是指地面山川的特征及走向。最早见于《周易·系辞上》:"仰以观于天文,俯以察于地理。"《尚书·禹贡》是最早的地理学著作,《山海经》和《穆天子传》的描述,体现了时人地理观的深化。

司马迁《史记》中的《河渠书》《货殖列传》记载了汉代重要的山川形势以及各地的地理条件、经济形态、民风民俗。东汉班固作《汉书·地理志》,记述郡县建置原委、政区沿革,附记户口多寡、物产货殖、风土人情,使地理的内涵更为具体。后世史家纷纷仿效,《地理志》《郡国志》《州郡志》《地形志》等便成为历代史书的重要内容。如魏收的《魏书·地形志》,记述北魏的州郡建置、户口分布以及行政区划沿革。沈约的《宋书·州郡志》除记载南朝宋的州郡建置以外,还描述了汉、魏州郡的沿革和侨郡侨县的细节。《隋书·经籍志》说:"齐时,陆澄聚一百六十家之说,依其前后远近,编而为部,谓之《地理书》。任昉又增陆澄之书八十四家,谓之《地记》。陆时,顾野王抄撰众家之言,作《舆地志》。"

---

① 参见阴法鲁、许树安主编《中国古代文化史(三)》,北京大学出版社1991年版,第113—140页。

除了史书中的"地理志"外，还有很多专门的地理学著作，如汉代题为桑钦的《水经》、北魏郦道元的《水经注》、北魏阚骃的《十三州志》、唐代李泰的《括地志》、贾耽的《贞元十道录》、李吉甫的《元和郡县图志》等，这些书的编纂，使地理学逐渐成为专门的学问。

中国目录学一般把地理著作列在史部中。阮孝绪撰《七录》，列地理入"记传录"。《隋书·经籍志》《旧唐书·经籍志》《新唐书·艺文志》《宋史·艺文志》《明史·艺文志》以及《崇文总目》《郡斋读书志》《直斋书录解题》《通志·艺文略》《四库全书总目提要》《书目答问》等，均将地理类著作列于史部之中。《四库全书》也在史部列地理类，分总志、都会郡县志、河渠、边防、山川、游记、外纪、堪舆和杂记等。

杜佑在《通典·州郡一》中曾说："凡言地理者多矣。在辨区域，征因革，知要害，察风土。"其中，学术意义上的地理学，侧重记述疆域、政区的各种地理、人文沿革等，以正史中的地理志为代表。文化意义上的堪舆风水学，侧重讨论特殊地形与人文之间的关系。

二、沿革地理学

地理沿革被视为经史钤键，是现代历史地理学的前身。沿革地理学主要是从历史的角度，对各地山川、物产、水文、土壤、交通、人口以及行政区划进行研究。秦汉以来，各州郡分立、合并、增加、裁省，变化很大，如果地理沿革不明，阅读古书中的山川、州郡、人物籍贯，就很容易出现失误。沿革地理学用前后比较、资料分析、文献归纳等方法，严谨认真地对历代的地名、政区进行考订。

最早的著作当为追述大禹所分行政疆界的《禹贡》。此后，《太康地记》《元康地记》《永初山水记》等志书，亦言地理沿革。王应麟撰《通鉴地理通释》，条理分明，标志着沿革地理学的成熟。顾祖禹的《读史方舆纪要》130卷，记述历代州域形势，明确明朝行政区划，以府、州、县为纲，描述城邑、山川、关隘的设置，还附有特见、附见、互见，并总述山川、河漕、海道，最后记载星次分野结束，资料翔实，是集大成的著作。顾炎武《天下郡国利病书》120卷，在翻阅各类史书、图谱、文编的基础上，论述各地水利、物产、户口、田赋、兵役、塞防等情况，着眼于民生利害而作,重在经世致用,是经济地理的代表作。

此外,郦道元的《水经注》、黄宗羲的《今水经》、齐召南的《水道提纲》、徐松的《西域水道记》等,以河川为纲,记述沿流地理。陈芳绩的《历代地理沿革表》、杨丕复的《舆地沿革表》、段长基的《历代沿革表》等,都是以图表的形式,叙述历代地理沿革。李兆洛的《历代地理沿革图》、杨守敬的《历代舆地图》等,则绘出历代地理疆域、州郡的变化。

历代也都绘有疆域图,如明洪武年间的《大明混一图》、清康熙年间的《大清皇御全图》、清同治年间的《大清一统图》、清光绪年间的《大清邮政公署备用舆图》等,也都可以看成沿革地理学的组成部分。

三、堪舆地理学

堪舆学,也叫风水地理学,是讨论地理布局、建筑结构吉凶的学问。《周礼·春官宗伯》:"惟王建国,辨方正位,体国经野,设官分职,以为民极。"堪舆学以天时、地利、人和为理论依据,将天文、地理、气象、地质、生态以及各种数术学说结合起来,形成内容丰富的学术体系,代表性的著作有《管氏地理指蒙》《葬书》《撼龙经》《宅经》《地理五诀》《阴阳二宅全书》等。

堪舆学分为理气派和形法派。理气派以"气"的流动、聚集作为理论依据,认为不同方位的气有吉凶之分,试图探求人与自然之气的和谐与交流,借助阴阳、五行、星相、八卦等学说加以讨论,利用探测地磁的罗盘,通过五音配五行、干支、八卦配八宅,结合游年卦进行计算,确定吉凶并用物镇、石镇以却煞。形法派则以山川走向判断吉凶,如用"龙"表示大山形、用"砂"表示小山形,用"穴"标明位置,用"水"指代河川走向,用"向"描述建筑朝向,用各要素之间的呼应和协调来判断阴宅与阳宅的吉凶。依立说的依据不同,又可细分为三元、三合、玄空、九星、范宗、水法等派别。

堪舆学关注于人与自然关系的协调,以及自然对人的影响,对于古人居住位置的选择和建筑布局产生了极大的影响。其中也有一些合理的说法,如清江子《宅谱问答指要》中说督藩大府和京都畿甸等选址,要"平野旷阔,水为缠绕",既保证城市用水,又利于未来拓展。由于古代堪舆学将某些因素作为一种神秘的力量,上升到决定地位,致使其中不乏虚妄之辞。

三、方志地理学

方志是用来记载某一地区自然、经济、政治、文化、科学、技术、社会、历史状况,或某一项、某一范围的重要文献典籍。

学术界一般将《尚书·禹贡》和《山海经》视为早期的地志之作。《禹贡》是最早分地域记载各方地理、物产、贡赋等情况的专篇。《山海经》则记载了40个邦国、550座山、300余条水道,以及周边的地理状况、风土、民情、物产、祭祀等,叙述了一百多个历史人物及其世系。秦汉之际,杂著中有很多地理书、都邑簿,记述郡国及所属州县的山川、都邑、道里、物产、户口、人物、民情、风俗。东汉之后,记载疆域、山川、古迹、人物、风土的地记、方志迅速兴起,如《云阳记》《蜀记》《益州志》《吴郡国志》《华阳国志》等。在此基础上,由地记发展而来的图经、图志,不断丰富,体式日趋完善,包括疆域辖区图、山川名胜图、寺观宫衙图、关隘海防图等。现知最早的图经是汉桓帝永兴二年(154),巴郡太守泰山但望所撰的《巴郡图经》。此后,还有《吴郡图经》《吴郡图经续记》《隋区宇图志》《元和郡县图志》《扬州图经》等。

方志吸收了上述著作的体例,志有纲目体、纪传体、政书体、编年体、三书体、章节体等,与传统史书的志相类似。在内容上既包括郡县志、都邑簿等行政区划内的人文状况,也包括山川、物产等自然概貌,是了解一地状况的全史。其特点是按照地理区划来记述,内容广博,无所不包。唐以后,方志得以广泛修订。北宋修有《长安志》《河南志》,南宋修有《新安志》《吴郡志》《成都志》等。从元代开始,各地方志之外,还修全国总志《大元大一统志》。明代修有《寰宇通衢书》《大明志书》以及《大明清类天文分野书》等,明永乐十年(1412),还颁布了《修志凡例》16则,规定志书应包括图考、建置沿革、星野、郡名、城池、疆域、关梁、形胜、山川、名迹、风俗、物产、户口、田赋、徭役、藩封、秩官、公署、铺舍、水利、惠政、学校、社学、书院、选举、荐举、恩荫、兵防、秩祀、祠庙、陵墓、名宦、乡贤、人物、孝义、贞节、逸士、侨寓、灾祥、方外、艺文等内容,以规范地方修志。从中可窥见方志所涉内容之丰富，为一地行政地理、经济地理、文化地理、军事地理、自然地理之总括。清朝不仅修有《大清一统志》，雍正还鼓励各级地方政府修志，各省、府、州、厅、县都设立志馆或志局，共修省、府、县志书4889种。明清留存下来的方志已经成为现在研究历史和地理重要的文献资料。

参考文献

巴兆祥:《方志学新论》,学林出版社 2004 年版。
白寿彝:《中国史学史》,北京师范大学出版社 2004 年版。
卞孝萱、胡阿祥主编:《国学四十讲》,湖北人民出版社 2008 年版。
曹伯韩:《国学常识》,生活·读书·新知三联书店 2002 年版。
陈光贻:《中国方志学史》,福建人民出版社 1998 年版。
陈国庆:《古籍版本浅说》,中华书局 1964 年版。
陈辅国:《诸家中国美术史著选汇》,吉林美术出版社 1992 年版。
陈延杰:《经学概论》,商务印书馆 1962 年版。
陈垣:《二十史朔闰表》,中华书局 1999 年版。
陈垣:《校勘学释例》,中华书局 1959 年版。
陈垣:《中国佛教史籍概论》,上海书店 1999 年版。
陈云君:《中国书法史论》,人民日报出版社 1987 年版。
陈遵妫:《中国天文学史》,上海人民出版社 1984 年版。
程千帆:《史通笺记》,中华书局 1980 年版。
程千帆、徐有富:《校雠广义》,齐鲁书社 1998 年版。
崔富章:《四库提要补正》,杭州大学出版社 1990 年版。
杜松柏:《国学治学方法》,中国人民大学出版社 2005 年版。
杜泽逊:《文献学概要》,中华书局 2001 年版。
范文澜等主编:《中国通史》,人民出版社 2004 年版。
方立天:《中国佛教哲学要义》,中国人民大学出版社 2002 年版。
冯天瑜等:《中华文化史》,上海人民出版社 1990 年版。
冯友兰:《中国哲学史》,北京大学出版社 1996 年版。

冯友兰:《中国哲学史新编》,人民出版社2007年版。
龚鹏程:《国学入门》,北京大学出版社2007年版。
管锡华:《校勘学》,安徽教育出版社1991年版。
郭齐勇:《中国哲学史》,高等教育出版社2006年版。
郭绍虞:《中国文学批评史》,上海古籍出版社1979年版。
侯仁之:《历史地理学四论》,中国科学技术出版社2005年版。
侯外庐:《中国思想通史》,人民出版社1957年版。
胡朴安、胡道静:《校雠学》,岳麓书社2013年版。
胡适:《中国哲学史大纲》,东方出版社1996年版。
胡适:《中国中古思想史长编》,安徽教育出版社1999年版。
华星白:《训诂释例》,语文出版社1999年版。
黄永年:《古文献学四讲》,鹭江出版社2003年版。
纪昀编:《钦定四库全书总目》,中华书局1997年版。
江标:《宋元本行格表》,中华书局1991年版。
蒋伯潜:《校雠目录学纂要》,北京大学出版社1990年版。
蒋维乔:《中国佛教史》,上海古籍出版社2007年版。
瞿林东:《中国史学史纲》,北京出版社1999年版。
劳思光:《新编中国哲学史》,广西师范大学出版社2005年版。
李炳南编:《佛学概要十四讲表》,台中青莲出版社1999年版。
李学勤:《古文字学初阶》,中华书局2003年版。
李学勤等:《经史说略》,北京燕山出版社2002年版。
李养正:《道教概说》,中华书局1989年版。
李裕民:《四库提要订误》,书目文献出版社1990年版。
李泽厚:《中国古代思想史论》,天津社会科学院出版社2003年版。
李致忠:《古书版本学概论》,书目文献出版社1990年版。
李致忠:《宋版书叙录》,北京图书馆出版社1994年版。
梁启超:《清代学术概论》,上海古籍出版社1998年版。
梁启超:《中国近三百年学术史》,上海三联书店2006年版。
梁启超:《中国历史研究法》,上海古籍出版社1987年版。
林尹:《中国学术思想大纲》,华东师范大学出版社2006年版。
刘保金:《中国佛典通论》,河北教育出版社1997年版。
刘大杰:《中国文学发展史》,商务印书馆2015年版。

刘兆祐、江弘毅等:《国学导读》,中国人民大学出版社2005年版。

柳诒徵:《中国文化史》,岳麓书社2010年版。

卢国龙:《道教哲学》,华夏出版社1997年版。

吕澂:《中国佛学源流略讲》,中华书局2006年版。

吕思勉:《经子解题》,上海文艺出版社1999年版。

马宗霍:《中国经学史》,河南人民出版社2016年版。

毛春翔:《古书版本常谈》,上海人民出版社1977年版。

牟钟鉴、胡孚琛、王葆玹:《道教通论:兼论道家学说》,齐鲁书社1991年版。

彭定求编:《全唐诗》,中华书局1960年版。

皮锡瑞:《经学通论》,中华书局1954年版。

皮锡瑞:《经学历史》,中华书局2004年版。

钱穆:《国史大纲》,商务印书馆1996年版。

钱穆:《国学概论》,商务印书馆2004年版。

钱穆:《中国近三百年学术史》,商务印书馆1997年版。

钱穆:《中国历史研究法》,生活·读书·新知三联书店2001年版。

乔继堂、王槐茂:《国学六百问》,内蒙古大学出版社2007年版。

卿希泰:《中国道教史》,四川人民出版社1992年版。

裘锡圭:《文字学概要》,商务印书馆2013年版。

任继愈主编:《中国佛教史》,中国社会科学出版社1988年版。

任继愈主编:《中国哲学史》,人民出版社1997年版。

《十三经注疏》,中华书局1980年版。

孙钦善:《中国古文献学史》,中华书局1994年版。

孙雍长:《训诂原理》,语文出版社1997年版。

汤用彤:《汉魏两晋南北朝佛教史》,北京大学出版社2011年版。

唐圭璋编:《全宋词》,中华书局1965年版。

唐兰:《中国文字学》,上海古籍出版社1979年版。

唐作藩:《音韵学教程》,北京大学出版社2002年版。

童忠良、谷杰、周耘、孙晓辉:《中国传统乐学》,福建教育出版社2004年版。

王筠:《说文解字句读》,中华书局1998年版。

王筠:《说文释例》,中华书局1998年版。

王力:《汉语音韵》,中华书局2013年版。

王重民:《中国目录学史论丛》,中华书局1984年版。

魏隐儒、王金雨:《古籍版本鉴定丛谈》,印刷工业出版社1984年版。
《文史知识》编辑部编:《经书浅谈》,中华书局1984年版。
吴枫:《中国古典文献学》,齐鲁书社1982年版。
吴孟复主编:《中国画论》,安徽美术出版社1995年版。
徐超:《中国传统语言文字学》,山东大学出版社1996年版。
徐锴:《说文解字系传》,中华书局1998年版。
徐征、张月中、张圣洁、奚海主编:《全元曲》,河北教育出版社1998年版。
许地山:《道教史》,上海古籍出版社1999年版。
许慎:《说文解字》,中华书局1963年版。
杨成孚:《经学概论》,南开大学出版社1994年版。
杨东莼:《中国学术史讲话》,江苏教育出版社2005年版。
杨绪敏:《中国辨伪学史》,天津人民出版社2007年版。
杨荫浏:《中国古代音乐史稿》,人民音乐出版社1981年版。
姚名达:《中国目录学史》,上海古籍出版社2002年版。
阴法鲁、许树安主编:《中国古代文化史》,北京大学出版社1991年版。
于玉安编:《中国历代书法论著汇编》,天津古籍出版社1999年版。
余嘉锡:《目录学发微》,中国人民大学出版社2004年版。
余嘉锡:《四库提要辨证》,中华书局1980年版。
俞剑华编:《中国画论类编》,人民美术出版社1986年版。
袁行霈:《中国文学概论》,高等教育出版社2006年版。
袁行霈、严文明、张传玺、楼宇烈主编:《中华文明史》,北京大学出版社2006年版。
袁行霈主编:《中国文学史》,高等教育出版社1999年版。
曾运乾:《音韵学讲义》,中华书局2011年版。
詹杭伦:《国学通论讲义》,中国人民大学出版社2007年版。
张大可主编:《中国历史文献学》,陕西人民出版社1991年版。
张立文:《中国哲学逻辑结构论》,中国社会科学出版社2002年版。
张溥编:《汉魏六朝百三名家集》,江苏古籍出版社2002年版。
张汝舟:《二毋室古代天文历法论丛》,浙江古籍出版社1987年版。
张世禄:《中国音韵学史》,商务印书馆1998年版。
张舜徽:《中国古代史籍校读法》,云南人民出版社2004年版。
张舜徽:《中国文献学》,上海古籍出版社2005年版。

张相:《诗词曲语辞汇释》,中华书局1953年版。
张玉书、陈廷敬编著:《康熙字典》,上海书店1985年版。
章太炎:《国故论衡》,上海古籍出版社2006年版。
章太炎:《国学概论》,巴蜀书社1987年版。
章学诚著,叶瑛校注:《文史通义校注》,中华书局1985年版。
赵翼:《廿二史札记》,中国书店1987年版。
赵仲邑编:《校勘学史略》,岳麓书社1983年版。
郑鹤声:《中国史部目录学》,商务印书馆1956年版。
郑午昌:《中国画学全史》,上海书画出版社1985年版。
郑振铎:《插图本中国文学史》,上海人民文学出版社2005年版。
中国天文学史整理研究小组编:《中国天文学史》,科学出版社1981年版。
周予同:《中国经学史讲义》,上海文艺出版社1999年版。
朱骏声:《说文通训定声》,中华书局1998年版。
朱仁夫:《中国古代书法史》,北京大学出版社1992年版。
朱文鑫:《历法通志》,商务印书馆1934年版。
朱渊清:《中国出土文献与传统学术》,华东师范大学出版社2001年版。
朱自清:《经典常谈》,上海文艺出版社1999年版。

再版后记

  本书自 2008 年出版以来,承蒙读者的厚爱,先后 10 次重印。10 年来,国学研究、国学教育已经有了全面的发展,这次修订采纳了读者反馈的意见,吸收了一些最新研究成果,在原版的基础上进行了修订,使表达更加凝练。感谢徐丹丽编辑对本书的关心,希望读者提出建议和意见,以便我们不断完善。

曹胜高

2017 年 3 月 20 日